中国史

华东师范大学历史学系历史教育比较研究中心　编

上海人民出版社

序：
核心素养视域下提升教师专业能力的一套好书

　　由教育部统一编写的普通高中历史必修课程教科书《中外历史纲要》上、下两册，已经开始在一些省市使用。这套教科书的编写以培养高中学生的历史学科核心素养为根本宗旨，遵循高中学生的心理特征和认知发展规律，从学生学习历史和认识历史的角度出发，力求做到内容线索清晰、层次分明、重点突出，具体性与概括性有机结合，既具有科学性和系统性，又具有可读性和适用性。同时，具体的教学内容既重视在义务教育的基础上有所提高，也注意给学生中外历史发展大趋势的直观认识，使历史教育做到循序渐进。

　　同时，21世纪基础教育的理念，也对历史教师在专业的自身发展方面提出了更高的要求。教师作为培养学生历史学科核心素养的主力军，作为提高教学质量的主力军，需要满足以下一些基本要求，如：教师自身需要具备历史学科核心素养，需要具有整体化、结构化的必备知识结构，需要具有设计情境化的教学策略的能力，需要能够聚焦开拓必备知识的深度教学，需要实施提倡批判性思维的学生实践与探究活动，等等。因此，从国家的层面来看，对从事基础教育教师进行培训已成常态。然而，集中培训毕竟总是相对短期的行为，而教师核心素养的承载物——必备的基本知识，包括基本史事与基本观点；以及基本技能，包括课程设计的方方面面，都是要不断自我提升的。在这些方面，为教师提供自我提高历史修养和教学技能的可资学习与借鉴的材料，以补充必备的知识、完善基本的技能、丰富课程的设计，是非常必要的，也是广大教师所期盼的。

　　从这样的需求出发，这套名为《高中历史怎样教》和《历史读本》的教学参考书的编写者作为身处教学一线的教师，深知目前基础教育历史教师的急切需要，及时设计、编写了这套参考书，确实是做了一件急教学之所急的好事。

　　这套教学参考书分为两部分，第一部分是由华东师范大学历史学系历史教育比

较研究中心主编的对接《中外历史纲要》上、下两册的《历史读本》;第二部分是由罗明、周靖主编的对接《中外历史纲要》上、下两册的教学设计《高中历史怎样教》。

就《历史读本》来说,中国史部分的编写者按照教科书的单元和单课选择内容,世界史部分的编写者按照教科书涉及的更长的时间段选择内容,两册读本共选择了421(267+154)个历史事件、历史人物和历史现象,基本涵盖了教科书所涉及的重要方面。其中有些内容不仅包括对基本史事的叙述,更包括必要的资料来源,例如《历史读本(中国史)》中第三部分的内容,以及《历史读本(世界史)》所提供的每一部分的参考书目,这就为教师自我拓展必备的知识,提供了进一步学习的指南。

就《高中历史怎样教》来说,《普通高中历史课程标准(2017年版2020年修订)》基于对学生历史学科核心素养的养成,对教学设计提出了总体要求和一些具体要求。总体要求是:"基于培养学生学科核心素养的教学设计,不仅要考虑到教学内容的逻辑、教学过程的环节以及学生的认知特点等,更重要的是在教学理念上要以学生的学习与发展为教学的本位、重点,以调动和发挥学生历史学习的积极性、主动性和创造性为核心,以学生的学习活动为实质性线路,以学生的自主探究活动为中心展开。"具体要求包括:创设历史情境;以问题为引领;开展基于史料研习的教学活动;充分运用现代信息技术,提高教学手段的多样化和信息化水平(《普通高中历史课程标准(2017年版2020年修订)》,第50—53页)。以这些要求来审视,本书已经较好地达到了课标的要求。

课程教育专家杨向东先生指出,"核心素养的形成和发展,也离不开个体对具体领域知识、技能、思维方式或价值观念的学习和掌握。个体只有具备结构化的领域知识和技能、思想方法和探究模式,才能深刻理解特定情境,明确问题,形成假设和解释,建立清晰的情境、活动和结果之间的内在联系与依存关系,孕育核心素养的萌芽和成长"(杨向东:《如何基于核心素养设计教学案例》,《中国教育报》2018年5月30日)。要达到这些要求,就需要在教学设计中整合教材内容,找出看似碎片化的历史知识之间的内在联系,通过单元教学或大概念教学,使之形成结构化的知识体系,从而形成对中国历史和世界历史发展大趋势的宏观认识。

那么,如何来选择单元教学呢?根据教科书编写体例和内容呈现,可以看到,教科书的内容编排,有三个层次:第一层次是"目",可视为"小单元";第二层次是"课",可视为"中单元";第三层次是"单元",就是"大单元"。就高中生的基础来看,由于他

们在初中已经学习过中国历史和世界历史,已经具备了一定的知识和技能基础,因此,以"中单元"作为教学设计的内容,是符合高中学生的实际情况的。而且这也是在课时少、任务重的情况下,完成教学任务的有效方法之一。本套书的教学设计,正是以"中单元",即"课"来进行设计的。同时,这些"中单元"的教学设计,又不是简单地以学科的知识体系为依据的,而是有所扬弃,将核心素养的培养渗透其中。

当然,教学设计应该是仁者见仁、智者见智的。每位教师都会有自己的理解和设计。本书所展示的教学设计,还是很初步的,但是仍然能够给广大教师,特别是青年教师,提供学习、效仿、突破、创新的基础。

总之,这套丛书是编写者基于对课程标准、教材、教法的实实在在的解读和研究,为解决教师"用教材教"和"教好教材"的一系列现实教学问题而精心编写的。相信对广大教师来说,会起到开卷有益、举一反三的效果。

是为序。

徐 蓝

2020 年 5 月 8 日

目　录

第二部分　三国两晋南北朝的民族交融与隋唐大一统的发展

第三部分　辽宋夏金多民族政权并立与元朝多民族统一封建国家的建立

第四部分　明清（鸦片战争以前）中国版图的奠定与面临的挑战

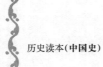

第五部分　晚清时期的内忧外患与救亡图存

第六部分　辛亥革命与中华民国的建立

第七部分　中国共产党成立与新民主主义革命的兴起

第八部分　中华民族的抗日战争和人民解放战争

第九部分　中华人民共和国的成立和社会主义建设与改革

第十部分　改革开放与中国特色社会主义道路

第一部分

从中华文明起源到秦汉
大一统封建国家的建立巩固

旧石器时代的化石和遗址

从第三纪开始的喜马拉雅造山运动,对中国史前自然环境的形成,产生了极大的影响。青藏高原隆起,形成西高东低的自然地貌基本格局。而青藏高原的形成,引起了西风激流的动力运动,中亚内陆沙漠地区的大量粉尘被带到黄河中下游一带沉积下来,在中国北方形成黄土高原。喜马拉雅造山运动还引起了阿尔泰山、天山、昆仑山、祁连山、阴山、燕山、秦岭、南岭等山系的强烈上升,改变了中国各地气候要素的组成,最终形成三大自然区域:东部季风区、西北干旱区、青藏高寒区;其中秦岭山脉的不断抬升,最终造成了中国南北气候差异的基本格局。而东部季风区由于环境气候条件相对较好,从旧石器时代起,就是史前古人类和古文化遗存最主要的分布区。

直立人,是中国境内最古老的早期人类。1985—1988 年,考古学家在重庆巫山庙宇镇龙坪村龙洞坡,发掘出一块古人类的左下颌骨和一枚人类上门齿的化石,定名为"直立人巫山亚种"。经古地磁及氨基酸测年,其地层年代距今约 204 万至 201 万年。如果这一测年准确无误的话,"巫山人"将是我国目前已知的最古老的人类。除了距今约 170 万年的"元谋人",90 万至 80 万年前的湖北郧县人、安徽和县人,80 万至 50 万年左右的陕西蓝田人等直立人化石之外,北京周口店发现的北京人是中国境内最为著名的直立人化石,距今 75 万至 20 万年。此外,黄河中游的山西西侯度遗址和太行山北端的河北小长梁遗址,是非常重要的旧石器时代早期遗址。

从距今 20 万年前后开始,人类演化进入了一个新阶段——早期智人阶段。同直立人相比,早期智人的手更为灵巧,脑容量更大,猿的特征正逐渐减退,人的特征却日益增加。中国境内早期智人遗址地点,遍布全国各地,其中较重要的发现有:辽宁营口金牛山人遗址(距今 28 万年左右)、陕西大荔人遗址(距今 20 万至 18 万年左

右)、山西襄汾丁村人遗址、华北地区的许家窑人遗址、湖北长阳人遗址、广东曲江马坝人遗址等。

到了距今 6 万至 5 万年前后,地质年代进入到晚更新世晚期,人类也进化到了晚期智人(新人)阶段,这是现代人的直接祖先。这一时期,大致相当于旧石器文化晚期。此时的中国境内,旧石器文化分布范围有了更进一步的扩大,北起漠河南到云贵,东自山东西至青藏,包括海南和台湾在内的广大地区,都有古人类遗存发现。出土晚期智人化石的地点,也增加到 40 余处之多,其中有完整头骨者,就包括广西柳江人、四川资阳人、贵州穿洞人和陕西黄龙人、北京山顶洞人、内蒙古河套人等多处。此外,还有一些重要人类生活遗存陆续被发现,比如在太行山脉北端、燕山山脉沿线及周边地区,有辽宁海城小孤山遗址、山西朔县峙峪遗址、河北阳原虎头梁遗址,以及山西西南的下川遗址等。

"满天星斗"

大约不晚于公元前 10000 年,东亚大陆进入以农业的产生、动物的驯养、陶器的制作和磨制石器的使用为特征的新石器时代。由于东亚大陆幅员辽阔,东西南北各地区的生态环境差异显著。为适应不同的自然环境条件以及社会生产和生活需要,不同地区的人群在工具组合、器物形制、经济类型、聚落形态等诸多方面,都发展出鲜明的地方性特点。

公元前 5000 多年,广大地区新石器时代文化陆续形成了八大区域文化:以豫西、晋南、关中为重心的黄河中游中原文化区,以山东为重心的黄河下游东方文化区,以甘青地区为重心的黄河上游西部文化区,以辽河流域燕山南北地带为重心的北方文化区,以两湖平原为重心的长江中游中南文化区,以太湖地区为重心的长江下游东南文化区,以成都平原为重心的长江上游西南文化区,以两广地区为重心的南方文化区。

八大文化区的新石器时代文化都由多个自成序列的考古学文化构成,显示出多样性的文化面貌。其中距今 5000 年前后的辽西红山文化、东南良渚文化、中南石家河文化等,都先后出现文明萌芽的考古学证据。这显示出中华古代文明是多元起源的,考古学家称之为"满天星斗"。在此基础上,距今 4600 至 4000 年的龙山文化时期,地理位置居中、融汇凝聚周围文化的中原地区初步成为东亚大陆史前文化的核心区域,推动中华古代文明"多元一体"的演化进程。

大禹治水

上古传说尧舜执政的时候,曾经发生过一次极大的洪水,《尧典》记载为"汤汤洪水","浩浩滔天"。帝尧曾命鲧治水,9年而无功,被"殛于羽山";帝舜再命禹为司空继续治水。大禹亲执耒耜,四处探察,采用疏导的方式治水,13年过家门而不入,终于平定了洪水。在治水过程中,大禹按照自然地理形势划分了九州,奠定疆土,并按照各地的土壤、物产、田地等级和经济繁荣程度,制定各州的贡赋。

《尚书》中的《尧典》《皋陶谟》《禹贡》对大禹治水做了详细的记载,传世文献的《国语》《左传》《史记·夏本纪》也有相关的记录;这一故事也得到了出土文献的印证,例如西周中期青铜器豳公盨,器底铭文10行98字,开篇即言:"天命禹敷土随山浚川,乃差地设征,降民监德,乃自作配享民,成父母。"上海博物馆所藏战国楚竹书《容成氏》也提到"舜听政三年,山陵不序,水潦不湝,乃立禹为司工",而大禹决河之阻,东注之海,天下九州"始可处也"。这说明从西周到战国,人们都传说着大禹的故事,铭记他的功绩。

自然科学家通过对古气象、古地质等方面的材料研究,认为在距今4000年前后,世界范围内都发生了受到气候变冷所引发的洪水事件,在我国北方的黄河流域、淮河流域和海河流域的史前考古遗址中都普遍发现了异常的洪水地质记录。大禹治水很可能就是在这一自然环境大变迁背景下发生的历史事件。

要完成大禹治水"决九川距四海"的伟业,需要大地域的协同,调配人力、粮食和其他物资,很可能在这一过程中,在治水技术、保障机制和社会组织方面,催生了治水所需要的社会机制,促使向早期广域王朝国家的转变。

尧舜禹禅让

尧舜禹禅让,是有关上古君权传递的传说。传说上古帝尧号令诸侯,他年纪大了,下令举荐继承人。四岳等诸侯先后举荐了鲧、尧的儿子丹朱等人,尧都认为他们德行不够;四岳又举荐以"孝"闻名的舜。尧对舜进行了多次考察,包括让其进入暴雨山林,以考察舜的定力;让舜担任迎宾官员,考察他的行政能力;甚至把女儿嫁给舜,以观察舜的私德。经过多次考察,帝尧对舜十分满意,最终将诸侯的最高领导权委托给舜。帝尧去世后,舜即继任成为诸侯的最高首领。在帝舜执政期间,通过治水了解到大禹的能力和德行,于是在帝舜年老的时候,也如同尧一样,将诸侯的最高领导权委托给大禹。帝舜去世之后,大禹即继任成为诸侯的最高领导人。

这一禅让故事,记载在《尚书·虞夏书》中,司马迁《史记·五帝本纪》的相关内容也是根据《尚书》改写的。湖北荆门郭店一号楚墓出土的战国文献《唐虞之道》和上海博物馆藏战国楚竹书《容成氏》中,也都记载了尧舜禹禅让的内容。《唐虞之道》说"唐虞之道,禅而不传",并给禅让下了定义:"禅也者,上德授贤之谓也。"认为所谓"禅让"就是尊贤,让贤明者居上位。《容成氏》甚至说,上古皆以禅让为制度,尧有九子而不传,舜有七子而不以其子为后。这都说明在战国中期已经广泛流传这样的传说,并有学者把"禅让"作为统治者尊贤治国的最高表现。

尧舜禹时期是否真正实行过这样将最高领导权让贤与能的制度?许多学者认为禅让传说反映了古代王位世袭制建立前以"不授其子而授贤"为特点的君长推举制度,"广泛流传的禅让传说很可能的确保留了远古时代曾经实行过的君长推选制的史影"。需要特别注意的是,尧舜禹故事反映的是邦族联盟最高权力的推选,而非族群内部君长的产生过程。有学者因此推测这一故事有可能暗示当时是华夏和东夷集团轮流执政的状况。《韩非子·说疑》又有"舜逼尧,禹逼舜,汤放桀,武王伐纣。此四王者,人臣弒其君者也,而天下誉之"的说法,令人对于上古邦族联盟权力的交接是否以和平的方式,产生怀疑。甚至有学者提出,尧舜禹传说中,把受禅者说成是有贤德的平民,这种说法只有在战国时代的社会背景下才能产生,并非上古史实的真实反映。

发现二里头

二里头遗址位于河南省偃师市,地处洛阳盆地东部,伊河、洛河两河相夹。现存遗址范围北至洛河滩,东至圪垱村东头,南到四角楼村南,西达北许村。遗址略呈西北—东南向,东西最长约 2 400 米,南北最宽约 1 900 米,现存面积约 300 万平方米。

1959 年 5 月,徐旭生在豫西地区开展"夏墟"调查工作,发现了二里头遗址,当年秋,中国科学院考古研究所即委派赵芝荃等对此进行了试掘。在这里,相继发掘出了中国最早的大型宫室建筑——1 号、2 号宫殿,中国最早的铸铜作坊和中国最早的青铜礼器群。自 1959 年至今,二里头遗址进行了 60 多次发掘,累计揭露面积达 4 万平方米。现已发现了中国最早的包含有若干座宫殿基址的宫城、最早的城市道路网和车辙、围垣作坊区(含绿松石作坊区和铸铜作坊区)等二里头文化考古遗迹。

其中,二里头宫城由四条垂直相交的大路围绕而成,面积达到 10.8 万平方米,平面略呈南北纵长方形,城墙沿大路内侧修筑。东西墙的复原长度分别约为 378、359 米,南北墙的复原长度约为 295、292 米,宫墙平均宽度 2 米左右。宫城内分别有西、东两组建筑群,西部建筑群包括 1、7—9 号等 4 座建筑,均始建于二里头文化三期;东部建筑群包括 2—6 号、11、12 号等 7 座不同时期建筑,根据记载分别在宫城东部偏北处。其中 3、5 号基址属于二里头文化二期,2、4、12 号始建于二里头文化三期,6、11 号始建于二里头文化四期,且 2、4、6 号三座建筑的基址处于同一中轴线上。3、5 号基址直接有宽约 3 米的通道相隔,通道下有长百米的木构排水暗渠。众多考古遗迹反映出类似后世建筑群的"中轴线"规划、宫城设计,贵族墓中随葬嵌绿松石铜牌饰、其他绿松石饰品、大型玉礼器和青铜容器,可以认为,真正的"朝廷"和"宫廷礼仪"正发端于这一时期。

根据考古年代学的最新研究,二里头文化的年代约在公元前 1735 到公元前 1530 年之间(大大压缩了早先认为二里头文化早至公元前 1900 年的初始时代),测年学家认为"二里头文化在时间上跨越了夏代中、晚期和商代早期",与认为"二里头文化一至四期均为夏文化"的主流观点不符。至今还没有在二里头发现类似甲骨文那样可以自证其族属和王朝归属的文书类证据,对于二里头遗址为夏朝都邑的推测,仍只能暂时存疑。

然而,虽然二里头文化与夏朝的关系仍在争论,可以肯定的是,二里头文化的分布范围已经突破了地理单元的制约,几乎分布于整个黄河中游地区。在二里头最高中心聚落并没有发现防御工事,而外围的次级中心聚落却有城墙环绕,这一事实揭示了一个不同于之前龙山时代的政治版图。相比而言,二里头则是一个大范围内单

一中心的政治系统。许宏从考古学的角度提出,二里头遗址是东亚大陆最早出现的广域王权国家的都邑。

甲骨文

甲骨文,又称"契文",作为契刻于龟腹甲或牛肩胛骨之上的文字,是目前所知中国年代最早的成熟文字系统。由清代学者王懿荣于1899年无意中在一味"龙骨"药材上发现,到1900年,他收藏的有字甲骨已达3万片之多。

1910年前后,学者罗振玉经过多方探察,终于确定河南安阳小屯村一带,是有字甲骨的真正出土地。1928年,国立中央研究院历史语言研究所考古组成立,所长傅斯年决定对殷墟甲骨出土地进行科学系统的发掘。从1928年冬到1937年全面抗战爆发前,10年间共发掘出有字甲骨数万片。新中国成立之后,又陆续出土了几批有字甲骨。到目前为止,殷墟出土商代有字甲骨的总数已达16万片之多,从而为我们研究商代社会历史,提供了绝好的一手资料。

1903年,刘鹗整理自己所收集的甲骨卜辞成《铁云藏龟》一书,这是历史上第一部甲骨文著录。1904年,著名学者孙诒让完成了《契文举例》,书中考释出180多个甲骨文字,这是历史上第一部甲骨文考释著作。后来,罗振玉(字雪堂)、王国维(字观堂)、郭沫若(字鼎堂)、董作宾(字彦堂)等学者,为甲骨文字的释读,作出重大贡献,被称之为"甲骨四堂"。经过百年来的不懈努力,目前已经辨识出2 000多个甲骨文单字,占已经发现甲骨文单字总数的45%左右,其中的1 000多个,已得到学术界公认。

继殷墟甲骨文之后,近些年来,考古工作者又在郑州二里冈和郑州小双桥的早商遗址中,陆续发现了商代的有字甲骨刻辞和朱书陶文,从而将殷商文字记事系统的使用年代,向前推进到了数百年之前的早商时期。有学者推测,在商代甲骨文之前,还应有一段较长的文字发育史。

甲骨文的使用,与商周时期的占卜活动有密切关系。殷墟时期,商人的占卜活动已有严格程序和制度。占卜时,不仅要刻记下占卜的时间、卜者的名字、卜问内容,还要记录预测及最后应验的情况。安阳出土的甲骨卜辞,时代为商中后期,涉及武丁、祖庚、祖甲、廪辛、康丁、武乙、文丁、帝乙和帝辛等各代商王。其中大多数都是有关商王日常活动中的占卜问疑的记录（"王卜辞"），但也有若干是殷商贵族占卜问疑的卜辞（"非王卜辞"）。

从甲骨卜辞的有关内容来看，当时占卜活动，涉及气象、农业、祭祀、征伐、田猎、刍渔、行止、卜占、营建、梦幻以及疾病、死亡、吉凶、灾害、诸子、诸妇和家族等诸多方面，尤其是国境安全、年成丰歉、逸乐田猎、祖先及神灵祭祀等事务，则是商代统治者最为关注的内容。

随着相关研究的不断深入，我们现在已经能通过甲骨文逐步复原商代社会的国家政治、经济、军事、社会、文化等诸多细节。王国维先生即将甲骨文的发现，视为秦汉以来影响中国学术走向的"四大发现"之一。

除殷墟和郑州商城外，在河北藁城殷代遗址及山西洪洞坊堆，北京昌平白浮和陕西丰镐、周原等地的西周遗址中，也陆续出土甲骨刻辞。这些甲骨刻辞，在文字构造上与殷墟甲骨文一脉相承，显然属同一文字记事系统。这表明，当时的甲骨文字并不局限于商代王都使用，已经在较广阔的地域范围内通行。

武王克商

周国原是商王朝的诸侯之一。在今河南安阳殷墟出土的第一期武丁时代的卜辞中，就出现了与"周"有关的记录。不少学者认为卜辞中的"周"就是姬姓的周国，武丁时期被商人征服，成为商的属国。周国出土的甲骨卜辞中也有祭祀商王帝乙和成汤的内容。但商周关系并非从此一帆风顺。《古本竹书纪年》记载，周人君长季历曾经得到商王武乙的赏赐和册命，却被下一代商王文丁所杀。而商纣王囚禁季历的儿子姬昌，继而又封其为"西伯"，同样反映了商王对周既倚重又忌惮的事实。

《史记》记载商纣王勇猛非常，能徒手与猛兽搏斗；聪明自信，善于文过饰非。他不听劝谏，沉湎酒色，宠幸小人，诛杀无辜，终于导致诸侯分崩离析。其中周国实力最强，逐步扩大自己的控制范围：先是灭掉了周国后方的密须、共、阮各国，然后挥师东进，先后攻灭了位于今山西上党的黎国（又作饥国、耆国）、河南沁阳的盂、河南嵩山附近的崇国。盂地是商王传统的田猎区，崇国诸侯崇伯虎是商纣王的心腹。周人

的势力扩大至此，与商王朝的最后决战已经无可避免。

姬昌去世后，他的儿子姬发继承父亲遗志，继续伐商。姬发曾率兵到达黄河渡口孟津，据说到此来会合周人队伍的有800诸侯。但姬发并未马上发动对商王都的攻势，他还在等待更恰当的时机。

两年之后，周人的势力更加强大。而纣王对外发兵讨伐东夷，军师劳顿；对内剖杀王子比干，导致叔父箕子佯疯避祸，王兄微子逃亡，太师和少师抱着祭乐器投奔周人。商王朝内外交困，矛盾空前尖锐。姬发认为时机已到，于是带领西方诸侯联军杀向商王都，在都城郊外的牧野与纣王大军展开决战。

这一场终结商朝命数的决战，《诗经·大雅·大明》上说"殷商之旅，其会如林，矢于牧野"，规模空前。《逸周书·克殷解》上也说："周车三百五十乘阵于牧野，帝辛（商纣）从。武王使尚父（吕尚）与伯夫致师。王既誓，以虎贲、戎车驰商师，商师大崩。"《尚书·武成》里记录了大战的场面："罔有敌于我师，前徒倒戈，攻于后以北，血流漂杵。"可见周人联军势如破竹。纣王无奈穿上玉衣，登上鹿台，自焚而死，历时近500年的商朝自此灭亡。

《尚书·牧誓》是最早记录武王克商这一重大历史事件的传世文献。它提到牧野之战发生的时间是在"甲子"日。这一点，已经得到了地下出土资料的充分证实。1976年陕西临潼南罗村出土了一件西周早期青铜器利簋，铭文中"斌（武王）征商，隹（唯）甲子朝，岁鼎克闻。夙又（有）商"的记载，与《牧誓》完全吻合。这个细节的印证，成为地下文献与传世文献互相参证的最佳典范之一。

东征与分封

周武王攻克商都之后，周人的胜势并不稳定。为了安定殷人，把殷遗民及商都一带仍然封给了商纣的儿子武庚禄父。同时为了监视和控制，武王把自己的弟弟叔鲜封到管地，叔度封到蔡地。两年后，武王去世，其子姬诵即位，是为成王。管叔和蔡叔散布流言，联合商纣的儿子武庚叛乱。原先归属商人的东方诸侯如徐、奄、薄姑、熊盈等也乘机作乱。

成王和周公果断行动，"内弭父兄，外抚诸侯"，亲自率兵平叛。在此过程中，管叔被杀,蔡叔被囚,武庚禄父北逃,周人乘胜进行了大规模的东征。最终周人征服了黄河中下游的大部和长江流域的部分地区,其势力范围东至山东半岛,西到六盘山,南抵淮河和长江中游,北达燕山一线。

面对更广域的统治范围,周人继承和创造性地发展了商代的王朝统治国家的模式:一方面,承认那些已经存在并顺从于周的邦国或地方人群,允许他们实现自治的管理;另一方面,主动地大规模向东方原殷人势力地域,分封自己的王室宗亲和重要功臣。这一批新诸侯,主体是周王室的后裔和近亲,跟周王一道奉祀共同的祖先,是与周王关系最为密切的"自己人"。其中有管、蔡、郕、霍、鲁、卫、毛、聃、郜、雍、曹、滕、毕、原、酆、郇等,他们都是文王的儿子;邘、晋、应、韩,是武王的儿子;凡、蒋、邢、茅、胙、祭,是周公的儿子,等等。此外,齐、燕等国,分封的是跟随武王伐商的姜尚父,还有为平叛管蔡之乱立下汗马功劳的召公,这些都是功臣之国。很明显,周人就是非常明确地要借助于儿子、兄弟的血缘关系,以及功臣的力量,来维护新建国家的统治。

这一形式,在有周一代一直实行,但规模最大的分封,则是在成王和康王时期进行的。新封国主要分布于 7 个地区:王都丰镐所在的渭水流域,黄河汾水地区,洛阳、开封、安阳三角地带,成周近畿,鲁南、苏北、豫、皖一带,豫南、鄂北一带,还有鄂南、湘、赣至浙江。其中姬姓诸侯的封国沿着原殷商交通路线分布,大体与黄河流域主要农业生产区相吻合。其中封国在今河南地区最多,山东次之,这些都是原来商人势力主要的分布地区。

这些新诸侯到新的领地进行开拓和发展,能够打破原来旧有的地域格局,有效分割原先殷人与地方的联系;同时,这些新诸侯要在新环境中生存下去,也必须依靠周王室这个坚强有力的后盾。依凭着真实的血缘关系和现实利益基础,周天子与他的新诸侯们得以有效地相互联结与相互策应。西周王朝即依靠这些新封诸侯,在各地扩大和加深自己征服的力度,建立起"天下国家"的统治秩序。

共和行政

周厉王姬胡,周夷王姬燮之子,西周第 10 位君主。在他执政期间,开始变更旧

有的周法。他宠信为他牟利的荣夷公,把原先由贵族、人民共同享有的山林川泽之利,收归周王所有。厉王试图以此加强王权,却违反了与贵族分享利益的传统。这一损害其他贵族和平民利益的"专利"行为,激起了人们的极大反对。为了禁止人们提出反对意见,厉王任用卫巫监视百姓,百姓在路上相遇了,只能用目光示意,表达自己的愤怒。大臣邵公苦口婆心向厉王进谏说:"堵塞百姓的议论,这危害比堵塞河流还要厉害啊!河流决堤,会造成大量损失,堵塞老百姓的口,也是一样的!治理河流,要用疏导的办法;治理百姓,应该让他们能够发表意见。更何况,人的嘴又岂是能够被封住的呢?"但是厉王依旧我行我素,甚至以为自己的措施达到了"止谤"的效果。没想到最终激起了暴动,国人("邦人")、长官的部属("正人")和军队成员("师氏人")联合起来,驱逐周王,厉王出奔到彘地(今山西霍县),最终死在那里。

厉王逃离国都后,由当时的贵族代行天子事,史称"共和行政"。何谓"共和"?《史记》和《国语》韦昭注说是召伯与众卿士共同执政,号曰"共和";而《吕氏春秋》、《古本竹书纪年》说是贵族共伯和代为行政 14 年。新发现的清华大学所藏楚简《系年》的记载则为第二说增加了出土资料方面的证据:"乃归厉王于彘,龙(共)白(伯)和立十又四年。"

还值得一提的是,司马迁在其《史记·十二诸侯年表》中,将这一年岁次"庚申"。根据"六十一甲子"干支纪年的规律来推算,即公元前 841 年。这是中国历史上有明确纪年的开始。

商周青铜器

商周统治者为了彰显权力、地位和身份,将大量宝贵的青铜资源投入到了相关礼仪活动中,逐渐发展出名目繁多、数量庞大、造型精美的青铜礼器,成为中国青铜文明的重要物化象征。

商周时期的青铜礼器,种类多样,大多都是根据礼典祭祀活动的需要而设置的,可以根据用途将之分为炊煮器、食器、酒器、盥洗器、舞乐器等几大类别。

炊煮器包括有鼎、鬲、甗等,是用于烹煮和陈放献祭肉食的礼器。其中青铜鼎是"三代"时期地位最高、使用时间最长的青铜礼器。鬲和甗,用来蒸煮祭祀时候供奉的黍、稷、稻、麦等五谷粢盛。从墓葬情况看，鬲往往以偶数组合成组出现，一般是与列鼎在同一座墓葬中出土，起"陪鼎"的作用；而甗则常与鼎、簋、豆、壶、盘、盉等，组成一套完整的随葬礼器。

食器包括簋、盨、簠、盂、豆、铺等，用于盛装献祭的食物、果品、腌菜和肉酱等。其中，簋的地位最高，西周时代的簋，往往与鼎一道出现在祭祀、宴飨等隆重场合，其组合多以偶数为主。为了便于使用，祭祀前还要用小旗标志簋簠中所盛的谷类品种。

酒器分饮酒器与盛酒器，前者包括尊、罍、觥、卣、方彝、壶等，后者包括爵、角、斝、觯、斚、盂等（间或也有盛水者）。其中爵是古代最重要的青铜盛酒器，被广泛应用于祭祀及宴飨场合，而且往往与角、斝、觯、斚等器组合出现，配合使用。

盥洗器主要包括盘和匜。两者常常配合使用，出现在沃盥礼中：长者奉水，少者奉盘，盥毕受巾。

青铜舞乐器则主要指钟鼓类等打击乐器。铃、铙、钲、钟、鼓、镈等多种青铜乐器与其他各类乐器一道，被广泛应用于祭祀、燕享、外交、婚庆等礼乐场合。青铜钟，是西周各种乐器组合中地位最为重要的。当时的钟有斜挂的甬钟、直悬的钮钟和形体特大的镈钟。钟体的合瓦造型，可以演奏出一钟双音的奇妙效果。西周时期的钟往往多件一套，按照大小次第排列成组，称为"编钟"。西周晚期的编钟已有三个八度。春秋战国时期，编钟的数目组合更加庞大，著名的随县曾侯乙墓编钟，数量竟多达65 枚。

商周青铜器多用动物纹饰，但商代及西周初期的纹饰夸张而神秘，兽面纹往往巨口阔目，狞厉可怖。而且在商代青铜器鼎盛时期，铜器上地纹、浮雕和浮雕上的花纹共同组成"三层花纹"，纹饰显得愈加繁复细密。周代青铜器的纹饰发展则是从繁到简，从早期偏晚开始，风格就向朴素发展，晚期甚至出现素面、没有纹饰的青铜器。但是西周青铜器上大多都刻有铭文，而且铭文的字数有增多的趋势。西周晚期的毛公鼎有 499 字，是现在所知铭文中最长的一篇。西周时期的青铜铭文或者追纪祖先功业，或者记载天子赏赐册命，以此来显示使用者所获得的政治殊荣。

在器物组合方面，商人重酒器，周人则以食器为主。这是周人汲取了殷人饮酒过度而招致亡国的教训之后，在祭祀中转而突出食器的地位所形成的新传统。同时，不同等级的贵族，所使用的器物组合数量也是要符合"礼"的要求的。周人特别

发展出了"列鼎""列簋"制度，规定各级贵族在祭祀及各类大典仪式中所使用的成组青铜祭器，必须严格规定不同的数量、形制和大小，以符合各级使用者的等级身份与政治地位，例如周天子九鼎八簋、诸侯七鼎六簋、大夫五鼎四簋、元士三鼎二簋。这进一步反映了商周青铜器作为"礼器"的特征。

春秋五霸

公元前 770 年，周平王在诸侯的帮助下，将都城迁往东都洛邑，开启了中国历史上的春秋时代。这一时期，不仅周王实力大降，逐渐失去号令诸侯的权威，四方夷狄也不断进入中原腹地，对诸侯造成极大威胁。在这样的时代背景下，实力强的诸侯打出"尊王攘夷"的旗号，以尊崇周王权威的名义团结起中原各个诸侯国，共同对抗戎狄蛮夷的威胁，同时维护中原诸侯集团内部的秩序。这样的诸侯，被称之为"霸"（伯）。

春秋时代诸侯中出现过好几位实力不凡的君主，其中齐桓公、晋文公是当之无愧的霸主。

齐桓公小白于公元前 685 年至前 643 年在位，春秋时齐国第十五位国君。他是齐僖公的第三子，本没有即位的可能。其兄齐襄公执政期间，醉杀鲁桓公、淫乱后宫、朝纲不振，群公子纷纷逃亡到别国避祸。其中公子小白奔莒，公子纠奔鲁。襄公死后，即位的僖公侄子公孙无知很快也死于齐国内乱。公子小白与公子纠争位，公子纠暗箭伤人，欲阻止小白回国。小白将计就计，佯装中箭，骗过公子纠，自己却快马加鞭抢先回到齐国国都，即国君位。

齐桓公即位之后，任用管仲为相，推行改革，实行军政合一、兵民合一的制度，齐国国力大增。公元前 681 年，齐桓公在北杏（今山东省东阿县境）召集宋、陈、蔡、邾四国诸侯会盟，首开以诸侯身份主持天下盟会的先例。后来宋国违背盟约，齐桓公以周天子的名义，率多国诸侯伐宋，迫使宋国求和。公元前 679 年，齐桓公及诸侯与周王卿士单伯在鄄地（今山东省鄄城县西北）盟会，齐桓公从此成为天下诸侯的霸主。此后，齐桓公九合诸侯，北击山戎救燕，将邢国迁至离狄人较远的夷仪（今山东省聊城），又在楚丘重建卫国，南伐楚国，扶立周太子郑为周襄王。齐桓公三十五年（前 651 年），齐与诸侯在葵丘（今河南省兰考县）会盟，周襄王赏赐齐桓公祭祀宗庙的胙肉、彤弓矢、天子车马等,正式承认桓公的霸主地位。葵丘之盟成为桓公霸业达到顶峰的标志。

晋文公重耳是晋国的第 22 任君主,公元前 636 年至前 628 年在位。他是晋献公之子,即位的道路也十分曲折。晋献公宠爱骊姬,为立骊姬之子奚齐,不惜听信谗言杀害太子申生,将其他公子都赶到别国去。其中重耳就在国外逃亡 19 年之久,等到 62 岁的时候才回国即位。

晋文公在位期间,重用狐偃、赵衰、先轸等贤臣,整顿内政,作三军六卿,使晋国国力大增。执政甫始,就带兵平定了王子带争位的内乱,稳定周王室。接着对外联合秦国和齐国伐曹攻卫、救宋服郑,更于公元前 632 年在城濮(今山东范县南)大败楚军,召集齐、宋等国于践土会盟,献俘于周襄王。周王任命晋文公为诸侯之长,并大加赏赐。晋文公因此成为春秋时期的第二位霸主,并开创了晋国长达百年的霸业。

春秋时代还有其他一些君主,也曾参与争霸、号令诸侯,史称"春秋五霸"。只是对于除了齐桓公和晋文公之外的君主,哪些还可以入"五霸"的榜单,史家看法不完全一致。其中西戎霸主秦穆公、问鼎中原的楚庄王,呼声较高;此外,周初小霸的郑庄公、战争中坚持仁义古礼的宋襄公,东南争霸的吴王阖闾(或夫差)、越王勾践,甚至维持晋国百年霸业的晋襄公、晋景公、晋悼公等,都曾经榜上有名。

战国的开端

公元前 770 年,周平王定都洛邑(今河南省洛阳市),史称东周。东周前期,周天子权威衰落,礼乐征伐先是"自诸侯出",后来又"自大夫出",卿大夫家臣把持朝政,权柄不断下移,被称为春秋时期;东周后期,诸侯之间激烈征伐,以"权谋力战"作为时代特征,史称战国时代。

明末清初思想家王夫之认为春秋战国乃"古今变革之会",其中一个大的变化,就是突破了西周以来严整的政治秩序,原先分封体系下的诸侯国逐渐变为独立的新国家。这一变化的标志性事件就是"三家分晋"和"田氏代齐"。

晋国的始封君是西周成王的弟弟叔虞,初封于唐;叔虞之子改封于晋。自晋献公"尽逐群公子"之后,晋国公族的势力被严重削弱,卿大夫逐渐专国政。经过激烈

的政治斗争,范氏、中行氏、智氏、韩氏、赵氏和魏氏,是其中势力最强的六个卿族。春秋晚期,范氏、中行氏先后被灭,而智伯瑶试图联合韩、魏灭赵不成,反于公元前453年被三家所灭。晋幽公即位时(前438年),韩、赵、魏称"三晋",晋幽公只拥有绛和曲沃两邑。公元前403年,周威烈王赐赵、韩、魏皆为诸侯。公元前376年,魏武侯、韩哀侯、赵敬侯灭晋而三分其地。晋国正式灭亡。

齐是西周成王分封的重要封国,始受封者是帮助文王、武王完成翦商大业的功臣姜尚姜太公。齐桓公十四年(前672年),妫姓陈国国君厉公之子田完因避内乱,逃奔齐国,成为齐国大夫,以田为氏。此后田氏在齐国世代为卿大夫,并在卿族斗争中逐渐占了上风。齐景公时候,田乞用大斗借粮、小斗回收的办法收买人心,并拥立齐悼王,擅专朝政。田乞之子田常杀齐简公改立平公,《史记》上说"齐国之政皆归田常"。到田常曾孙田和时期,则将齐康公迁到海上;康公一死,西周诸侯姜姓吕氏一脉就此断绝。公元前386年,周安王立齐相田和为齐侯。虽然国号没有变,却已是"城头变幻大王旗",此"齐"(田齐)非彼"齐"(姜齐)了。

那么战国时代的开端到底从哪一年开始呢?史家对此意见纷纭。司马迁在《史记·六国年表》中以周元王元年(前475年)为春秋战国间的划界,《资治通鉴》认为周威烈王正式承认韩、赵、魏为诸侯的公元前403年最为合适。还有以史书《春秋》末的鲁哀公十四年(前481年)为春秋时代的结束,或以韩赵魏三家共灭智伯的公元前453年作为战国起点……事实上,无论"三家分晋"还是"田氏代齐",都不是一蹴而就的。从春秋到战国,可以看作西周分封体系逐渐崩坏、各国君主集权制度逐渐建立的历史过程。

华夷之辨

华,即中华、华夏,指中原三代时夏、商、周三国族为主的人群;夷,最早是作为对中原商周王朝统治区周边其他人群的称谓。在夏商周三代时期,夷夏交流非常频繁。周人的先祖弃,号为后稷,在农业耕种方面有很高的水平,但后来其子孙不窋也曾"自窜于戎狄之间"。周人兴起的泾渭地区,也是与戎狄杂处,先周文化中带有非常浓厚的戎人文化色彩。

西周末期,被申侯引犬戎攻镐京,幽王政权灭亡。而春秋初期,东迁的周王权衰落,无力承担起团结中原各国的责任,中原周边的戎狄蛮夷"交相侵","中国不绝如线"。面临历史上最严重的戎狄交侵的局面,以西周分封体系为主体的中原各诸侯国自我意识得到加强,认为"非我族类,其心必异",开始严格区分华夏与蛮夷的区别,被称为"华夷之辨",或称"夷夏之辨"。

最开始的时候,是将周王室和它所建立的诸侯封国,称作诸夏。《国语·郑语》曰:"是非王之支子母弟甥舅也,则皆蛮、荆、戎、狄之人也。非亲则顽,不可入也……夫成天下之大功者,其子孙未尝不章,虞、夏、商、周是也。"也就是说,诸夏的基本团体包括夏、商、姬、姜四族,也就是姒姓、子姓、嬴姓、姬姓、姜姓氏族中继承了华夏文明的诸侯国。其中应有周王室和其姬姓封国如鲁、晋、郑、卫、韩、魏、燕、虞、虢等,齐、申、吕、许等姜姓国,子姓宋国以及徐、黄、郯、江、秦等嬴姓国。在最初的华夷之辨观念中,以中原华夏为中心,鄙夷周边四夷。例如管仲曾经劝说齐桓公:"戎狄豺狼,不可厌也;诸夏亲昵,不可弃也。"以此来团结中原各国,共同对抗夷狄的侵伐。他建议齐桓公打出"尊王攘夷"的旗号,团结西周分封体系下的中原各国,共同对抗侵扰的山戎、猃狁和南夷等。齐桓公接受了管仲的建议,帮助被周边戎狄侵犯的燕国、邢国和卫国,会盟诸侯,讨伐楚国,成为一代诸侯霸主。孔子赞扬说:"微管仲,吾其被发左衽(当时戎翟(狄)的穿着打扮)矣。"春秋时期的华夷之辨,体现了中原各国间的文化认同和向心力,以及文化自信心与优越感。在此基础上,春秋时期逐渐形成华夏民族的共同意识。

春秋时期,中原各国与周边人群在饮食、衣服、语言、货币等诸多方面存在诸多差别。因此又逐渐产生了以文明礼义为标准进行人群分辨的观念。也就是以文化和文明程度来区分人群,而不以种族:只要是合于华夏礼俗文明的人群即为华,或称夏、华夏,不合者则为夷,或称蛮夷、化外之民。华、夷的标准并不是一成不变的。例如杞国是姒姓之国,周文王时所封大禹之后,看起来应该是"根正苗红"的华夏。但因为鲁僖公二十七年来鲁国朝聘,使用"夷礼",被时人称为"杞夷"。楚国曾自称蛮夷,"不与中国之号谥",楚国国君自称为王,齐桓、晋文都曾与楚国作战来彰显自己"攘夷"之功。但随着与中原交流越来越紧密,楚国逐渐接受中原的礼仪文化风俗,不再自认为夷狄之邦。例如楚国公子子囊就评价楚共王说:"赫赫楚国,而君临之。抚有蛮夷,奄征南海,以属诸夏。"中原诸侯也与楚国频频会盟,最终不复以蛮夷视

之。还有秦国,《史记·秦本纪》记载:"秦僻在雍州,不与中国诸侯之会盟,夷翟(狄)遇之。"可是等到战国时期,楚、秦等国已经融入华夏文化圈。

华夷之辨,一方面强调"内诸夏而外夷狄",即强调华夏与夷狄的区别;另一方面,夷、夏以文化而非种族来进行区分,且夷、夏可变,正所谓"夷狄入中国,则中国之;中国入夷狄,则夷狄之"。这一先秦思想成为后世重要的政治思想资源。在历史上,当王朝强大之时,往往侧重于"怀柔远人","无远弗届","以华化夷";而在华夏面临严峻威胁即遭遇严重入侵和灾难之时,为了团结和保护华夏文明与尊严,思想家们更多地会强调"夷夏大防"。

李悝《法经》

战国时期,列国竞争与兼并到了极其激烈的程度,为了富国强兵、提高国家实力,各国都致力改革。其中,魏文侯任用李悝变法,开战国时候变法运动的先河。

李悝又名李克,《汉书·艺文志》记他是孔子学生子夏的弟子,曾为魏文侯相。他改革的措施有三项:一是"食有劳而禄有功",鼓励为国建功,国君按照功劳的大小来封赏,"夺淫民之禄,以来四方之士",要剥夺无功的世袭贵族的俸禄;二是"尽地力之教",举国发展农业,并以国家收购的办法平抑丰年、灾年的粮价,保护农民耕种的积极性;三是制定《法经》。

李悝所著的《法经》,现已不存于世,根据房玄龄《晋书·刑法志》所述,一共有《盗》《贼》《网》《捕》《杂》《具》六篇。古代盗、贼的含义与今天不同。所谓盗,除了"窃取财物"之义外,还包括抢掠劫持;贼,指伤人杀人,对人身的伤害。这些都是破坏社会秩序、统治者必须严厉打击的大罪,所以《法经》以此为先务。《网》《捕》两篇是涉及定罪逮捕的法令;《杂》中涉及欺诈、越城、赌博、淫乱、贪污、奢侈逾制等多种违法行为的惩处;最后一篇《具》,则是《法经》的总则和序例,规定定罪量刑的基本原则。

李悝《法经》,可谓魏国政治变革的重要成果,对战国各国都产生很大影响。尤其是作为我国历史上第一部比较系统的成文法典,被商鞅带入秦国,以其为蓝本制定秦律。后来汉承秦制,《法经》的体例和内容都被秦汉法律所继承,成为后世成文法典的基础。

胡服骑射

赵国在战国七国当中,位置偏北。北有燕国,南有韩、魏,东齐西秦,此外还有林胡、楼烦之戎、中山的不断侵扰。如何在群敌环伺的环境中生存并反败为胜,赵武灵王认识到,必须建立一支战斗力强大的军队。

当时中原各国间的战争还沿用春秋时期的车阵战,作战双方在平坦空地排列车阵对垒,每辆战车上站一位御手、两名甲士,战车后跟着一队步兵;交战时双方相互冲杀,阵脚一乱,即可视为战败。赵武灵王多次巡行北疆,发现胡人主要采用骑射作战的方式,在复杂地形中的机动性和战斗力都大大优于中原的战车和长矛:胡人的弓箭能远距离作战,骑兵很快冲乱战车阵,导致各辆战车自顾不暇,无法发挥整体作战的优势;而车阵后的步卒,没有了战车保护,很容易陷入混乱和被骑兵击杀的不利境地。因此此前赵国军队与诸胡对阵,屡屡败绩。

赵武灵王决定向诸胡学习,改革军事。不仅改学胡人骑射,还要采取胡人的服装:短装,窄袖,长裤,束皮带,用带钩,穿皮靴。不但军队要改胡服,就连王公贵族也要改服,这遭到了大臣们的反对。因为中原传统的贵族衣着服饰沿袭周礼要求,多为上衣下裳,宽袖长袍,同时还具有身份地位的标示功能,显示着尊贵和权势。在反对者看来,改服之举,"变古之教,易古人道,逆人之心",万万不可。

赵武灵王顶住压力,率先胡服上朝,又苦口婆心说服群臣:"乡异而用变,事异而礼易。是以圣人果可以利其国,不一其用;果可以便其事,不同其礼。"过去的传统如果不符合现实的要求,就应该改变;只要对提高国力有用的办法,就应该采用。在赵武灵王的坚持下,武灵王十九年(前307年)下胡服令,推行服制改革,军队教习骑射。朝中官员先带头改服,此后将军、大夫直至边关戍吏皆胡服。

经过这样一番军事改革,骑兵的威力很快显现,赵国军队的战斗力得到大大增强。经过武灵王二十一年(前305年)、二十三年、二十六年三次大战,终于在惠文王三年(前296年),灭掉了一直以来侵扰赵国的中山。同时赵国还向诸胡用兵,扩大边境,北至燕、代,西至云中(今内蒙古托克托县)、九原(今内蒙古包头市),从此赵国称霸北方,成为三晋当中实力最强的国家。近代思想家梁启超对赵武灵王力排众

议、向诸胡学习的胆识评价极高,他说:"七雄中实行军国主义者,惟秦与赵。……商鞅者,秦之俾斯麦;而武灵王者,赵之大彼得也。"

稷下学宫

战国时代各国争雄,既是国力的竞争,也是人才的争夺。各国君主都使出浑身解数来吸引人才,其中东方的齐国则以"不治而议论"的宽松环境赢得学者的青睐。

东汉末文学家徐干在《中论·亡国》中说:"齐桓公立稷下之宫,设大夫之号,招致贤人而尊宠之。"此齐桓公为田齐桓公田午,田齐第 3 任国君,公元前 374 年至公元前 357 年在位。《古本竹书纪年》载他"弑其君及孺子喜而为公",为了粉饰自己的统治合法性,齐桓公招揽天下贤士,在齐都临淄的稷门附近建造学宫,让他们在此聚徒讲学,著书立说。一时间,齐国人才荟萃,彬彬大盛。不过郭沫若考证认为,"稷下学宫"的建造应从齐威王开始。齐威王是桓公之子,他任用邹忌为相,重赏实干的即墨大夫,烹杀阿谀奉承的阿地大夫,选贤与能,赏罚分明,经桂陵、马陵两役,大胜魏国军队,称雄诸侯。稷下学宫的建立,很可能是齐威王广开言路、不拘一格任用人才的改革措施。

不管稷下学宫的始建是在桓公还是威王时期,它作为战国时期的文化圣地,历经齐宣王、缗王、襄王、王建,基本上与田齐政权相始终,百余年而不衰,并形成了有名的"稷下学派",集中了大批当时知名的学者。尤其是在宣王时期,因为宣王特别喜欢文学游说之士,于是网罗了诸如邹衍、淳于髡、田骈、接子、慎到、环渊等 76 位学者,统统赐给宅第,封为上大夫。这些文学之士被称为"先生",他们享受着显要的爵位和优厚待遇,但并不担任具体的官职,而只是专门议论政事的得失。正是由于这种宽松环境,吸引了大量的学者前来,最盛时竟达到数千人的规模。

稷下先生们都有着积极参与现实的功业思想,他们高谈阔论、竞相献策、相互辩难,期望自己的政治主张被齐国执政者所接受、采纳。《新序·杂事》说:"稷下学者喜议政事。"《史记·孟荀列传》也说:"自邹衍与齐之稷下学者……各著书言治乱之事,以干世主。"在其兴盛时期,诸如孟轲、荀况、淳于髡、邹衍、田骈、慎到、申不害、环渊、彭蒙、尹文、鲁仲连等著名人物云集稷下学宫,几乎涵盖战国时期全部学派,包括了儒、道、法、名、农、兵、阴阳、轻重诸家。尤其著名的有稷下道家(环渊、尹文、彭蒙等),而荀子曾三次担任祭酒以主持学宫的工作。对于稷下学宫思想多元化的格局和百家争鸣的局面,历史学者郭沫若曾给予高度评价:"这稷下之学的设置,在中国文化史上实在有划时代的意义……发展到能够以学术思想为自由研究的对象,这是社会的进步,不用说也就促进了学术思想的进步。""周秦诸子的盛况是在这儿形成的一个最高峰的。"

商鞅变法

战国初期,秦国内乱频仍,国势衰弱,河西之地(今黄河以西、洛水以北)被魏国所夺,可谓战国七国中最弱的一国。公元前 384 年秦献公即位,实行新政,废止人殉,编制户籍,在边地推行县制,从雍城(今陕西省凤翔县东南)迁都栎阳(今陕西省临潼市渭水北岸),并且数次发动收复河西失地的战争。秦献公的改革为秦孝公时期的商鞅变法奠定了基础。

秦孝公为献公之子,以继承父志、恢复春秋穆公时的伟业为己任,发愤图强,布德修政。他发布"招贤令",求贤若渴。原本在魏国公叔痤门下当门客的卫人公孙鞅,携李悝《法经》入秦,他的富国强兵之术,得到秦孝公的青睐。

商鞅在准备变法的时候,遭到了旧贵族的反对。大臣们提出"智者不变法而治","法古无过,循礼无邪",商鞅反驳说:"三代不同礼而王,五伯不同法而霸。智者作法,愚者制焉;贤者更礼,不肖者拘焉。"又说:"治世不一道,便国不法古。故汤武不循古而王,夏殷不易礼而亡。反古者不可非,而循礼者不足多。"这番论战,坚定了秦孝公改革的决心。

公元前 356 年,秦孝公任命商鞅为左庶长,实行第一次变法。变法规定:第一,鼓励百姓积极垦荒,奖励耕织。凡是耕织生产粮食和布帛多者可以免除自身的徭役;凡经商或因懒怠而贫困者,全家没为官奴。第二,鼓励军功,打击世卿世禄制。按照军功授予爵位,给予田宅衣服奴隶等;没有军功的宗族贵族,则不能列入公族簿籍,享受特权。第三,编制户籍,严格管理。把老百姓编入什伍之制,禁止私下斗殴,实行连坐。同一居民组织中有人犯罪的,不举报者腰斩,"告奸者与斩敌首同赏,匿

奸者与降敌同罚"。老百姓家里有两名男丁却不分家析户的,加倍征税。

商鞅变法10年,效果逐渐显现:国力强盛,老百姓"勇于公斗,怯于私斗",秦军战斗力增强,地方管理有序。商鞅也被提拔为大良造。公元前350年,秦孝公迁都咸阳(今陕西咸阳东北),再次变法:普设县制,将小的乡邑聚合为一县,县中置县令、县丞进行管理;移风易俗,改变原来秦国父子兄弟同室居住的风俗;破除原来田界,废井田制,平赋税,统一度量衡的标准器。

商鞅变法可谓战国变法的集大成者,奖励农、战获得极大成效,从社会组织、政治设置、经济制度等各方面进行改造,使秦国迅速适应兼并战争需要,国力骤升,军队战斗力也首屈一指。孝公封公孙鞅在商於之地,故号为商鞅。

公元前338年,秦孝公去世。商鞅曾因为太子犯法,使太子的老师公子虔和公孙贾受了刑罚,从而得罪了太子。孝公死后,公子虔等人诬告商鞅要造反,继位的秦惠王终将商鞅五马分尸。尽管如此,秦惠王还是沿用了商鞅的改革政策和措施,北扫义渠,西平巴蜀,东出函谷,南下商於,为秦统一中国打下坚实基础。

孔子和他的学生

孔子名丘,字仲尼,春秋末期鲁国人。祖上是宋国的贵族,他的父亲只做了鲁国某个邑的邑宰。他3岁时,父亲就去世了,16岁的时候,母亲也撒手人寰。按照当时人的观点,他父亲和母亲的结合是不合礼法的。因此,孔子无法继承父亲的地位和财产,为了谋生,他做过替人看管仓库、放牧牛羊的工作,这些都是当时的贵族子弟不屑去做的"鄙事"。

尽管生活艰辛,孔子仍利用一切机会学习。他进入鲁国的太庙,就不停地请教问题。他努力地学习射箭和驾车,因为这是当时的士所要掌握的六项技艺(六艺:礼、乐、射、御、书、数)中的两种。他还经常到各地考察和寻访,向当地的学者请教。人们说孔子"没有固定的老师",他自己也说:"三人行,必有我师焉。"

春秋时代,中国社会正处在剧烈动荡和深刻变化之中。周王虽然保留着"天下共主"的名号,权威却早已名存实亡。"春秋无义战",诸侯国之间频繁征战和兼并,齐、晋、秦、楚等几个大国,争相称霸,号令诸侯。在这些诸侯国内部,国君的地位也逐渐被握有实权的世袭贵族们所架空：晋国有韩、赵、魏、智伯、范氏、中行等六卿，齐国有陈氏、崔氏，鲁国同样也被季孙氏、叔孙氏、孟孙氏三家大夫把持政权。而就在各家卿族所掌控的独立王国中，他们的家臣又在侵夺各自主君的权力。

孔子的理想，就是要在这"礼崩乐坏"的社会中重新建立秩序和安定。他不仅成为了"博于诗书，察于礼乐，详于万物"的大学者，而且提出了自己治理国家社会的理念。他说："我的理想就是追求济世救民的'大道'，这个'道'以'德'为基础，以'仁'为内容，而它们又都体现在'六艺'当中（志于道，据于德，依于仁，游于艺）。"他主张要统治者实行"仁政"，要以"德"治国，而要做到这一点，统治者个人就应注重自己的人格修养。这种人格修养以"仁"为最高境界，以"礼"的标准行事。在具体的处事原则上，孔子提出了"中庸"的思想，既不要"不及"，也不要"过分"。

在孔子一生中，曾有过短暂的出仕。他51岁的时候（鲁定公九年，前501年），被任命为中都（今山东省汶上县西）的邑宰，不久因为政绩突出，被任命为鲁国的小司空、大司寇。几年后，为维护鲁侯权威，孔子要拆毁卿大夫都邑的城墙，遭到了卿大夫以及家臣们的反对；接着，国君和执政的季桓子不再重视孔子。鲁定公十三年（前497年），孔子带着学生离开父母之邦，开始了长达十多年的流离生涯。他到过卫国、宋国、陈国、曹国等，都没有得到任用。一路上，他和学生曾被匡人围困，被卫国叛臣公叔戍逼盟，他们演习礼仪时乘凉的大树被人拔掉，在离开陈国赶往楚国的途中，甚至绝粮。

鲁哀公十一年（前484年），孔子终于又回到了鲁国。晚年的孔子继续传道授业解惑，同时倾注心血整理《诗经》《尚书》《礼》《乐》《周易》和《春秋》六部典籍，直至逝世。

传说孔子门徒三千，最为出色的弟子有72人，成为儒学的积极传播者。其中以德行闻名的有颜回（子渊）、闵损（子骞）、冉耕（伯牛）、冉雍（仲弓），以语言表达闻名的有宰予（子我）和端木赐（子贡），以从政闻名的有冉求（子有）、仲由（子路），言偃（子游）和卜商（子夏）则是孔子学生中以文章制度之学闻名的弟子。

老子与庄子

《史记》中记录了三位"老子"。一位是楚国苦县厉乡曲仁里人，姓李氏，名耳，字

聃,是周王守藏室的史官。这位老子研究道德,其学问并不追求外在的名声。他看到周朝日渐衰落下去,决意离开。出关的时候,关卡的长官(关令尹)喜恳求老子在归隐之前,把学问著述下来。于是老子写下阐述道德本意的5 000多字,分上、下篇,之后离开,再没有人知道他的下落了。

《史记》记录的第二位老子也是楚国人,称老莱子。据称他著书15篇,阐述道家的用处,是孔子同时代的人。传说老子能修道养心而长寿,有人说他160多岁,也有说他200多岁的。

第三种跟老子有关的说法,认为老子是周太史儋。在孔子死后129年,史书记载太史儋会见秦献公时,曾预言说:"当初秦国与周朝合在一起,合了500年而又分开了,分开70年之后,就会有称霸称王的人出现。"

以上三位,谁才是真的老子?世上没有人知道哪种说法正确,但大家都认为他一定是一位隐士。老子之学与孔子的儒学有针锋相对之处。《史记》记了这样一个故事:孔子到周都,曾经向老聃问礼。老聃说:"你所说的'礼',已经只剩下空洞的言辞了……我能跟你说的,只有这些:君子得其时则驾车而行,不得其时则如蓬草飘转。善于经商的人,把财货隐藏得很深,看上去好像一无所有;道德高尚的人谦虚谨慎,看上去好像愚昧笨拙。去除你身上的傲气和欲望、态色与过大的志向吧,这些对你无益啊。"老子不赞同孔子,更强调清静无为。《老子》体现了道家的哲学,认为"万物生于有,有生于无";它试图显示宇宙万物变化的法则,所谓"反者道之动",物极必反。人应该按照这些法则来安排自己的行动,可以顺应事物发展变化的常理。而国家治理也当如此,君主无为而治,百姓自然改变;君主好静,百姓自正。

庄子名周,蒙地人,曾经做过蒙地漆园的小吏,与梁惠王、齐宣王是同时代人。他学识渊博,无不涉及,司马迁认为他学问的根本还是来源于老子之言。庄周著书十余万言,与当时的儒墨诸子辩论。他好以寓言说理,描情状物,文辞汪洋恣肆,想象力丰富。楚威王听说庄周贤明,派使者带着丰厚的礼物去迎聘他,要让他做相。庄周笑着对使者说:"千金是厚礼,卿相的确是尊贵的高位了。不过您没见过用来郊祭的牛吗?好好地喂养几年,最后披着绣满花纹的织物,当作祭品送进大庙。这个时候,就算它想做一只孤独的小猪,能行吗?您快离开吧,别玷污了我。我宁愿在泥潭里自得地游戏,也不想被国君拘束。一辈子不做官,也要让我心情愉快啊。"

今所流传的《庄子》,是道家思想汇编,分内外篇,现在很难确定哪些篇章为庄周本人所著。其中强调天然与人为不同，主张人要顺乎天然，自由充分发挥天赋才能。如果能"齐万物，一死生"，从更高的观点来看自己与万物、生与死，就能超越一切界限，到达"无我"的境界，与道合一。

墨子

墨子，名翟，一说其为宋国人，一说为鲁国人。生卒年亦不可考，大概生活在公元前 479 至前 381 年之间。今存《墨子》一书，53 章，为墨翟及其后学的著作汇编。

墨子的名声与孔子不相上下，许多思想和观点也与儒家针锋相对，著名哲学家冯友兰先生总结说："孔子对古代文明的态度是加以理性化、合理化；墨子则对古代文明持批判态度。孔子是一位文雅有修养的君子；墨子则是一位充满战斗精神的布道家。他的说教的宗旨是反对传统的典章制度及其实践，反对孔子和儒家的各种理论。"

墨子批判儒家不信天、不信鬼，厚葬，"厚为声乐"，主张宿命；墨家针对儒家的"礼"，认为儒家的"仁者爱人"其实是有等差的，墨家则主张"兼爱"，认为仁人既以利世除害为宗旨，就自然应该以"兼爱"为处世为人的原则，如此就能够建立一个"老而无妻子者，有所侍养以终其寿，幼弱孤童之无父母者，有所放依以长其身"的理想世界。崇奉鬼神，主张薄葬节礼。墨家认为人行仁义，是为了功利的缘故，为此求助于超自然和政治的强制力量。

墨家在当时是一个严密的组织，反对任何侵略战争，首领称"钜子"。墨子曾组织其团队在宋国抵御楚国的进攻。《淮南子·泰族训》中提到："墨子服役者百八十人，皆可使赴汤蹈刃，死不旋踵。"

韩非子

韩非子，是战国韩国王室的后裔。他和后来秦朝的丞相李斯都曾是荀况的学生，喜刑名法术之学。李斯认为自己不如他，趁韩非受命作为韩国使者出使秦国的

时候,就陷害他下狱,最后韩非死在秦国。

韩非口吃,口头表达不好。他生前痛心于韩国的日渐削弱,多次书谏韩王,但韩王不能用他的建议。于是韩非将其治国的理论和方略著成文章,写成《孤愤》《五蠹》《内外储》《说林》《说难》等多篇。司马迁总结韩非著书的立意,"疾治国不务修明其法制,执势以御其臣下,富国强兵而以求人任贤,反举浮淫之蠹而加之于功实之上。以为儒者用文乱法,而侠者以武犯禁。宽则宠名誉之人,急则用介胄之士。今者所养非所用,所用非所养。悲廉直不容于邪枉之臣,观往者得失之变,故作十余万言。"后人汇集他及其后学的著作成为《韩非子》五十五篇。

韩非子为法家的集大成者,继承了此前慎到、申不害和商鞅等法家的思想,主张"势""术""法"三者并重,即治国理政要强调权力威势、政治权术,也要强调法律和规章制度。三者"不可一无,皆帝王之具也"。法家反对"以先王之政,治当世之民",认为应该顺应时代变化的要求,采用新的统治方法,制定新的政治制度。首先就是制定法律,作为治国理政的准绳;坚决执行法律,不使官民逾越。

韩非主张"人性恶",但认为统治的目的并不在于教化为善,而是不让大众为恶。其君主也无须以品德、人格去影响感召人民,只要依靠法律和权势,惩罚违法之徒,奖赏守法之人,就能天下太平。赏与罚,是君主治国的两项大权,"赏罚可用,则禁令可立,而治道具矣"。法家与儒家都强调制度的建设,但儒家以礼和道德治国,要求君主以自身的道德榜样去教化百姓;法家则以法齐民,以奖惩去整齐官民成为国家的工具。

士阶层的崛起

"士"原本是周代贵族的最低阶层。在西周和春秋时期,这些低级贵族有一定数量的"食田",受过教育,能文能武,战时是军队的武士,平时则担任贵族的家臣。等到春秋中后期,各国贵族家族不断分化,以及他们之间的斗争倾轧和互相残杀,导致大批贵族失去高贵的身份,沦为士或平民,甚至奴隶。与此同时,一些具有才干的平民,也能凭着自身的努力譬如战功,上升为"士"。尤其是孔子开私学,有教无类,使得普通平民也能通过接受教育,学成具有一定才能的"士",成为春秋战国各国国君招徕和选拔人才的主要对象。士阶层的兴起和扩大，成为春秋战国之际社会变动的一大特点。

到了战国之际，面对战争的压力，各国都急需能富国强兵的人才。于是列国游说的风气开始盛行起来。由此，战国社会出现了一个人数众多的游士阶层。他们奔走于各国，以治国之术游说诸侯，对各国政治甚至起到了举足轻重的作用，其中商鞅富秦，吴起佐楚，乐毅率五国之兵，苏秦挂六国相印，张仪助秦相魏、相齐，甘茂亡秦奔齐、之魏，都是典型的例子。当时不仅国君大量招徕客卿，养士之风还蔓延到了一般贵族那里。当时有名的"战国四君子"（齐国孟尝君，赵国平原君，楚国春申君，魏国信陵君），手下都养着成百上千的门客，供其驱使。正所谓"入楚楚重，出齐齐轻，为赵赵完，畔魏魏伤"，游士或以政治主张见用，或以口舌之辩为能，或高居相位，或受食于公子门下，无论雄才大略的政治家还是鸡鸣狗盗之徒，在各国都受到了极高的礼遇，成为战国政治舞台上一颗颗闪烁的明星。

当时的著名学者都聚徒讲学，著书立说。孟子就有"后车数十乘，从者数百人"，墨家创始人墨翟的弟子甚至形成有组织的集团。士阶层不仅摆脱了身份上的束缚，也突破旧有礼乐之学的桎梏，竞相发表自己的见解，相互辩驳，出现了诸如儒、墨、道、法、名、农、纵横、阴阳等各式各样的思想思潮学派。他们思考人与人、个人与群体的合理关系，探索如何建立合理的政治社会，百家争鸣，百花齐放，蔚为大观。

战国时期新崛起的士阶层，不同于以往的世袭贵族，他们往往有师学，拥有清楚的文化渊源，也有意气风发、努力改变现实的精神面貌，不为一家一姓效忠。虽然其中不乏鸡鸣狗盗之徒、曲学阿世之辈、自私苟且之人，但也有无私无畏者高举理想主义，为全社会人群奔走尽力，他们的思想和行为，对后世产生深远的影响。

秦朝统一

公元前 260 年，长平之战以秦国大胜告终，赵国损失兵卒 40 多万，丧失了再与秦国争胜的可能性。公元前 247 年，秦王嬴政即位。这个时候，秦国已经西并巴、蜀、汉中，向南越过南阳，攻占楚国旧都郢，设置了南郡；向北攻克上郡以东，设置河东、太原、上党三郡；东则攻至荥阳，置三川郡。公元前 241 年，赵、楚、韩、魏、燕五国

联合攻秦失败,宣告"合纵连横"时代结束,东方六国再不能阻止秦国开始统一的步伐。

公元前 238 年,秦王政亲政,平定了长信侯嫪毐的叛乱。第二年,罢免了丞相吕不韦,后逼其自杀身亡。秦王政重用李斯、尉缭、王翦等人,开始实施兼并六国的统一战争。尉缭献计,用重金收买各国豪臣,混乱其内政,分化瓦解反秦同盟。李斯向秦王建议,先从六国中实力最弱的韩国下手。

经过多年的秦韩战争,韩国几乎成为秦国藩属。公元前 230 年,内史腾率秦军攻入韩国,俘虏韩王安,将韩国旧地设置为颍川郡。

秦收买了赵王的宠臣郭开,使用离间计,使得赵国名将李牧被赵王杀害。公元前 228 年,秦军攻入赵都邯郸(今河北省邯郸市),赵王迁投降。赵公子嘉逃亡代地(今河北省蔚县东北)称王,也于公元前 222 年被攻灭。

在秦军灭赵的过程中,毗邻的燕王整日惶惶,太子丹孤注一掷,公元前 227 年派出使者荆轲刺杀秦王。刺杀失败,秦军大举进攻燕国,公元前 226 年,秦军攻入燕都蓟(今北京西南),燕王逃至辽东。待秦灭楚之后,秦军继续讨伐燕国在辽东的残余,俘燕王喜。

公元前 225 年,秦军围困魏国都城三月,引大沟之水冲灌大梁(今河南开封市西北),最终城毁魏亡。

灭魏之后,秦王政意欲乘胜拿下楚国。老将王翦认为不可轻敌,须 60 万重兵才可与楚国开战。秦王认为他胆怯,派将军李信率 20 万人马攻打楚国。不料被楚国名将项燕大败,秦军损失惨重。秦王政重新起用王翦,公元前 223 年,秦军攻陷楚都寿春(今安徽省寿县西南),楚国灭亡。

齐湣王时候,齐国遭燕、秦、楚、三晋联军攻占,几乎灭国;此后虽收复失地,国力实已大伤。齐王建即位后,更是小心翼翼,不得罪秦国。长平之战时,拒绝给赵国援助军粮;五国联合攻秦,齐国置身事外。齐相后胜收取秦国贿赂,游说齐王"不修攻战之备,不助五国攻秦",等到秦国一步步灭掉五国,兵临临淄城下,齐国已无还手之力。公元前 221 年,齐国灭亡。

从公元前 230 年攻打韩国到前 221 年灭齐国结束,经过 10 年的战争,秦国结束了中国自春秋以来长达 500 多年的诸侯割据纷争的局面,建立了中国历史上第一个君主中央集权国家——秦朝。

皇帝

传说上古有"三皇五帝"，具体所指，众说纷纭。"三皇"有天皇、地皇、人皇（一说泰皇）和伏羲、女娲（或黄帝）、神农（或燧人）等不同说法，其中伏羲和女娲又有"羲皇""娲皇"的称号。"五帝"，除《史记·五帝本纪》采用《五帝德》的说法，以"黄帝、颛顼、帝喾、尧、舜"为序外，还有"太昊、炎帝、黄帝、少昊、颛顼"（《吕氏春秋》）、"庖牺、神农、黄帝、尧、舜"（《战国策》）、"少昊、颛顼、帝喾、尧、舜"（《伪古文尚书序》）、"黄帝、少昊、颛顼、帝喾、尧"（《资治通鉴外纪》）和"五方上帝"（黄帝、青帝、赤帝、白帝、玄帝）等多种记载，应该反映了古史资料不同的来源。

但无论羲皇还是黄帝轩辕，这些名号所对应的并不是后世所认为的"帝王"，只不过为部落首领或部落联盟首领，其"皇"或"帝"号，为后人所追加。三代时候，夏朝君主称"后"，商周君主称"王"，周王并称"天子"。春秋时，除周王外，楚国、吴国、越国的君主都自称"王"。公元前 370 年，魏武侯去世，他的儿子即位，在战国的中原诸侯中第一个称王，即魏惠王。公元前 334 年，魏惠王率众多小诸侯在徐州（今山东省滕县东南）与齐威王相见，互称为王。公元前 325 年，秦惠文王自立为王；同年，魏惠王尊韩宣惠王为王。一时各国不论大小纷纷称王。公元前 323 年，在公孙衍的斡旋下，魏、韩、赵、燕、中山等国结成联盟，相互称王，以对抗秦、齐、楚等大国。"五国相王"之后，秦昭襄王又欲称帝号，但不敢独自称帝；同时为了拉拢齐国、约请共同攻赵，公元前 288 年十月，秦王曾派魏冉建议齐湣王称东帝，自称西帝。只是此举遭到诸侯的强烈反对，而最终作罢。

公元前 221 年，秦王嬴政统一六国。他自认为"德兼三皇，功盖五帝"，前无古人，要求臣下讨论一个与己功绩相应的称号。丞相李斯等商议，上了个"泰皇"的名号，嬴政不满意，裁决说："去'泰'，著'皇'，采上古'帝'位号，号曰'皇帝'。"——此称号将三皇五帝名号合而为一，旷古以来所未有，嬴政自称"始皇帝"，成为中国首位皇帝。一方面，这个称号表明他承继了先秦"三皇五帝"观念中所蕴含的政治文化，另一方面，又表明他对古代帝王的超越，比古代帝王更加受人尊崇。从此，"皇帝"成为中国两千多年来历代王朝最高统治者的尊号。

除了"皇帝"称号以外，秦朝又规定，废除周代谥法，禁止子议父、臣议君；皇帝自称"朕"，"命"称"制"，"令"称"诏"，印称"玺"，所用车马衣服器械百物称"乘舆"，所在称"行在所"，所居称"禁中"，所至称"幸"，所进称"御"；臣下称之为"陛下"……君主神圣而至高无上，到达无以复加的地步。

郡县制

郡县制是春秋时代逐渐出现的新的地方行政组织形式。其中县的出现早于郡，它原是国君直接统治的领邑，与国君分赏给卿大夫的封地不同。春秋时期秦、晋、楚等国为了加强君主集权，加强边地防守力量，往往把新兼并得来的小国改建为县，不用作卿大夫的封邑。郡更是如此。它本来就设在新得到的边境地区，而且这些地方往往荒僻，地广人稀，所以当郡刚出现的时候，在一段时期内，虽然面积比县要大得多，但地位却在县之下。

相较于封国(邑)，郡县有完全不同的权力隶属关系。一旦分封出去，封国(邑)事实上的军政和经济大权就被诸侯或受封的卿大夫所掌握；而郡县是直接由国君统治的地区，无论其行政、军事还是赋税，统统由国君直接控制，县令或郡守只是为国君代理，不能世袭领有这些地区。不过，郡县在春秋出现，并不普遍，直到战国，为了保证战争中的赋税和兵源，各国国君越来越多地采取这样的地方行政方式。

公元前 221 年秦统一六国，应该采取什么样的体制方式，才能对如此广袤辽阔的地域，进行有效的管理和控制？秦始皇要求大臣们各抒己见。

丞相王绾等请求仿效西周封建制度，把皇子分封到各地。他们的理由是：刚刚击破六国，天下尚未安定，而燕、齐、楚三地离秦地太远，如果不分封皇子到那里镇守，就无法进行统治。

廷尉李斯则激烈反对，他认为这将会把国家再次置于分裂的局面。他提出，西周时候，周王就曾大封同姓子弟，可是后来同姓诸侯之间关系越来越疏远，相互攻击就如同仇敌一样。诸侯之间互相诛伐，连周天子都无法制止了。如今天下倚赖秦国的神武终于得到了统一，应该把原先六国的疆域统统设为郡县，直接受皇帝的控制和统治。至于皇子和功臣，只要坐食租税或重重赏赐，就可以控制。只有天下皆为郡县,接受中央政府的直接管理,没有二心,才是真正的长久安宁之术。

秦始皇采纳了李斯的建议,废除分封制,在全国实行郡县两级的地方行政体制。郡设郡守、郡尉和监御史,其中郡守掌郡之民政、司法、财政、武装,郡尉掌管军事,监御史则垂直隶属于中央御史大夫,代表中央监督地方官员。郡下设若干县,县有县长(或令)、县尉和县丞等。郡县官员都由中央政府直接任命。

秦朝统一之初,设 36 郡。随着疆域的扩大和政区的调整,秦郡达到 40 余个。郡县制建构起中国历史上第一个由中央政府直接统治下的大帝国,其疆域东至大海、朝鲜,西到临洮、羌中,南到越岭,北到阴山、辽东。

官僚制

战国时代各国经过变法,突破了基于宗法血缘关系的封建贵族政治,通过强调军功而淡化世袭身份的途径,削弱贵族的世袭特权。秦朝建立之后,废除了世卿世禄制度,建立了比较完备的中央政权组织。

秦代的中央政治机构,延续战国君主集权政治的演变趋势而加以规范整齐。其最高的中央官职泛称"三公",即丞相、太尉和御史大夫。

"相"是辅助之义。秦国原有相、相国之职,秦朝统一后设左右丞相,职掌协丞天子助理万机,总领朝廷百官,是首席文官。见于史籍的秦朝丞相有丞相王绾、左丞相李斯、右丞相冯去疾等。太尉原称尉、国尉,是朝廷最高的军事长官,负责全国军事事务,不常设。御史大夫位次丞相,为上卿,掌图籍秘书,兼有监察百官之责。

"三公"之下有"九卿"之职。"九卿"又称诸卿或列卿,包括若干官职,分工管理不同的政务部门。这一官制体系基本上被后来的汉代所继承。

秦代的中央官制已经较为成熟,经汉代因循并进一步完善后,基本确立了后世历代王朝官制的格局。这一体制,使不同的行政机构并列,"职臣所分,各知所行",只对皇帝负责。既充分表现出运行的较高效率,也保证政治结构的稳定,维护皇帝的最高权威。官僚制是从先秦贵族制度的家臣奴仆转化而来,与君主的关系,也逐渐由主仆关系转变为君臣关系。在皇帝制度下,官僚必须对皇帝绝对效忠,"忠君死国"成为臣下绝对的义务和道德观,以保证皇帝的意志得以贯彻。

秦长城

为了保卫国家边防,秦朝把早期北方边塞各国所修建的长城连接起来,构成浑然一体的防御工事。秦朝将领蒙恬将北方游牧部族赶出河套地区后,在这里修筑城墙和瞭望台,以此阻止北方部族的南下,捍卫新征服的地区和北方边疆。长城修筑完成后,史书记载,"胡人不敢南下而牧马,士不敢弯弓而报怨"。

书同文,车同轨

公元前 221 年,秦始皇统一六国后,实行了一系列标准化政策。

首先是秦始皇命令丞相李斯等对文字进行整理,将原来在秦国使用的大篆体文字进行了简化和改进,作为规范化的文字,推行全国,是为小篆。而为了处理越来越繁多的公文文书,秦朝的官吏们又在此基础上创造出字形更加简省、书写更加方便的隶书。统一文字的举措,规范了此前六国各自为政的书写方式,把国家所有地区联结为一体,建立起行之有效的文书行政系统和一整套国家认可的文化典籍体系,既顺应了新兴帝国统治和管理的需要,又成为后世中国政治统一以及文化统一长期维持的重要力量之一。

管理和商业领域的标准化政策,即统一货币,统一度量衡。为了制定统一的价值标准,秦朝规定,黄金为上币,单位为镒(一镒 20 两或 24 两);铜币为圆形方孔的"半两"钱,作为统一货币。"半两"即是铜币本身确切的重量。在此之前,各国都流通有大小、形状和面值不同的金属货币,包括刀币、布币和蚁鼻钱,给跨国的工商业贸易发展带来很大的不便。秦始皇用行政手段统一货币,改变了战国币制混乱的局面,有利于各地的商品交换和经济交流。此外,秦"半两"钱还影响了中国古代两千多年的货币形态。

秦朝还铸造统一单位长度、重量、容量的青铜器模具分发给地方政府官员,其上除了铸有度量衡单位外,很多还将秦始皇或秦二世的诏书一并铸造,以显示其权威性。这项措施实际源于商鞅变法,上海博物馆藏有一件商鞅方升,原来的铭文刻有秦孝公十八年的铭文,底部又加刻了秦始皇时期下令进行量器标准化的诏书:"廿六年,皇帝尽并兼天下诸侯,黔首大安,立号为皇帝。乃诏丞相状、绾,法度量则不一,歉疑者皆明一之。"这些由政府监制的青铜容具在各地秦代遗址中都有发现。秦律显示,如果官司营造者不遵守统一的规范,将会受到法律的惩罚。全国上下有了这些标准的度量准则,为人们从事经济文化交流活动提供了便利的条件。

统一的标准无所不在。秦朝以"六"为尚,于是规定官方印信、御史所戴法冠以六寸为度,六尺为一步。即使是车轴的宽度也有标准(六尺),这一举措,可以方便马车和战车行驶在厚层松软的黄土道路上,沿着相同的车辙前进。后人认为这是非常具有现代色彩的一项改革,是道路标准化的一个措施。与此同时,秦朝修建了以咸阳为中心、向四方辐射的全国交通干线(驰道),以适应全国范围内土木工程、军队调动、邮传驿递、情报传送等的大量需要;还修筑了一条从咸阳出发、北通九原的直道,纵深 960 公里,目的在于快速向北境调兵。

"书同文,车同轨",更紧密地联结了不同地域人群,有利地促进了国家政治、经济、文化、社会的发展,作为秦王朝实现政治统治、维护统一的重大措施,被后世王朝所沿用,以追求国家的长治久安。

焚书坑儒

据《史记》记载,秦始皇三十三年(前 214 年),咸阳宫大摆宴席,博士 70 人上前为秦始皇祝寿。其中一名叫周青臣的博士把郡县制度大大赞颂了一番:自从皇上把诸侯国改为郡县,"人人自安乐,再没有战争的担心,如此基业,从此可以传之后世千秋万代。上古哪有君主比得上今日陛下的威德?"

另一个叫淳于越的博士立刻表示反对:"殷周能够称王千余年,就是因为他们分封子弟功臣作为藩篱保卫的缘故。现在陛下海内一统,到处都有妄图复辟的六国旧臣,您的子弟却为匹夫,没有藩卫的能力,万一出事,如何相救呢?凡事不效法古代的,从来不会成功。今天周青臣又当面阿谀,使您的错误更大,这不是忠臣所为!"

丞相李斯站出来反驳:"五帝不相复,三代不相袭,各有自己的统治方法。不是

它们故意要与前代有区别,而是时势发生了变化。现在陛下创统一大业,建万世之功,这本来就不是你们这些愚蠢的儒生能够明白的。三代之事,哪有什么值得效仿的?!"

李斯进一步指出,此次争论的重点不应该是国家该行郡县还是分封的问题;既然国家法令已下,就应该得到不折不扣的执行,不应当再有人对此有所议论。法令既已一统,各家继续议论就只能扰乱人心。因此,为了保证法令的严肃性、思想的统一性,李斯建议下一道"焚书"令,除了医药、卜筮、种树之书和秦国的史书外,其余藏于民间的各国史书,加上《诗经》《尚书》以及战国诸子著作,统统焚毁。如若有收藏或是相与讨论,严惩不贷!他还建议皇帝,今后民间只能学习法律律令,而且只能向官吏学习。

秦始皇完全同意李斯的意见,这次争论并没有动摇秦始皇设立郡县制度的政策,反倒由此引起了他对儒生"以古非今"的厌恶。第二年,他曾信任的两位方士侯生、卢生逃跑,又听说咸阳有人诽谤,妖言惑众,秦始皇恼怒非常,下令逮捕咸阳犯禁的文学方术士460多人,全部坑杀,以儆世人。这就是后人所称"坑儒"的事件。

秦始皇统一六国之后,制定了一系列意在维护统一的集权政策,包括统一各国度量衡和文字。而要最终稳定统一局势,新兴的秦王朝还需要朝野内外达到思想的统一。就是在这样的背景下,为了进一步排除不同的政治思想和见解,秦始皇采取了文化高压政策,以强硬和极端残酷的手段,强制推行其文化统一。这在当时或许达到了"止民之口""禁锢民智"的作用,却成为秦始皇暴虐无道的证据。后世学者对于焚书坑儒的对象有所辨正,指出"焚书坑儒"既非一事,也存在事实夸大的部分。如朱熹就认为秦始皇只焚民间之书,朝廷和博士官仍然有《诗经》《尚书》、诸子百家和各国历史书籍的收藏;朱尊彝也说,秦始皇所坑杀的是"乱道之儒,而非圣人之徒也"。尽管如此,秦始皇"焚书坑儒"的极端措施仍然是中国文化史上的一次严重浩劫。

秦的暴政与速亡

秦始皇统一六国,建立皇帝制度,确立了中央及地方政府的组织,开启了政治、经济、文化、版图上的新局面。但其好大喜功，过度使用民力，严刑峻法，却又埋下了秦王朝灭亡的导火索。

秦始皇统一六国的过程中，就在都城咸阳照原样修建六国样式的宫殿。统一第2年，在咸阳渭水南岸修建极庙和甘泉前殿。第11年，在渭南上林苑开工修建更大的朝宫，阿房宫仅为其前殿。与此同时，兴修骊山陵墓、建设全国标准道路网和直通九原的直道，北筑长城、南开灵渠，北击匈奴，南伐南越。据文献记载，每年动用人力200万以上，超过当时总人口的十分之一。成年男子从15岁至60岁，"一岁屯戍，一岁力役"，还有大量额外徭役，几无休息。秦朝的赋税也十分沉重，号称"头会箕敛"，意谓按人头数出赋，用畚箕盛装所征谷物，赋税达到农民全年收入的三分之二。

秦朝的法律细密和严苛，也被后人认为是导致其速亡的重要原因。商鞅改革在李悝《法经》的基础上，"改法为律"，等到秦统一后，秦律名目早已大大超出"盗、贼、囚、捕、杂、具"六个类目，从文献和出土资料所见，有任人法、上计法、度量衡法、妄言令、诽谤法、田律、厩苑律、金布律、仓律、工律、徭律、置吏律等等。秦律规定"事皆决于法"，从20世纪70年代出土的湖北江陵云梦睡虎地秦简内容看，农田水利、牛马饲养、粮食储藏、徭役征发、工商管理、官吏任免、军队训练、战场纪律等，都有专门的律令和法规，此外还有对律的解释、地方政府发布的文告等等。秦朝法网密织，同时规定"轻罪重罚"，以达到以刑罚恐吓惩戒百姓的目的。一方面，穿着赭衣的刑徒日行于途；另一方面，百姓纷纷逃亡，沦为盗贼。

秦虽统一天下，但六国旧贵族仍有异动，秦始皇二十九年（前218年），韩国贵族张良在博浪沙谋刺秦始皇；三十一年（前216年），秦始皇兰池遇盗；三十六年，有人在落地的陨石上刻写"始皇帝死而地分"，同年秋，还传有"今年祖龙死"的预言。秦始皇末年，王朝已然风雨飘摇。

秦始皇三十七年（前210年），秦始皇在第五次巡行途中，病逝于沙丘（今河北平乡东北）。少子胡亥与赵高、李斯串通矫诏，赐死长子扶苏，胡亥即位，是为秦二世。二世皇帝即位之后，亲信赵高，先后杀蒙恬、蒙毅及宗室、大臣等，统治集团内部矛盾迅速激化。秦二世又继续大兴土木，大动干戈，自己却独居深宫，声色犬马，对百姓的暴戾程度较之始皇更过，以"税民深者为明吏""杀人众者为忠臣"，扩大徭役征发范围，继续发民远戍。秦二世元年（前209年）七月，被征发到渔阳（今北京市密云西南）戍守的戍卒，因大雨失期，在陈胜、吴广号召下举起了反秦的旗帜。此后，关东六

国纷纷立王复国,各地叛乱起兵不断。二世三年(前207年),刘邦率兵直抵关中。赵高逼二世自杀,立公子婴为秦王,取消帝号。公子婴杀赵高,向刘邦投降。

秦朝仅建立14年,便在农民战争的风暴中迅速灭亡。

"亡秦必楚"

秦二世元年(前209年)七月,陈胜、吴广揭竿而起,举事反秦。他们率领戍卒攻打大泽乡(今安徽宿州东南)、蕲县(今安徽宿州南),攻克陈(今河南淮阳)之后,陈胜自立为王,以"伐无道,诛暴秦,复立楚国之社稷"为号召,号为"张楚"。天下民众云集响应,纷纷"斩木为兵,揭竿为旗","九月,郡县皆反"。除了陈胜的"张楚"政权标举楚国国号外,又先后有葛婴立襄强为楚王,秦嘉立景驹为楚王,项梁立楚怀王孙心为楚王。仅楚国旧地,反秦武装就不计其数。

根据《史记·项羽本纪》记载,项梁的谋士范增曾经提到:"夫秦灭六国,楚最无罪。自怀王入秦不反,楚人怜之至今,故楚南公曰'楚虽三户,亡秦必楚'也。"三户,一说为楚国三大姓,昭、屈、景;一说为漳水的渡口三户津,项羽曾在此大败秦军。其中提到的楚怀王熊槐(前328至前299年在位),曾大振楚国雄威,后人甚至有"横则秦帝,从则楚王"(《战国策·序》)的评论。然而为得到秦国允诺的商於之地六百里,楚怀王自断楚齐联盟,不料被秦国所欺,怒而发兵攻秦,却在丹阳、蓝田和召陵三役中接连战败,丧失了汉中,大大折损了楚国的国力。公元前299年,秦昭襄王约盟,楚怀王不听群臣劝谏,结果在武关被秦国扣留囚禁。为免受秦国威胁,楚人立太子,即楚顷襄王。三年后楚怀王客死于秦,梓棺返楚,"楚人皆怜之,如悲亲戚"(《史记·楚世家》)。此后楚国渐衰,不到八十年时间(秦王政二十四年,前223年),王翦和蒙武就率领秦军攻破楚都寿春(今安徽寿县西南),俘楚王负刍,楚国灭亡。曾经疆域在战国七雄当中首屈一指的楚国落得如此下场,楚怀王等的昏庸糊涂自然要负很大责任,但秦国采取欺骗、讹诈的手段,背信弃义,无耻之尤,激起了楚人的仇恨。楚南公所谓"楚虽三户,亡秦必楚",正是在这样的时代背景下,充分表达了楚人反秦的决心。后人因为陈胜、项羽、刘邦皆为楚人,从而认为"亡秦必楚"准确地预测了后来历史的走向。

事实上,除了以"复立楚国社稷"为号召,当时各地反秦政治势力还打出了恢复六国的旗号。一时之间，又有武臣自立为赵王，韩广自立为燕王，田儋自立为齐王，陈胜立魏国旧王族咎为魏王等。可知秦末战争同时还是整个原东方六国贵族的复国运动。虽然六国皆为秦国所灭，不过其他各国未必有楚人那样对秦的仇恨。更何况历经多年战乱之后，人心思定，秦灭六国，也顺应了战国时代趋向统一的历史潮流；即使被灭国的旧贵族要复辟，也未必能够得到百姓的支持。为什么楚国之外的其他战国旧地也掀起反秦的浪潮？秦朝统一后，"攻守之势异也"，秦却仍然仁义不施，"严法而刻刑"，赋役苛重，沿用军事化的战时管理模式，对新兼并地区抱有敌意。如此种种做法，才是点燃了包括楚国在内原东方六国社会各阶层对秦王朝统治怨愤的主要原因。亡秦者，自亡也。公元前 207 年 8 月，秦子婴杀赵高，放弃帝号，称秦王，四十六天之后，刘邦军入咸阳，秦朝灭亡。

楚汉战争

陈胜、吴广起事，拉开了秦末反秦战争的序幕。在其影响之下，各路反秦武装纷纷揭竿而起，其中刘邦起兵于沛（今江苏沛县），项梁、项羽起兵于吴（今江苏苏州），是两支较有实力的军事武装。

项氏为楚国名将项燕之后，秦末避仇于吴地，"吴中贤士大夫皆出项梁下"。项梁立楚怀王之孙心为王，仍称楚怀王，在盱台（今江苏盱眙东北）建立政权。项梁死后，项羽在巨鹿之战中破釜沉舟，大败秦军，一战成名，受到各路反秦武装的拥戴，成为反秦联军的军事领袖。

刘邦出身平民，曾任职泗水亭长。刘邦攻取砀（今河南永城北）、下邑（今安徽砀山）后，投奔项梁，曾与项羽多次并肩作战。楚怀王心封刘邦为武安侯，项羽为长安侯，约定先入定关中者为关中王。刘邦迅速西进，入武关，约法三章，激怒了项羽。项羽无视此前的约定，也率 40 万大军入关，驻扎在新丰鸿门（今陕西临潼东北）。此时刘邦仅有 10 万军队，在霸上（今陕西蓝田）集结。刘邦亲自前往鸿门谢罪，打消了项羽和谋士范增当即击杀刘邦的计策。

项羽入关后，自立为西楚霸王，建都彭城（今江苏徐州），分封 18 路诸侯，其中刘邦被封于汉中。为防止刘邦北上，项羽还三分关中，将秦降将章邯封为雍王、司马欣

为塞王、董翳为翟王。

诸侯就国之后,很快发生变故,列国诸侯烽烟再起。刘邦也采纳张良的战略,在汉王元年(前206年)八月北上东进,暗度陈仓,还定三秦。汉王二年(公元前205年)三月,刘邦渡过黄河,先后降西魏王豹、殷王司马卬,在洛阳为据说被项羽所害的义帝(即楚怀王心)发丧,以此为号召,讨伐项羽。趁项羽攻打齐地田荣,刘邦很快攻破彭城。项羽回兵,大败刘邦,刘邦仓皇西逃,父亲和妻子被项羽所俘,军队损失20多万人。此后,与项羽在荥阳(今河南荥阳东北)、成皋(今河南巩县东北)、广武(今河南荥阳北)一线反复攻守争夺。汉王四年(前203年),双方约定以鸿沟为界、中分天下,汉据鸿沟以西,楚据鸿沟以东。

项羽如约撤军,刘邦却进军追击。汉王五年(前202年),刘邦率领诸侯联军,与项羽决胜于垓下(今安徽泗县西南)。项羽军队重重被围,夜里听到汉军歌唱楚歌,以为楚地尽为汉军所占,士气低落,被联军大败。项羽逃至江畔,思及当初8 000江东子弟西渡,如今竟只自己一人逃归,感到无颜见江东父老,于是自刎身亡。二月,刘邦即位,建立汉朝。

项羽"西楚霸王"威名赫赫,巨鹿之战后,诸侯进见"入辕门,无不膝行而前,莫敢仰视"。刘邦与之相比,军事实力和个人能力都大大不如。然而楚、汉相争,为什么刘邦能够获得最后的胜利?后人说项羽暴虐,失去天下民心;而刘邦在战争中也有多次"屠城"之举,且时人当面评价刘邦"慢而侮人",项羽"仁而爱人",说明刘邦当时并没有"仁义"的名声。刘邦能够获得最后的胜利,当时人认为是"项羽妒贤嫉能,有功者害之,贤者疑之,战胜而不予人功,得地而不予人利,此所以失天下也",也就是不能以宽怀之心行政。刘邦自己则说:"夫运筹策帷帐之中,决胜于千里之外,吾不如子房。镇国家,抚百姓,给馈饷,不绝粮道,吾不如萧何。连百万之军,战必胜,攻必取,吾不如韩信。此三者,皆人杰也,吾能用之,此吾所以取天下也。项羽有一范增而不能用,此其所以为我擒也。"

文景之治

经过秦朝的暴政、秦末农民起义、楚汉战争,汉初的人口大大减少,大城市遭到的破坏最大,人口只剩下十分之二三。当时还算较大城市之一的曲逆,原来人口有30 000来户,这时就只有5 000多户了。社会经济也遭到很大破坏,天子车驾尚且不能凑齐毛色相似的四匹马,大臣们上朝有的只能乘坐牛车。为了恢复社会民生,汉初统治者采用黄老学派"清静无为"的思想,"与民休息",这一国策历高祖、惠帝、吕后几代而不改。

到文帝、景帝时候,仍然沿用"清静无为"和"与民休息"的政策。文帝、景帝多次下诏劝课农桑,减免租税,定租率为三十税一;减少徭役,由秦朝的"一岁屯戍,一岁力役"减少到每三年一次;成年男子登记名籍、开始服劳役的年纪,也由秦朝的17岁,推迟到20岁。停止郡国岁贡,开放山泽禁苑给贫农耕种。为避免征战,与匈奴和亲,对南越罢兵,维持相安的局面。文帝还废除了秦朝留存下来的族诛、连坐、肉刑。

不仅如此,文帝还是历史上有名的"恭修俭节"的皇帝。即位23年中,没有建造过新的宫室和皇家园林,没有制作过新车、新衣。他曾经想建一个露台,听说预算要用百金,他感叹百金相当于中等人家10家家产的总和,终于还是没有动工。为了做天下人节俭敦朴的表率,他自己坚决不穿昂贵的衣服;他所宠幸的慎夫人,不穿曳地的长裙;甚至连宫室内所有的帷帐,都没有刺绣。古代帝王都极为重视自己的陵墓,惟恐不能将生前的繁华带到另一世界。可是即使在这个重大问题上,文帝也以节俭为度。他一反古人起坟丘的传统,采取了穿山为陵、减少人工的方法,而且下令不用金、银、铜、锡来制作随葬品。虽然霸陵仍旧雄伟壮丽,但与秦始皇陵以及后代帝王的许多陵墓相比,文帝对自己实在是"小气"得多了。

经过汉初的休养生息,文帝、景帝时期,社会经济得以恢复,"吏安其官,民乐其业",史称"文景之治"。

七国之乱

秦末农民战争中,原先被秦所灭的各国贵族纷纷复国;楚汉相争时,项羽、刘邦也都分封了大量侯王。汉高祖取得天下,很大程度上是借助了诸侯的力量。因此汉朝建立初期,曾分封7个异姓诸侯王:韩王信、赵王张耳、楚王韩信、淮南王英布、梁

王彭越、燕王臧荼、长沙王吴芮。但刘邦忌惮功臣，如芒在背，6年内诛灭了除势力最弱的长沙王之外的6个诸侯。

高祖自以为要吸取秦朝孤立无援而灭亡的原因，陆续分封了9个同姓宗室为王，他们是：齐王刘肥、楚王刘交、吴王刘濞、代王刘恒、淮南王刘长、梁王刘恢、赵王刘如意、淮阳王刘友、燕王刘建。其中刘交是汉高祖的弟弟，刘濞是高祖的侄子。高祖还与心腹大臣陈平、周勃等密盟立誓："非刘氏而王者，天下共击之！"史称"白马之盟"。

然而时间不久，分封的弊害就日渐显现。王国总面积大于皇帝的直辖地，且王国自行征收赋税，各建军队，官吏任免、铸造钱币等等政治、经济大权，也掌握在诸侯王的手中。随着王国实力的增强，诸侯王的气焰也逐渐嚣张。文帝时，淮南王刘长怨恨辟阳侯审食其当年未向吕后力争、导致其母身亡，一日袖藏铁锥面见辟阳侯，甫一见面就抽出铁锥疾刺，旁边的随从随即用刀砍杀，将审食其活活砍死。文帝可怜他是为母亲报仇，没有治他的罪。这样一来，诸侯更加傲慢，无所忌惮。文帝即位第3年（前177年），济北王刘兴居造反；第6年（前174年），淮南王刘长造反。吴王濞在自己的王国内铸钱、煮盐，富甲一方，实力大增，也显露"不臣"之相。梁王太傅贾谊上书给文帝，称诸侯王强大难制的情况，是当下形势"可为痛哭者一"。

景帝时候，内史晁错建议景帝"削藩"，先后削夺了楚国的东海郡、赵国的常山郡，胶西王被削6个县。中央与诸王国的紧张矛盾爆发，吴王即联合胶西王刘卬、楚王刘戊、赵王刘遂、济南王刘辟光、菑川王刘贤、胶东王刘雄渠，打出"清君侧"的旗号，共同起兵造反。此即"七国之乱"。

景帝派出名将周亚夫迎击，仅用了3个月，平定了诸侯叛乱。公元前145年，景帝下令改诸侯丞相为相，废除诸侯的御史大夫、廷尉、宗正、博士等官，对大夫以下的其他官吏也进行了裁减。把王国的行政权和官吏的任免权全部收归中央，从此诸侯王再也没有权力掌握王国政权和军队了。

为了进一步削弱宗室诸侯力量，公元前127年，汉武帝接受中大夫主父偃的建议，颁布"推恩令"："使诸侯得推恩分子弟国邑。"表面上是施于诸侯，但"推恩"下来的结果是王国越分越小，"齐国分为七，赵分为六，梁分为五，淮南分三，及天子支庶为王，王子支庶为侯，百有余焉"，不再成为中央的威胁。不久，又作"附益之法"，严禁封国的官吏与诸侯王串通一气。公元前112年，武帝以当时诸侯王进献的助祭

"酎金"成色不好或斤两不足为借口，夺其爵、削其地，被夺爵削地者多达106人。经过这样一番打击，所谓王、侯，不过成了"衣食租税"的大地主，既不得过问封国的政事，也不治民，基本结束了汉初以来王国割据的局面。

汉武帝集权

"文景之治"反映汉初"休养生息"政策产生了较好的效果，社会民生得以恢复发展，并逐步繁荣富庶。但是豪强、商贾或聚众山林，或以豪富兼并土地，威胁到社会的稳定，加剧了贫富分化，对国家赋税徭役征发也造成很大干扰。此外，匈奴骑兵仍然不断南侵，王朝北境并未因为文帝、景帝继续与匈奴和亲而得到安宁。公元前135年，坚持黄老之学的窦太后去世，汉武帝即改变汉初以来因循放任、无为而治的国策，采取了一系列积极有为的改革新政，对国家进行调整和重组。

汉初丞相多为功臣出身，权高位重，礼遇亦高。汉武帝为了更好地掌握权力，一方面在已有的丞相九卿中央官制之外，任命自己的亲信为大司马、大将军、御史大夫以及大夫、博士、尚书等组成"内朝"，在宫内当值，随时听诏受命、形成决策，成为中央政府实际的决策机构，而以丞相为首的朝廷官员，则转变为行政办事机构。另一方面，汉武帝对丞相一职，随兴任用，动辄问罪，或可如公孙弘因修习《春秋》、由白衣平步青云，也可当廷折辱甚至下狱处死。武帝在位54年，任用为相者12人，其中3人被免，两人获罪自杀，3人下狱处死。一朝官僚皆视丞相为畏途，公孙贺被任命为丞相时，甚至"不受印绶，顿首涕泣"。

为了广泛选拔人才，以扩大政权的社会基础，汉武帝建立了"察举"制度。公元前134年，汉武帝接受董仲舒建议，下令郡国"察孝举廉"各1人，推荐给中央；后来要求每年举孝廉各2人，成为定制，称为"常举"。此外，武帝不定期设"贤良方正""文学"等科求才，称为"诏举"，凡在政治、军事、外交、文学等各方面有特殊才干或专门知识的人，都可以应诏。汉武帝用人不拘一格，随兴任用，在其周围形成了以皇权为中心的官僚政治集团，加强了各地对中央的向心力，也得以支持其进行改革和发展。

为了打击豪强富商，也为弥补因年年与匈奴作战导致的国家财用不足，汉武帝

在财政领域也进行了改革。实行盐铁官营专卖,官府在盐、铁产区设盐官、铁官,对生产和销售进行统一管理,盈利归政府所有。实行均输、平准法,以政府手段来控制全国物价。实行"算缗""告缗",征收工商业者的资产税,并鼓励告发:凡隐匿不报或上报不实者,没收其资产;告发者则能获得没收财产的一半。又改革币制,公元前113年,下令将上林三官铸造的五铢钱作为全国通行货币。汉武帝的财政改革,使得国库充足,也实现了政府对经济领域的全面介入。

卫青与霍去病

卫青与霍去病,是汉武帝时期对匈奴战争中的著名将领。卫青原为平阳侯家奴,因其姊卫子夫受武帝宠幸而得官。霍去病是卫青的外甥,年仅十八就极善骑射,显示出高超的武艺水平。

自从汉高祖刘邦"白登被围"之后,汉朝对北方匈奴一直采取和亲政策,但始终战和不定,文、景时期,匈奴还不断南下侵扰。武帝时期,重启了对匈奴的征战,卫青和霍去病在这些战斗中获得了累累战功。

元光六年(前129年),匈奴入上谷(郡治在今北京延庆西南),车骑将军卫青出上谷,进军至龙城(今蒙古乌兰巴托西)。元朔元年(前128年),卫青3万骑兵出雁门,斩敌数千。元朔二年(前127年),匈奴攻入上谷、渔阳(郡治在今北京密云西南),卫青奉命率数万大军从云中(郡治在今内蒙古托克托东北)沿黄河北岸挺进西北,攻占高阙(今内蒙古潮格旗东南),切断匈奴白羊王、楼烦王所部与匈奴王庭的关系。随后继续沿黄河西进,直下陇西(郡治在今甘肃临洮),收复河南地。卫青被封为长平侯。

元朔五年(前124年),卫青又率部经朔方(郡治在内蒙古乌拉特前旗南)出高阙,北出边塞六七百里,奔袭匈奴右贤王成功。卫青在军中被拜为大将军,统率各路诸将。

元朔六年(前123年),大将军卫青将6将军10多万军马在春二月、夏四月两次出定襄袭击匈奴。

元狩二年(前121年),骠骑将军霍去病自陇西出兵,过焉支山(今甘肃山丹东南)，西北行千余里，缴获匈奴休屠王祭天金人。同年夏，又出北地(郡治在今甘肃庆阳西北)，过居延海，南下祁连山，在今甘肃张掖西北大胜匈奴，斩杀 32 000 多人，俘虏匈奴贵族 59 人，官吏 63 人，沉重打击了匈奴右部。同年秋，浑邪王杀休屠王，率 4 万余众降汉。霍去病奉命受降，平定了匈奴内部的叛乱。

元狩四年(前 119 年)，卫青率部从定襄出发，北进千余里，战胜匈奴伊稚斜单于主力，进军至位于今蒙古杭爱山南端的赵信城。霍去病则从代郡(郡治在今河北蔚县东北)出发，长驱 2 000 余里，击溃匈奴左贤王主力，进军至狼居胥山(一说为今蒙古克鲁伦河北的都图龙山)，祭姑衍山(在今蒙古乌兰巴托东南)而还。

霍去病曾六次出击匈奴，汉武帝要为他修治宅院，他谢绝道："匈奴未灭，无以家为!"元狩六年(前 117 年)，霍去病病逝，年仅 24 岁。

汉王朝对匈奴连续作战胜利，完全扭转了汉初的被动局面，基本解除了西北边境的威胁。汉武帝设置了酒泉(郡治在今甘肃酒泉)、武威(郡治在今甘肃武威)、张掖(郡治在今甘肃张掖西北)、敦煌(郡治在今甘肃敦煌西)等"河西四郡"，打通了中原地区与西域文化的通路。尤其是元狩四年的大决战，汉军占据了从朔方到张掖、居延间的大片土地，使得匈奴向北远遁，很长时间无力向汉王朝发动大规模的军事进攻。

独尊儒术

经过汉初的休养生息，到汉武帝时，社会繁荣，国家经济得到较大恢复和发展，文化思想、制度礼仪方面亟待有所建树。武帝即位之初，魏其侯窦婴、武安侯田蚡等人希望推行儒学，但窦太后好黄老之言，借御史大夫赵绾奏请"无奏事东宫"一事，进行打压，免掉窦婴和田蚡的官职，使得支持儒学的一派受到挫折。

这时，《春秋》公羊学家董仲舒回答汉武帝策问，写了著名的《天人三策》，从"大一统"原则出发，推衍出严密的政治理论，提出君权神授，君主应该实行积极有为的政治。此论正合汉武帝的心胸抱负;加之儒家本就讲究制礼仪、兴教化，其丰富的知识、王道的政治理想和制度设计，也远较其他诸子来得完备，正可以作为武帝革新改制的参考。

于是汉武帝接受董仲舒、公孙弘等人的建议，下令设置《诗》《书》《礼》《易》《春秋》五经博士，以表彰儒术。其中《诗经》设了鲁诗（申培公）、齐诗（辕固生）、韩诗（韩婴）3位博士，《春秋》经则设了董仲舒和胡毋生两位博士，他们都是治《公羊传》的名家；此外《书》博士为欧阳生，《易》博士是田何，《礼》博士为后苍。

窦太后去世后，武帝更下令遣散朝廷中的非儒学博士，提拔布衣出身的儒生公孙弘为丞相，优礼延揽儒生数百人，儒学从此取得学术思想的正统地位。并在都城长安设置太学，为五经博士设置博士弟子50人；太常另择18岁以上形容端正者，为补博士弟子。此外，要求各郡每年选送若干可造之才到太常，可以如同博士弟子一样向博士学习。这些博士弟子、补博士弟子都可作为官员的候补：他们每年进行考试，能精通一艺者，即可补文学掌故缺；如果本是一、二百石官秩的官吏且能精通一艺者，就可以补左右内史、大行卒史。地方郡县的学校，也请经师教学，以培养人才。

太学的制度也被后世所继承。东汉的时候，光武帝继承了这一传统，在洛阳城东南的开阳门兴建太学。顺帝的时候，对太学又进行了重修和扩建，花费一年时间，用了112 000人工，建成了240房，1 850室，招收的学生就叫做"太学生"。东汉时期的太学生曾达到过3万人的规模。经学教育与官员后备人才的选拔、储备逐渐形成体系，由此，儒士成为官僚的主体，儒学成为2 000多年来中国传统文化的正统和主流思想。

王莽新朝

西汉宣帝以后的元、成、哀、平帝当政时期，政治逐渐腐败，统治阶级奢侈淫逸，官吏横行不法，土地兼并严重，加上频繁的自然灾害，导致社会贫富分化加剧，社会矛盾激化，"盗贼并起"，社会危机日益深重。哀帝时期，曾期望"改元易号"来改变危局，将建平二年改为太初元年、皇帝号改为"陈圣刘太平皇帝"，这自然无法奏效，只反映出最高执政集团对现实的无奈和无力。此时，一位"折节力行""宗族称孝，师友归仁"的外戚，成为朝野瞩目、寄予厚望的政治人物，他就是王莽。

王莽是汉元帝皇后王政君庶弟王曼之子。王皇后"由孝元后历汉四世为天下母，享国六十余载"，其父、兄弟都因此封侯，家族中出了九侯、五大司马，把持朝政，不可一世。王莽却因为父亲早逝，未能封侯。不过他虽号孤贫，却能够勤身博学，恭俭谦逊,在家族中,谨事母亲和寡嫂,抚养兄子,严守礼法。伯父大将军王凤患病期间,王莽在旁服侍甚谨,为之尝药。王凤临终时,将其托付给太后和皇帝。汉成帝永始元年(前16年),王莽被封为新都侯。绥和元年(前8年),任大司马。元寿二年(前1年),哀帝驾崩,王莽掌握禁军。平帝即位,王莽复任大司马。元始元年(1年),进位太傅,号安汉公。元始四年(4年),其女被立为皇后。第二年,王莽得到"加九锡"(古礼有"九锡(赐)":车马、衣服、乐则、朱户、纳陛、虎贲、弓矢、斧钺、秬鬯,是古代天子赐予诸侯、大臣的最高礼遇)的封赏。王莽爵位越高,节操越谦,更加地恭谨克己,礼遇名士,社会名望越来越高。平帝去世后,王莽拥立年仅两岁的孺子婴,自己摄政,朝会称"假皇帝",改元"居摄"。公元8年,王莽代汉成功,自立为皇帝,国号"新",终于终结了西汉王朝的统治。第二年,改年号为"始建国"。

王莽即位后,希望以社会改革的方式来缓和社会矛盾。他认识到土地和奴婢问题的重要性,于始建国元年(9年)更名天下田为"王田",奴婢为"私属",禁止买卖。他参照孟子"一夫百亩"的"井田制",要求凡男口不满八人而土地超过九百亩的,要把余田分给九族邻里乡党中无田或少田的人。无田的民户,按照一夫百亩授田。他还推行了盐、铁、酒专卖,政府铸钱、名山大泽产品收税、对城市工商业经营和市场物价进行管制并办理官营贷款业务等统称为"五均六筦"的制度。此外,王莽还附会古制,大规模更改地名,以强制性的行政方式确定天下四至,并将边地少数部族首领的名号由"王"贬称"侯",改匈奴单于为"降奴服于"。

由于改革触动了地主、官僚等的利益,王莽关于王田、私属的法令于始建国四年(12年)形同废止,"五均六筦"法也没有收到理想的成效。而托古改制、改易名号往往随心所欲,朝令夕改,不仅造成了行政烦扰和民间不便,更激起了四境地区的动乱。王莽对原有的政治经济秩序进行了大力改革,却又没能建立起合理有序的新体制。因为社会矛盾的普遍激化造成了迅速蔓延的民众暴动,王莽最终于地皇四年(23年)十月庚戌日被冲进宫中的绿林军杀死,新朝覆灭。

光武中兴

刘秀,汉高祖九世孙,南阳人,地皇三年(22年)起兵。绿林军灭亡王莽新朝后,

派遣刘秀以破虏将军行大司马事身份镇抚河北。刘秀在用兵过程中,迅速扩充自己的政治势力,逐步形成强大的武装集团,开始逐鹿中原。建武元年(25 年),刘秀以当时流传的"刘秀发兵捕无道,四夷云集龙斗野,四七之际火为主"的谶言为宣传,于六月己未日即皇帝位,是为光武帝,十月定都洛阳,仍用汉朝国号,史称东汉。从建武二年至建武十一年(35 年),刘秀一一平定了盘踞各地的割据武装,实现了新的统一。

光武帝本人"性勤于稼穑",好"事田业",又曾于王莽天凤年间在长安求学《尚书》,略通儒学大义。他为人谨慎宽厚,"量时度力,举无过事",号称"直柔",曾言"以柔道理天下"。其臣亦多有儒学修养。建武五年(29 年),光武帝修太学,四方学士云集京师,盛况空前。在官员任用方面,刘秀"退功臣而进文吏",推重儒学,改良吏治,重用守法循理的官员,限制功臣外戚的权势。朝廷上下都严谨执政,涌现了许多值得称道的"循吏",例如大兴水利的汝南(郡治在今河南平舆北)太守邓晨、移风易俗的丹阳(郡治在今安徽宣城)太守李忠和桂阳(郡治在今湖南郴州)太守卫飒等。这些循吏的政绩,对东汉时期社会经济的发展和社会文化的进步,起到了很好的推动作用。

东汉建立后,为了缓和社会矛盾,巩固新政权的统治,光武帝采取了与民休息的政策,安定民生,并下令减免租税。建武六年(30 年),统一战事尚未结束,刘秀就下诏由战时的什一之税,改为三十税一。这一举措减轻了民众的负担,促进了农业生产的发展和社会经济的恢复。

为解决奴婢问题,建武二年至十四年(26—38)之间,光武帝六次颁布释放奴婢的诏令,规定凡王莽代汉以来吏民被卖为奴婢而不符汉法的,青、徐、凉、益州等割据地区吏民被略卖为奴的,吏民的妻子遭饥荒动乱被卖为奴而要求离去的,一律免为庶人。奴婢主人如果不依律释放,则按《卖人法》《略人法》治罪。还宣布杀奴婢者不得减罪,废除奴婢射伤人弃市之罪等。此外,光武年间,还一改前代"用法繁密""用刑刻深"的倾向,下令平反冤狱,释放囚犯,议省刑法。

光武帝儒法兼用、稳健保守的政治作风,在政治上呈现了崇儒气象,精神上遵守黄老之学,使得汉初的社会经济得以恢复,为东汉的发展奠定了稳固的基础,史称"光武中兴"。不过,过于"阴柔"的政治思想,也扶植和保护了豪强地主集体的利益,未能缓和土地兼并和人口荫附问题,成为东汉的社会隐患。忽视西北边事,放弃西域的控制权,也对后来西部民族关系的变化趋势,产生了不可忽视的消极影响。

党锢之祸

　　东汉时期,官僚士大夫形成了有影响力的政治集团,太学教育也得到发展。东汉中晚期,太学生达至 3 万人。而自汉和帝时代始,外戚集团和宦官集团相互争斗,控制朝政,东汉政治日益昏聩。

　　汉和帝 10 岁即位,窦太后临朝,其兄窦宪家族及党徒占据朝堂内外重要高位。和帝利用宦官郑众所率的部分禁军,清除窦氏势力。郑众因功封侯,“遂享分土之封,超登公卿之位”,成为东汉宦官专权的开端。汉安帝少年即位,邓太后及其兄邓骘掌权。邓太后去世后,安帝与宦官李闰、江京等合谋铲除邓氏势力。李闰、江京得到皇帝亲信,“手握王爵,口含天宪”,不可一世。此后,宦官孙程等杀安帝皇后阎氏兄阎显,拥立年仅 11 岁的济阴王刘保为帝,是为汉顺帝。顺帝死后,梁太后和其兄梁冀先后扶立了 3 任小皇帝,分别是两岁的汉冲帝、8 岁的汉质帝、15 岁的汉桓帝。梁氏一门中,出了 3 位皇后,6 位贵人,7 人封侯,两人任大将军,女子食邑称君者 7 人,娶公主为妻者 3 人,其余任卿、将、尹、校等官职的 57 人。汉质帝因一句“跋扈将军”的评价,被梁冀毒杀。延熹二年(159 年),梁太后去世,汉桓帝与宦官单超等逼杀梁冀,清除梁氏势力,一时竟然“朝廷为空”。但单超等封侯,暴虐奢靡,民众不堪忍受。汉灵帝死后,何太后临朝,与其兄何进密谋诛灭宦官。189 年,密谋被宦官所知,何进被杀。司隶校尉袁绍收捕宦官,宦官张让等挟持少帝,最终张让等投河而死。

　　外戚和宦官在朝中擅权专制,扰乱政纲,激起了官僚士大夫中正直激进者的抗争。当时的清议之风以太学为中心,不仅发表赞美刚正士大夫的言论,还诣阙上书皇帝,为被宦官迫害的官员辩护,产生了较积极的社会影响。正直的官员则不畏权贵,依法严惩犯法的宦官集团成员。他们都忧国忧民,志同道合,相互推重,勇敢批判朝政,品评当时人物,揭露社会矛盾,发表不同政见,以社会舆论对抗黑暗政治。

　　当时贤名最高的李膺,任职司隶校尉,曾依法处死了当权宦官张让的弟弟张朔。延熹九年(166 年),有宦官支持的术士张成,预知将有大赦令下,让子杀人。李膺依

法处死了张成。宦官集团即指使张成弟子诬告李膺与太学生和诸郡生徒结为朋党,诽谤朝廷,疑乱风俗。太尉陈蕃认为这是对忠臣的陷害,不肯联名签署逮捕令。桓帝更为愤怒,立刻下令将李膺送往黄门北寺狱拷问,连及太仆杜密、御史中丞陈翔以及陈寔、范滂等共有200多人。另外还到处悬赏追捕党人,派出的使者相望于道,各地官吏也乱捕无辜,株连无数。

在全国上下一片恐怖气氛之中,"党人"们显示出无畏的英雄气概。陈寔说:"我不入狱,大家何所依靠?"慨然自行就狱。度辽将军皇甫规自耻未被列入党人之列,自己上书朝廷要求"附党"。入狱的范滂面对刑讯,慷慨陈词,主审官也不禁为之改容。陈蕃不顾个人安危,屡屡上书切谏,被桓帝免职。太学生贾彪毅然西入洛阳,鼓动重臣城门校尉窦武(桓帝的丈人)、尚书霍谞向皇帝上书。六月,桓帝大赦天下,党人200多人被放归田里,但是他们的姓名被书于官府,终身不得再做官。这就是第一次"党锢之祸"。

灵帝建宁元年(168年),窦武和陈蕃谋划诛杀宦官失败之后,宦官集团对"党人"进行了更为残酷的大屠杀和大搜捕。一时间,因"党人"罪名而死、被发配、罢官、禁止做官的,达六七百人之多。熹平元年(172年),有人在朱雀门书写揭露宦官的文字,宦官们再一次展开了搜捕党人的行动。凡是与他们不和的士人、太学生都被捕,这次株连1 000多人。熹平五年(176年),永昌太守曹鸾上书,为党人申冤,被下狱拷打至死。皇帝又诏令罢免禁锢那些党人的门生、故吏、父子、兄弟在位者,连及五服以内的亲属("五属")。这就是第二次"党锢之祸"。

对所谓"党人"的禁锢,直到黄巾起事才被赦免。然而东汉"党人"的气节、意志和情操,却永载史册,为后人所敬仰。

黄巾起义

东汉晚期,外戚和宦官交替专权,皇帝昏庸荒淫,官僚暴戾腐败,政治上已无可救药。而严重的自然灾害,导致大批民众流离失所,出现大规模的流民迁徙。例如汉顺帝永建六年(131年)水灾,永和四年(139年)太原郡发生严重旱灾;汉桓帝永兴元年(153年)32郡国发生严重蝗灾,黄河决口泛滥……这些都导致大批饥民流离道路,郡县空虚,而受纳流民的地区经济形势也会发生恶化。除了连年水、旱、蝗等灾害相接,汉桓帝至献帝的 60 多年间还发生了多达 9 次的大规模流行疫情,几乎家家都有逝者,甚至有举族尽灭者。连年自然灾害与愈加深重的政治黑暗,给民众带来了无尽苦难。

在此背景下,大规模的流民更以民间秘密宗教为号召,形成大大小小的互助式组织,甚至成为声势浩大的激烈反抗政府的农民武装力量。其中张角的"太平道"或"天师道"最为有名,他以《老子》"大道"为号召,借用符水治病的巫术办法,吸引了众多教众,并分遣弟子到各地宣传联络。10 多年间,"太平道"的信众多达几十万。光和七年(184 年)农历三月十五日,这一天是干支纪时的甲子年甲子月甲子日,张角宣称"苍天已死,黄天当立。岁在甲子,天下大吉",预备以此号召天下部众同时起事,更新天下,推翻汉朝。起事者头束黄巾为标志,被称作"黄巾军"。由于被人告发,被迫提前到二月起事。张角、张宝、张梁兄弟号称"天公将军""地公将军""人公将军",声势浩大。七州、二十八郡地方同时发动,各地黄巾军攻打州郡,燔烧官府,州郡长官纷纷仓皇逃亡。仅 10 多天时间,"天下回应,京师震动",形势风起云涌。汉灵帝匆忙布置防卫京城,并解除党锢,调发精兵进行镇压。

黄巾军人数众多,但缺乏军事经验,在各地豪强武装与官军的联合镇压下,主力分别被一一攻溃。张角兄弟所率领的巨鹿黄巾,先后与卢植、董卓、皇甫嵩等指挥的官军作战,最终兵败,被杀和俘虏的达 10 余万之众。十一月主力被基本镇压,余部继续抗争,持续 10 余年。

这是一场规模空前的农民武装反抗运动,组织严密,发动迅速,斗志坚强。摧毁了东汉王朝的基础,国家已呈现瓦解之势。在镇压黄巾军的过程中,地方豪强、州牧、刺史纷纷扩张自己的势力,招兵聚粮,很快演化成军阀割据的局面。

《史记》

《史记》一书为西汉著名史学家司马迁所作。司马迁,字子长,夏阳(今陕西韩城)人,一说生于汉景帝中元五年(前 145 年),一说生于汉武帝建元六年(前 135 年),卒年不详。其父司马谈,为汉武帝太史令,掌管天文星历、占卜、祭祀和档案文书,同时实录国家大事,搜集和保管典籍文献。司马谈去世后,司马迁子承父业,袭任太史令,立志要完成一本如孔子《春秋》一般的伟大史著。天汉二年(前99年),汉将李陵与匈奴交战,在消灭数倍于己的敌人之后,终因粮尽矢绝而投降。武帝震怒,唯有司马迁为李陵辩护,被定为诬罔之罪,横遭腐刑。司马迁为了完成父亲遗志和自己的人生理想,忍受着肉体和精神上的双重痛苦,坚持著述,最终完成了包括十二本纪、十表、八书、三十世家、七十列传在内一共一百三十篇的皇皇巨著《史记》。

"史记"一词原为先秦一般史籍的泛称。司马迁所作百三十篇,在最初并没有固定书名,《汉书·艺文志》称为"《太史公》百三十篇"。后人或称其为《太史公书》或《太史公记》。直到《隋书·经籍志》才在"正史"中将司马迁所作称为《史记》。

《史记》是中国历史上第一部纪传体通史,从上古轩辕黄帝,一直写到汉武帝时期,共3 000多年的历史。《史记》的贡献,首先在于"创例发凡,卓见绝识"。司马迁吸收前代历谱、编年体、事语体等多种涉史书写的形式,首创"纪传体"这一史书体裁。其中"本纪"记帝王事迹,先是按照世代、后来按照年代贯穿记载时代大事,成为全书有系统的大事编年记。至于历史中纷繁复杂的世系、列国错综交涉的关系、职官更迭上下等等细节,则是通过10篇"表"纵横交织的整理来呈现。历代的天文、地理、政治、经济、风俗、艺术等"朝章国典",被分门别类写入"书"中,类似后来的"专门史"或"专题史"。"世家"30篇,是把春秋战国至汉初的主要王侯、外戚写成了国别史。"列传"70篇,是各类人物的"专传""合传"或"类传",上至王公贵族,下至平民士人,乃至商贾、弄臣、游侠、刺客,无一不入其传中。

这样组合的最大优点是"体大思精":时间与空间相经纬,时代与家族、个人相综合,制度与人事相呼应。正如清代史学家赵翼所言:"本纪以序帝王,世家以记侯国,十表以系时事,八书以详制度,列传以志人物。然后一代君臣政事贤否得失,总汇于一篇之中。自此例一定,历代作史者,遂不能出其范围,信史家之极则也。"纪传体正是有着如此众多的优点,成为后世正史所规定的史书体例。同时,《史记》中的这些不同体例和写法,不仅将前代涉史书写的形式进行了集成,还深刻地影响了后世历史书写,标志着"史学的独立"。《史记》因此被称为"史家之宗",而司马迁则被尊为"史界之造物主"。

司马迁写作此书,除了希望通过"罔(网)罗天下放失旧闻",以忠实记录3 000多年的史实之外,他还希望能够向孔子的《春秋》学习,总结过去,探究规律,体现自己对历史变迁和社会人生的理解,也就是他所说的"究天人之际,通古今之变,成一家之言"。《史记》抓住影响历史发展的重要人物,但同时也关注思想者、士人、商人、游侠、占卜家等社会每个阶层;司马迁不以成败论英雄,既给成就霸业的君主写本纪,也给失败者诸如项羽、陈涉等写传。他既如实记载帝王的历史功绩,也无情揭露统治者的丑恶,给予深刻的讽刺和谴责。

鲁迅更看重《史记》的文学性,称赞《史记》是"史家之绝唱,无韵之《离骚》"。正如明人茅坤所言:"读《游侠传》即欲轻生,读《屈原贾谊传》即欲流涕,读《庄周》《鲁仲连传》即欲遗世,读《李广传》即欲立斗,读《石建传》即欲俯躬,读《信陵》《平原君传》即欲养士。"其写人记事生动形象,笔端自带感情,语言平直流畅,令读者仿佛身临其境,"如闻其声,如见其人",极具感染力量。

白马寺

佛教是与基督教、伊斯兰教并称的世界三大宗教之一,诞生于公元前 6 世纪的印度北部,为释迦牟尼所创建。传说公元前 3 世纪,经过当时统治印度的摩揭陀国王阿育王的大力倡导和弘扬,佛教在印度广泛流传。

佛教在东汉时期传入我国。据记载,东汉永平七年(64 年)某日,汉明帝刘庄梦到一个金人自西方而来,在殿庭飞绕,次日询问大臣,得知西方有佛如同他梦中所见,便派大臣蔡音、秦景等 10 余人出使西域,拜求佛经佛法。永平十年,使臣邀请两位印度高僧摄摩腾、竺法兰东赴中国弘法布教,他们用白马驮载佛经佛像返回洛阳。汉明帝礼重两位高僧,亲自迎接并安排他们禅居在当时负责外交事务的"鸿胪寺"中。第二年,汉明帝敕令在洛阳城西雍门外修建寺院以安置高僧、储存佛经佛像。为铭记白马驮经之功,将该寺院命名为白马寺。

"永平求法"一事最早记载于东汉末年牟融所撰《理惑论》,是现存最早的佛教著作。该事件在《后汉书》《后汉纪》《四十二章经序》《洛阳伽蓝记》《水经注》等书中均有记载,同样见于《洛京白马寺祖庭记碑》《重修古刹白马寺碑记》等碑文中。

白马寺位于今河南省洛阳市老城以东 12 公里,洛龙区白马寺镇内。作为佛教自印度传入中国后兴建的第一座官办寺院,中国佛教的"祖庭"和"释源",其浮沉与佛教在中国的兴衰相始终。建寺之后的百余年中，曾有多名高僧在此译出近 400 卷佛经。东汉末年，白马寺第一次毁于战火。曹魏建都洛阳后，重建白马寺，印度高僧昙柯迦罗和安息国僧人昙谛分别在此译出第一部汉文佛教戒律《僧祇戒心》和规范僧团组织生活的《昙无德羯磨》。甘露五年（260 年），第一场受戒仪式在白马寺举行，打破了"身体发肤，受之父母，不敢毁伤"的儒家传统。西晋末年的战乱以及北魏太武帝拓跋焘、北周武帝宇文邕进行的两次灭佛运动，使白马寺先后遭到劫难。隋唐两朝，佛教走向鼎盛，武后垂拱元年（685 年）十一月，武则天敕修白马寺，依宫廷布局和气派，创制了全新的寺院模式，白马寺成为空前恢宏壮观的大寺院，寺僧达千人之众，这是白马寺历史上的黄金时期。然而在天宝年间的安史之乱和后来唐武宗的灭佛运动中，白马寺再次萧条破败。宋明以后，多次整修白马寺，其中明嘉靖年间的重修，基本奠定了白马寺如今的规模。

造纸术

在造纸发明之前，中国文字主要刻在甲骨、铸在青铜，或书写于竹简、木牍或丝帛之上。甲骨坚硬，青铜、丝帛贵重，都不是平常书写的材料。只有竹木简牍较为易得，成为先秦最为普遍的书写材料。古人整治竹片和木块，将其削平、脱水，编联成册，然后在上面书写。甲骨文中"册"的字形，是竹简编联的样子；而"典"的字形，就是手持简册的写照。《尚书·多方》中说"惟殷先人，有典有册"，说明在商代就有了简册，只是因为竹木容易朽坏，不能长久留存，我们今天才无法见到商周时期的简牍。

纸张是汉代发明的。西汉时候，可能就已经出现了。考古中发现了多种西汉古纸，最早的灞桥纸，发现于 1957 年，当时工人在陕西西安市灞桥砖瓦厂挖土时，在古墓中，发现了许多出土文物，其中包括 88 块大小不等的、由大麻和少量苎麻制成的纸片。由古墓时代推定，灞桥纸很可能是西汉武帝之前的产品。此外发现于陕西扶风县太白乡中颜村古建筑遗址中的扶风纸，也是麻类纤维所制，时代可能在西汉宣帝之前。而发现于今甘肃居延金关遗址的居延纸（又名金关纸），和发现于今新疆罗布淖尔古烽燧亭遗址的罗布淖尔纸，都是西汉宣帝时期的纸。不过这些纸片似乎并

未用于书写,学者猜测可能用于包装之类。

《后汉书·贾逵传》记汉章帝于建初元年(76 年),曾令贾逵选 20 人来教授《左传》,并"给简、纸经传各一通"。《后汉书·邓皇后纪》则记载永元十四年(102 年)邓皇后赐给前来贡献的方国以纸墨。此时的纸,似已作为书写的载体。

东汉和帝元兴元年(105 年),尚方令蔡伦进一步改进了造纸术,用树皮、麻头、破布、旧渔网等植物原料来生产纸张,被称为"蔡侯纸"。学者推测,经过工艺改良的"蔡侯纸"很可能是抄纸法的产品,平滑光洁,适宜书写。而且原料廉价,降低了造纸的成本,适合大规模推广造纸的技术。3 至 4 世纪,纸已经基本取代简牍、绢帛,成为我国唯一的书写材料。此后造纸术不断革新,出现了采用各种原料生产的纸:麻纸、楮皮纸、桑皮纸、藤纸、檀皮纸、瑞香皮纸、稻麦秆纸、竹纸等。而且从唐代开始,为了适应不同的需要,将从纸槽中直接抄出烘干的纸称为"生纸",而将对此再做施胶、涂蜡、染色等处理后的纸,称为"熟纸"。到清朝中期,我国手工造纸已经非常发达,质量先进,品种繁多,成为中华文化发展传播的物质条件。

公元 4 世纪末,造纸术首先传入朝鲜和越南,610 年,朝鲜僧人昙征将造纸术献给日本摄政王圣德太子,造纸术传入日本。751 年,唐朝高仙芝与大食爆发了怛罗斯战役,被俘的唐朝士兵中有懂得造纸的工匠,造纸术传入阿拉伯地区。欧洲则通过阿拉伯人了解了造纸术。1797 年,法国人尼古拉斯·路易斯·罗伯特才发明机器造纸。造纸术的发明,经过千年的传播,对中国和世界文明的进步作出了巨大贡献。

第二部分
三国两晋南北朝的民族
交融与隋唐大一统的发展

赤壁之战

汉献帝建安十三年(208 年),荆州牧刘表病逝,次子刘琮继承父位。曹操早有吞并荆州,进而席卷南方的野心。因此,他乘刘表新丧,率众 10 余万南征。荆州大部分幕僚以曹操势大,而且"挟天子以令诸侯",占据着政治、军事上的绝对优势为理由,劝刘琮投降,刘琮采纳了他们的意见,派人与曹军接洽投降之事。

刘备自建安六年(201 年)投奔刘表以后,一直得到刘表的照顾。刘表利用他来抵御曹操。刘琮降曹,并没有通知刘备,当曹操大军到达宛县时,刘备才得到消息,只能紧急调动自己的部队向江陵撤退。江陵是荆州屯聚军事物资的所在,曹操在得知刘备撤退的方向后,率领精兵一日一夜赶了 300 多里,在当阳长坂击溃刘备军。刘备只能朝汉水方向撤退,与刘表长子刘琦合兵,退至樊口,并派人与东吴孙权接触,准备联合抗曹。

曹军南下,对占据东吴的孙氏政权来说是极大的威胁。因此,孙、刘两家就有了联合的基础。孙权命周瑜、程普率军 3 万与刘备联合。

曹操由江陵水陆东进,孙、刘联军则由夏口、樊口溯流而上,两军相遇于赤壁,爆发了著名的"赤壁之战"。

战争的经过是双方隔长江对阵,周瑜的部将黄盖见曹军战舰首尾连接,就建议用火攻。同时他自己诈称要投降,以蒙冲斗舰 10 艘,装满易燃物品,在快到达曹军水寨时,因风纵火,火势迅速蔓延,不仅烧了军舰,还烧到了岸上的营寨。周瑜乘势出击,曹操战败,只能由陆路撤退回江陵。曹操在撤退之前,怕剩下的军舰、物资等被孙、刘掠去,因此一把火将剩余的物资全部烧毁。

曹军虽然人数众多,但有如下不利因素:第一,主力是骑兵和步兵,并不善于水

战。第二,当时南方正流行瘟疫,士兵感染的很多。第三,西凉马腾等军阀时刻窥伺关中,曹操有后顾之忧,所以军队不可能长期集中在长江沿岸。第四,曹操远离自己的大后方,补给线长,粮草转运困难,而且当时是冬季,马吃的草料都有供应问题。这些不利的因素,加上曹操主观指挥的失误,所以曹操在赤壁战败。

曹操退回江陵之后,命曹仁驻守,自己则回到北方。以后由于孙、刘联军长期围攻江陵,又命曹仁放弃江陵,退据襄阳、樊城一带。

"赤壁之战"使南、北双方对峙的形势趋于明朗。南方的孙、刘联合抵抗北方的曹操。赤壁战后,曹操退据北方,专注于巩固自己在北方的统治,轻易不再南下。孙权的江东政权则更加稳固。刘备据有荆州一部,以后以此为基地,进击巴蜀。

夷陵之战

刘备入蜀谋取益州的时候,以关羽作为主将镇守荆州。诸葛亮在"隆中对"中为刘备设计争霸蓝图时,就提出跨有荆州、益州和巩固孙、刘联盟的重要意见。

刘备在与曹操的汉中争夺战中取得胜利以后,便命令关羽进军襄樊。当时驻扎在樊城的曹仁受到了巨大的军事压力,曹操派往援助樊城的于禁由于战败也投降了关羽,一时之间,关羽军威大盛。曹操一方面调集各路军队再次救援樊城,另一方面,要求孙权进攻荆州,答应以江南之地封给孙权。

荆州在六朝时期一直是长江中游军事上的重镇。从荆州往北可以进击中原,顺流而下可以威胁江南,溯江而上则可以谋取巴蜀,战略地位十分重要。无论是曹操、孙权还是刘备都知道这一点。赤壁战后,曹操不得已退回北方,孙、刘两家瓜分荆州,这也是在面对北方强敌时,为了巩固联盟不得已的权宜之计。而关羽久攻樊城不下,孙权的部将吕蒙相继袭取了江陵、公安。关羽领军撤退,走到麦城时全军溃散,关羽被孙权擒杀。刘备所占荆州的武陵、零陵、南郡等郡都归了孙权。

关羽被杀,吴蜀联盟宣告破产。刘备失去了荆州,蜀汉政权被封闭在三峡之内。这些对于刘备来说,损失巨大。因此,刘备在称帝的当年(221年)七月,亲率大军东征。孙权曾遣使请和,却被刘备拒绝。这年八月,孙权遣使称臣于魏。

面对刘备亲征,孙权以年轻的将领陆逊为大都督,统兵对战。蜀军击退屯驻在巫县、秭归的东吴前方守军,直扑江陵。明年(222年)二月,刘备大军由长江南岸,进军到夷陵,便沿江岸南侧700余里处处结营,兵力极度分散。刘备亲率主力屯驻在夷陵猇亭。两军相持,陆逊坚壁不战,一直到了六月,陆逊乘盛夏采用火攻,大破蜀军。刘备乘夜突出重围,退回秭归,再由秭归退回白帝城,一病不起。

刘备大败以后,陆逊的部将曾经要求乘胜追击,直取益州。陆逊却认为,北方的曹丕在这时部署军队,名义上是助吴,实际上却对江东虎视眈眈。因此,陆逊请求孙权即日退兵,备御北方。就在这年九月,曹丕两路大军进攻东吴,孙权一面分兵拒敌,一面遣使与蜀汉议和,刘备也派人报聘,脆弱的吴蜀联盟又恢复了。

公元223年,刘备在白帝城病死,儿子刘禅即位,诸葛亮以丞相辅政。诸葛亮首先考虑的问题,就是修复破损的吴蜀联盟。他主动派遣邓芝出使东吴,加强双方关系,吴蜀联盟共抗曹魏的方针得到进一步的明确。

赤壁之战决定了三国鼎立的形势,夷陵之战决定了三国的疆域,以后几十年直到蜀汉灭亡,没有什么变化。

司马懿

景初三年(239年)正月,魏明帝曹叡去世,养子曹芳年仅8岁,继位为帝。曹叡临死前,以曹真的儿子曹爽和司马懿共同辅政。

司马懿,河内温县人。河内司马氏,是当时著称的高门。他的父亲司马防官至京兆尹,曹操出任洛阳北部尉就是司马防举荐的。曹操为丞相以后,就将司马懿辟召为丞相府文学掾。曹丕还是魏王太子时,司马懿出任太子中庶子,得到曹丕的信重。曹丕称帝以后,司马懿地位日渐重要,官至抚军将军、录尚书事。丕死,曹真、陈群、曹休和司马懿同受遗诏辅助曹叡。不过,魏明帝曹叡一向大权独揽,曹真、曹休是宗室,陈群资历老、威望高,3人地位都在司马懿之上。公元231年,大将军曹真病死,防守蜀汉的重任交到了司马懿手上。景初二年(238年),他又领兵平定了割据辽东三世之久的公孙渊,无论政治上还是军事上的威信已经非常高了,曹丕的4个托孤大臣也只剩下他一人了。

曹芳继位之初,曹爽任大将军,司马懿任太尉,二人都加都督中外诸军事、录尚

书事,共同掌握军政大权。但是,曹爽很快就以司马懿年高德劭为由,迁懿为太傅。司马懿虽然仍加都督中外诸军事衔,但却没有加"录尚书事",这样,曹爽就在尚书省这一政令机构中享有了优先地位。同时,曹爽以弟弟曹羲、曹训统率禁军,又以亲信何晏、邓飏等人出任尚书,全面掌握尚书省。司马懿内心虽然非常愤恨,却不露声色,正始八年(247年)称病居家。次年,李胜出任荆州刺史,向懿辞行。司马懿装作老病昏聩、不久人世的状态,李胜信以为真,将这个情况告诉了曹爽,曹爽也就不再防备。

司马懿的儿子司马师当时是中护军,领有禁军,虽然实力比不上曹爽的弟弟,但他暗中豢养了3 000死士,等待时机。正始十年(249年)正月,曹爽兄弟跟随皇帝曹芳出城祭扫明帝曹叡的高平陵,司马懿以迅雷不及掩耳之势发动政变,控制洛阳,以皇太后的名义免去曹爽兄弟官职,关闭城门,占据武库(军器库)。司马懿亲自领兵屯守洛水浮桥,派人送章奏给曹芳,列举曹爽兄弟罪恶,要求罢免他们。当时大司农桓范劝曹爽带着曹芳去许昌,征召外兵勤王,与司马懿一决雌雄。但曹爽进退失据,又顾念城中家小,竟然轻信了司马懿罪止免官的保证,幻想着仍然能够成为一富家翁,最终同意放弃权力,回城待命。没过几天,曹爽就和弟弟曹训、曹羲以及何晏、邓飏、李胜等人,以谋反的罪名被斩首,同时诛及三族。从此,曹魏的政权全部落入司马懿的掌握之中。

"高平陵事变"是司马氏自作家门的开始。司马懿以及他的两个儿子司马师、司马昭不断剪除曹氏亲党,培植自己的势力,为司马晋取代曹魏创造条件。

八王之乱

公元290年,晋武帝司马炎死,太子司马衷继位,也就是惠帝。晋惠帝是一个近乎白痴的庸人,但他的皇后贾氏却有政治野心。惠帝继位之初,本由皇太后的父亲杨骏作为太傅辅政,独揽大权。公元291年,贾氏与楚王司马玮合谋,杀杨骏及其亲族,废皇太后为庶人。可是朝廷推举汝南王司马亮和元老卫瓘执政,贾氏仍然不能掌握政权。这年六月,贾氏又让惠帝下手诏给司马玮,要他带领禁军诛杀司马亮和卫瓘。可是司马玮在执行旨意以后,贾氏却否认惠帝曾下过这道诏书,随即以擅杀大臣的罪名,杀了司马玮。这样,西晋政权就落入了贾氏手中。

贾后除了依靠亲族以外,还起用了当时的名士如张华、裴楷、王戎掌管朝政,所以七八年间还能维持一个稳定的局面。

惠帝的太子司马遹,聪明刚猛,与贾后的亲党有矛盾。这些亲党怕太子将来即位以后,会对他们不利,因此劝贾后废黜了太子,继而杀害了他。太子本来就是以莫须有的罪名被废,现在被杀,在朝廷中引起了轩然大波。手握禁军的赵王司马伦在心腹孙秀的策划下,宣称为太子报仇,起兵杀了贾后和张华等人。不久,他就废惠帝自立。宫廷政变演变成了皇族之间争夺帝位的斗争。

当时,出镇许昌的齐王司马冏起兵讨伐赵王,成都王司马颖、河间王司马颙都表示支持,三王联军击败赵王伦。赵王的亲信将领这时也背叛了他,迎接惠帝复位,司马伦很快被杀,司马冏因为大功而入朝辅政。

齐王辅政以后,专擅朝政,擅杀大臣,弄得人心惶惶。河间王颙推成都王颖为首,起兵讨冏。这时,在洛阳的长沙王司马乂起兵为内应,杀了齐王。司马乂继司马冏之后在洛阳执政,可是却要向在邺的成都王颖时时汇报,这样的局面注定是不能长久的。成都王颖和河间王颙于是又联军进攻长沙王乂,围困洛阳。洛阳城内的东海王越这时密与诸将联合,逮捕了司马乂,致使乂被颙部将所杀。司马颖进了洛阳,做了丞相,以后又自封为皇太弟,但是他却不肯离开他的根据地邺城。

司马颖信任宦官,政治搞得比以前齐王、长沙王执政时还要糟糕。洛阳禁军在东海王越的统率下,奉惠帝诏讨伐司马颖。结果,荡阴一战,讨伐军战败,东海王逃回自己的封国,惠帝被俘。河间王颙命部将乘机占领了洛阳。

幽州刺史、并州刺史联合起兵讨伐司马颖,攻破了邺城,司马颖只能带着惠帝仓皇出奔洛阳,洛阳已由司马颙控制,政权自然也就落到了他的手中。司马颙的部将将司马颖和惠帝带到长安,不久废成都王颖。

惠帝永兴二年(305年),东海王司马越以迎惠帝为名,起兵北上讨伐司马颙。次年,颙战败,越迎惠帝还都洛阳,司马颖、司马颙相继被越所杀,大权最后落入司马越手中。

自贾后杀杨骏到司马越控制惠帝,前后16年间,西晋皇室内部大混战,这就是历史上的"八王之乱"。

所谓八王,是指楚王玮、汝南王亮、赵王伦、齐王冏、成都王颖、河间王颙、长沙王

义、东海王越。史料当中有种看法认为"八王之乱"是由于武帝分封同姓诸王所造成的,这是不够全面的。"八王之乱"之所以兵连祸结,不在于分封,而在于宗王出镇。自曹魏末年开始,司马氏即有意任用宗族或者亲信出掌地方重镇,都督军事。因此,西晋成立以后,八王都自专一方,手握重兵。他们有条件也有可能发动战争。"八王之乱"不仅仅使西晋王朝名存实亡,更重要的是,地方重镇的兵力在皇室内部的斗争中被消耗殆尽,也就没有能力阻止北方民族的进攻了。

王与马共天下

"八王之乱"以后,西晋江山实际上已经是满目疮痍,东海王司马越是这场大混战的最终赢家,但是他不能不面对来自匈奴刘渊、羯人石勒时时对于洛阳的威胁。

司马越并不是出于晋武帝一系,因此是皇室疏属,号召力有限。他只能积极联络当时在社会上有名望的关东士族名士,依靠他们的社会地位来维护自己的统治。琅邪王衍正是关东士族名士的代表人物。琅邪王氏,自太保王祥以来,世为冠冕。王衍是王祥的族孙,官至太尉,又是有名的清谈家,是朝廷中的头面人物。

司马越与王衍是一种政治上的结合,双方密切合作,共同维持风雨飘摇的西晋朝廷,可以说,这是"王与马共天下"最早的一种形态。在他们俩的策划下,另一个王与马结合的政治中心正在形成,那就是晋琅邪王司马睿与琅邪王导在徐州的组合。

琅邪王司马睿是司马懿的曾孙,司马睿的封地琅邪国邻近司马越的封地东海国。在八王混战期间,司马睿一直受到司马越的保护,因此他也成为司马越忠实的部下。司马越北上争霸,就将自己的后方交给司马睿镇守。以后北方形势恶化,司马睿请求移镇江南的建邺,司马越就以朝廷的名义任命他为安东将军,不久又任命他为镇东大将军,成为江南最高的军政长官。司马睿移镇建邺,是在永嘉元年(307年),同年,王衍的弟弟王澄出任荆州都督。永嘉三年,王衍的族弟王敦出任扬州刺史。由此可见,司马越与王衍本来就有放弃中原,撤退至江南的打算。

司马睿还是琅邪王时,就与王衍的族弟、王敦的从弟王导关系良好,王导对司马睿也是倾心拥戴。当司马睿初镇建邺之时,南方世家大族大多持观望态度,因为这些南士虽然准备接受从北方来的强藩,但需要这个强藩有足够的名分和权威,同时又能尊重南方世家大族的利益。他们对于司马睿是有疑虑的。王导想尽办法打消他们的顾虑,尽力协调南北士族的利益。

永嘉五年(311年),司马越在行军途中病死,众人推举王衍为统帅,想护送司马越灵柩还葬东海国,途中遭到了石勒军队的围攻,全军覆没。同年,洛阳失守,晋怀帝被刘聪俘虏。建兴四年(316年),长安陷落,晋愍帝被俘。至此,北方的司马氏政权全部覆亡。

在朝廷覆亡,北方陷入无休止的混乱,而且这种混乱有不断蔓延趋势的情况下,公元317年,琅邪王司马睿在南北门阀共同的支持下,先称晋王,次年称帝,重建晋王朝,史称东晋。

自永嘉南渡开始,王导始终居于中枢机要之地,王敦则总兵屯于上游。东晋建立以后,王导官至宰辅居内,王敦都督江、扬、荆、湘、交、广六州军事居外,王氏家族近属布列朝廷内外,显要者不在少数。所以,史料中所见的"王与马共天下"是符合当时的实际情况的。因此,东晋政权从建立之初就是"主弱臣强"。

东晋政权与西晋政权是不同的。西晋是皇权政治,东晋则是门阀政治。东晋皇权既然从属于门阀,皇帝也就只是士族利用的工具而不是效忠的对象。琅邪王氏以后,颍川庾氏、谯郡桓氏、陈郡谢氏相继掌权,继王与马之后,又上演了庾与马、桓与马、谢与马共天下的局面。

江南农业的发展

自统一的东汉王朝崩溃以后,江南开始出现独立的政权,除西晋曾经一统江南以外,从孙吴建国,经过东晋、南朝,始终是南北对峙的局面。这些立国于江南的政权,为了政权的稳固,也为了对抗北方的威胁,都需要发展经济,江南的农业在这300多年间得到了长足的发展。江南的农业在这一时期逐步得到开发,经济地位在全国经济中的比重也日渐增加,开始取代黄河流域成为全国经济的重心。

东汉末年,北中国持续战乱,先是黄巾之乱,然后军阀割据,混战不断。在这样一种情况下,大量的北方人口持续南下,不仅为江南提供了大量的劳动力,而且将北方先进的生产技术也带了过来,这对于南方经济的发展有重要的意义。孙吴政权一

方面锐意吸收流民,另一方面,在自己的统治区域内征讨隐藏于山林之中的所谓"山越",获得了大量的劳动人口。

永嘉之乱以后,北方人口再次大规模涌入南方,大批劳动力的补充,是南方农业得以飞速发展的重要保证。据估计,截至刘宋初年,南渡人口已达到95万,占当时南方人口总数的六分之一。东晋初年,由于大量人口的涌入,消费者远多于生产者,江州、扬州等地曾经发生过大饥荒。增加粮食产量,解决饥荒问题,是当务之急。在南北双方劳动者的共同努力下,江南的农业不仅解决了粮荒问题,而且给社会创造出大量的物质财富。江、浙的太湖流域,浙东的会稽地区,江西的鄱阳湖流域,湖南的洞庭湖流域,都成为了当时政权的粮仓。南朝诸政权,首都建康往往有多处储藏粮食的仓库,首都之外的大粮仓也时见记载,诸州郡也各有仓库。

在司马迁的《史记》里曾经记载西汉时期江南的农业生产技术是"火耕水耨"的原始方式,这时已经有用粪作肥料的记载。虽然火田仍然是一种施肥的方式,但从单位产量来说,粪田要优于火田。

特别应该提到的是,此时江南的水利灌溉系统,在过去的基础上进一步休整和推广。比如曲阿的新丰堰可以灌溉800顷良田,修复的芍陂堤堰、六门堰等也都能灌溉万顷以上。讲究水利的结果,稻米的产量自然增加。同时,南朝还鼓励围湖造田,新辟的湖田,土壤肥沃,又由于临近水源,产量比一般稻田要高得多。从刘宋时代起,江南稻米的产量,已经接近北方,渐有压倒之势。

梁朝后期,由于政治腐败,横征暴敛,社会矛盾尖锐。太清二年(548年)爆发的侯景之乱,不仅直接摧毁了梁朝,而且给当时的江南地区带来了持续4年的战乱,江南经济包括农业遭到了沉重的打击,这也是六朝经济由盛转衰的一个转折点。以后在南方土著豪族拥戴下建立的陈王朝,时间短促、疆域狭小,很难将农业恢复到南方全盛时期的规模。江南经济,包括江南农业在内,要到唐王朝建立以后,才再一次进入发展的又一高峰。

淝水之战

十六国时期前秦的统治者苻坚曾经一度统一北方,要巩固这来之不易的半壁江山,除了要解决北中国复杂的民族问题,还要发展生产,发展经济,缓解矛盾,稳定社会。苻坚的宰相王猛是辅佐他统一北方的杰出政治家,他在临终时曾经告诫苻坚,一是不要南侵,二是慢慢剪除来自政权内部鲜卑、羌族的威胁。应该说,从当时的实际来看,王猛的建议是一心巩固年轻的前秦政权的。

可是苻坚被巨大的胜利冲昏了头脑,当时不在秦统辖范围之内的,只有偏安江南的东晋政权。他自恃拥兵百万,梦寐以求的就是灭亡东晋,完成全国的统一。他甚至已经想好了统一全国以后,给予东晋孝武帝、谢安、桓冲等人的官位,还下令给他们在长安修建住宅,以便他们降服后居住。

当时在东晋政权内部,孝武帝年幼,世家大族的代表人物陈郡谢安辅政,权臣桓温死后,弟弟桓冲继镇荆州。谢安在处理与桓氏的关系时,做得特别好。桓冲也能顾全大局,尽忠皇室。因此,桓、谢两家,一处上游重镇,一处内廷中枢,基本上还能合作共处,这对于东晋王朝的团结安定是很有好处的。谢安为了培植中央的势力,把北来侨民,征募为兵,因为居于京口,所以号称"北府兵"。他们大多劲悍,虽然不满十万人,仍是一支战斗力较强的劲旅。

晋孝武帝太元八年(383 年)七月,苻坚大举攻晋。苻坚下诏在前秦统治的区域内,无论公私,马匹全部征用,平民每 10 丁抽取一丁当兵。八月,苻坚任命亲弟弟苻融为前锋都督,率领慕容垂等将领,领军 25 万为先行。九月,苻坚从长安出发,戎卒 60 余万,骑 27 万,旌旗千里,但行军队伍实在是太长了,东西万里,水陆并进。在当时,这种规模的征讨军队,的确是前所未有的。因此,苻坚曾自豪地说他的队伍投鞭于长江,足以截断长江流水。但是实际上真正参与战斗的,只有苻融指挥的到达颍口的 30 万部队。

东晋朝廷以谢石为征讨大都督,谢玄为前锋都督,与将军谢琰、桓伊等率众 8 万拒敌。晋军的主力,就是北府兵。

十月,秦军渡过淮水,攻陷寿阳。晋军派去支援寿阳的胡彬,只能率 5 千水军退守硖石。苻融命将率军 5 万屯驻洛涧,截断淮水水道,这样就使胡彬水军无法东撤。谢玄军主力自东向西推进,也由于忌惮这 5 万人马而裹足不前。胡彬困守硖石,粮食短缺,写信向谢玄求援。送信的人被秦军抓获,信也落到了苻融手里。苻融向苻坚报告说晋军兵力寡少,苻坚听到这个消息后,抛下大军,只带了轻骑 8 千,赶往寿阳前线。

符坚到了寿阳以后,派遣原东晋襄阳守将朱序前往晋营,游说谢石投降。朱序私下告诉谢石,秦军尚未全部集结,应该乘机击败他们的前锋部队,挫其锐气。谢石接受了这个建议,派遣北府兵猛将刘牢之为前锋,率领精兵 5 000 人急行到洛涧,阵斩守将,秦军崩溃,士卒溺死的有万人之多。刘牢之纵兵追击,缴获了秦军丢弃的全部军械。这次战斗对鼓舞晋军士气起了很大的作用。谢石大军,水陆并进,迫临淝水。

符坚与符融登上寿阳城头,望见晋军进退有度,布阵严整,望见近处八公山上的草木,以为皆是晋军。符坚此时有点胆怯,对符融发出了晋军是劲敌的感叹。

晋秦两军隔淝水对阵,谢玄派人要求符坚稍稍退兵,以便晋军渡河决战。符坚本来想等晋军渡河时予以痛击,符融于是引军稍退。谁知大军一退,就收不住了。谢玄乘机领兵猛攻,符融马倒,死于乱军之中。秦军失去主将,更加溃不成军,晋军一举收复寿阳。符坚也在乱军之中被流矢射中,只带了少数军队退回淮北。

淝水之战,东晋取得了空前的胜利,巩固了在南方的统治,解除了来自北方的威胁,但晋军并没有做过胜利以后的计划,大好的时机就这样错过了。对于符坚来说,这场战争直接断送了前秦在北方的统治,统一局面宣告瓦解,前秦境内的鲜卑、羌等首领乘机自立,王猛临终时担心的局面终究还是到来了。

孝文帝改革

北魏孝文帝拓跋宏,在北魏历史上占有重要的地位。他在北魏皇帝中,武功并不显赫,但在政治上推行了一系列重要的改革,史称"孝文帝改革"。

北魏在入主中原以后,面临着一系列的问题,其中最主要的就是如何处理王朝内复杂的民族关系,特别是如何学习汉族先进的生产经验和文化。是继续保持拓跋族旧有的社会制度和文化,还是学习相对先进的汉文化,北魏统治者必须有所抉择。孝文帝即位前后,北魏境内的民众暴动,见于史籍记载的就多达十余次,这也是推动孝文帝厉行改革的现实因素。

在迁都洛阳以前,孝文帝已经开始着手清除拓跋族的氏族制残余。首先,他下令禁止鲜卑同姓为婚。其次,改变以前北魏百官没有俸禄的奇特现象,按等级制定

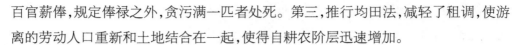

百官薪俸,规定俸禄之外,贪污满一匹者处死。第三,推行均田法,减轻了租调,使游离的劳动人口重新和土地结合在一起,使得自耕农阶层迅速增加。

迁都洛阳以后,孝文帝加速了汉化进程,先后施行了一系列改革。

第一,禁鲜卑语。拓跋族是鲜卑人,所用语言自然是鲜卑语。汉人出仕北魏,也需要学习鲜卑语。但鲜卑人终究是少数,当北魏王朝定鼎中原,占有领土面积日渐扩大以后,汉人数量远远多于鲜卑人。因此,孝文帝下令禁止使用鲜卑语及其他各族语言,以汉语为唯一通行语言。对于朝臣,也以 30 岁为界。凡是 30 岁以下的,必须学习和使用汉语;30 岁以上的,允许慢慢改变。

第二,改鲜卑姓氏。鲜卑族是多缀语部族,鲜卑姓氏也是多缀语。孝文帝既然禁了鲜卑语,也就必然要改多缀语的鲜卑姓氏为汉族单姓。除了将皇室的拓跋姓改为元姓以外,还将皇族的支系以及北魏早期部落的一百多姓氏,全部改为单姓。孝文帝还命令,鲜卑贵族死于洛阳的,就葬在洛阳,不得葬回北魏以前的首都平城,并统一将他们的籍贯改为河南洛阳人。

第三,禁胡服。孝文帝在迁都洛阳以前,就专门组织人员研究服制,迁都洛阳以后,开始制定百官的冠服,而且规定了妇女的服饰,大体上是模仿南朝。孝文帝对禁胡服有很大的决心,不允许有丝毫松懈。衣冠礼乐,本就是王朝正统性的外在表现,北魏想表明自己是华夏正统文化的继承者和守护者,表明自己是正朔所在。孝文帝着力禁胡服,也就表明他急于完成北魏王朝的转型。

第四,改定祭祀宗庙典礼。北魏先祖所崇拜的天地鬼神与汉族所崇拜的天地鬼神本来就不一样,作为祭祀礼仪中最重要的一环——祭天,自然也是不一样的。如果祭天大礼不改变,也就谈不上什么统治中原、统治汉族的合法性。因此,孝文帝废除拓跋先祖西郊祭天的仪式,改用汉族圆丘祭天、方泽祭地,并以祖宗配享的祭天仪式。同时,将太庙中太祖平文帝的牌位撤换,尊道武帝为太祖,因为道武帝是君临中夏的第一代皇帝,这样,孝文帝就以道武帝继承者的姿态凸显了自己作为华夏文化继承者的地位。

第五,改革官制。北魏早期官制,随事立名,现在流传下来的北魏早期碑刻文字,还保留着很多这样的官职,就连《魏书》的撰写者魏收也搞不清楚。孝文帝重用来自南朝的王肃,重新改定官名,完全模仿两晋南朝的成法。我们今天看《魏书·官氏志》,太和官制改革以后的官名,与同时期的南朝官名几乎没有什么差别。

除此以外,孝文帝还对法律等方面进行了改革,同时兴建学校,修建洛阳城等等。客观上来说,一方面,孝文帝的改革使得北魏王朝在迁都洛阳以后迅速汉化,以至于到了唐代,鲜卑族几乎已经成为一种记忆。另一方面,鲜卑贵族在汉化的同时,也学会了汉人奢侈享乐的风气,这就使北魏上层迅速腐化,这一点,恐怕是孝文帝在改革时没有想到的。

六镇之乱

六镇,一般是指沃野、怀朔、武川、抚冥、柔玄、怀荒六个北魏边镇。除此以外,还有御夷等镇。六镇的位置,大多在今天内蒙古境内。六镇是军事要塞,在北魏早期历史上占有重要的地位。因为北魏最初以平城为首都,面临着来自北方柔然的军事威胁,这六镇就是为了拱卫首都而设立的。当时,六镇的镇都大将,不是拓跋宗室,就是鲜卑贵族王公,即便是一般士兵,也基本是拓跋族人或者中原的强宗子弟来担任。因此,去六镇当兵的人,身份一般比较高贵,在当时人眼里,也是非常光荣的。在孝文帝以前,北魏的好几个皇帝都对六镇的防务非常重视,就是孝文帝自己,也曾经几次到六镇视察。

然而,随着孝文帝迁都洛阳,由于平城不再是国都,六镇也失去了军事上的重要意义,将士地位一落千丈。宣武帝以后,对于这些边镇将领的选任,朝廷根本不重视,因此,将领普遍比较贪残。

六镇远在漠北,与南迁的鲜卑贵族在文化上产生了差距,心理上也产生了隔阂,比起身在洛阳的显荣本宗来,他们更是毫无地位。随迁都而进入中原的鲜卑族人,在鲜卑贵族和汉族大地主的排抑之下,虽然身份也低落了,但北魏王朝有时还会照顾他们一些。孝文帝改革以后,甚至将罪犯发配至六镇当兵。当地的镇户不仅没有政治地位可言,经济状况也日渐堪忧,生活困顿。六镇兵民不满的情绪日益滋长。暴乱终于首先在六镇爆发。

孝明帝正光四年(523年)夏,柔然入侵六镇,一直打到平城附近。怀荒镇兵民请求开仓派粮,镇将以未获洛阳批准为由,拒绝开仓。愤怒的兵民聚众攻杀镇将。到了正光五年(524年),沃野镇民破六韩拔陵攻杀戍主,不久就率众占领了沃野镇。

其余各镇也纷起响应。朝廷派去征讨的临淮王元彧被打得大败。北魏政府为了挽救颓势，居然请求柔然人的军事协助。北魏设立六镇，本来是为了抵御柔然，拱卫平城的。现在自己去请柔然人帮助消灭六镇，柔然主当然乐意效劳。孝明帝孝昌元年（525年）春，柔然主阿那瓌率领大军10万，进攻武川镇，西向沃野镇。破六韩拔陵被击败，渡过黄河向南移动，又受到了北魏广阳王元渊率领的政府军的夹击，六镇军民20余万人被元渊截获，破六韩拔陵也不知所踪，很可能被柔然人所杀。北魏政府将这些降户分散到冀州、定州、瀛州，但尖锐的矛盾，并没有因为六镇被平定而告终。

六镇起义是北魏末年北方各族人民大起义的先声。六镇起义的意义不仅仅是被压迫民众对于政府的反抗，更重要的是，它代表着对自孝文帝改革以来汉化趋势的反抗。以六镇起义为开始的各种起义，最终导致了北魏的分崩离析。

隋的统一

隋文帝杨坚，自称是弘农华阴人。他的父亲杨忠是西魏12大将军之一。北周初，官至柱国大将军，封随国公。杨忠死后，长子杨坚袭爵。杨坚之妻，是柱国大将军独孤信的女儿。独孤信的大女儿，是北周明帝的皇后，第4个女儿嫁给了柱国大将军李虎的儿子李昞，即唐高祖李渊的母亲。杨坚的女儿又是北周宣帝的皇后。因此，北周、隋、唐3个皇室是亲戚关系。北周宣帝时，杨坚担任四辅官之一的大前疑，地位、声望都很高。

宣帝于大象二年（580年）病死，当时的小御正刘昉与内史郑译等人通谋，引杨坚辅政，辅佐年仅8岁的静帝。刘、郑等人还矫诏令坚总督中外军事、担任左大丞相，总揽朝政。相州总管尉迟迥、郧州总管司马消难、益州总管王谦曾举兵对抗，但不久就被平定。在长安的北周诸王，也尽数被杨坚诛灭。

大象二年十二月，杨坚为相国、总百揆，晋爵为王。北周静帝大定元年（581年）二月，静帝禅位，杨坚称帝，改国号为"隋"，史称隋文帝，年号开皇，定都长安。

隋文帝即位之初，就有意吞并南朝，统一天下。当时隋王朝的政权尚未巩固，北方的突厥又虎视眈眈。不过，隋文帝仍然有所布置，他任命贺若弼为吴州总管，坐镇广陵；任命韩擒虎为庐州总管，坐镇庐江。文帝又采纳高颎的计策，每至秋收之时，

就扬言要袭击陈朝。陈朝只能屯兵防守,荒废农时。隋兵却自行解散。如此再三,陈朝以为隋朝不过是虚张声势,因此防备松懈,隋兵却乘机进击,破坏陈朝的农作,火烧陈朝的粮仓。在这样的反复中,陈国力日渐穷困。

开皇八年(588年)三月,隋文帝下诏指责陈后主罪恶二十余款,说他荒淫无道、众叛亲离,决定伐罪吊民。十月,隋文帝下令伐陈,任命淮南道行台尚书令晋王杨广、山南道行台尚书令秦王杨俊以及信州总管杨素3人为行军元帅。杨广出六合,杨俊出襄阳,杨素出永安,荆州刺史刘仁恩出江陵,蕲州刺史王世积出蕲春,庐州总管韩擒虎出庐江,吴州总管贺若弼出广陵,青州总管燕荣出东海,共出总管90人,合兵51.8万人,命晋王杨广为统帅。杨广只是名义上的统帅,实际上文帝任命了高颎、王韶二人为晋王元帅府的长史和司马,军中大事,由两人裁决。

十一月,杨素楼船从三峡而下,击败沿江守军,顺流东下。陈朝守军不断向建康报警,无奈文书均被佞臣施文庆、沈客卿等扣留,佞臣孔范更称边将欲建边功,谎报军情,陈后主也迷信王气聚于金陵,对隋军的进攻不以为意。

开皇九年正月,贺若弼自广陵渡江,攻下京口;韩擒虎渡江至采石,攻下姑苏。两军分别从南北两个方向夹击建康。钟山一战,留守建康的陈军主力被贺若弼击溃,韩擒虎攻入台城,俘虏陈后主,陈亡。三月,隋将陈后主及陈的百官、舆服、图籍等迁移至长安。

隋之平陈未经过大规模的战争,但平陈的意义却很重大。从永嘉末年西晋王朝崩溃时起的南北分裂宣告结束,经过近300年时间,北方各民族也基本完成了融合。政治上的南北统一促进了经济上的南北统一,在隋文帝的统治下,国力日渐上升。

大运河

中国的地形是由西北向东南倾斜,中国的长江黄河也都是由西向东汇入大海,南北的水路交通,实际上并没有好好整顿过。经过东晋南朝对南方的开发,到了隋唐时期,经济重心逐渐南移,但是当时的政治和军事的重心,却仍旧在北方。因此,沟通南北的运河工程,就是在客观形势下开凿的。

隋文帝时期,就很重视水利灌溉的兴修,为了运送山东粮食接济供应关中,就开凿了由大兴城北引渭水东流至于潼关入黄河的广通渠,后避隋炀帝讳,改称永通渠。为了伐陈,隋文帝还开凿了山阳渎,由今江苏淮安市东,向南直达长江,大体上就开凿在东晋南朝不断整修的邗沟的故道上。

炀帝时期开凿的运河共有四条,分别是通济渠、邗沟、江南河和永济渠。通济渠是大业元年(605年)开凿的,从洛阳的西苑引谷水、洛水入黄河,再由黄河东行到板渚,引河水经荥泽入汴水,经梁郡入泗水,再到盱眙入淮河。这段运河实际上是对以前的鸿沟和汴水加以疏浚,并非新凿。邗沟由山阳经江都至扬子入长江,这段工程是在文帝开凿的基础上将之整体贯通。江南河在大业六年(610年)开凿,自京口至余杭,长800余里,将长江和钱塘江连接了起来。永济渠是大业四年(608年)开凿的,引沁水南流入黄河,在沁水下游又向东开道,拦截住沁水和清水、淇水,使其不流入黄河而流入白沟,加大白沟的水量,这样就能从黄河入白沟,再由白沟转入潞河,到达涿郡附近。炀帝所开凿的运河号称4000余里,其实多疏浚、加宽旧河道,或凿一条新河使两段旧有水系连接起来。由永通渠、通济渠、邗沟、江南河和永济渠五段构成了隋唐时期的大运河。

大运河的开凿有利于南北经济的沟通,但隋炀帝滥用民力,致使民众死伤无数。比如开通济渠就动用了河南淮北100多万劳力,开永济渠又征用河北诸郡男女百余万人,合计起来,共计动用民夫300万人以上。死亡人数虽然未见记载,但炀帝时期兴建工程都是工期短,强度大,不管民夫死活,如果按照兴建东都时死亡民夫在半数左右来计算的话,估计开运河时死亡人数可能达到100万以上。另外,隋炀帝开运河的目的完全是为了满足个人的私欲。比如开通济渠、邗沟是为了方便他能从洛阳乘船直接到江都去游玩。开永济渠是为了征伐高丽,满足他好大喜功的虚荣心。

隋代大运河的开凿打通了南北间的交流路线,对于后来唐、宋两代的国运都有极大的帮助。但在当时,由于苦役极大地增加了人民的负担,激起了反抗情绪。

瓦岗军

瓦岗军的创建人翟让,做过东郡法曹,坐事当斩,狱吏私自释放了他。于是他逃亡瓦岗聚众为盗,同郡的单雄信、徐世勣等也都参加了进来,人数渐渐发展到了1万

多人。

大业十二年(616年),贵族出身的李密,在杨玄感起兵失败以后,投奔瓦岗军。李密的曾祖父李弼,是西魏的八柱国之一,父李宽,在周隋之际位至柱国,封蒲山郡公。杨玄感起兵反隋,以李密为谋主。李密是一个很有政治眼光的人,他建议翟让积极发展瓦岗军的实力,扩大影响。翟让重视这个意见,首先攻取了荥阳,并诱杀隋朝名将张须陀。

大业十三年,李密和翟让亲率精兵7 000人,袭取洛口仓,开仓济贫。洛口仓是隋朝的大粮仓,当时储米达到2 000万石之多。瓦岗军这次袭击成功,不仅获得了足够的粮食,而且扩大了起义军队伍。

经过几次大的战斗之后,翟让自愿将领导权让给李密,接受李密的领导,于是李密自称魏公,增筑洛口城,周围四十里,作为瓦岗军的军政中心。当时有多支起义军都联合在瓦岗军的旗帜之下,瓦岗军的人数发展到了10余万,攻占了河南的大部分郡县。

大业十三年,瓦岗军相继攻下隋朝的回洛仓、黎阳仓,军威大盛。瓦岗军发布檄文,历数隋炀帝十大罪,明确表示要推翻隋炀帝。

随着瓦岗军对隋战争的胜利,隋的降官降将也大量地加入瓦岗军之中,李密就以这部分人为自己的资本。这样,瓦岗军之中,翟让的一派和李密的一派就形成了两个集团,并最终决裂。大业十三年十一月,李密突然在宴会中杀死翟让,使原来的翟让一派人人自危,军心开始离散。

李密一直与洛阳的隋朝守军鏖战,久攻不下。当时隋炀帝在江都已经被弑,宇文化及率领着10余万人马自江都西归。当时在洛阳的隋政权想利用李密阻挡宇文化及,同时消耗瓦岗军的实力,坐收渔人之利。李密在这时居然接受了洛阳政权给他的空头封号,去与宇文化及决战,虽然勉强获得了胜利,但是瓦岗军损失也很严重。

这时,洛阳政权已经落入了王世充手中,他不会给李密以喘息之机。武德元年(618年)九月,由于李密骄傲轻敌,瓦岗军大败,军心涣散,号称百万之众的瓦岗军迅速瓦解了。

当时为瓦岗军固守黎阳仓的徐世勣还有相当实力,但他是翟让旧部,李密不敢去,他就带着二万残部,西入长安投降了唐朝。唐高祖只是任命他为光禄卿,虽然是个高官,却毫无实权可言,而且光禄卿在朝廷大宴时,要给皇帝进菜。李密不仅大失所望,而且深感羞辱。因此,李密向唐高祖请求去攻打王世充,唐高祖最初同意。等到李密出了潼关,唐高祖又后悔了,命令李密单骑回朝。李密不肯回去,还杀了唐朝的使者,在逃亡途中被唐将盛彦师所杀。

瓦岗军是当时最为强大的一支义军队伍,在中原消灭了大量隋军,切断了长安、洛阳、江都之间的联系,使得隋炀帝陷入江都孤岛,无法控制全国。瓦岗军虽然由于李密的错误领导而失败了,但不可否认,瓦岗军在反抗隋的统治中,作出了重要的贡献。

贞观之治

武德九年(626年)六月四日,秦王李世民发动"玄武门之变",杀死太子李建成、齐王李元吉,迫使唐高祖立他为皇太子。当年八月,高祖禅位。李世民即位,次年改元贞观,贞观一共二十三年(627—649),无论在国内政治还是对外关系上都取得了巨大的成就,史称"贞观之治"。

贞观之治的出现,离不开人。贞观一朝的大臣,像房玄龄、杜如晦、魏徵、王珪、高士廉、马周、长孙无忌等,不仅有学识,而且有政治经验。更重要的是唐太宗本人知人善任,虚心纳谏,才在唐代出现第一个盛世。

唐太宗即位初年,就认识到去奢省费、轻徭薄赋、精选官吏、藏富于民的重要性,这些也都贯穿在贞观朝施政的过程中。

在刑法方面,唐太宗对死刑非常慎重,规定所有死刑,必须申报尚书、中书、门下三省复核,再经覆奏,至于再三,最后由皇帝核准,才允许执行。

在宫廷用度上,唐太宗下令放免宫女,不仅使隋代那些久幽宫禁的宫女重见天日,而且也节省了宫廷的费用。

在官吏选用上,唐太宗经常召见五品以上京官,询问朝政得失,并将各地都督、刺史等临民之官的姓名写在屏风上,无论善恶,都记于姓名之下,以便考核。

在人才选用上,唐太宗并不是只任用原秦王府的亲信。比如王珪、魏徵等人,都是原太子李建成的谋士。马周出身寒微,只是中郎将常何的门客,他代常何向太宗提了一

些建议,被太宗赏识,得到重用。当时参与朝政的大臣,包括了各个社会集团的人物。

唐太宗对少数民族的政策,也取得了很好的效果。只要各少数民族不是公然对抗唐朝,就对其采取羁縻的政策。任命他们的酋长为都督、刺史,管理本部。反过来,只要是敢于对抗唐朝的,就用武力解决。贞观四年(630年),四夷君长共请太宗为"天可汗",争相入朝或遣使朝觐。

隋末农民大起义直接颠覆了强盛一时的隋王朝,贞观朝君臣都是目睹甚至亲身参与其中的,他们都有切身体会。因此,无论是太宗还是朝臣,都时时以覆灭的隋王朝为借鉴,凡事都会考虑到人民,不想他们怨叛。因为他们深深懂得"水能载舟亦能覆舟"的道理。

但唐太宗在位时,也做了一些不该做的事,比如他征讨高丽,以失败而告终,加重了人民的负担。

由于唐太宗在政治、经济、民族关系等方面采取了积极的措施,保证了社会的稳定,就使经历了隋末大乱和唐初统一战争的人民得到了休养生息的机会。贞观初年,人口稀少,灾情严重,粮价昂贵,百姓流离,经过数年的发展,这样的情况得到了很大的改善。到了贞观末年,社会安定,四海臣服,吏治比较清明,经济逐渐恢复。应该说,"贞观之治"为以后唐玄宗时期的"开元盛世"奠定了一个良好的基础。

开元盛世

唐玄宗统治的前期,即开元时代(713—741),是唐王朝国力最为鼎盛的时期。开元年间,政治昌明,文治武功臻于极盛,经济繁荣,社会安定,史称"开元盛世",是唐代继贞观以后的第二个盛世。

到唐玄宗即位的时代,唐王朝已经走过了近100年的相对安定时期,生产力有了相当程度的发展,全国人口数字稳步提升。据记载,至玄宗天宝末,安史之乱以前,当时的人口达到了近900万户,5 300余万口。登记在籍的数字如此巨大,也就意味着唐王朝税源充足。

玄宗经历了诛除中宗皇后韦氏和太平公主两次政治斗争,自知皇位来之不易,即位之初,就以太宗为榜样,谨慎地处理国政。而且玄宗在即位以前,与民间多有来往,所以对民间疾苦还是有一定了解的。这也是玄宗经常自选太守、县令等临民之官的原因,他深知地方长官对于百姓的重要性。玄宗的励精图治,是开启这个盛世的关键。

玄宗除了注意地方长官的选任以外,对宰相的挑选就更加注意了。开元时期的宰相几乎都是有才能的正人君子,其中,姚崇、宋璟最为有名,合称姚宋,与贞观朝的房杜齐名。姚崇治事敏捷而公正,宋璟为人刚正不阿,玄宗对他们都很尊敬。另外,开元一朝,如张嘉贞、张说、韩休、张九龄等人都可以称为名相,也正是这些人和玄宗勠力同心,才创造了开元盛世。

开元时代并不鼓励军功,守边将领因此不敢轻易发动对外战争。国内百姓因此可以长时间地从事生产。玄宗很重视农业,他破除迷信,兴修水利,并采用分段运输的办法,将江南的粟米源源不断地运往关中。

抑制佛教的泛滥,也是开元年间的重要措施。武则天时期,为了代唐称帝,利用佛经中关于女主的记载来证明自己的合法性,因此,佛教在则天朝得到大力的扶持。不少人为了逃避赋役,纷纷削发为僧尼,贵族官僚也大力营造佛寺。玄宗接受姚崇的建议,沙汰那些伪滥的僧众,禁止兴建佛寺。这样,就使大量人口回流,实际上有利于经济的发展。

开元时代,唐朝内外环境良好。武后时期,严刑峻法,酷吏横行,官僚阶层朝不保夕,人人自危。开元年间,玄宗推行仁政,使官僚阶层感恩戴德,力加维护,这样就使中央政府的权威大大加强了,整个社会的秩序进入良性运行的轨道。外部则是周边民族普遍衰弱,外患不严重,边将也不敢轻启边衅,所以没有大规模的对外用兵,中国与域外大体相安无事,国内百姓得以休养生息。

正是因为以上这些措施和条件,使开元年间成为唐人美好的记忆。诗圣杜甫在《忆昔》诗中说:"忆昔开元全盛日,小邑犹藏万家室。稻米流脂粟米白,公私仓廪俱丰实。九州道路无豺虎,远行不劳吉日出。齐纨鲁缟车班班,男耕女织不相失。"《资治通鉴》"开元十三年"条也记载了唐开元年间物价稳定,生活富足的现象。

吐蕃的崛起

吐蕃由于与内地距离遥远,唐以前几乎未曾与内地有所往来。关于吐蕃的起

源,一说属于西羌种,一说是十六国南凉国主鲜卑秃发利鹿孤之后。其实吐蕃早期的历史多杂神话,不太可信。

吐蕃人虽然以游牧为主要生活方式,但在唐初已有城郭,其王称为赞普。赞普的牙帐,开始设在跋布川的匹播城,后来迁到逻娑川的逻些城,也就是今天的拉萨。当时吐蕃的君主是松赞干布,他是一位杰出的国王。在他当政时期,不仅制定了成文法,而且在贞观十八年(644年)统一了西藏高原。

松赞干布爱慕中原文化,早在贞观八年(634年)就遣使向唐朝贡,并以唐朝下嫁公主给突厥和吐谷浑为由,要求与唐通婚,当时太宗不允。之后双方兵戎相见,互有胜负。贞观十四年(640年),松赞干布遣国相禄东赞来朝,献黄金、珍玩作为聘礼,太宗以宗女文成公主远嫁吐蕃。次年,文成公主入藏。唐蕃和亲使双方都有机会增进了解。松赞干布开始派遣吐蕃贵族子弟入唐学习汉族先进文化,并聘请中原士人至吐蕃,替他典章表疏。太宗死后,松赞干布献金玉珠宝,请至太宗灵侧,以示哀悼。唐高宗嘉其忠诚,封松赞干布为西海郡王。永徽元年(650年),松赞干布逝世。应该说,松赞干布迎娶文成公主后的一段时间是吐蕃和唐朝关系十分友好的时期。

文成公主入藏的时候,带去了很多东西,包括一批蔬菜种子、药物以及一些有关生产技术的书籍。以后唐高宗又送去了桑苗和桑种,并派遣了一批手工艺工匠去吐蕃传播制造技术。中原先进技术的传入,对吐蕃经济、文化的发展起了很大的促进作用。

松赞干布死后,他的孙子继任为赞普,国政由国相禄东赞主持。禄东赞为人严肃而稳重,又善于用兵,吐蕃日趋强大,威震西方。禄东赞死后,他的儿子钦陵专政,攻灭吐谷浑。咸亨元年(670年),唐将薛仁贵伐吐蕃,结果大败于大非川。吐蕃势力越过昆仑山而到达塔里木盆地,从此直接威胁到了唐的安西都护府。到了武则天垂拱二年(686年),唐放弃安西,除了碎叶镇仍是西突厥的政治中心外,塔里木盆地的控制权,已经尽入吐蕃之手。则天一朝,双方战争不断。

武周圣历二年(699年),弃都松赞普年长,不满钦陵专政,与大臣谋诛钦陵,经过一场内战,钦陵兵败自杀。钦陵的弟弟率众千余降唐,钦陵的儿子也率吐谷浑七千余帐来降。

唐中宗景龙四年(710年),唐以金城公主远嫁吐蕃赞普。金城公主的和亲,加强了唐蕃之间的经济文化交流。开元年间的《唐蕃会盟碑》对文成公主、金城公主的入藏给予了高度评价。

玄宗开元年间,唐朝国力强盛,但强大的吐蕃部落仍然控制着青海草原,更在唐蕃边境屯聚着几十万大军。吐蕃自恃强大,在致唐朝的公文中竟然使用平等的称谓,措辞傲慢无礼,玄宗大怒。双方在开元、天宝年间发生过几次大战。天宝十四年(755年),乞立赞赞普即位,想要和唐通好,但唐内部已经发生安史之乱,自顾不暇。吐蕃乘机占领秦、成、渭、兰、河、鄯、洮等西部州,成为中唐以后唐朝的大敌。

安史之乱

安禄山,父亲是康国人,早死。母亲是突厥人,改嫁安国人,所以儿子也改姓安。安禄山很小的时候,就从康国迁到唐朝的柳城,并在那里定居下来。当时的唐朝,威震天下,很多西域乃至外国胡商来唐朝经商的很多,有的干脆定居了下来,像敦煌、武威、长安、太原、扬州、柳城等地,都有胡人聚居。安禄山年轻时,与史国侨民史思明都因为通多种少数族语言,最初都做"互市牙郎",也就是在买卖双方之间进行撮合,进而收取佣金的人。后来,安、史二人又投到幽州节度使张守珪麾下。安禄山由于熟悉地形以及作战勇敢,受到张守珪的赏识,升迁至平卢兵马使。

天宝元年(742年),安禄山被任命为平卢节度使。到了天宝十年(751年),安禄山身兼范阳、平卢、河东三镇节度使,三镇的兵力,合起来有近20万人。天宝十一年(752年),安禄山想借共击契丹的机会吞并朔方节度副使阿史那阿布思统率的东突厥附塞部落,阿布思不肯出击,率部返归漠北。不久,阿布思部众被回纥击败,安禄山乘机诱降。阿布思所率部众,本是骁勇善战的骑兵,他们的归降,使安禄山军队的战斗力大大提升。安禄山不仅招收精兵强将,而且很得部下的拥戴。唐玄宗曾经允许安禄山自己铸钱,安禄山又分遣胡商为自己经商,所以他的管内在财力方面也非常充实。

安禄山本来就与宰相杨国忠矛盾重重,安根本看不起杨。当杨国忠想方设法要除掉他时,他也积极准备反叛。杨国忠屡次上奏安禄山要造反,玄宗都不相信。杨国忠为了取信于玄宗,命令京兆尹搜查安禄山在长安的府邸,捕杀安禄山的门客,这样就促使安禄山立反。

天宝十四年(755年),安禄山亲率15万大军从范阳起兵,长驱南下。当时唐朝

经过了长期的太平,又经过了玄宗开元盛世,百姓未曾遭遇过兵乱,突然爆发了战争,举国震动。玄宗轻信了杨国忠对于战争形势的判断,以为指日即可平叛,但战略错误,指挥又失当,先后丢失了洛阳、潼关,长安岌岌可危。

宰相兼剑南节度使杨国忠建议出奔成都,取得了玄宗的同意。当车驾行至马嵬驿时,军队哗变,杀杨国忠,并迫使玄宗赐死杨贵妃。经过一番波折,玄宗才到达成都。当玄宗离开马嵬时,当地百姓请留太子共击逆贼,玄宗只能留太子在关中。以后太子先到平凉,后到灵武,在众人的拥戴之下即位为帝,遥尊玄宗为太上皇。

安禄山自取得洛阳以后,就登基称帝。后来他攻陷长安,势力大振,但安禄山并无大志,所得珍宝财货都运往范阳,又刻剥百姓,弄得民怨沸腾。至德二年(757年),安禄山在洛阳被儿子安庆绪所杀,庆绪称帝。安庆绪为了拉拢史思明,任命他为范阳节度使。从安禄山起兵的时候,史思明手下就有不少精锐部队,现在又得到了安禄山以前的大本营范阳,实力雄厚,渐渐就不服安庆绪的指挥了。

唐肃宗自即位灵武以后,就积极部署收复两京。至德二年,唐军先后克复长安,击败安庆绪,夺回洛阳。乾元元年(758年),唐军组织了九节度使率军围安庆绪于邺城,久攻不下。第二年,史思明率军救援,打败唐军,乘机杀了安庆绪,自己称帝,以后他又攻陷了洛阳。史思明和安禄山一样,在乾元三年(760年)也被儿子史朝义所杀。

史朝义在唐军的进攻下,退出洛阳。他想退回范阳,可是当时范阳的守将已经降唐。于是他在内外交困之下,自缢身亡。

自天宝十四年(755年)安禄山起兵至宝应二年(763年)史朝义败死,安史之乱前后经历了七年多时间。

安史之乱虽然被平定了,但这场政府与叛军之间的战争遍及今天河北、河南、山西、山东、安徽、陕西等省,破坏非常严重。国力损耗如此之巨,直至唐亡,开元盛世都不曾再现。政治上,唐朝政权固然又维持了100多年,但由于唐政府始终无法平定安史之乱以后形成的藩镇割据的局面,所以这种统一只是名义上的统一而已。

儿皇帝

石敬瑭,沙陀部族人。五代时期后晋的开国君主,中国历史上著名的"儿皇帝"。

石敬瑭本是后唐名将，因拥立后唐明宗有功，深受明宗器重，并以女儿妻之。他历官宣武、天雄、河东节度使，实为当时后唐境内最强大的藩镇。明宗死后，内乱迭起，废帝虽然最终登上帝位，但当时政治动荡、财政困难、藩镇强横。废帝想改变这种局面，于是决定改任石敬瑭为天平节度使。

石敬瑭举兵不受代，公然反唐，并向契丹求援。他在上契丹表文中称臣，且以父礼事契丹主耶律德光，承诺事定之后，割卢龙一道及雁门关以北诸州作为回报。刘知远（即后汉高祖）认为，以金帛厚赂契丹，足以让契丹发兵相助，不必以领土为条件，不然后患无穷。石敬瑭没有听从这个意见。耶律德光正愁没有机会南下，得书大喜，回报说秋天当以倾国之力相助。后唐清泰三年（契丹天显十一年，936 年）八月，契丹军南下。九月，后唐军主力被石敬瑭与契丹的联军打败，围困在太原城西南的晋安寨。

这年的十一月，契丹册命石敬瑭为大晋皇帝。石敬瑭割幽、蓟、云、蔚等十六州给契丹，并许诺每年进贡布帛 30 万匹。契丹轻易占领了长城一带的险要地区，这就使契丹军队可以长驱直入到黄河流域，中间没有了抵抗的天然屏障，对中原地区构成极大的威胁。

围困在晋安寨的唐军主帅张敬达始终不肯投降，后被副帅所杀，唐军主力五万多人降晋，器械军资则归了契丹。晋军随即南下攻唐，直奔洛阳，后唐废帝在晋军兵临城下之际自焚而死，后唐亡。

后晋天福三年（938 年），石敬瑭为契丹主耶律德光及太后上尊号，以冯道为太后册礼使，刘煦为契丹主册礼使，至契丹行礼，耶律德光大悦。石敬瑭对待契丹非常恭谨小心，上表都称臣，而且称德光为父皇帝。他不仅兑现年贡 30 万金帛的承诺，而且上到契丹太后、下到契丹大臣，每逢吉凶喜丧，必有珍宝馈赠。虽然当时后晋朝野深以为耻，但石敬瑭不以为意。所以，终石敬瑭一朝，与契丹没有嫌隙。不过，石敬瑭每年所献，只相当于后晋数县的租赋，往往以民间穷困为由，搪塞欺瞒契丹。

后晋于天福三年十月，迁首都于汴州，升格为东京开封府，以洛阳为陪都，是为西京，在长安则置晋昌军节度。当时的开封便于漕运，是海内舟车所会，经济与城郭都比迭经战争的长安、洛阳要好得多。

石敬瑭对于藩镇的态度是只要不叛乱，即采取安抚政策。当时后晋藩镇多对石敬瑭称儿皇帝不满，山南东道节度使安重进与成德节度使安重荣相继起兵，但都被

杀。石敬瑭与他的宰相桑维翰都主张依靠契丹,坚持以和亲来维护双方友好关系的政策。天福七年(942年)六月,石敬瑭病死。

后周世宗

后汉乾祐三年(950年),辽军进犯,枢密使郭威率军北上抗敌,到达澶州时发生兵变,将士等拥立郭威为帝,郭威随即率军返回开封,于次年建国号为周,是为后周太祖。

后周建国后,相继废除晚唐五代以来的种种弊政,除去严刑苛法,免除各地常赋以外的进贡,政治上是比较清明的。

郭威的家族,都被后汉隐帝所杀,他没有儿子,就以妻柴氏之侄柴荣为子。郭威即位以后,就以柴荣为澶州节度使。当时的权臣是宰相、枢密使王峻,他虽然在政治上很有才能,但为人任性,专横跋扈,不仅自求大镇为节度使,而且对柴荣入朝百般阻挠。广顺三年(953年),郭威贬斥王峻,峻不久病死。柴荣由澶州节度使入朝为开封尹,封晋王,继承人的地位确定了下来。郭威死,晋王即帝位,是为后周世宗。

当时北汉主刘崇认为郭威新死,正是攻灭后周的最佳时机,因此他请兵于辽,辽汉联军南下,后周世宗亲征,先败后胜,大破北汉。经过与北汉的战争之后,世宗认识到军队中存在的一系列问题,他沙汰老弱,拣选精卒,亲自阅试,后周军队一跃成为当时的劲旅。世宗因此决心削平割据,统一全国。比部郎中王朴献《开边策》,成为后周、北宋次第削平诸国的蓝图。世宗采纳王朴的建议,先易后难,先南后北。

后周首先攻打后蜀,得四州之地。随即在显德三年(956年),世宗亲征南唐,至显德五年,得南唐十四州,军队主力已经抵达长江北岸。南唐被迫称臣,划江为界。周世宗与南唐鏖战之际,契丹乘虚进攻河北,但当时后周有重兵守卫大梁。周世宗回到大梁以后,派遣大将抗击契丹。显德六年,周世宗亲至沧州,率军数万,直趋契丹。半月之内,辽境内宁州、莫州、瀛州等守将纷纷投降,后周未经战斗,尽得瓦桥关以南地区。

辽穆宗在得知周世宗亲征的情况后,立即任命南京(即幽州)留守为兵马总管进行反击,同时要求北汉军队骚扰后周后方,穆宗也亲自前往南京督战。

后周军队进军固安之后,又夺得易州,形势十分有利。这时,世宗得病,日渐沉重,不见好转,无奈之下,对新占领地区进行防御部署后只能退兵回朝。辽穆宗赶到南京时,见周军防御牢固,也就放弃了夺取瓦桥关以南地区的打算。

　　周世宗回到开封后,病情并无好转的迹象。他封 7 岁的儿子柴宗训为梁王,调整宰辅以及禁军统帅,为传位做准备。显德六年六月,周世宗病亡,梁王宗训即位。显德七年正月,赵匡胤发动“陈桥兵变”,代周称帝,建国号为“宋”,结束了历史上的五代时期。后周世宗削平诸国的宏图大愿,由宋太祖、太宗兄弟继续完成。

　　后周世宗柴荣是五代时期一位杰出的君主,他对后周政治、经济进行了一系列改革,比如改革漕运、采铜铸钱,并在显德二年大力打击佛教,毁寺取地,沙汰僧尼,这些措施都有利于百姓,也使后周的国力显著增强。

九品中正制

　　公元 220 年,曹操病死,子曹丕继位为魏王,当时正是汉魏交替的前夜。曹丕为了取得世家大族的支持,做好改朝换代的准备,就必须对世家大族作出一些让步。当时世家大族的代表,吏部尚书颍川陈群提出了“九品官人”之法,曹丕当即通过。不久,汉魏禅代就发生了。

　　汉代国家选举,大体是“察举”“征辟”两种方式。察举是政府下诏求取专门的人才,要地方上发现并推荐上去。中央政府和各级地方政府从平民、各级官吏中发现人才,并给予大官的方式,就是征辟。无论哪种方式,都是以被选举者的道德行为作为衡量标准的,也就是对儒家理论的实践。儒家理论的实践,是由内而外,由亲及疏的扩展,由己及亲,进而及于乡党。这一类的行为并不能通过测验来衡量,而要有长期的观察,因此,作为体验者的宗族乡党,他们的评价成为选举上最重要的甚至是唯一的依据。东汉末年,暴乱频发,军阀混战,士人流离,宗族乡里四散逃亡,乡举里选的方式根本进行不下去。三国时期的选举制度表面上仍然沿袭东汉之旧,以察举征辟为入仕大道。可是问题就产生了:根据什么来决定呢? 士人的移动使本籍的宗族乡里不能掌握入仕者的具体情况,甚至有些人的本土都不在魏国领域之内,这样,依靠乡间的评定就不可能,同时却又不能放弃人所熟知的老办法。因为大家还是承认乡间评定是可靠的,过去办得不好,问题只在于名实不符或是人物批评的标准不对,

而非制度本身的问题。因此,一方面顾全乡间评定的旧传统,另一方面适应士人流移的新环境,就在本乡之中选择一个适当的人来主持评定的任务。这个人在本乡负有声望,又熟悉士人的行动,吏部可以从他的报告中得到根据,这样就选官有据了,这就是创立中正的原因。

一开始,只是在各郡设中正,以后到了曹芳时期,设立了州大中正。各州大中正,各郡中正,依据管内人物的品行,定为自一品到九品的九等。吏部的选用,就是根据中正的品状来决定的。中正须由现任官兼任,而且必是中央官。中正品第照例三年调整一次,中正有权进退士人等第,进而影响士人的仕途。

从汉末起门阀制度正在滋长,现实的政权基础建立在世家大族所支配的经济结构上,因此,所有的政治制度必须为其服务。九品中正制创立时尽管有将选举权收归中央的企图,事实上却加重了大族在地方上的权威,从而巩固了门阀的统治。九品中正制的建立在最初是曹氏政权与大族名士之间妥协的产物,等到司马氏主政,他们所提倡的学术正是儒家的理论,本身又是世家大族,政权基础也建筑在大族的拥护之上。因此,中正制度和大族更进一步结合起来,成为门阀制度的有力支持。

唐代的科举

唐代的科举,分贡举与制举。

贡举的科目很多,有秀才、明经、进士、明法、明算、明字、三史、一史、道举、童子等众多科目。

秀才从汉以来,一直是考的。考秀才,主要是考所谓"策"。策,就是对国家的政治、经济以及国际上的许多问题,提出自己的意见和解决的办法。问题多半是和当前的政治、经济、军事有关。从隋朝以来,考秀才科的除了策以外,还加上了诗词歌赋等文章。唐代虽然名义上还有这科,但自高宗以后基本上就没有了。因为参加秀才科考试的人选由地方官推举,如果考不上,地方官要被追责。结果地方官不敢举荐,也没有人敢去应考。隋代杜正伦兄弟,一门三人均中秀才,是非常难得的。

明经科也是从南北朝以来就有,考的是经。考试时,一种是帖经,就是填空。另一种是考经义,就是对经文作解释,但解释不是发表自己的见解,因为唐太宗贞观年间，孔颖达等经学家奉命主持编定《五经正义》，综合了自汉以来对经学的解释，成为国家指定教科书，解释只能默写这本书上的注文。所以，考明经就是考背诵。

进士科，原先也主要考策，高宗时加试杂文、诗词歌赋。因为秀才科实际上无人应考，所以很多人都去考进士了。

除此以外的科目，很多都与技术相关，这在当时是被人看不起的，因此在贡举里不占重要的地位。

唐代常举之中，以进士科和明经科取人最为重要。进士科比明经科要难，录取率很低，有唐一代，进士科最高额也就录取三四十人左右，所以能考中就非常难得，进士科也被士人普遍看重。

因为进士的名额少，录取率低，明经的名额多，录取率高，所以当时有"三十老明经，五十少进士"的说法。能高中进士，是唐人最为得意的事之一。则天、中宗以后，进士科更为贵重。无论是南北朝以来的世家旧族想保住家族地位，还是新兴的地主阶级想跻身官场，都必须参加科场考试，以求仕进。帝王的提倡，士大夫的趋向，造成了朝官如果不是科甲出身，便被人视为非正途入仕。

考试本来是由吏部考功司的考功员外郎主持，唐玄宗开元二十四年（736 年），朝议以员外郎资望太轻，改派礼部侍郎充任主考官，考场也设于礼部。礼部放榜后，再送中书门下政事堂，说明朝廷对科考是非常重视的。

唐代前期的进士，很多都由太学生登第。唐中叶以后，国学废堕，社会渐重乡贡。乡贡，在京城由京兆府保送，先进行一次预试，按成绩排列等第。预试优秀者，参加礼部考试时，往往十中七八。外府录送，原来不经过预试，但唐中叶以后，也有州郡先对士子进行诗词歌赋经文的预试，以保证录取率。唐代被举送应试的士人，称为举人，和明清乡试中式者称为举人，如《儒林外史》中范进中举之举人，是不同的两个概念。

唐代科举，除了贡举以外，还有制举。制举也称为诏举，这也是自汉代以来就存在的。制举的科目，往往根据皇帝制诏的具体内容临时决定。比如直言极谏、贤良方正等等。制举由于是皇帝下诏，所以考试一般在朝廷举行，仪式也很隆重。唐代虽然重进士，但进士登科以后，还需经过吏部的考试或再登制举诸科，才能授官。制举登科，则直接授官。

科举制度在南北朝已经出现，到了唐代才有了进一步发展。这是门阀势力衰

弱,丧失世袭特权的表现。这种办法使统治者可以在比较广泛的范围内选拔官吏,比原来的九品中正制有所进步。

唐代三省制

省是隋唐两代中央政府的一级机构,唐有六省,分别是尚书省、中书省、门下省、秘书省、殿内省、内侍省。在这六省之中,尚书、中书、门下三省由于直接关系到国家大政方针的制定与执行,所以最为重要,成为唐朝中央的最高行政机关,后人一般将之合称为"三省"。

在汉代,尚书、中书、侍中原来都是列卿之一的少府的属官。尚书、中书原来是一个官职,用士人担任就是尚书,用宦官担任则称中书,职责是负责管理章奏的传递和诏令的颁布。后来另外设置了中书,也用士人担任。侍中原来是加衔,加了这个衔的官员可以出入禁中。到了东汉中叶以后,尚书省取代三公府,成为实际最高的行政机关。当尚书渐渐成为政府首脑之后,反而有上逼君主的嫌疑,因此,与皇帝更加接近的中书监令又取代了以前尚书的地位,专管机密,地位日渐重要。

南朝大政多出中书,但由于门阀贵族日渐腐化,当官而不任事,所以中书省的职权一度掌握在中书舍人的手里。北朝则与南朝不同,北魏在从部落社会急速向封建社会过渡的进程中,保留了大量的氏族制残余,以后孝文帝虽然力行汉化,但却造就了一批鲜卑门阀贵族。这批鲜卑贵族和汉族门阀一样,经常出入禁中侍奉皇帝,所以北朝特别重视门下省的官员,经常以侍中辅政。到了唐初,由于政权直接继承自北朝,所以三省长官会议的政事堂,开始也设在门下省。

唐初中书省掌管起草各种诏令,门下省掌管审核,如果遇有不同意见或认为不妥,可以退回中书省要求修改。所以中书省好像是皇帝的秘书处,门下省则是一个审核机构。当一份诏令最终形成以后,则交给尚书省去执行,所以唐代的尚书省是一个事务机关。

在中央分设三省,目的是要使三省各有所司,用意是要使政府的一切措施先经过中书省周密地筹划,再经过门下省仔细地审核,然后由尚书省负责地执行。看起来是相当慎重,但实际上这种制度是魏晋南北朝以来,门阀贵族专政,皇权衰弱的一种反映。随着南北朝时期皇权的逐渐回归和门阀的日益衰弱，其实这种理论上的三省制并没有真正施行过。即使到了隋唐时期，除了唐太宗对自己的权力比较克制，能够尊重大臣们不同的意见，使三省制在贞观一朝施行过一段时间以外，后世史家称颂的唐代三省体制实际上并没有长时间行用过。

为了要避免三省间的争执，以免政令推行迟缓，所以要将三省长官齐集一处会议，方便沟通，形成一致意见。所以表面上看似乎是三权分立，实际上只是合议制。三省长官开会的地方就是门下省的政事堂，到武后光宅元年（684年）将政事堂迁移到了中书省内。玄宗开元十一年（723年），中书令张说奏改政事堂为"中书门下"，并在会议室后设立吏、枢机、兵、户、刑礼五房，各有官员负责。原来宰相只是将政事堂作为临时的会议地点，议罢则各回本署办公，现在设中书门下，变成了宰相办公厅，成为一个独立的府衙。

三省的长官本来都是宰相，但宰相并不限于此。皇帝可以指定某些官员，加"同中书、门下三品"的职衔，参加政事堂的会议，也就是这些人享受与中书、门下省长官相同的待遇。这样的职衔名称还有很多，唐代并没有建立一个制度加以规范。大体上来说，"同中书、门下三品"和"同中书、门下平章事"最常用。另外，由于唐太宗曾经担任过尚书令，所以尚书令一般不再授予臣下（其实，隋代除杨素以外，不设尚书令。杨素在隋炀帝初担任该职，也是酬答他在炀帝夺位中的大功）。由于没有尚书令，所以尚书仆射成为尚书省的最高长官。大致在睿宗以后，尚书左右仆射如果不加上述职衔，是不能参加政事堂会议的，由此可见尚书省权力的削弱。

北魏的租调制

北魏初年的田租户调是以九品混通的方式计资定课，说明北魏立国之初，在赋法上继承了晋朝租调九品混通的方法。什么是九品混通？就是把当时中原地区的行政区划中的民户，分成自上上至下下的九等。政府对这个行政区划征收的租调只是规定一个总额，然后按照这个总额，对九等民户进行比例上的摊派。理论上，上上户缴纳最多，然后按一定比率递减，下下户缴纳最少，这就是九品混通。这是在保证缴纳政府规定租调的前提下，依据户等高下征收赋税的一种办法。

北魏初年,因为民户多依附于贵族、官僚或大地主,充当他们的荫户,得到他们的保护,所以,当时五十、三十家著籍为 1 户的很多。针对这种情况,北魏王朝对中原地区的征发,其数量往往大得骇人。比如有收民租五十、三十石的记载,而且还不止一次。当然,这些征发往往是备军事所用,并不是经常性的。

北魏初年正常的租调征收额是每户调帛 2 匹,絮 2 斤,丝 1 斤,粟 20 石。另外还需上交州库帛 1 匹 2 丈,作为调外的费用。到了太和八年(484 年),每户又增交帛 3 匹,粟 2 石 9 斗,作为百官俸禄。又增调外之帛满 2 匹,这是在太和九年颁布均田令之前的事。这次增租调,最主要的目的是为了给百官定俸禄,因为北魏初年,百官是不给薪俸的。但租调的数量有增无减,数额很高,中小户以下的民户根本无法承担,只能出卖田宅,漂泊异乡。过度的剥削,只会加剧小农的逃亡,从而直接影响到政府的税收。

太和九年,北魏推行均田制。接着,李冲提出实行三长制和新租调制。李冲建议民调,一夫一妇帛 1 匹,粟 2 石。民 15 岁以上没有婚娶的,4 人合出一夫一妇之调。奴婢 8 人合出一夫一妇之调。耕牛每 20 头出一夫一妇之调。产麻之乡则出布。孝文帝批准了这个建议。这个税额比起北魏初年,当然是减轻了的,因此对一般的编户齐民是有利的。那些困于豪强征敛的农民,在均田令下能获得土地,政府的新租调制也相对较轻,所以大量被荫庇的人口这时重新又回到了政府的掌握之中。新租调制对大地主也有好处,因为北魏均田令规定"有盈者无受无还",也就是超过均田法令规定数字的土地不用还受,而大地主大贵族大官僚的土地肯定是远远超过这个数字的。依据新的户调制,这些大土地所有者也只需按户也就是一夫一妇的租调额缴纳,更何况他们还占有大量的奴婢,而奴婢缴纳的租调更少。

均田制、三长制、新租调制的颁布使政府在与豪强地主争夺劳动人手方面获得了胜利。从政府的整个税收来看,由于编户的增加使税收不减反增。一般民众也由于负担的减轻,生产的积极性有所提高。

唐代的均田制

唐代实行均田制,这个制度并不是唐代首创的,而是始于北魏孝文帝太和九年

(485年)，以后被北周、隋承袭，一直延续到唐代。唐高祖武德七年(624年)颁布均田令，到了玄宗开元年间，又两次颁布均田令，关于授田的精神则基本一致。

武德七年的均田令规定，丁男(年二十一至五十九)给田100亩，中男(年十六至二十)18岁以上，与丁男同，也授田100亩。其中80亩为口分田，20亩为永业田。口分田到了丁男年老时(年六十)，由政府收回50亩，保留永业田20亩，口分田30亩。如果身死，则口分田由政府全部收回，永业田可以传给子孙，不在还授范围之内。工商业者，口分、永业田减半，如果是狭乡，则不授田。老男、废疾、笃疾的，给口分田40亩。寡妻妾，给口分田30亩。道士给田30亩，女道士给田20亩，僧、尼给田数与此对应。一般妇女不授田。

唐代的均田令是在镇压了辅公祏之后的第二天或第三天颁布的，也就是说均田制正是在平定江南之后颁布的，所以均田制是一个普及于全国的制度，并不仅仅是在北方实行。

均田制中规定丁男的授田为一百亩，即最多可以达到这个标准，每个地区情况不同，实际存在很大的差异。只有在地广人稀、地多人少的宽乡，才有可能达到这个标准。在那些地少人多的狭乡，能够给的土地就很少了。所以，制度是一回事，实际是另一回事。而且均田制的实行，也不是把全国的土地重新分配一次，而是在原来各户所有土地的基础上加上政府占有的土地来进行适当的调整。

上面所讲的都是一般人民的授田，至于贵族官僚的授田则要优厚得多。自亲王、郡王等贵族一直到职事官九品以上，都给永业田，最少200亩，最多高达1万亩。散官五品以上的，也和职事官一样授田。勋官也可以获得土地，最高级的上柱国可得3 000亩，第七等的武骑尉可得60亩。

除此以外，对各级官吏都给职分田，从1 200亩到200亩，职分田的收入作为俸禄的一部分，只要在职就可授田，但不得买卖，离职时要移交给下任官吏。还有一种叫公廨田。公廨田是作为机关的办公费用而不是由官吏自己支配的，按照衙门的高低配给。无论是职分田还是公廨田都要农民来耕种交租，耕种这种职分田和公廨田的农民称为"佃民"。

唐代均田制下，妇女、部曲、奴婢不再授田，不管结婚与否，授田和纳赋税均以男丁为准。男女僧道人员均可授田，这是前代没有的现象。南北朝以来，佛教在中国得到很大的发展，无论是寺观田产，还是寺观所有的依附人口都达到了很大的规模，

唐代只是在法律上承认了这种现实而已。过去在一定条件下允许买卖永业田,唐代则不加限制。至于口分田,过去一律不准买卖,但唐代允许在一定条件下买卖,比如在弃农经商、由狭乡迁至宽乡等条件下就可买卖口分田,这样就更加快速地产生了土地兼并。唐代均田制的迅速破坏,就与此有关。

唐代的租庸调制

唐代在全国推行的是均田制,授田于民,以此为基础,民众缴纳的赋税统称为"租庸调制",这是从北朝、隋代的户调制演变而来的。均田制虽然规定授田的数量,但那只是一个可以占有的数量,并不代表人人都能足额授田。实际上,据史料的记载,太宗贞观年间就存在着严重的授田不足,甚至有的一户只有十几亩,这一点,在吐鲁番出土的唐代籍账文书中也有清楚的反映。虽然在狭乡授田普遍不足,但是租庸调的赋税额度却是按足额授田的标准来征收的,同时由于勋贵官僚等人群不缴赋税,所以农民所受的剥削仍然是很重的。

租,是对田地的征税。隋代租税的征收对象是一床,也就是一夫一妇,但从隋炀帝开始,女子不再授田(寡妻妾自立户者除外),因此,课税对象也变成了丁男。唐代继承了隋代的制度,以丁男为征税对象,每丁每年纳粟2石。

庸,是课征力役。在北周时,规定每人每年服役一个月,有时甚至长达45天。隋文帝时减为20天,同时规定了不服役就收庸的办法,就是不服徭役的,就以缴绢来代替。但是缴绢代役,并不是自由的,而是政府在没有征发徭役的人中间征收代役的庸绢。隋文帝在全国统一以后,进一步规定凡是年龄到了50岁以上的人,可以缴绢免除兵役,这是一种制度,后来推广到一切徭役都可以用缴绢来代替。到了唐代,承担力役的农民已经不再受年龄的限制,都可以用绢布代替,这是一个很大的进步。唐代规定每丁每年力役20日,如果不服役,则用绢代役,每天折绢3尺,20天折绢6丈,闰年加役两天,共折绢6丈6尺,折布的话多加四分之一。这种缴绢布的代役金,就是庸。另外,如果政府有事要在正役之外加役,加15日的免"调",加30日的则"租""调"全免。但全年力役,包括正役20日在内,总计不得超过50日。纳绢代役的普遍化,使农民可以有相对自由的时间从事农业生产,对经济的发展是有利的。

调，就是户调，是对永业田的征税。缴纳的调随乡土所出而有所不同。缴绢、绫、絁的，各2丈，另加绵3两；缴布的，则为2丈5尺，另加麻3斤。

缴纳租庸调的是广大自耕农，也就是所谓的"课户"，另外还有很多的"不课户"，他们依法免除租庸调。这些"不课户"包括了皇亲郡王以上、勋官三品以上、职事官九品以上的贵族官僚群，还包括老男、废疾、寡妻妾、僧尼、部曲、奴婢等人口。从"不课户"的群体中可以看出，贵族官僚群体获得的利益最多。他们是均田制下授田最多的，也是最有条件占有部曲、奴婢从事生产的群体。根据租庸调的制度，不仅他们本人免税，而且他们占有的依附人口也可以免税，这不能不说是极大的优待。

唐代的两税法

安史之乱以后，统一的中央集权的帝国遭受重创，表面上虽然维持着统一，实际上强藩林立，中央政府的权威已经无法维持。战争使经济遭到严重破坏，户籍与赋税制度日渐混乱。土地兼并从来没有停止过，这时更加严重。赋税没有一定的制度，地方上的苛捐杂税又多，弄得民不聊生。过去以均田制为基础的租庸调制实际上已经被破坏殆尽。租庸调制是以丁男为本，丁男又以授田为基础。这时，贫苦民众的土地被兼并得很多，造成了大量的人口流亡。可是，征收赋税仍然是按照以前的户籍，不管是死亡还是逃亡，只要户籍上有名字的，就要征税。这样，赋税就全加在了那些无法逃亡的农民身上，社会矛盾更加激烈。为了缓和社会矛盾，也为了在一定程度上加强中央对地方的控制，就必须对赋税制度加以改革。

大历十四年(779年)，唐德宗即位，以杨炎为门下侍郎同中书门下平章事。杨炎建议推行两税法。所谓两税，包括了户税和地税。户税，就是依户等高下定税，户等从上上至下下共九等，以资产多寡不同而纳税额也不同，富户多缴，贫户少缴。地税，就是田亩之税，根据本年度的青苗亩数，按亩征粮。户税和地税以前就存在，只是现在赋予了新的内容。

杨炎提出的两税法的主要内容有：

第一，财政上，改"量入为出"的原则为"量出为入"的原则，就是先预算出国家一

年的用度,然后定国家财政收入的总额,然后再摊派给各地,向当地征收。

第二,税收上,提出"户无主客,以见居为簿。人无丁中,以资产为差",就是不管主户还是客户,一律作为现在所住地的户口纳税。不管是否丁男,完全按照贫富分定等级来向国家纳税。

第三,缴纳物上,规定户税纳钱,地税纳米粟,但在实际征税时,又常常用钱来定税额,所以,钱的征收在两税中占多数。

第四,纳税时间上,户税和地税合并征收,分夏、秋两次。夏税不超过六月,秋税不超过十一月。

第五,除了两税外,各种税目一概取消,两税之外如果再收取,以枉法论处。

两税法的实施,在赋税制度上是一次重大的变革。两税法下,负担比较公平,在法律上任何人都要按照土地、资产分等级缴纳两税,也就是说,过去租庸调制下的"不课户"也要交税。在唐朝中央所能控制的地区,法律上不允许地方官任意加税,这也起到了一定的限制作用。

但两税法也有很多弊病。过去对于土地买卖是有一定限制的,两税制下,土地买卖没有了限制,实际上也就是土地兼并没有了限制。虽然法律上明确规定两税外不得再加税,但是不久,唐朝中央自己破坏了这个原则,出现了附加税。法律上规定3年一定户等,因为要根据户等收税,其实户等长期没有调查,没有调整,这就使税收的根据不合理,反过来破坏了两税法的实施。

鸠摩罗什

鸠摩罗什,父为天竺人,母为龟兹人。罗什7岁的时候,出家为僧,九岁时,与母亲至罽宾,从师槃头达多学习。12岁时,随母亲回到龟兹,又到月氏、疏勒等地学习。罗什初学小乘佛法,兼习外道诸书,在疏勒时开始学习大乘佛法,研究《中论》《百论》《十二门论》等经典。后被龟兹王恭迎回国,二十岁时,又随卑摩罗叉学《十诵律》。

前秦建元十八年(382年),苻坚派遣吕光等人为将,率军7万,西伐龟兹及焉耆等国,并叮嘱吕光迎取鸠摩罗什。吕光破龟兹,获罗什,班师时得知苻坚已被姚苌所害,遂占有凉州自立。吕光父子不重佛法,罗什在凉州无所宣化。至后秦弘始三年(401年),姚兴派将姚硕德大破后凉吕隆,隆奉表归降。罗什被迎至长安,姚兴待以国师之礼,很受尊崇。

自佛教东传入中国,历经魏晋,经论渐多,旧译多不理想。姚兴推尊佛法,长安佛教已盛。他请罗什至西明阁、逍遥园译出众经,使长安成为当时译经的重镇。罗什既能背诵诸经,又通汉文音韵,又得到姚兴派遣的僧迁、法钦、道流、道恒、僧睿、僧肇等800余人的相助,以梵本与旧译对校,重译佛经,务使意义显豁,文辞顺达。据《大唐内典录》卷三的记载,鸠摩罗什所出经论传共计98部,425卷。罗什所译,就卷数而言,固然不及以后玄奘的多,但所译范围之广,却超过玄奘。龙树中观大乘学说的主要经典,这时基本已经翻译出来了。同时由于他把《成实论》译出,小乘成实师的经典,至此也比较完备了。

由于罗什精通佛法,当时的名僧道生亲入关中访学,慧远也与他书信往来,请教问难。

鸠摩罗什在跟僧睿商量翻译的异同时认为,天竺梵本,重视歌赞,这也是见王拜佛的礼仪,经文中的偈颂,就是用来歌赞的,而改梵为汉,虽得大义,却失了文体。因此他对待翻译的态度很严肃,力求忠于原意又不失典雅。

据《高僧传》的记载,鸠摩罗什于东晋义熙五年(后秦弘始十一年,409年)死于长安,关于他的卒年,还有好几种说法。他译出的经论,不仅传播了佛教大乘中观的思想,而且奠定了佛经翻译的基础,但也由于他将精力全部用于翻译上,所以就没有时间对佛教思想进行个人的理解与阐发。

玄奘

玄奘,俗姓陈,名祎,洛州缑氏人。他的父亲对儒经很有研究,同时也是一名佛教徒。当时佛教盛行,他的二哥就在洛阳出家。家庭环境的影响,使年幼的陈祎对佛学产生了浓厚的兴趣,10岁左右就能背诵《维摩》《法华》等经。13岁时,他也在洛阳出家。

隋末天下大乱,玄奘先后在荆州、赵州等地遍访名师,学业大进。贞观元年(627

年),他移住长安庄严寺,跟随道岳学《俱舍论》。玄奘在苦心学习佛学时,深感当时佛教经论体系的杂乱,经论中有些问题诸说纷纭,莫衷一是。当时,印度波颇蜜多罗来到长安,玄奘听他说天竺地方有很多佛经,于是决心西游。

唐初,由于北方突厥势力的强大,西北边境形势不稳,朝廷禁止越境。玄奘虽然多次提出西行申请,但都未获得批准。贞观三年(629年),长安饥荒,朝廷允许民众前往各地逃命,玄奘乘机随灾民西行,经凉州、张掖抵达瓜州。当时,朝廷严令玄奘返回长安,在瓜州州吏的帮助下,他才得以继续西行。

玄奘偷越玉门关,度莫贺延碛,艰苦备至。走出莫贺延碛这个800里大沙漠,玄奘经伊吾来到高昌国。当时的高昌王麴文泰笃信佛教,不肯放玄奘西去,玄奘以绝食对抗,高昌王只能放行。高昌王写了介绍信给沿途各国,请他们提供必要的协助,并派人护送玄奘至西突厥可汗处。又由西突厥可汗派人护送,翻越大雪山,终于到达北印度,这时距他离开长安已近一年了。

玄奘遍游5天竺10多个国家和城市,学习经论,巡礼佛迹,朝拜寺院。他在中天竺的佛教最高学府那烂陀寺停留了5年之久,跟随瑜伽宗的戒贤法师受业,研究《瑜伽师地论》、因明学、声明学以及奥义书等印度原始哲学等。由于那烂陀寺得到政府的支持,所以经常举办各种活动,辩论佛教经义,讲学繁荣。在那烂陀寺学习5年之后,玄奘又在南天竺等地游历了6年,返回那烂陀寺之后,就代替戒贤法师开讲《摄大乘论》《唯识抉择论》了。玄奘刻苦钻研各种佛经的成就,为他赢得了巨大的声誉。在曲女城举行的学术辩论大会上,玄奘主讲,经18天时间,无人非难,他的名声更是传遍了五天竺地区。

贞观十七年(643年),玄奘带上多年搜集的佛经佛像,离开印度,取道回国。贞观十九年,玄奘到达长安,前后出国17年之久。从贞观十九年开始,他先后得到太宗、高宗的支持,在弘福寺、慈恩寺、西明寺、玉华宫等地,从事佛经翻译达19年的时间,到临死前1个月才搁笔。他夜以继日,焚膏继晷,据《大慈恩寺三藏法师传》的记载,玄奘共译出佛经74部,1335卷。

玄奘还完善了前代的译经方式,将译场的分工细致化,译文、证文、证义、润色、校勘,每一个步骤都至于再三,因此所译佛经能够保证质量。

除了翻译以外,玄奘还与弟子合作撰写了一部《大唐西域记》,这部书详细记录了玄奘西行游历或听说过的国家,包括历史、地理、风土、习俗等等,成为研究7世纪五天竺以及中亚细亚地区历史的重要文献。

麟德元年(664年)，玄奘在长安郊外的玉华寺圆寂。据刘淑芬先生的研究，玄奘在他生命里的最后10年生活得相当艰辛困顿，这可能与他被动地卷入了高宗与辅政旧臣之间争夺政治主导权的斗争有关。玄奘死后，没有官员参加葬礼，没有追谥，没有塔铭，甚至还被发棺迁葬。众所周知的玄奘墓塔是在他去世94年以后才建的，而塔铭则更是距他圆寂已经175年才被树立。

陶弘景

陶弘景，字通明，自号华阳隐居，丹阳秣陵人。生于刘宋孝建三年(456年)，卒于萧梁大同二年(536年)。年十岁，得葛洪《神仙传》，昼夜披览，有养生之志。年纪稍长，读书万余卷。齐高帝为相，引弘景为诸王侍读。永明十年(492年)，上表辞官。

陶弘景辞官以后，隐居于句容的句曲山。他在山中立馆修道，跟随东阳孙游岳，受符图经法，遍历名山，寻访仙药。齐东昏侯永元初，筑三层楼，弘景居上，弟子居中，宾客在下，只有家僮侍奉于侧，几与尘世隔绝。

梁武帝起兵代齐，弘景援引图谶，以"梁"字进于萧衍。萧衍与弘景是故交，所以即位后，书信往还。国家每有吉凶大事，武帝常常咨询弘景的意见，所以当时人称之为"山中宰相"。陶弘景虽然是道教徒，但他晚年又宣称自己是佛教中的胜力菩萨转世，而且去阿育王塔礼佛，并受五大戒。这种行为与梁武帝弃道从佛有直接的关系，他可能只是为了迎合帝王的喜好而作出这一改变的。

在陶弘景所编撰的著作中，对道教发展有重要影响的是《真诰》《登真隐诀》二书。他所编撰的《真诰》，是拟托于神仙真人降诰的一部宗教著作，是由所谓仙真语录汇编而成，这也是上清派道教最早创撰的经典文本之一。陶弘景本人并没有创撰或重构上清道教的经典，但他最后编撰、整理与注释了这一系列的仙真降诰，才有了流传于后世的《真诰》一书，所以他仍然是上清经典及上清派得以发扬光大的关键所在。《真诰》这部书，广泛吸收了以前的神仙信仰、各种早期道教的思想、民间宗教的因素，甚至于佛教的理论。《真诰》的核心与早期道教一样，都是成仙，其贡献就在于

宗教理论的建构与实践方式的革新。

《登真隐诀》与《真诰》是互为表里之作，陶弘景撰写《登真隐诀》的目的在于辅翼真经，即读懂读通《真诰》的阶梯性文本。因为真经之文多隐讳，没有诀文，难以领会。与流传后世基本完整的《真诰》文本不同的是，《登真隐诀》一书，流传于世的只有寥寥数卷而已。现存是书，采摘诸真传诀及各家养生术而成，分上中下三卷，另在敦煌文书及前代道书总集中有疑似《登真隐诀》的残篇或佚文。据王家葵先生的研究，《登真隐诀》的内容应该包括了诸天宫观的记录，仙真人物的传记，戒忌，经传条例，修炼法术的注释，符图以及服食等内容。

世传陶弘景另有《真灵位业图》一书，但根据现代学者的研究，是否为陶弘景所著是有疑问的。

寇谦之

寇谦之，字辅真，上谷人，北魏南雍州刺史寇赞之弟。他年少时修炼张鲁之术，但好几年没有效果。可见他早年崇奉的是五斗米道，也就是天师道。后来，他编造了一系列神话，说自己早年遇到仙人成公兴，先入华山，后入嵩山修道，相随7年。后来精诚上达，太上老君亲临嵩岳，授予他天师之位，并传授他《云中音诵新科之诫》二十卷，要他清整道教，除去三张伪法，特别是其中的租米钱税以及男女合气之术。以后又有仙人李谱文，授予他《天中三真太文录》和《录图真经》，要他辅佐北方泰平真君。

这几次遇仙，当然都是鬼话，但从中可以看出，寇谦之有清整道教的愿望。所谓租米钱税以及男女合气，本来是天师道修习的两大法门，但这两项，恰恰是同时代佛教徒攻击道教徒的要点。所以，寇谦之要强调自己历年修习天师道法无效，也就是把自己的道法与三张伪法之间的关系撇清。根据杨联陞先生的研究，从现存于《道藏》的《云中音诵新科之诫》的残本《老君音诵诫经》来看，寇谦之并不是要断绝道法中的男女合气之术，而是要清理此术导致的有辱道教的淫风。租米钱税，本来是信众的贡献之物，但后来却变成了道教侵吞信众财物，贪污腐化的重要来源，所以寇谦之也要清整。他要建立的新道教是一种以礼仪为首，并以服气闭炼为法的宗教。同时，他从各方面吸收了天文、历法、医药等知识，作为传播其道教的手段，又受到当时佛教戒律的启示,制定了一套道教戒律仪式,规范道教徒的行为。

由于寇谦之宣称要辅佐北方泰平真君,自然是想得到政府的支持,便于道法在北方的传播。当时北魏的官僚或信或否,本来是持一种怀疑的态度,并没有非常明确的崇奉态度。唯独权臣崔浩崇信寇谦之,根据陈寅恪先生的研究,崔浩可能由于家世、家族信仰等关系,所以对寇谦之的新道教格外有兴趣。寇谦之经崔浩的介绍,获得了北魏太武帝的支持。太武帝似乎对新道教很崇奉,不仅派人迎接寇谦之在嵩山的弟子 40 余人,而且还为寇谦之起天师道场于京城东南,遵新经之制,改年号为太平真君,以应符命。这或许与太武帝因佛教徒与反北魏势力有所关联,进而排斥、打击佛教的态度有所关联,他需要另一种宗教来证明自己政权的合法性,寇谦之的出现可能恰好填补了这一空白。

太平真君三年(442 年),太武帝亲至道坛,接受符箓,以后北魏诸帝即位,也都去道坛接受符箓,成为一种习惯。

太平真君九年(448 年),寇谦之病逝。寇谦之在北方清整道教虽然取得了很大的成绩,但在很大程度上是由于得到了皇权和政治高层的支持。随着崔浩因"国史案"被杀,随后太武帝被弑,佛教又取得了政府高层的支持,影响力仍然在道教之上。

建安文学

汉献帝建安(196—220)时期,在中国文学史上占有重要的地位,不仅仅由于这一时期出现了以曹操父子、建安七子为代表的文学家,更重要的是这一时期的文学内容古朴写实,慷慨苍凉,意境幽远又不失生气。

建安时期是汉末社会的大动荡时期。东汉自和帝以后,外戚、宦官交替专权,到了桓、灵二帝,政治更加黑暗腐败。两次"党锢之祸",使知识精英阶层折损殆尽,能够苟全性命的,也基本对东汉政府持失望态度。黄巾起义,使统治阶层疲于应对,也使东汉政权摇摇欲坠。在基本镇压了黄巾军主力以后,统治阶层内部矛盾却爆发了出来。先是外戚大将军何进被宦官所杀,之后宦官集团也被消灭,困扰着东汉政权100 多年的两股势力的消失,给予了西北军阀出身的董卓以可乘之机。董卓进入洛阳以后,废少帝立献帝,残害忠良,滥杀无辜,激起了关东牧守联军与其对抗。董卓

被杀以后，关东联军又为了各自的利益互相吞并。这场持续近20年的大混战，使本已风雨飘摇的东汉朝廷一蹶不振，社会也陷入无尽的苦难之中。

在这场混战中，曹操表现出了杰出的军事才能和政治才能。他在建安元年接受荀彧"挟天子以令诸侯"的建议，迎汉献帝定都许昌，实际上将汉廷置于自己的控制之下。由于正统观念的影响以及曹氏父子对于文学的提倡，使当时很多文人都陆续投奔曹操，"建安七子"是其代表（除孔融以外）。在曹操以后的封地魏国的首府邺城，形成了文人集团，他们诗词酬答，迭相唱和，使文学呈现出繁荣的景象。

曹操父子是这一时期文学的主要支持者，也是亲身参与者。曹操在当时诗坛上是一位主将，他喜欢模拟乐府诗，抒写自己的情感和描摹当时社会的实际情况，著名的《蒿里行》《碣石篇》即为代表。他的散文，如《让县自明本志令》《求才三令》都直抒胸臆，毫无矫饰。曹丕所著《典论》，除对时代有真实的记录以外，还对文学批评史的发展产生了重要的影响。曹植更是当时最著名的文学家。在建安时期，曹植由于文才卓著，受到曹操的疼爱，他当时的文字除了哀民疾苦以外，更多的是表现自己政治上的抱负。曹丕即位以后，严防宗室，尤其是曾经对其构成威胁的曹植。曹植的后半生一直在监视、压抑的环境中度过，所以他的文字充满了悲凉与愤懑。

建安时期，除了曹氏父子以外，最著名的就是"七子"，即孔融、陈琳、王粲、徐幹、阮瑀、应场、刘桢。其中，孔融资历最老，而且也不是曹氏集团中的人。其余六人则都是曹操霸府的幕僚。王粲的诗作，似乎是七子中最好的，他的名篇《七哀诗》，描写了董卓死后，他的部将互相攻伐，残杀人民的悲惨景象。陈琳、阮瑀以散文著称，陈的《为袁绍檄豫州文》历数曹操罪恶，善于铺张，气势恢弘。刘桢、徐幹、应场三人则都做过曹丕、曹植兄弟的文学侍从。徐幹的《中论》是名作，其辞赋水平也得到曹丕的赞赏。刘桢的五言诗善于通过比喻来说理，精巧而深刻。

建安文学悲壮慷慨，写实性很强，气度也恢弘，很好地表现了那个动荡时代之下人民的痛苦。同时，三曹七子等建安文人的创作，也促进了各种体裁文学形式的发展。

李白与杜甫

李白，字太白，自称陇西成纪人，但是对于他的籍贯，学界一直有争议。中宗神龙初,随父亲李客流寓至四川居住。李白自小聪颖,10岁通诗书,喜欢纵横之术,而且学击剑,很有侠气。

李白20多岁时,离开蜀地,游历名山大川,结识各地知名之士,如郭子仪、孔巢父、裴政等人,十几年的漫游生活,使他眼界大开,对他以后的诗篇创作是很有好处的。

玄宗天宝元年(742年),贺知章看到李白的诗文,大为赞赏,并向玄宗推荐。玄宗遂召李白入长安,命他在翰林供奉。玄宗对李白很礼遇,常常召他侍宴,他的名句"云想衣裳花想容,春风拂槛露华浓"就是创作于这个时期。李白并不是治国之才,性格又浪漫不羁,所以近臣都不喜欢他。李白自己大概也不喜欢规矩的宫廷生活,所以当他向玄宗提出离开长安的要求时,玄宗赐以金帛,也没有挽留。

李白离开长安以后,又开始他的游历生活。天宝十四年(755年),安史之乱爆发,玄宗以永王李璘为山南东道等四镇节度使,璘请时在庐山的李白入幕府。李白是个有侠气的人,也希望为国讨逆,完全没有看出李璘割据东南的企图。不久,永王谋反,败死以后,以前的幕僚也都或死或贬。乾元元年(758年),李白被长流夜郎,第二年在流放途中被赦,宝应元年(762年)病逝于当涂。

李白是一个胸襟开阔,不为富贵荣华所拘之人,所以他的诗文浪漫、洒脱而又不失自然之趣,雄浑豪放而又不落尘俗。他的诗,全无雕琢之气,也不刻意追求对偶,心中所想即诗中所写,纵横捭阖却自然流畅,所以后人誉之为"诗仙"。

杜甫,字子美,出于京兆杜氏的襄阳房,祖父杜审言,是初唐著名的诗人。杜甫生于睿宗先天元年(712年),幼时即有文名。20多岁时到长安参加科举考试,不幸落第,于是漫游全国近十年,后又回到长安,郁郁不得志。他曾两度献赋于玄宗,希望获得拔用,可是玄宗只是任命他为右卫率府胄曹参军,这是一个小官,养活家人都有困难。杜甫在长安约有十几年时间,亲见当时长安城内贫富悬殊,使他的诗风逐渐走向批判现实社会的不公。

玄宗天宝十四年(755年)安史之乱爆发,杜甫亲身经历了战争的残酷与痛苦。肃宗至德二年(757年),杜甫至凤翔拜见肃宗,被任为左拾遗,后来为了营救友人房琯,被贬为华州司户参军。他弃官入蜀,在成都西建了一座草堂定居。代宗广德二年(764年),杜甫的世交严武再任剑南节度使,武辟杜甫为节度参谋,检校工部员外郎。永泰元年(765年),严武病卒,杜甫离开成都,东出三峡,至白帝城,复至江陵,

又折而入湖南。代宗大历五年(770年),杜甫行至耒阳,遇大水,幸亏耒阳县令给他送来食物,才幸免于难。他的小船本来北上潭州,但这年冬天,杜甫就病死于舟中。

杜甫的诗文,思想上是写实,艺术上也臻于成熟。他一生清贫坎坷,又亲见大唐由极盛走向衰弱,心中不能不有所感触。正是由于杜甫一生贫病,所以他很能理解下层民众的疾苦,并极力通过诗作表现出来。他将一生的悲欢离合与社会的变迁都写在他的诗歌中,所以他的诗有"诗史"之称,他本人也被后人尊称为"诗圣"。

王羲之

王羲之,字逸少,仕东晋官至右军将军,故世人称之为王右军。

王羲之郡望是琅邪。琅邪王氏,是魏晋南北朝时期最为显赫的家族之一,他的伯父王导是东晋建国初期最重要的人物,官居宰辅,掌控朝政。父亲王旷,任淮南太守,也是元帝渡江建国的功臣。

羲之性格倔强,为人正直,伯父王导、王敦都很器重他,太尉郗鉴更是将女儿嫁给了他。羲之起家秘书郎,征西将军庾亮请他为参军,累迁至长史。庾亮临死,上表推荐羲之。当时朝廷希望他至中央任职,但羲之以素无廊庙之志为由拒绝。后来,他以右军将军的官衔出任会稽内史,在任上赈济灾民,减免赋税,很有一些作为。王羲之与王述素有嫌隙,以后王述出任扬州刺史,会稽内史是其辖下,王羲之深以为耻,告病去官。他去官以后,与江东名士尽山水之游。王氏世奉五斗米道,所以他与道士许迈颇有来往,修炼服食,亲至名山采药,年五十九卒。

王羲之一生最突出的成就是他的书法。在书法史上,他被尊称为"书圣",是一位承前启后式的人物。当时论者称其笔势,就以为"飘若浮云,矫若惊龙"。汉魏之际,除了汉隶、章草两种书体以外,行书、楷书也日渐为人所接受。一些著名的书法家如钟繇、索靖等人,都兼善诸体。钟繇特别善于楷书,书法风靡魏晋时期。琅邪王氏本以善书著称,王羲之的叔父王廙工章、楷,师法钟繇,是王羲之学书的启蒙老师。王羲之又从东晋初著名书法家卫夫人受笔法,卫夫人的书法也是师法钟繇而有所改变。王羲之长大以后,揣摩历代名家书法,如李斯的《峄山碑》、蔡邕的三体石经、钟繇的《宣示帖》真迹,遂博采众长,创造了自己的书体。

王羲之的代表作有《兰亭序》，但真迹早已失传，现在流传的摹写本，大概是齐梁时期或唐初人写的。现存唐摹《万岁通天帖》，则是力求忠于原作，或存羲之书法旧规，字体隐含隶意，或为羲之早年之作。

根据刘涛先生的研究，王羲之能够在魏晋善书名家辈出之际，独领风骚，在于他的书法样式去质尚妍，变古趋新。钟繇的楷书隐含隶意，而羲之的楷书则向内攒聚，纵敛之势为主。王羲之的行、草更是妍丽可爱，符合当时士大夫阶层的审美情趣，所以这种新体也就被当时的南方书家推崇备至了。当北方书家还在钟繇、卫瓘的旧规中施展才华时，南方书家却已经在习学王羲之创作的新体了。

到了唐朝，太宗李世民极力推崇王羲之的书法，今本《晋书·王羲之传》的传论，就是李世民亲自写的。他在论中评论古今书家，以为"详察古今，研精篆素，尽善尽美"者，王羲之一人而已。有了皇帝的大力提倡，王羲之更是牢固地成为书坛上的霸主了。

龙门石窟

龙门石窟，又称伊阙石窟，在今河南洛阳市南 13 公里的伊水两岸东、西山上。石窟开创于北魏迁都前后，东西魏、北齐、隋唐、北宋续有开凿。

根据魏收《魏书·释老志》的记载，龙门石窟开创的时间是在北魏宣武帝景明（501—503）初，诏大长秋卿白整仿代京（即北魏旧都平城，现大同）灵岩寺石窟，在洛南伊阙山上，为高祖、文昭皇太后建造石窟二所。宣武帝永平（508—512）中，中尹刘腾又奏为当朝皇帝造石窟一所。从景明元年至孝明帝正光四年（523 年）六月以前，这 3 所石窟，已经用了 80 多万工。这段记录，是指北魏皇帝营造龙门石窟的起始时间，根据石窟题记，其实早在北魏迁都洛阳以前，就已经有人在龙门开窟造像了。

龙门石窟的开凿，既然需要大量的人力、物力和财力，所以北魏统治集团就成为石窟的主要开凿者，而这又与朝局密切相关。自孝文帝至宣武帝，北魏政治稳定，经济也比较繁荣，所以石窟开凿也不断扩大。龙门石窟中最大的石窟，如宾阳洞、莲花洞等，都是在这时开凿出来的。由于北魏皇室大多信奉佛教，所以佛教的繁荣更是推动了石窟的建造。在这样的氛围之下，贵族官僚等自然也积极效仿，大力开窟造

像,促进了龙门石窟的繁荣。

北魏末年,经过六镇之乱,国力已大不如前。武泰元年(528 年),契胡尔朱荣发动河阴之变,杀灵太后及幼主,害公卿以下 2 000 余人,朝廷为之一空。以后孝庄帝刺杀尔朱荣,尔朱世隆又杀庄帝,内部矛盾引起残酷的大屠杀。在这样的形势下,龙门造像当然大量减少,有些则半途停工,无论数量还是质量,都与北魏全盛时期的开凿相差甚远。

隋唐时代,帝国的政治中心虽在长安,但洛阳的地位一直很重要,被称为"东都"。当时,佛教盛行,宗派林立,统治阶层中信仰佛教的大有人在,因此,龙门石窟的开凿又迎来了一个繁盛时期,如贞观朝的魏王李泰,就在龙门修补旧像,开凿新像。特别是到了武则天时期,由于佛经中有女主天下的记载,为武则天称帝提供了宗教上的依据,而且她在位时期,大部分时间住在洛阳,所以在武周时期,佛教得到了大力的支持,石窟开凿也非常之多。武则天执政时期开凿的奉先寺,在全窟群中,是最高大的。奉先寺一共有九尊大佛,正中间的卢舍那大佛高 85 唐尺,规模恢弘,极具盛唐气象。自武周至玄宗开元中,正是龙门石窟造像最为繁荣的时期。

龙门石窟造像达 10 万余躯,佛塔 10 余座,更重要的是,还保存了大量的碑刻题记,总计约有 3 000 余品,留下了大量的文字记录,《北京图书馆藏龙门石窟造像题记拓本全编》是收录这些文字记录最全者。所以,龙门石窟不仅是艺术上的瑰宝,也是历史的记录者。

日本遣唐使

两汉时代,国人已经知道日本列岛的存在。《三国志·魏书·东夷传·倭传》是较早详细记录日本情况的资料,这比成书于 8 世纪的日本最早的史籍《古事记》《日本书纪》要早得多。

最初,日本接受中国的文化,是通过朝鲜半岛间接输入的。魏晋南朝时期,日本已经有遣使中国的记录。到了唐代,日本尽力吸收中国文化,遣唐使就是其中最重要的媒介。

唐高祖武德五年(622 年),在隋代就被派遣到中国的学问僧、留学生等回到日本，他们亲眼见到隋代的强盛与中国文化的优势，于是奏请天皇继续派遣留学生等去中国学习，锐意吸取先进文化以改造日本社会。唐太宗贞观四年（630年），日本派遣第一次遣唐使团前往长安，自此以后，遣使不绝。

使团是由大使、副使、判官、录事四级官吏构成，都是从学者、文人等博学之士中挑选的。除了官员之外，还有大量的船员、手工艺者、阴阳师以及卫队。学生以及学问僧，也往往搭乘使团的船只，来唐留学和取经。

无论是官员、学生还是学问僧，唐朝的照顾都比较周到，特别是对来唐学习的留学生，每人每年给绢及四季衣物，使他们免除经济上的负担，生活也较为宽裕，可以安心学习。所以，这些留学生在中国学习的时间一般都很长，可以达到三四十年之久。

日本的留学生和学问僧，在中国学习如此之久，目的只有一个，就是将他们学到的中国优秀文化介绍回日本。日本著名的大化革新，从政治方面来看，完全是要采用隋唐的政治结构与政治制度，建立以天皇为中心的中央集权的帝国。从经济方面来看，则是仿照唐均田制制定了班田制，并行用租庸调制。与班田制相配合，还建立了户籍制和计账法。法律方面，日本的律令制也完全仿自唐代，值得一提的是，唐令在我国早已失传，可在日本令中却还有大量保存，东京大学著名的法制史学者仁井田陞所撰《唐令拾遗》一书，就是将散见于日本现存古籍中的唐令辑录出来的一部巨著，为研究唐代法令提供了重要的资料。

文字上，学问僧空海根据汉字草书的偏旁，创造了"平假名"；留学生吉备真备根据汉字楷书的偏旁，创造了"片假名"，这两套假名，今天依旧是日本文字的基础。成书于9世纪末的藤原佐世的《日本国见在书目录》是一部现存著录唐代著述的最早的汉籍目录，通过与《旧唐书·经籍志》《新唐书·艺文志》的对比，我们完全可以确定有哪些唐代著述流入了日本，而其中大部分必然是由遣唐使、学问僧和留学生携回的。宗教上，日本学问僧千辛万苦来到中土，就是为了向中国的教派大师请教自己所研究的佛理。中国的法相、华严、天台、律宗等宗派的典籍、思想正是由这些学问僧带回日本，并在日本得以保存并传播的。

现在日本奈良的正仓院，仍然保存着一批唐代传入日本的珍贵文物，其中大部分是由遣唐使和留学生带回日本的，这些实物，有的在中国也早已失传了。

以上种种，就可以想见以遣唐使为核心的人群在中日文化交流中所起的作用，他们也是当时中日文化交流的最重要纽带。

第三部分

辽宋夏金多民族政权并立与元朝
多民族统一封建国家的建立

杯酒释兵权

唐末以来,中央军即"禁军"骄横跋扈,时常干预政局,宋太祖赵匡胤本人,亦曾为后周禁军统帅,当他发动兵变,夺取帝位时,禁军"功不可没"。北宋建立后,禁军将领多为开国功臣,他们又倚仗与皇帝的特殊关系,举止傲慢,朝廷逐渐注意到这一问题。

建隆二年(961年)有一日,宋太祖将这些功臣将领召来饮酒,半醉之时,宋太祖屏退左右,开始感谢功臣们的恩德,但表示当皇帝也很艰难,整夜不敢安卧。功臣们询问原因,宋太祖答:"是不难知矣,居此位者,谁不欲为之。"功臣们大吃一惊:"陛下何为出此言?今天命已定,谁敢复有异心。"宋太祖道:"不然。汝曹虽无异心,其如麾下之人欲富贵者,一旦以黄袍加汝之身,汝虽欲不为,其可得乎?"功臣们"顿首涕泣",请求皇帝"指示可生之途",宋太祖这才说:

"人生如白驹之过隙,所为好富贵者,不过欲多积金钱,厚自娱乐,使子孙无贫乏耳。尔曹何不释去兵权,出守大藩,择便好田宅市之,为子孙立永远不可动之业,多置歌儿舞女,日饮酒相欢以终其天年。我且与尔曹约为婚姻,君臣之间,两无猜疑,上下相安,不亦善乎!"

功臣们感激不尽,次日上朝时,"皆称疾请罢",宋太祖十分满意,将他们任命为地方大员,不再领导禁军,这就是"杯酒释兵权"的故事。

上面这些精彩的对话,见于《续资治通鉴长编》卷二。然而,此书成书于两百年后的南宋。北宋初年的官方记录,反而略过了这一故事。关于"杯酒释兵权"的具体情节,历代学者也多有怀疑。但是,结合其他史料,我们可以认定,北宋初年,宋太祖确实逐步收夺了禁军将领的兵权,从而有效消除了他们凭借兵权发动政变,重演"黄

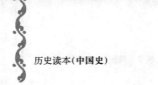

袍加身"的可能,维持了北宋政局的相对稳定。更重要的是,宋太祖采用了相对和平的手段,解决了皇权与开国功臣的矛盾,这一点与刘邦、朱元璋等人大杀功臣形成鲜明对比。

五代时期,威胁稳定的大患有二。除了中央的禁军,就是地方的藩镇。唐代"安史之乱"以来,朝廷任命的军政长官节度使先后拥兵自立,甚至不向中央上交赋税,形成藩镇割据。这一局面历经五代,一直延续到宋初。五代中四代的开国君主,都以节度使身份夺取帝位。北宋刚刚建立,节度使叛乱立刻爆发。

面对严峻的藩镇问题,北宋朝廷在政治、经济、军事三方面强化中央集权,抑制地方势力。其具体措施可以概括为 12 个字:"稍夺其权,制其钱谷,收其精兵。"

所谓"稍夺其权",就是逐渐收夺藩镇将领的权力。比如将节度使召回开封,赐以高官厚禄。改派文臣出任地方长官,又向各州派出"通判"以限制长官权力。至于仍在地方的节度使,其权力也日益减小。当时,节度使往往控制数州,驻地以外的其他州被称为"支郡"。宋太祖之弟宋太宗即位次年(977 年),下令各地"支郡"全部收归中央直辖。此后,朝廷任命的节度使,大多不会真的前往地方赴任。于是,节度使最终成为了一个虚衔。

所谓"制其钱谷",就是控制藩镇的赋税收入。朝廷向地方派出转运使监督管理财政,从而剥夺了藩镇自身的财权。朝廷规定,地方政府所收赋税,除了留下必要的地方经费外,一律上交,由中央政府统一调度,从而牢牢控制了地方的经济命脉。此外,五代时期藩镇头目时常委任亲信贩运货物,牟取暴利,即所谓"回图"贸易。宋太宗时,下令禁止"回图",以扼制藩镇财源。但在北宋中期以后,"回图"再度兴起。

所谓"收其精兵",就是将地方的精锐士兵全部集中到中央。宋太祖曾下令挑选禁军中强壮高大的士兵,分送各地作为"兵样"。地方士兵若有体格类似者,立刻带到中央充当禁军。后来"兵样"不足,就干脆用一定长度的木棍代替。此后,地方部队实力大不如前,遂无力与中央抗衡。

北宋初年强化中央集权的一系列措施,有效地巩固了新生政权,从而使得五代乱世走向终结。然而,这些措施一定程度上也使得北宋地方财政紧张、防御脆弱,即所谓"郡县空虚",从而导致了北宋长期"积贫积弱"的局面。

北宋的兵制

西汉及唐前期,士兵主要由国家征召,其区别无非在于征召对象是全体男丁还是部分男丁。然而,自汉以来,募兵制,即有偿招募常备军之制度,一直存在。北宋时期,募兵彻底取代征兵成为主流,此为中国古代兵制之一大变革。

北宋常备军分为禁军与厢军,起初分别指中央军与地方军。北宋募兵时,强壮高大者编入禁军,不达禁军标准者编入厢军。官府定期进行"拣选",厢军精壮者可升入禁军,禁军老弱者则降入厢军。厢军因此难以御敌,大多从事各种杂役。于是朝廷将一半左右的禁军分驻地方,履行军事防御职能。民众一旦应募为兵,须终身服役,直至年老方可得免。除禁军、厢军外,北宋尚有乡兵、番兵等兵种,乡兵在边境百姓中征召,不脱离生产,并非职业军人。番兵由西北少数民族充任,主要用于防备西夏。

关于募兵制,宋太祖赵匡胤曾宣称:"吾家之事,唯养兵可为百代之利,盖凶年饥岁,有叛民而无叛兵,不幸乐岁变生,有叛兵而无叛民。"其寓意在于,通过募兵制将职业军人与一般民众相分离,从而避免士兵与民众协同作乱。此外,一旦"凶年饥岁"来临,为防民变,官府往往在灾区大规模招募饥民为兵,使其免于冻饿,也便于监视。即便在平时,官府也会主动招募社会闲散人员为兵,"尽收无赖而厚养之"。除招募外,官府还将大量罪犯刺字充军。一旦兵源不足,也会强抓百姓为兵。

招募饥民、无赖为兵,一定程度上维持了地方社会的稳定,但也造成了巨大的军费开支(由"冗兵"而生"冗费"),且使军人社会地位进一步降低。混有大量饥民、无赖、罪犯的北宋军队,其战斗力可想而知。士兵经营副业,甚至侵扰百姓之举,比比皆是。总体而言,募兵制使北宋普通百姓免于兵役之苦,但是我们不应忘记,供养军人的钱粮,归根结底仍取自百姓,军费愈高,则剥削愈甚。

我们常说宋代"崇文抑武"。所谓"抑武"绝不是指宋代轻视军事。宋太祖本人乃职业军人出身,成长于五代乱世,深知军事之重要。北宋自建立之初,就面临北方辽国的巨大压力,而首都开封地处平原,无险可守,只能"以兵为险"。因此,北宋必须长期维持一支较为庞大的军事力量。

然而,军队数量一旦庞大,兵变风险随之提高。五代时期,天子"兵强马壮者为之",有鉴于此,北宋统治者无论是在制度设计还是具体施政方面,都想方设法限制武人势力,以保赵氏江山,这才是"崇文抑武"的要义所在。北宋"抑武"的手段大致如下:

首先,限制地方的军事力量。北宋初年,曾将地方厢军中的精锐士兵全部集中于中央禁军,以实现"强干弱枝"的目标。但是,禁军分驻地方后,亦有可能在地方产生势力。于是北宋实行"更戍法",规定禁军定期更换驻地。然而,在更戍,乃至出征作战时,朝廷往往打乱原有的厢—军—指挥(营)编制,临时拼凑各"指挥"组成部队,并委任统兵官。从而导致"指挥"一级以上,"兵不知将,将不知兵"。

其次,在军事制度上实行分权制衡。北宋中央的统兵权与调兵权相互分离。军队日常管理之权在"三衙",即殿前都指挥使司、侍卫马军都指挥使司、侍卫步军都指挥使司三个部门。"三衙"各自管理所属部队,互不统属。军队调动之权则在枢密院(尚书省兵部名义上存在,无实权)。地方统兵权则由朝廷任命的"都部署"(后避宋英宗赵曙讳,改称"都总管")等职行使。

此外,北宋尚有其他种种"抑武"手段。如北宋初年,曾实行所谓"将从中御"。即皇帝在将领出征前授以"阵图",要求将领必须据此布阵,其结果往往是大败而归。终宋一代,皆实行"以文制武",即以文官监督和制约武将。最高调兵机构枢密院长官枢密使,逐渐多由文官担任,其地位亦远高于由武将担任的"三衙"长官。宋太宗以后,朝廷开始在地方任命文官为都部署,或安抚使(又称帅臣)等职,执掌兵权,而武将则担任副都部署。北宋后期,朝廷甚至任命宦官"监军",武将权力进一步遭到限制。

"崇文抑武"无疑导致了北宋长期的"积弱"。然而,北宋帝王并非不知其弊。宋太宗的一段话,或许可以反映他们的真实想法:"国家若无外忧,必有内患。外忧不过边事,皆可预防。惟奸邪无状,若为内患,深可惧也。帝王用心,常须谨此。"

中枢机构改革

北宋前期的中枢机构,大致可概括为"二府三司制"。所谓"二府"即中书门下

（又称政府、宰府、东府）与枢密院（又称枢府、密府、兵府、西府），分掌行政、军政之权。又置三司（又称计司、计省、计府）掌财政权。以下分别介绍。

中书门下，又称政事堂。唐时始置，本为中书、门下、尚书三省长官会议地点，后为独立部门。唐中期以后，中书、门下二省长官及诸臣官衔带"同中书门下平章事"（简称同平章事）者，有权参与政事堂会议，共为宰相。北宋前期，承唐、五代旧制，以中书令、（门下）侍中、同平章事为宰相。然而中书令实为虚衔，侍中行使相权极少出现。事实上的宰相即中书门下长官同平章事，北宋设一至三人，不止一人时，带"昭文馆大学士"者，为首相，称"昭文相"；带"监修国史"者，为亚相，称"史馆相"；带"集贤殿大学士"者，为末相，称"集贤相"。不过，以馆职表示宰相位次，亦始于唐。唐初曾有官员以"参知政事"身份参与政事堂会议，北宋乾德二年（964 年），因同平章事仅赵普一人，宋太祖遂参唐制，增设"参知政事"二员作为副手。参知政事亦无定员，一至四人不等。唐中期以后，曾为在外节度使加"同平章事"衔，以示尊崇。此类人物称"使相"，并无相权。北宋时，皇族、节度使等人亦有加"同平章事"者，亦称"使相"，无实权。

枢密院唐时即有，掌御命传达，以宦官充任枢密使。五代时，枢密院权力逐渐膨胀，侵夺中书门下之权，成为最高决策机关，枢密使改由士人出任，枢密副使（又称枢副、副枢）亦于五代出现。北宋建立后，逐渐将枢密院改造为最高军事机构，执掌调兵权。因此，就制度设计而言，枢密院的存在是为了分割宰相的军权。但就具体历史演变而言，实际上是将枢密院业已侵夺的行政大权归还宰相。枢密院长官原为枢密使（又称枢使、密使），一或二人。宋初多由武将出任，其后逐渐改由文官出任。枢密院编制后有变化。淳化二年（991 年），始置"知枢密院事"（又称知院事、知院）、"同知枢密院事"（又称同知院事）。此后，枢密院配置可能有二。枢使为长官时，副官为枢副。知院事为长官时，副官为同知院事。枢密使与知院事初不并置。至熙宁元年（1068 年），始并置。太平兴国四年（979 年），始置签署枢密院事（后避宋英宗赵曙讳，改称"签书枢密院事"。又称签署（书）院事、签枢）。不论长官为枢密使或知院事，皆可有签枢。宋英宗治平六年（1066 年），曾置同签书枢密院事（又称同签书院事、同签枢），次年即罢。

概言之，北宋前期，以中书门下长官同平章事（除"使相"外）为宰相。中书门下副官参知政事，枢密院长官枢使、知院事，枢密院副官枢副、同知院事、签枢、同签枢，

皆为"执政"。宰相与执政合称"宰执",又称"宰辅"。三司长官不在"宰执"之列,但权势亦重。

三司亦源自唐制。唐沿隋制,尚书省户部下有户部司、度支司。唐中期以后,使职大量产生。盐铁使亦随之出现,故置盐铁司。唐元和七年(812 年),始以户部、度支、盐铁并称"三司"。唐天祐三年(906 年),以朱温为"盐铁、度支、户部三司都制置使"。后唐长兴元年(930 年),"三司使"专名出现,后唐亦有"三司副使"。北宋建立后,置三司使一人。太平兴国元年(976 年),增设三司副使一人,太平兴国七年(982 年)后不置。其后三司时分时合。太平兴国八年(983 年),分三司为三部,则同时有户部使、度支使、盐铁使各一人,合称"三部使",各有副使。淳化四年(993 年),三部合为三司,当年改为总计司,置三司总计度使一人。淳化五年(994 年)又分总计司为三部,至咸平六年(1003 年)复合,仍以三司使为长官。此时"三部史"虽废,而三部副使如三司户部副使等仍存。综上,三司使、"三部使"、三司总计度使皆曾为最高财政机构长官。大略而言,三司中盐铁司主要管理国家专卖及商税收入,户部司主要管理全国户籍、土地,酒类专卖及田赋收入。度支司则主要管理国家支出。

总之,恰如《宋史·职官志》所言:"宋承唐制,抑又甚焉。"北宋前期,基本继承了唐代全套中央机构,即三省六部九寺诸监,但多半名存实亡。如兵部之权为枢密院所夺,户部之权为三司所夺(尽管三司中的户部司曾属户部),等等。因此,宋代继承的实际上是唐中期至五代之制度,其中已有分割事权的因素。北宋建立后,进一步分割事权,增设大量官职。从而有效地实现了诸臣之间的制衡,避免了权臣乱政的出现。丰富的官职系统也使得人事任命更为灵活。但是,这也严重限制了行政效率,并制造出大量"冗官"。不过,上文所述,仅为北宋前期之中枢机构,宋神宗元丰年间,对官制进行了相当大规模的调整,包括罢中书门下,权归三省,罢三司,权归户部等,史称"元丰改制"。

地方控制的改革

唐中期以后至五代,唐初的道—州—县结构逐渐崩溃,形成事实上的藩镇—"支郡"(即州)—县结构。北宋建立后,在地方控制方面实行了一系列改革。从而重新建立起路—州—县结构,恢复了国家的统一与地方的稳定。

　　路之设置源自唐代的道。唐初曾分全国为十道,宋初沿之,亦分全国为十道,此时各道尚无常设机构。北宋建立后,朝廷开始向各道派出转运使总理财政,以收藩镇财权,其官署称转运使司(又称漕司)。转运使之称始见于唐,原为运输钱谷之职,北宋开始普遍设置。开宝九年(976年),宋太祖赋予各道转运使监察地方官员之权。宋太宗即位后,各道开始改称路。淳化二年(991年),在各路任命"提点刑狱公事",淳化四年(993年)罢,路最高司法权交与转运使。其后,转运使兼掌一路财政、司法、监察大权,已接近于各路事实上的最高长官。至道三年(997年),正式划分全国为十五路,此后亦有增置。转运使权力的扩大亦引起朝廷注意。景德四年(1007年),复置各路提点刑狱司(又称宪司),分转运使之司法权。天禧四年(1020年),改各路提点刑狱公事为"劝农使兼提点刑狱公事",同年又改称"提点刑狱兼劝农使",命其兼管部分土地、赋税事务。形式上增设"劝农司",实与宪司为一套机构。天圣六年(1028年),罢各路宪司及劝农司,权归转运使。明道二年(1033年),复置宪司,劝农司未复。熙宁二年(1069年),在王安石变法的背景下,于各路设立"提举常平广惠仓司"(又称仓司),其长官全称"提举常平广惠仓兼管勾农田水利差役事"。常平之法,始于汉代,谷贱时高于市价购入,贵时低于市价卖出,以平抑物价,宋初即有常平仓。王安石变法时,为实行"青苗法",将常平仓储粮折钱贷与百姓,遂置仓司,并以其兼管募役、保甲、农田水利等新法。元祐元年(1086年),新法大多被废,仓司亦罢。绍圣元年(1094年),重置仓司。以上漕、宪、仓三机构合称"监司",皆有权监察该路官员,且可互相监察。至于路级军事机构,在北宋尚不完善。大略而言,宋初北方统兵官为武将担任的"都部署",其后,朝廷开始派文臣出任都部署、经略使、安抚使、经略安抚使等职。景德三年(1006年),以雄州知州兼河北路延边安抚使。此后,各路军事机构长官多由该路首州(或首府)知州(或知府)兼任,但机构名号并未统一,以安抚使司(又称帅司)居多。

　　北宋州级单位主要有四:按地位高低分别为府、州、(州级)军、(州级)监。府源于唐代,北宋于要地置府,地位高于州,但具体行政与州几无区别。北宋有四个"京府":东京开封府、西京河南府(今河南洛阳)、南京应天府(今河南商丘)、北京大名府(今河北大名)。其余为"次府"。府长官称府尹,事实上多由京官知府。州级单位中数量最多的是州。唐中期以后至五代,各地节度使、防御使、团练使等大多兼任驻地所在州刺史。宋初亦然。因此,各州按长官名号高低,可分为节度使州、防御使州、团练使州、以及一般的刺史州等。此时节度使等往往控制数州(即"支郡")。太平兴国二年(977 年),宋太宗将所有"支郡"收归中央。此后节度使等仅为该州行政长官。另外,朝廷新任命的节度使、防御使、团练使、刺史等逐渐不再赴所在州就任,遂为虚衔。朝廷向各州派出京官"知州事",知州遂成为一州之实际长官。北宋在人口较少,不宜设州的战略要地设军。军有两级,州级军与县级军。军之长官称军使,如由京官出任则称知军。监的规模较军更小,一般设于工矿区,其长官原管矿冶、铸钱等事,后亦为行政长官。监有三级,州级监、县级监、属县之监。监之长官称监使,如由京官出任则称知监。除府州军监外,北宋尚有一特殊行政单位"剑门关",仅领一县(剑门县)。长官称"剑门都监"。此外,北宋沿五代制度,在部分府、州设通判以监督长官,大小文书须长官与通判同署方可执行,此制源自五代南唐。起初,北宋在留用新征服地的州级长官,或任命武将担任州级长官时,置通判以监督,其后文臣知府、州可能亦置通判。通判人数各府州不等,有两员者,有一员者,亦有不置者。县级军极少置通判,县级监不置通判。

北宋县级单位种类较多,大致有直隶县、县级军、县、县级监等。直隶县由路级单位直接管理,仅有三泉县与西县(皆在今陕西汉中),三泉县直隶时间较长。县之长官称县令,如由京官出任则称知县。乾德元年(963 年)起,朝廷开始派遣京官出任知县,以收夺藩镇对基层政区的控制权。此外,五代时期,藩镇头目在各县委任亲信担任"镇将"等职,掌管治安狱讼,横行乡里。建隆三年(962 年),宋太祖下令在各县重置县尉,逐渐收夺"镇将"之权,将地方治安纳入正常轨道之中。

宋代的科举制度

科举制度自隋唐时期形成以来,对此后的中国社会产生了极为深远的影响。而宋代则是科举制度转变与发展的重要时期。

宋代科举门类较多,有贡举、武举、制举、童子举等。以贡举为主流,下文"科举"一般即指贡举。贡举科目颇多,除进士外,合称"诸科"。宋代进士一科最受重视,这一点与唐代相同。

宋初科举沿五代旧制,每年举行。宋太祖于建隆元年(960年)开国登基,当年即举行科举。然而,开宝七年(974年)宋太祖下诏"权停贡举"。此后每年或办或停。直至治平三年(1066年),正式规定科举每三年举行一次,遂为定制。

宋代科举分三级考试:发解试(又称解试、秋试)、省试(又称礼部试、春试)、殿试(又称亲试、御试)。

发解试主要由各州级单位于秋季组织,由本地考生报名参加。宋代曾规定"身是工商杂类,及曾为僧道者",不得应考。不过"工商杂类有奇才异行者"亦准报考。解试考官由地方官充任。乾道六年(1170年),规定各州考官须由他州官出任。解试通过者称"举人",第一名称"解元"。于冬季由各地"解送"至京师,故名。解试另有其他形式。宋代沿旧制设国子监,七品以上官子弟皆有资格入学。国子监内置解试,通过者直接参加省试。为防官员徇私,景祐四年(1037年)后,凡考生有亲戚在本州任官者,须另行参加转运使司组织的"别头试",南宋人则称之为"漕试"。别头试唐代曾有,至宋代为定制。宋代亦限制在职官员参加科举,为其专设"锁厅试"。

省试由礼部于春季组织。因礼部属尚书省,故名。省试主考官称"知贡举",在唐代一般由礼部侍郎出任。然而,唐时已有另行委任的情况。宋代除"知贡举"(或"权知贡举")外,新设"(权)同知贡举"为副考官。主副考官可能皆不止一人。省试结束后,通过者由主考官向皇帝"奏名",参加殿试。省试第一名称"省元"。省试一般在京师举行。南宋初年,因社会动荡,曾两次将省试权力下放到各路,称"类省试"。绍兴三年(1133年)收回,但四川类省试一直保留。因四川、陕西等地距行在(杭州)过远。

殿试形式上由皇帝亲自主持。开宝六年(973年),知贡举李昉徇私录用同乡被发现,又有落第者向朝廷投诉。宋太祖亲自于殿中出题重试,遂成定制。此前武则天曾亲自主持省试,这与加试殿试并不相同。嘉祐二年(1057年)后,为笼络士人,凡省试通过者,殿试极少黜落,无非调整名次而已。殿试前三名分别称"状元""榜眼""探花"。

按宋初制度,解试、省试时,诸科仅考帖经、墨义。帖经即原文填空。墨义即原文问答。进士则考诗、赋、论,兼考儒经帖经、墨义。殿试进士考诗、赋各一首。太平兴国三年(978年)后加论一篇。诸科不详。庆历新政时,进士一度免试帖经、墨义,加试时务策。熙宁四年(1071年)变法,废诸科。此后进士独大,其所考诗赋、帖经、

墨义全部废除。改考经义(阐发儒经含义)、论、时务策。变法失败后,新法多半被废,但科举改革成果基本保留。然亦有呼声欲恢复诗赋。元祐四年(1089 年),将进士分为经义与诗赋两类。经义进士同熙宁之制。诗赋进士则试经义、诗赋、论、时务策。此后诗赋进士数次被废,至绍兴三十一年(1161 年)才正式规定予以保留。

宋代科举制度特点有二。其一,规模空前绝后。据统计,两宋科举取士不论总额抑或年均人数皆为历代之冠,然而这一点亦部分导致宋代的"冗官"局面。其二,设计趋向公平。唐代科举为高门大族所把持,考官与考生往往结为"座主"与"门生"关系,在朝中形成朋党。而考场舞弊亦层出不穷。北宋建立后,对此进行一系列改革。乾德元年(963 年)规定,严禁朝臣在考前向考官"公荐"举人。开宝六年(973年)殿试设置后,仅有"天子门生",再无考官"门生"。宋代对可能利用特权的考生,则专门设置"别头试"或"锁厅试"等,前文已述。宋代对考官亦有防范,淳化三年(992 年)规定,省试考官一经任命,即入"贡院"(考场)出题,及省试结束方可离开,称"锁院"。大中祥符七年(1014 年)规定,发解试亦须"锁院"。除此以外,对后世影响最大的防弊措施是弥封(又称糊名)与誊录制度。弥封即糊住(或截去)考卷上考生的个人及家庭信息,此制唐时即有,后废。五代时偶有出现,至北宋则为定制。誊录即专门命人抄写考卷,再送考官判卷。殿试于淳化三年(992 年)开始弥封,大中祥符二年(1009 年)开始誊录,这两项制度随后逐渐推广至省试和解试。

宋代科举制度的改革使得中小地主乃至富农皆获得进入体制的机会,进一步促进了社会的流动。但是宋代科举亦已出现某种程度的僵化。如王安石曾将自己主编的《三经新义》规定为考试用书。而南宋经义考试则已有明清八股文的雏形。

"三冗"

北宋所谓"三冗",一般指冗官、冗兵、冗费。此说源于宋仁宗宝元二年(1039年),时逢宋夏战争,财政日益紧张,权三司度支判官(辅理国家支出之职)宋祁上疏称朝廷有"三冗":"天下有定官,无限员,一冗也。天下厢军不任战而耗衣食,二冗也。僧道日益多而无定数,三冗也。"至宋神宗熙宁二年(1069 年),苏辙上书称"方今之计,莫如丰财","事之害财者三:一曰冗吏,二曰冗兵,三曰冗费",则更接近后世关于"三冗"的定义。

先论"冗官"。宋祁称北宋"州县之地不广于前,而官五倍于旧"。"冗官"形成的直接原因是科举扩大与荫补泛滥。宋代科举之规模空前绝后,而其中一半左右为所谓"特奏名"。即朝廷对于省试或殿试屡试不中者,经象征性考试后,给予出身。荫补即中高级官员子弟享有直接入仕之特权,其规模又甚于科举。据学者统计,宋代科举取士年均 361 人,荫补年均可能不下 500 人。"冗官"形成的制度保证则是官制的叠床架屋与名实分离。宋代官制处处讲究"分权制衡",则必然添置官职。而名实分离,如有尚书省户部亦有三司,有兵部亦有枢密院,造成机构臃肿。

再论"冗兵"。宋仁宗庆历年间(1041—1048),北宋总兵力已为宋太祖开国时五倍有余。北宋建都开封,无险可守,只能"以兵为险"。北部边境长期处于辽国威胁之下,又需重兵防备,因此产生对庞大军队的需求。不过,保卫首都与边疆主要依靠禁军。厢军在宋祁看来则是"冗余"。然而,北宋出于维稳目的,一贯大量招募饥民、无赖为厢军。此外,由于北宋国家对民众的直接控制较汉唐大为减弱,无法大量征发民众服役,诸多工程往往以厢军代役,故亦需大量招募。而募兵制要求终身服役,又必然造成大量老弱充塞军中。

北宋浩大的财政开支即"冗费",主要即军费。宋儒张载曾指出:"养兵之费,在天下十居七八。"宋代官俸亦颇高。值得一提的是,北宋鼓励官员致仕(退休),为使其乐意,朝廷许以致仕后发放半俸,乃至全俸。在表面上确实裁汰了"冗官",在事实上则"冗费"仍存。此外,给辽的"岁币",以及王公贵族的大兴土木、奢侈消费等等,也是"冗费"的组成部分。针对冗费,朝廷的惯用伎俩即加重盘剥以增加收入,于是激发民变。

庆历新政

针对事实上早已存在的"三冗"现象,早在明道二年(1033 年),时任谏官的范仲淹就指出"国家用之无度",要求"销冗兵,削冗吏"。宝元元年(1038 年),西夏统治者李元昊叛宋称帝,宋夏战争爆发,宋军在大型战役中接连战败。庆历二年(1042 年),辽趁机索要宋属(瓦桥)关南十县之地。随后宋辽达成协议,宋不献地,但增加

"岁币"数额,辽允诺迫使西夏罢兵。庆历三年(1043年),宋仁宗任命范仲淹为参知政事,富弼为枢密副使,命二人提出改革意见。范仲淹遂上《答手诏条陈十事》,针对"夷狄骄盛,寇盗横炽"的内外交困局面,提出十项主张:明黜陟、抑侥幸、精贡举、择官长、均公田、厚农桑、修武备、减徭役、覃恩信(落实朝廷恩惠)、重命令(严肃对待和慎重发布命令),作为改革的指导纲领。由此可见,庆历新政以整顿吏治为中心。

庆历三年(1043年)十月,改革正式开始,各项措施先后推出。范仲淹向各路派出"都转运使兼按察使"(或"转运使兼按察使"),监督考核当地官员是否称职,甚至有权上奏罢免知州。是为择官长。改变文官累积一定时间即可升迁的旧制,规定有政绩方可升迁。是为明黜陟。削减中高级官员荫补子弟的数量,且规定受荫者须经考试方可为官。是为抑侥幸。调整官员获得的"职田"数量,使其更加公平。是为均公田。科举考试中进士科加考时务策,免考单纯背诵的帖经、墨义,诸科亦准考生改试大义(理解经义)以替代帖经、墨义。是为精贡举,等等。

然而,庆历新政持续时间仅一年余。庆历五年(1045年)正月,范仲淹、富弼皆被罢去宰执之职,出知地方。随后改革措施多半被废。

庆历新政失败的原因大致如下。首先是新政规模巨大,操之过急。(都)转运使兼按察使在地方"多所举劾,人心不悦"。根本原因则是明黜陟、抑侥幸以及择官长的改革措施,触动了官僚集团的既得利益,招致其敌视与反扑。同时,北宋帝王鉴于唐代之弊,深恶朋党。而范仲淹等人确实结为政治集团推动改革。守旧派借机称范仲淹等为"朋党",果然引起宋仁宗的猜忌。此外,庆历四年(1044年),辽出兵伐夏,宋夏正式议和,西夏形式上对宋称臣,宋则每年提供"岁赐",外患减弱。宋仁宗对改革的需求也随之降低。

庆历新政虽然很快失败,也并未解决北宋的"三冗"问题,但是拉开了北宋中期改革的序幕。而范文正公(仲淹)"先天下之忧而忧,后天下之乐而乐"的崇高精神,则永为后世所传颂。

王安石变法

短暂的"庆历新政"并未解决北宋的"三冗"问题,财政危机依然严重。治平四年

（1067年），锐意进取的宋神宗即位。三日后即有上疏称："方今至要，莫先财用"，"百年之积，惟存空簿"。次年四月，王安石奉诏入京，与神宗相谈甚欢。熙宁二年（1069年），宋神宗任命王安石为参知政事，并依王安石意见，设"制置三司条例司"（次年罢，权归司农寺），凌驾于三司之上，指导变法。次年，王安石升任同平章事。

王安石变法以"富国强兵"为目标，"富国"方面有：

免役法（又称募役法）。北宋规定，基层管理官物、催交赋税、抓捕盗贼等差役（又称职役），由农村较富裕的上户轮流充当。然而，往往有上户因差役破产。王安石等人遂下令免除差役，改征"免役钱"，以雇人当差。起初，免役钱征收对象只有上户，可是很快扩大到本无差役的下户。保甲法实行后，官府亦以保丁承担部分差役。导致民众既交免役钱，又须服差役。免役钱除用于雇役外，还有"宽剩钱"，为国家带来巨大收入。当然，以货币税代替劳役税，或可谓历史进步。免役钱同时向原先享有免役特权的坊郭户（城市居民）、官户（官宦人家）、寺观征收，更显公平。

青苗法（又称常平新法）。农民于青黄不接时，往往不得不借高利贷。王安石等人遂下令，将官府钱粮贷与百姓，分夏秋两季收回，是为青苗钱。贷款起初无息或年利率低于百分之二十，后有高达百分之八十者。起初规定民众自愿借贷，很快也演变为强行摊派，甚至殃及不事耕作的坊郭户。当然，青苗钱之利息亦为国家带来巨大收入。

市易法。为改变部分大商人垄断市场的局面，王安石等人在首都及各大城市设"市易司"（或"市易务"），收购客商滞销货物，赊贷给本地商人（即先将货物交予本地商人，日后令其连带利息缴纳货款，拖欠则有罚息）。同时，市易司（务）也直接向民众提供货币贷款。市易法确实打击了大商人垄断，但其本身成为新的垄断。强买强卖、贱买贵卖、暴力收息等现象层出不穷。不少中小商人因此破产，本息遂无法收回。加之市易法扰乱市场，影响商税收入，可能并未给国家带来多少利润。

均输法。东南各路原本须向朝廷进贡粮食及各种特产，这一制度日益僵化。王安石等人执行"徙贵就贱，用近易远"的原则，即于货多处征货，货少处征钱，再于价低处购货补足。购货时优先考虑距离较近、交通便利处。从而节省了相关费用。然而，官府征钱往往高于市价。此外，为节省运输成本，在距开封较远处，货虽多亦征钱，加剧了谷贱伤农。

方田均税法。针对地主隐瞒土地以避税，以及赋税不均导致农民流亡的情况。

王安石等人下令,清丈全国(事实上主要是北方)土地,按肥瘠程度重定赋税,从而查出大量隐瞒土地,增加了国家赋税收入。但趁机增税的现象亦有出现。

农田水利法。王安石等人下令在全国各地兴修水利工程,促进了农业生产力的发展。但部分地区出现了虚报成果的情况。

"强兵"方面有:

保甲法。王安石等人下令,民户五家结为一保。保内有人犯罪,同保知而不告者连坐。每户两丁以上者出一丁,接受军事训练,平时维持治安,战时出战。从而既可"除盗",又等于部分恢复征兵制,以节省募兵费用。然而,受训所需诸多费用,往往由保丁自行承担,而体罚也相当普遍。百姓多有逃亡或自残以求免训者。本应"除盗"的保丁,亦多有聚众起义者。此外,朝廷从不敢将保丁用于对抗西夏的正面战场,可见朝廷对其战力心知肚明。

保马法。北宋原以官府"牧监"养马。王安石等人下令,将牧监之马交予百姓领养。平时由百姓自行使用,战时收回。牧监养马之地,则租与百姓。从而既省养马之费,又取地租之利。养马户可减免部分赋税,但额度远不及养马之费,马病死还需赔偿。起初规定自愿领养,很快如青苗法一般演变为强行摊派。

将兵法。北宋前期如遇战事,多临时委派将领,与士兵互不相识,影响战力。王安石等人下令,以"将"为军队编制的固定单位。每"将"设"正将"一人,平时主管训练,战时率兵出征,使兵将相识,从而提高了宋军战力。

除此以外,王安石还在科举方面进行了改革,使其更倾向于实用。

熙宁七年(1074年),王安石罢相。次年复任。熙宁九年(1076年),再次罢相。宋神宗本人继续领导变法。元丰八年(1085年),神宗去世。八岁的哲宗即位,太皇太后掌权,起用司马光为首的保守派,随后将新法几乎全部废除,史称"元祐更化"。

就结果而言,变法在"富国"方面取得了重大成效,但本质上主要是将民间财富转移到了朝廷。"强兵"方面的效果则不甚明显,神宗挑起对西夏的战争,胜少败多。同时,北宋的大规模党争,亦自变法始。王安石对于反对变法者,径予贬谪。司马光上台后,又以同样方式报复变法派。元祐八年(1093年),太皇太后病死,次年,亲政的哲宗开始恢复新法,史称"绍圣绍述"。后来,宋徽宗与权相蔡京又利用"新法"大肆聚敛,挥霍享乐。北宋末年的孙傅曾概括:"祖宗法惠民,熙、丰(神宗年号)法惠国,崇、观(徽宗年号)法惠奸。"时谓名言。

宋金战争

在北宋对辽作战，以及宋金燕云交割的过程中，金国统治者已逐渐意识到北宋的富庶与腐败。此外，北宋背弃对金盟约，招纳业已降金的辽将张觉，又为金国南侵提供了口实。宋徽宗宣和七年（金太宗天会三年，1125年）二月，金军俘获辽天祚帝，辽亡。十月，金国正式南侵，宋金战争爆发。

金军分两路南犯，西路军在太原城下遭北宋军民顽强抵抗，无法前进。东路军则一路长驱直入。得知消息的宋徽宗禅位于太子赵桓，是为钦宗。靖康元年（1126年）正月，金军东路军兵临开封城下，要求北宋割让太原、中山（今河北定州）、河间（今河北河间）三府，提供巨额赔款，交出亲王、宰相为人质。此时，北宋各地的"勤王"军已陆续赶往开封。局势开始对北宋有利，朝廷却答应金军要求，以肃王赵枢（徽宗第五子）、宰相张邦昌为人质，尊金为"伯"，自称"侄"，割地赔款。

然而，金军退兵后，三府军民拒不奉钦宗"旨意"出降，金军只能强攻。八月，金军再次分两路南犯。九月，西路军攻破太原。十一月，东路军攻至开封城下。闰十一月，西路军亦至，两军会师，攻入开封。靖康二年（1127年）二月，金军俘宋徽、钦二帝。三月，金军以屠城相逼，胁迫曾为人质的宰相张邦昌登基，国号楚，史称"伪楚"。其后，金人挟徽宗北上。四月，金军退兵，挟钦宗、皇后、皇族、宫女等数千人北上，开封全城几乎被洗劫一空。更有甚者，金军因搜刮不足，悍然要求宋人交出妇女抵充金银。如此种种，史称"靖康之难"。

北宋灭亡时，康王赵构（徽宗第九子）不在开封，因而免于被俘。靖康二年（1127年）四月，张邦昌表示愿向赵构称臣。五月，赵构于应天府（今河南商丘）称帝，改元建炎，是为高宗，南宋开国。高宗封张邦昌为"同安郡王"，后赐死。七月，高宗宣称："朕当独留中原，与金人决战。"十月，南逃扬州。十二月，金军大举南下。建炎三年（1129年）二月，金军攻陷天长军（今安徽天长），高宗闻讯，骑马逃至镇江，又先后逃至杭州、越州（今浙江绍兴）、明州（今浙江宁波），其后登船入海，窜避于今浙江沿海各地。

同时，金军紧追高宗，于建炎三年（1129年）十一月渡江，陷建康（今江苏南京），

其后连陷临安(建炎三年七月升自杭州)、越州、明州,并入海追击,未获高宗,遂在浙江大肆劫掠后,于建炎四年(1130年)二月北返。三月,于黄天荡(长江一段,位于今南京东北)遭宋将韩世忠阻截数十日。四月,宋高宗于明州上岸,又至越州。五月,宋将岳飞光复建康。九月,金立降臣刘豫为"子皇帝",国号齐,史称"伪齐",作为金与南宋之缓冲。十月,金军故意放出靖康时被俘的秦桧(一说秦桧自行逃出),其归宋后大肆鼓吹议和。绍兴元年(1131年),秦桧拜相。绍兴二年(1132年),高宗移驻临安府。

金扶植伪齐政权后,直接性的南犯暂停。绍兴四年(1134年)五月,岳飞挥师北伐,连克伪齐数州。七月,襄阳六郡(襄阳府及其附近州军,今鄂北豫南一带)完全光复,南宋的北方防线由长江北移至淮河。九月,金、伪齐联军南犯。十月,韩世忠于大仪镇(今江苏扬州西北)歼其前锋,加之岳飞援兵至,金太宗病危。金、伪齐联军撤退。

绍兴五年(1135年),洞庭湖地区的钟相杨幺起义被南宋彻底镇压,朝廷遂无后顾之忧。绍兴六年(1136年),南宋各军全线北伐。七月,岳飞出兵北上,势如破竹,一路攻至陕西。但因孤军深入,遂在夺取伪齐军马、军粮后南撤。其后,伪齐立即组织反扑,因未请到金军,遂单独南犯,并令部分士兵身着金军军服以冒称金伪齐联军。十月,伪齐军于藕塘(今安徽定远东南)大败于南宋次要部队。金可能因此对伪齐相当失望。

然而,此时宋高宗却一心求和。绍兴七年(1137年)正月,高宗得知其父徽宗在两年前已死,遂于二月派王伦赴金请求迎回徽宗灵柩,同时命其转达愿代伪齐为金之傀儡的意愿。十一月,金废伪齐。十二月,王伦归宋,带来金同意南宋代替伪齐的消息。高宗大喜,与金数次外交往来后,不顾群情激愤,正式决定和议。绍兴八年(1138年)十二月,宰相秦桧代高宗本人跪受金熙宗诏书。绍兴九年(1139年)正月,和议正式达成。南宋向金称臣,缴纳"岁贡"。其后,金将伪齐故地交予南宋。然而,金方内部主战派很快得势。

绍兴十年(1140年)五月,金撕毁和约,再度南犯。曾予南宋的伪齐故地迅速失陷。金军攻至顺昌(今安徽阜阳)城下,高宗急命岳飞救援。途中,岳飞得知十余万金军遭顺昌守将刘锜以不足两万兵力击退。六月,岳飞在未获诏书的情况下继续北伐,其后,接连光复郑州、河南府(今河南洛阳)。七月,岳飞先后于郾城(今河南漯河郾城区)、颍昌(今河南许昌)大破金军。致使金将完颜宗弼(金兀术)感叹:"撼山易,撼岳家军难。"与此同时,急于求和的宋高宗却向岳飞发出班师诏,岳飞含恨班师。

绍兴十一年(金熙宗皇统元年,1141年)正月,金军又南犯。二月,于柘皋(今安徽巢湖西北)为南宋次要部队击退。其后,金发现无力灭南宋,遂与南宋再度和谈。十一月,宋金正式议和,形成长期对峙局面。其间两方亦有交战。直至宋理宗端平元年(1234年),宋蒙联手灭金。

绍兴和议

宋高宗绍兴九年(金熙宗天眷二年,1139年),宋金一度议和。南宋对金称臣,"岁贡"银二十五万两,绢二十五万匹。金则将伪齐故地"赐"予南宋,并允诺归还徽宗灵柩("梓宫")、钦宗与高宗生母韦氏。然而,金国内部主战派很快得势,于绍兴十年(1140年)五月悍然撕毁和约,大举南犯。在此时,女真贵族在大肆劫掠宋境的10余年间,已开始腐化。此时的金军战力亦远不如前,多次败于宋军,陷入困境,粮草不继,甚至以奴婢为食。加之绍兴十一年(1141年)五月,金熙宗叔父,重臣完颜宗幹病死,北方政局可能不稳。金军主将完颜宗弼(金兀术)遂有意请和,恰好符合宋高宗、宰相秦桧一贯以来的求和态度。与此同时,高宗设法削去岳飞、韩世忠等人的兵权,将各地"家军"改编为"御前诸军",重新实现兵权集中。

绍兴十一年(1141年)九月,金军放回之前扣留的宋使,高宗立即嗅到金有休兵之意。于当月遣使赴金乞和。十月,金兀术同意议和。十一月,金使至宋,两方达成协议:"约以淮水中流画疆,割唐(今河南唐河)、邓(今河南邓州)二州界之,岁奉银25万两、绢25万匹,休兵息民,各守境土。诏川、陕宣抚司毋出兵生事,招纳叛亡。"史称"绍兴和议"。概言之,即宋金以淮河为界,宋割唐、邓二州,提供"岁贡",不得招纳金境军民。十二月,高宗下令将岳飞杀害。

绍兴十二年(1142年)二月,高宗遣使赴金献"誓表",称"臣构言","臣今既进誓表,伏望上国蚤(早)降誓诏,庶使敝邑永有凭焉"。三月,金国"江南封册使"到,正式"册封"赵构为宋帝,册文称"咨尔宋康王赵构","册命尔为帝,国号宋,世服臣职,永为屏翰"。其后,宋金两方在具体划分边界时,金人又趁机索地,南宋有求必应。

　　就总体军事实力而言,"绍兴和议"时仍是金强宋弱,但天平已开始向南宋倾斜,金军也因此产生议和之意。然而,南宋在这一有利局势下,却接受了割地、称臣、纳贡的屈辱条件。恰如宋人吕中所言:"向者战败而求和,今则战胜而求和矣! 向者战败而弃地,今则战胜而弃地矣!"尽管百余年前的澶渊之盟亦为北宋"战胜求和",但绝无割地称臣之条款。绍兴九年和议虽令南宋称臣纳贡,但至少将伪齐故地"赐"还南宋。宋高宗接受绍兴和议条件,原因何在? 明人王夫之在《宋论》中指出:"高宗之为计也,以解兵权而急于和。"或有可能。

　　"绍兴和议"前,金对南宋一直不予承认,先后扶植伪楚、伪齐作为傀儡政权。和议的签订,则标志着金通过"册封"赵构为宋帝,正式承认南宋为合法政权。此外,"梓宫"与韦氏的南归,则使高宗与北宋的联系得以巩固,高宗即位的正当性与统治的合法性得以加强。

　　"绍兴和议"使宋金由战争转向对峙,南宋遂获得数十年的"喘息"时间。然而,在"喘息"过程中,高宗、秦桧等人并未整军备战,以求报仇雪耻,而是趁"和平"之机,四处搜刮。百姓称:"自秦太师讲和,民间一日不如一日。"此外,和议之后,高宗与秦桧为防民之口,大兴文字狱。同时鼓动臣民歌功颂德,以至于有人赞高宗"大功巍巍,超冠古今"。又有人赞秦桧"时相论功固自贤,真儒一出定千年"。其后科举考试中,更有无数考生凭颂圣之语而金榜题名。

　　然而,金人对因自己"册封"而产生的南宋合法性亦不甚在意。绍兴三十一年(金海陵王正隆六年,1161 年)九月,金帝完颜亮(死后废为海陵王)撕毁和约,亲率大军南犯,战端再开。十月,完颜雍于后方即位,改元大定,是为金世宗。十一月,前线兵变,完颜亮被杀。绍兴三十二年(1162 年),高宗禅位,养子赵昚即位,是为宋孝宗,与金世宗继续作战。隆兴二年(1164 年,金大定四年),宋金议和,宋不再对金称臣,改称"侄",不再称"岁贡",改称"岁币",并减少其数额。史称"隆兴和议"。较之"绍兴和议",尚具有积极意义。

辽的族源与阿保机的崛起

　　关于辽的族源,契丹自称来源于仙女,有"白马青牛"的传说。一般认为,契丹属于东胡系，与鲜卑同源，在十六国、北朝时期就已形成，历来游牧于辽水上游（今西拉木伦河附近）。孙进礼、孙泓的《契丹民族史》从发式、风俗多方面论证，认为契丹可归之鲜卑系，但并非鲜卑某部之后，更像是鲜卑别部。契丹曾为唐朝臣属，唐在契丹置松漠都督府羁縻统治，并在营州设平卢节度使，作为管理东北各族的总部。唐中后期（公元 8 世纪末至 10 世纪初）对边疆的影响力减弱，契丹日渐自立。以往认为，契丹八大部落选举产生首领可汗，并举行燔柴礼。林鹄在《南望：辽前期政治史》中则认为八部选汗制度存疑。不论史实究竟如何，至少可以肯定，此时对于可汗的争夺依然非常激烈。

唐哀帝天祐四年（907 年），耶律阿保机成为可汗。此时契丹正处于向中央集权制转型时期，耶律阿保机与诸弟为首领之位曾爆发多次冲突，最终耶律阿保机平息了叛乱。为巩固地位，后梁末帝贞明二年（916 年），耶律阿保机仿中原制度，称皇帝，是为辽太祖。国号契丹，定都上京临潢府（今内蒙古赤峰市巴林左旗），年号神册（916—921）。立长子耶律倍为太子。

耶律阿保机在位期间，为解决诸弟之乱遗留问题，设立"三父房"管理自己兄弟的事务。他吸收中原文化，同时也创造了契丹文字（大小字），并初步设立了南北官制。对外方面，他尝试介入中原政局，包括与晋王李克用结为兄弟（后背叛李氏，支持朱梁）；与卢龙镇刘仁恭、刘守光父子交好。但由于后唐实力强劲，契丹初建，难以与之长久对抗，耶律阿保机遂暂时将重心放在草原上。当时东北地区强盛的势力是渤海国，拥有今辽宁、吉林、黑龙江三省东部，俄罗斯东南部分地区，朝鲜北部，号称"海东盛国"。契丹建立后，不断对渤海用兵，于契丹天显二年（后唐明宗天成二年，927 年）完全攻灭渤海。耶律阿保机将其地赐给太子耶律倍，号"东丹国"。耶律倍成为东丹王，后更受天子礼，称"人皇王"，在契丹地位仅次于"天皇帝"耶律阿保机、"地皇后"述律平。同年耶律阿保机崩，契丹疆域东达大海（日本海），西至黄河上游丰州（今内蒙古五原县）一带，南抵今长城一线，已成草原大国。

南北面官

辽境内以契丹本族为主，随着扩张，不断将草原各族纳入统治中。在获得燕云

十六州后,大量汉人成为新的臣民。如何有效并妥善统治契丹、汉两族,成为契丹政权的当务之急。对此,契丹创造性地实行了南北面官制度,经太祖、太宗、世宗等皇帝不断改革,日渐成熟,并受中原影响强烈。契丹对两族采用了不同的统治方式,"以国制治契丹,以汉制待汉人",使境内各民族和谐相处。

契丹官制分南北面,北面官依契丹旧制,南面官则依中原制。北面官亦有南北区分,大致是北职掌宫卫、部族、属国之事,南管理境内汉人州县之事。在中央,北面朝官主要机构有:北枢密院,职掌契丹军政,类似兵部;南枢密院,职掌契丹民政,类似吏部;南北大王院,是皇帝最为倚重的机构,管理部族军民政,形同户部。契丹皇族实行近亲通婚,皇族耶律氏和后族萧氏世代通婚,故契丹辽国以耶律和萧氏为最尊贵。大王院最高长官为大王(太祖时称夷里堇,太宗时升为大王),常由耶律皇族和萧氏后族出任;南北宰相府,是最高行政机构,长官为南北府宰相,也由皇族、后族担任。

大于越府,是契丹的尊贵职位,不轻易授,整个辽代只有三人,因此后来成为荣衔,类似三师、三少和三公衔。宣徽北、南院,分别管理北、南院御前供应,形同工部。夷离毕院,职掌刑狱,类似刑部。大林牙院,职掌文翰,如同翰林院。敌烈麻都司,职掌礼仪,类似礼部。大惕隐司职掌皇室事务,类同宗人府。有大内惕隐司,管理皇族政教;大横帐常衮司,管理太祖后代皇族(横帐即指太祖直系后代);舍利司,管理皇族军政;王子院,管理王子事务。

北面御帐官,有侍卫司,管理御帐亲卫,类似中原皇宫禁卫;北、南护卫府,分管北、南院护卫;另有奉辰司、三班院、宿卫司、宿直司、硬寨司等。北面诸帐官管理犯罪家属。北面诸帐官则负责其余契丹部落贵族、渤海王室事务。北面部族官管理其余部族事务。北面宫官管理诸行宫事务。北面军官设天下兵马大元帅府(太子、亲王总领)、大元帅府(大臣总领)、都元帅府(大将总领)、东西都省(军马政)、大将军府(领各军队之政令)。

南面官与唐宋制度相同,有荣誉职衔三师、三少、三公,有掌兵的枢密院,有中书(初名政事)、门下、尚书三省,吏、户、礼、兵、刑、工六部,诸台、寺、院、监、卫、东宫官。另有汉人行宫都部署院、十二宫南面行宫都部署司,是汉人参加契丹本部组织的机构。地方设节度使、观察使、防御使、团练使、统军使、招讨使等,各府州县有刺史、县令等。五京都设有留守司,南京和西京留守例由皇弟、皇叔担任,东京、中京、南京还设有宰相府。

值得一提的是,南北面官并非简单的汉、契丹之区别。北面官多为契丹人担任,且集中在耶律皇族和萧氏后族;南面官也不全是汉人,契丹人也有出任南面官的(须穿汉服),进行监督和防备。当然过分倚重皇、后族,也有较大隐患,拥兵自重的皇族容易作乱,如何对待皇族始终是契丹面临的问题,太祖称帝前就有与兄弟的争端;耶律倍及其子世宗与太宗及其子穆宗经历多次皇位争夺;太祖幼子耶律李胡,世宗时争位,后被囚禁;兴宗弟耶律重元,在道宗在位期间谋反,兵败自杀。

辽宋战和

契丹建国初期没有过多介入中原事务,至太宗耶律德光时期,中原政局变换。后唐河东节度使石敬瑭为求契丹支持,将燕云十六州割让。北部的燕山山脉是传统农牧分界带,也是天然屏障。中原王朝从此难以抵御草原的南下侵扰,祸患延及后代。后周世宗时,曾与辽围绕燕云十六州争战,但未取得决定性成果。

北宋建国后,太祖定下"先南后北"方针,先攻灭南方诸国。太宗继位后,自谓继承皇兄遗志,先于北宋太平兴国三年(辽景宗保宁十年,978年)迫使福建、吴越纳土归降。次年,宋灭北汉,完成了传统中原地区的统一。收复燕云也是太宗的目标之一,他意图挟灭北汉之余威,攻打辽国,收回燕云十六州。灭北汉的同年,太宗诏令伐汉的宋军向辽进攻,并亲自抵达军中。宋军初期顺利,先后攻克易州、涿州,并围攻幽州(即辽南京)。辽军坚守不出,与宋军互有胜负。高粱河(在今北京市南部)之战,辽将耶律休哥突袭宋军,宋军本已连月作战,士气低落,无力抵御,只能败退。混乱中太宗与诸将失联,与近卫乘驴车南逃,中箭受伤,不久下令班师。宋辽第一次交战,因宋太宗指挥不当,以失败告终。

北宋太平兴国七年(辽乾亨四年,982年),辽景宗耶律贤南侵,在满城败退,同年景宗病故,12岁的长子耶律隆绪被拥立为帝(圣宗),国事由母萧绰(燕燕)、南院枢密使韩德让、耶律斜轸决断。太宗以辽孤儿寡母,主少国疑,认为有机可乘,遂于北宋雍熙三年(辽圣宗统和四年,986年)再对辽用兵。太宗集结诸位名将,命潘美、杨业出雁门(西路),田重进出飞狐(中路),曹彬、米信进兵雄州、霸州(东路),以东路

为主,最后合围幽州。辽以南京留守耶律休哥迎战曹彬,耶律斜轸战西路军,太后与圣宗坐镇幽州。起初宋军进展顺利,西路军连克寰州、朔州、应州、云州,东路军攻占涿州。但随即,东路军遭辽军断粮,曹彬不能约束诸将,退回雄州,重新进攻涿州。但此时耶律休哥率辽军阻击,曹彬军大败,狼狈撤退。辽军遂全力打击其余宋军,并攻占寰州、蔚州。西路军已退回代州,太宗见大势已去,命西路军掩护四州百姓南撤。杨业与监军王侁关于战略发生矛盾,被迫出击朔州,败退至陈家谷,潘美、王侁未如约来援,杨业力战被俘,绝食而死。曹彬、潘美等将回朝,都被贬官。此次北伐,宿将曹彬、潘美犯下低级失误,导致宋军两路皆败,三路合围幽州的战略无法实现。

两次大规模北伐失败后,宋开始"恐辽",对辽以防御为主,辽军则多次袭扰宋北境。北宋真宗景德元年(辽统和二十二年,1004 年)秋,辽军主动进攻,兵至黄河北岸的澶州(今河南濮阳市),直逼东京开封。朝议,几位宰相主张迁都,在宰相寇準的劝说下,真宗御驾亲征,来到前线督战,宋军击退辽军。次年十一月双方订立盟约,以巨马河(白沟河)为界(在今河北中北部、天津境内),罢兵休战;宋辽约为兄弟之国,宋为兄,尊辽萧太后为叔母;宋每年给辽"岁币"银 10 万两、绢 20 万匹;双方于边境设榷场,进行贸易。这次会盟史称"澶渊之盟",北宋虽是以金钱换取和平,但这个结果对宋辽双方均较为有利,双方都可以将重心转移至国内其他事务中。此后宋辽维持了 100 多年的相对和平。

金的崛起

女真族古称"肃慎""女直"等,属于东胡系统(一般认为与靺鞨有关),活动于黑龙江、松花江流域(也称黑水靺鞨)。由于地理原因,不同于草原游牧民族,以渔猎、畜牧为主。女真族长期以来是辽的臣属,定期向辽进贡方物。其中在西南部(大致在今吉林南部,辽宁、内蒙古东南部)编入户籍的称为"熟女真",在东北部(大致在今黑龙江、吉林北部、内蒙古东北部)未编入户籍的称为"生女真"。女真各部组成部落联盟,各部有部长(勃极烈),联盟有诸部长(都勃极烈),并实行同母兄弟相传,再传长兄之子的制度。联盟后期,完颜氏一直担任女真诸部长。

辽末期,皇帝荒淫暴虐,对生女真部落横征暴敛,据称尤其喜好女真擅长捕捉天鹅的特产大鹰"海东青"。特使来到,可谓"叫嚣乎东西,隳突乎南北",这使女真部落难以应付。北宋徽宗政和四年(辽天祚帝天庆四年,1114 年),女真都勃极烈完颜阿骨打在初步统一女真部落后,举兵反辽。并仿照中原制度,于次年称皇帝,是为金太祖。国号大金,年号收国(1115—1116),定都会宁府(上京,今黑龙江哈尔滨市阿城县)。

金建立后,逐步向辽发起进攻,声势浩大,攻克辽三京。北宋虽与辽保持百余年和平,但历代皇帝均以收复燕云十六州为梦想,希望完成祖宗未竟之业。此时,宋廷认为有机可乘,乃遣使与金会盟,约定共同灭辽,事成后燕云十六州归宋,宋将每年给辽的岁币转而给予金。由于金初建,目标仅在消灭辽国,且完颜阿骨打对中原大国仍有崇敬之心,便接受了海上之盟。但在合作过程中,北宋军事上的孱弱暴露无遗。灭辽以后,金已经成为大国,西夏等向金称臣纳贡。完颜阿骨打去世后,弟完颜吴乞买继位(太宗),与执政的女真贵族有了入主中原之意。北宋徽宗宣和七年(辽天祚帝保大五年,金太宗天会三年,1125 年),金灭辽,随即将目标转向北宋。此前北宋虽耗费巨资收回幽州,却无力守备。两年内,金先后侵占河东(今山西)、河北,直指宋东京开封府。北宋钦宗靖康二年(金天会五年,1127 年),金军侵入东京,掳走徽宗、钦宗及妃嫔、皇族数千人,返回上京,这就是"靖康之变"。徽、钦宗最终凄惨死于上京。南宋建立后,多次北伐,力图收复故土,互有胜败。经绍兴和议,宋金以大散关至淮河为界,形成南北对峙局面。

猛安谋克

猛安谋克最初是作为女真各部出猎、征战的编制,后渐渐成为常设军事组织:"金之初年,诸部之民无它徭役,壮者皆兵,平居则听以佃渔射猎习为劳事,有警则下令部内,及遣使诣诸孛堇征兵,凡步骑之仗糗皆取备焉。其部长曰孛堇,行兵则称曰猛安、谋克,从其多寡以为号,猛安者千夫长也,谋克者百夫长也。谋克之副曰蒲里衍,士卒之副从曰阿里喜。"完颜阿骨打以 300 户为一谋克,10 谋克为一猛安,并用此作为归附部众的名号。猛安谋克由此发展为女真社会的基层组织,兵农结合,并带有行政色彩。此后金人还将契丹、渤海、辽东汉人等都纳入猛安谋克。

太宗天会年间,金创立屯田军,将原女真的猛安谋克迁入中原,计口授田。南宋绍兴十年(金熙宗天眷三年,1140 年),熙宗下诏废除辽东汉人、渤海猛安谋克,全部分属州县。此后将猛安谋克按首领地位分三等,第一等为皇族,第二等为女真其他部族,第三等为契丹、渤海、汉人。为抑制女真贵族势力,完颜亮在位时期迁徙大批上京的猛安谋克入中原,并废除了三等制度(这也成为完颜亮后期北方部族叛乱的一个原因)。世宗时期,又陆续迁徙部分猛安谋克。南宋孝宗淳熙二年(金大定十五年,1175 年),世宗下诏再定猛安谋克户,每谋克不超过 300 户,七至十谋克为一猛安。

作为基层单位,猛安同防御州,高于刺史州;谋克同县,高于县,因为一般县令为从七品,赤县(金以中都下的宛平、大兴二县为赤县)令从六品,而谋克是从五品,与诸刺史州刺史同级。猛安与谋克均可世袭,作为征战、生产、收税的官员。猛安谋克户则可分得田地,据史料记载,每户最多可有牛 120 头,民(主奴)1 000 口,土地 176 顷。当然,获得土地耕种,也要承担义务,即纳税、服役等。金中后期,猛安谋克日渐腐化衰落,不再成为金赖以生存的军事编制。

猛安谋克制大致是金的地方基层制度,原先实行于女真旧地,作为并行于中原州县制的另一套女真特有制度。后来随着女真中原化,猛安谋克不习惯汉地的耕种,便沉湎酒乐,不事军务,逐渐衰落腐化,伴随着金的灭亡而解体。但是猛安谋克成为女真后裔清朝八旗制度的一大渊源,八旗制度即以此为基础发展而成。而金将契丹、渤海、辽东汉人编入猛安谋克的举措也被清朝仿效,建立满洲八旗以外的蒙古、汉军八旗。因此可以说猛安谋克作为女真军政、兵农合一的基层制度,兼有汉地编户齐民和女真军猎旧俗,意义重大。

大定之治

金太宗后,太祖孙完颜亶继位为熙宗,后被堂弟完颜亮所弑。完颜亮篡位后,暴躁荒淫,他南宋高宗绍兴三十一年(金正隆六年,1161 年)对南宋用兵,意图"立马吴山第一峰"。十月,金后方发生契丹部族的叛乱,时任东京留守的葛王完颜雍,也是太祖之孙,被支持者趁乱拥立为帝,是为金世宗,改元大定(1161—1189)。在江北前线的完颜亮闻讯,欲攻灭南宋后,再处理后方事务,于是下令渡江,兵进采石矶。南宋在中书舍人虞允文的指挥下奋力抵抗,金军战败。随即军中发生兵变,完颜亮被杀,金军遂溃退。十二月,世宗率军抵达中都,正式开启统治。

金世宗在位期间,针对政治、经济、军事、文化和外交各方面都作出了改变和优化,使金进入鼎盛时期,被誉为"小尧舜",其统治期间也被称为"大定之治"。

政治上,世宗对完颜亮势力进行安抚和拉拢,尽可能避免造成更大动荡,同时对北方契丹叛乱进行压制。在政局稳定以后,世宗开始进行改革。首先进行吏治改革,任人唯贤,并确立退休制度(六十致仕),对官员团队的办事能力、道德素质都有较大提高。第二,增加了宰相的数量。关于宰辅官员,金初仿宋制,世宗以尚书令、左右丞相和平章政事为宰相官,左右丞、参知政事为执政官,这样分散宰相权力,加强了皇权。第三,重视科举,南宋孝宗乾道二年(金大定六年,1166年)始置太学。

经济上,世宗鼓励农业生产,推行计口授田和通检推排制度,一定程度上使耕者有其田,赋税平均,缓和了社会矛盾。同时重视水利和手工业,崇尚节俭。这些举措使大定年间金的经济得以恢复和发展。

文化上,世宗坚持学习中原文化和保留女真文化并重的策略。早在熙宗和完颜亮时代,两位统治者都喜好中原文化,大力推崇,世宗基本沿袭。一方面,对中原汉文化一定程度上继续重视,包括尊儒、重用汉人等。在世宗的主导下,金境内汉文化迅速流行开来,皇太子完颜允恭更是热衷于此。但另一方面,世宗又害怕女真腐化堕落,沾染汉文化中耽于享乐的糟粕,失去女真旧风。于是大力提倡女真文化,严禁改汉姓、用汉服,于南宋乾道九年(金大定十三年,1173年)立女真太学和女真进士科,译儒家经典为女真文,同时倡导弓马骑射。虽然世宗竭力保留女真传统,但效果似乎不佳。太子倾心汉学,虽然早逝,但皇太孙完颜璟(继位为章宗)更甚,不仅喜好汉学,还书写瘦金体、热爱绘画,其统治期间(1190—1208)金彻底完成了汉化。

外交上,世宗对南宋先柔后刚,但始终保持克制。南宋在采石之战以后乘胜出兵攻占了海、泗、唐、邓、商、秦六州,并停止了对金岁贡。世宗初,为稳定内部政局无暇顾及,对此默许,并请南宋不追究完颜亮毁坏绍兴和约的过失,双方继续保持和平。后击退南宋隆兴北伐,宋金再次和谈,是为"隆兴和议"。和议取消了宋对金称臣的约定,改为叔侄相称,金为叔,将宋"岁贡"改为"岁币"。南宋方面则放弃采石之战后所占的六州,疆界回到绍兴和议后原状,补给金岁币;双方交还战俘。此后宋金又保持了几十年的和平。总体而言,金世宗对宋态度较之前代,是较为柔和的。

大蒙古国

蒙古,12 世纪末,游牧于蒙古草原上,分成大大小小诸多部落。其中势力较大的有克烈、乃蛮、蔑儿乞、札只剌、乞颜、塔塔儿等部。蒙古诸部长期处于分散状态,大多向金称臣附庸。金对蒙古一直不能放心,竭力打压。1162 年,乞颜部首领孛儿只斤·也速该得子,取名铁木真。1171 年也速该遭塔塔儿人毒死,部中遂发生动乱,铁木真与母亲、弟弟受尽苦难。1189 年成为乞颜部首领后,铁木真励精图治,使部落迅速强大。此后铁木真先后征服了塔塔儿、克烈、乃蛮诸部。蒙古在铁木真的征服下获得统一。

南宋宁宗开禧二年(金章宗泰和六年,1206 年),铁木真在斡难河全蒙古大会上被诸部拥为全蒙古可汗,尊号"成吉思汗"。其孙忽必烈建元朝以后,追尊铁木真为太祖。大蒙古国建立后,成吉思汗遂继续征战,剑指西、南。南宋嘉定四年(金卫绍王大安三年,1211 年)西辽灭亡,蒙古势力进入西域、中亚。当地另一大强权花剌子模成为蒙古下一个目标。花剌子模杀害蒙古使者,使成吉思汗有了进攻的口实。1220 年蒙古占领撒马尔罕。征服中亚以后,成吉思汗部将哲别、速不台等继续西征,翻越高加索山脉,在南俄草原作战。

同时,蒙古对昔日的宗主金展开攻势。蒙古先东取金上京、东京,占领东北地区。南宋嘉定八年(金宣宗贞祐三年,1215 年)中都失守,金宣宗南下开封。蒙古还对西夏用兵,从西北逐步侵占西夏领土,最后包围西夏首都中兴府(今宁夏银川市)。南宋理宗宝庆三年(金哀宗正大四年,西夏末主宝义元年,1227 年),成吉思汗病重,临终下令屠灭西夏。成吉思汗死后,蒙古军于六月攻克中兴府,西夏灭亡。

成吉思汗死后,幼子拖雷暂时监国,等待召开忽里台会议,选举大汗。次年,成吉思汗三子窝阔台继任大汗。蒙古继续攻占中原地区,金哀宗逃至蔡州(今河南驻马店市汝南县)。南宋端平元年(金天兴三年,1234 年)正月,蒙、宋联军攻蔡州,哀宗命宗室完颜承麟继位,后自缢而亡。史载,完颜承麟继位半时辰(一个小时左右),城破被杀,他是中国历史上在位时间最短的皇帝。金至此宣告灭亡。

窝阔台时期,蒙古军剿灭花剌子模残部,控制波斯东部部分地区。在成吉思汗孙拔都(长子术赤之次子)的统领下继续发动第二次西征,连破罗斯军队。1240 年攻克基辅,次年击败波兰匈牙利军队,但在维也纳战败。次年大军东返。蒙古还对高丽用兵,使之称臣。蒙哥在位时期,蒙古军第三次西征,由蒙哥三弟旭烈兀统帅,进兵西亚。1258 年攻克巴格达,阿拉伯阿拔斯王朝宣告灭亡。1260 年在艾因贾鲁特败于埃及马穆鲁克王朝。但蒙古击破了小亚细亚强权罗姆苏丹国,使得其附属奥斯曼得以崛起。

　　成吉思汗生前将蒙古征服果实分予诸子,长子术赤首先获得额尔齐斯河以西地区,拔都建立金帐汗国(又称钦察汗国),为罗斯各国的宗主。次子察合台得河中地区、天山西部,建立察合台汗国。三子窝阔台分得准噶尔、阿尔泰山西部,封窝阔台汗国。幼子拖雷获得蒙古本土,拖雷之子旭烈兀在波斯、西亚建立伊利汗国(或称伊尔汗国)。四大汗国名义上对蒙古本部行附庸义务,但实质上是各自独立的国家。蒙古的崛起和西征一定程度上影响了世界历史,在蒙古铁骑之下,东西方文化得到交流。但是蒙古征服中进行的屠城等行为,则成为被征服地区的灾难。

元朝建立与统一

　　蒙古对金作战时,南宋未尝吸取教训,如同百年前一样,与蒙古接触,约定联合灭金,河南地区归南宋。金亡未几,蒙古很快陷入汗位继承的争夺中。南宋理宗淳祐元年(1241 年),窝阔台酗酒暴亡,妻乃马真·脱列哥那摄政,策划将其子贵由立为大汗。南宋淳祐六年(1246 年),蒙古召开忽里台会议,以窝阔台长子贵由为汗。但未过多久,1249 年贵由又死,妻斡兀立·海迷失摄政,拖雷系与术赤系形成联合,拔都支持拖雷长子蒙哥。南宋淳祐十一年(1251 年)海迷失在斗争中被杀,窝阔台系全面失势,蒙哥任汗。蒙哥在位期间,对内清洗窝阔台系,建立自己的统治合法性。对外继续对宋进攻,在川蜀、荆湖一线久战不克。1254 年蒙古灭大理,制定从西南迂回侵宋的计划,多次从广西入境袭扰宋后方湖南乃至江西等地。南宋宝祐五年(1257 年)西川失守。

　　南宋开庆元年(1259 年)蒙哥在亲自围攻合州钓鱼城时暴死。关于蒙哥死因,历来众说纷纭,一说被石头击伤而死,一说感染瘟疫而死,还有认为与诸多蒙古贵族一样,因长期酗酒而死。蒙哥死后,蒙古再次发生汗位争夺。蒙哥并未指定继承人。

南宋景定元年(1260年)三月,忽必烈在汗八里(今北京)被推举为大汗,但七弟阿里不哥不服,同样称汗,得到金帐、察合台汗国的支持。忽必烈则利用自己在中原的经营和基础。五月,忽必烈始建年号中统(1260—1263年),以示自己是能够统治中国的贤君。双方爆发战争,南宋景定五年(1264年)阿里不哥力竭投降,被囚禁,几年后暴死,忽必烈成为唯一的大汗。同年改元至元(1264—1294年)。南宋度宗咸淳七年(1271年),忽必烈取《易经》中"大哉乾元"之意,改国号为"元"。并称皇帝,是为元世祖。建都汗八里,改称大都。元朝以此为标志正式建立。

忽必烈加紧对宋的进攻。南宋君臣依旧耽于享乐,南宋咸淳九年(1273年)苦守五年之久的襄阳失守,江南门户洞开。南宋恭帝德祐二年(1276年),元军进攻临安,恭帝年幼,太后谢氏决定投降。文天祥、陆秀夫、张世杰等不愿投降,率军南奔。五月,宋室诸臣在温州立度宗长子益王赵昰为帝,是为端宗,改元景炎。南宋政权在东南海上流亡。元军继续南侵,文天祥败于江西,退至广东,后被俘。流亡途中,南宋景炎三年(1278年)四月端宗崩,陆秀夫等又立端宗三弟广王赵昺为帝,改元祥兴,继续抵抗元朝。南宋祥兴二年(1279年),宋、元军交战于厓山,宋军失败。陆秀夫见国之将亡,不愿令小皇帝重蹈恭帝被俘之耻,乃背负赵昺投海自尽。随行的南宋大臣、军士乃至妇孺也纷纷投海,上演了中国历史上壮烈的一幕。张世杰率仅存的水军活动于广东沿海,仍为光复做努力,但遇风浪,战船倾覆,以身殉国。宋朝至此灭亡,元朝完成了统一中原的梦想。

时在元军中的文天祥作为俘虏,目睹了这悲壮的情景,难掩悲痛。元军主帅张弘范请其赋诗,文天祥便写下了著名诗篇《过零丁洋》:"辛苦遭逢起一经,干戈寥落四周星。山河破碎风飘絮,身世浮沉雨打萍。惶恐滩头说惶恐,零丁洋里叹零丁。人生自古谁无死?留取丹心照汗青!"表达了对自身抗元经历的追忆,对大宋衰亡、自己被俘的痛苦,以及坚决不降、天地可鉴的慷慨之情。后来文天祥被关押在大都,在狱中又留下了著名的《指南录》和《正气歌》,最后慷慨受刑,终不肯屈。

行省与驿站交通

元代的地方行政制度是行省制。中国的地方行政制度,自秦朝统一全国,实行郡县制以来,历代在郡县制的基础上,分别进行了调整和创新。汉初,刘邦鉴于秦不分封诸侯、孤立无援以及春秋战国、秦末分封的动乱的历史教训,实行郡县、封国双轨并行的制度。武帝时在郡县基础上,设十三州刺史。东汉中后期,州刺史渐渐成为一州的实际长官。此后,州郡县三级地方行政制度延续了数百年。三国两晋南北朝时期(220—589年),州制甚为混乱。隋统一全国后,进行精简省并,确立州县两级制度。炀帝时又改州为郡。唐初复立州县制。太宗时,按地理山川将全国划分为十道,监察诸州,后形成道州县的体系。唐中后期,内地广设节度使(又称藩镇、方镇),形成节度使、州、县三级。唐朝又将重要的州升为府,地位高于州。宋朝建立后,起初承唐制,立道州县,太宗时设路,承担转运、监察等任务。后形成路、府/州、县的格局。辽、金地方行政也与宋朝基本相同。

元朝统一后,中央最高机构为中书省,长官为左右丞相。地方上,则将中书省重臣"分派"到各处,成为"行中书省",统辖各区,后逐渐固定常设。行中书省一般也简称为"行省"或"省",全国除大都、河北、河东、山东、漠南地区,属"腹里",归中书省直辖外(因此这一地区通称中书省),其余地区分为十个行省,分别为辽阳、岭北、河南江北、江浙、江西、湖广、四川、云南、陕西、甘肃。行省长官为丞相或平章政事,职掌钱粮、兵备、漕运等军政事务,下为路或府,再下为散州或县。

中书省大致范围基本在黄河北岸(当时黄河夺淮河道,在今江苏境内入海),治所是大都路。辽阳行省,至元二十四年(1287年)设立,管辖女真旧地,治所为辽阳路。岭北行省基本上是蒙古旧地,管辖蒙古诸王,因此行政体制与中原不一。治所是和宁路(在今蒙古国哈尔和林)。河南江北行省,至元二十八年(1291年)设,大致包括黄河以南、长江以北的地区,治所为汴梁路(今河南开封市)。江浙行省,至元十三年(1276年)初设江淮行省,治所扬州路,二十二年(1285年)江北各路隶属河南,改称江浙,治所为杭州路。江西行省,至元十四年(1277年)设,次年并入福建,十七年(1280年)复设,治所为龙兴路(今南昌市)。湖广行省,至元十三年(1276年)设,十八年(1281年)改治所为武昌路(今武汉市)。四川行省,至元二十三年(1286年)设,治所是成都路。陕西行省,中统三年(1262年)设陕西四川行省,至元十八年四川分出(二十一年复合并),治所在奉元路(今西安市)。甘肃行省,至元二十三年设立,治所是甘州路(今甘肃张掖市)。云南行省,至元十一年(1274年)设,治所是中庆路(今昆明市)。吐蕃由中央管理宗教事务的宣政院管辖。元后期设立澎湖巡检

司主管澎湖、琉球(今台湾)事务。另有名义上的征东行省,由高丽国王任"丞相",实际由高丽自行统治。

元代行省既是中央派出机构,又是地方行政机构。各省划分时遵循"犬牙交错"的原则:虽然大致按地理区域划分,但往往互有增减,使各省均不能完整拥有该区域(如将汉中地带划归陕西、江北的汉阳府划归湖广等)。这样为了防止地方割据。行省制度是此后中国地方行政制度的一大模板。明初承袭,后因废中书省,将行省改为承宣布政司,一般依然称"省"。清代继续沿用"省"名,时至今日。

元朝修筑了四通八达的驿道,设立驿站(称站赤),"元制,站赤者,驿传之译名也。盖以通达边情,布宣号令,古人所谓置邮而传命,未有重于此者焉"。以大都为中心,设立路站、水站,遍布全国,统辖于中书省、通政院和兵部。驿站有驿令、提领等。派充站役的民户称站户。站役由中上户承担,其实多由贫下户充役。

户等制度与税收制度

宋代将全国的编户齐民分成主户与客户两大类,但与前朝的主户客户概念颇为不同。"客户"最早有私属之意,中唐后,主要指不在本贯的客籍户,而相对的主户即是本贯的土著户。实行两税法后,"以见居为簿"编户收税,强调资产的划分,让主客户的内涵开始改变,到了宋代就完全以有无地产,是否承担赋税分成主户、客户两类。

主户是占有土地,有常产,负担赋役的人户,约占总户数的三分之二,其中大部分是乡村主户,小部分为居住于城镇和草市的坊郭户。乡村主户依据土地资产分成五等,其中一、二、三等户称乡村上户,属于地主阶级,占总人口的6%至7%,却占有全国土地的50%至70%。四、五等户称为乡村下户,属农民阶级,多为自耕农与半自耕农,是国家赋税和徭役的主要承担者。坊郭主户分成十等,上五等为上户,下五等为下户,主要承担徭役并按户等缴纳宅税、地税及各种杂税。主户中还包括官户和形势户。官户一般指品官之家,拥有法定范围内的免役权。形势户一般包括官户、吏户和地方豪强人户,部分可以依法免役税,但当需要纳税服役时,他们又往往利用权势进行规避。

　　客户不占有土地,大多为佃农,靠租种地主土地生活,还包括居住于城镇的坊郭客户。客户一般不须向国家缴纳两税,但却要按契约向地主缴纳地租,此外他们还须缴纳不同名目的人头税,并承担徭役。主客户间并没有严格的界线,有一定的流动性,并且政府为了增加税收通常也鼓励客户通过购买地产的方式转化为主户。

　　宋代实现两税制,分夏秋两季交纳。夏税征收丝、绵、帛、大小麦、钱币等,秋税征收稻、粟、豆类等,夏钱秋米制征收一般位于南方。在征收数量上,各地情况不尽相同,为了均平税额,先后有王安石变法时推行的方田均税法,和朱熹主持的整理经界设想,但都没有太大效果。两税的负担主体名义上是全体主户,但主户中的上户、官户和形势户往往采用各种手段转移赋税,所以主户中的下户承担了绝大多数的赋税额。除了正常的两税外,宋代还有名目繁多的各种直接增税。如折纳、支移脚钱、加耗、助军米、撮课、改钞、斛面、畸零、预借等等,不一而足。

　　两税外,法定税目还有杂变之税、丁口赋的征收。杂变之税是沿纳征收前代的杂税;丁口赋是以丁为单位的人头税,在按资产定税的两税制下,这种征收方式是一种反动。

　　客户虽不用承担两税,但要负担各种名目的人头税和徭役。此外,客户还要向地主交纳地租,多为分成制实物地租,主要是对分制,也有四六分甚至三七分的。

　　宋代还有其他种类的税收,如商税,主要有住税和过税;市舶司的抽解,即关税;还有矿冶之课和各种专卖收入。

　　赋税之外,宋代还有徭役和差役的负担。力役原本在制定两税之初已计入两税中,但整个宋代仍时有征发,称之为"夫役"。岁有常役,则调春夫,非春时则调急夫,否则纳夫钱。夫役的承担者为丁男,服役的项目很杂,从各种工程的兴修到官员的迎送,都有征调。差役是指政府规定按照户等不同,轮流到官府中承担各项事务。名目有衙前、里正、户长、弓手、承符等等。差役起初是以上户充当,但要承担连带责任,如负责督催赋税的须代纳未收齐的;管理官物的,如有损耗须赔偿,因此这些负担差役的人往往被弄得倾家荡产。而官户和形势户有免差役的特权,有的上户也能通过将地产化整为零,将地产寄在寺院之下或诡称卖给了有特权的形势户来逃避差役,所以差役又多转移到下户身上。神宗实行免役法后,可以出钱免役、变差役为雇役,而原来不服差役的官户等也需要交纳助役钱。

　　辽朝的户口分为州县户、宫卫户、部族户、属国户、僧尼户等不同类型,又按照财

产多寡分成上中下三等。农业区的上中下三等中,上户是中上等地主,人数不多,但却拥有大量地产;中户又称自耕农,拥有自己的一小块土地,人数众多,承担着繁重的赋役;下户为佃农,没有自己的土地,靠租种地主的土地生活,需要向地主交租并承担政府摊派的差役。其他非农业区的人户也多按财产划为上中下三等,作为征发赋役的基本依据。

辽代的赋税制,分官田和私田。官田包括无主荒田和屯田,缴纳租税合一的田租。私田沿用中原王朝的两税制,又带有自身特色。课税除了依据田产的多寡之外,还要依据贵贱的等差,并优待贵族。其税制有相当大的随意性,各地有较大差异,但大体承袭中原王朝的两税制。编户以外还有投下户和二税户,要同时向国家和领主缴纳赋税,国家的是租,领主的是税。辽代还存在户丁税和工商税。徭役有一般徭役和兵役。一般徭役除了职役性质的各项名目外,更多的是因地制宜、役不以时的差役和杂役。早期的契丹族是兵民合一,在辽朝建立后,从军变成了一种纯粹的义务和苦役,男丁皆有应征从军的义务,且需自筹装备。

金代户口实际上可分成三大类,即州县户、猛安谋克户、乣户,乣户主要指金朝北境和西北境的诸游牧民族。金代以物力作为征派赋役的唯一标准,物力即财产,但统计的范围很广,除土地外还要计算屋舍、车马、积蓄、奴婢等。户口按物力可分为课役户和不课役户,课役户又可分成上中下三等。主要缴纳沿袭前代的两税,猛安谋克户则缴纳较轻的牛头税,此外还有面向所有课役户征收的物力钱。金同辽代一样存在二税户,也有各种工商之税。徭役制度也多类辽代,有一般徭役和兵役,主要按物力征调。

元代的户口可以按职业分成军户、民户、站户、匠户、灶户、儒户、宗教人户、打鹰房户等。元代的户等称为三等九甲制,按贫富的不同,主要指土地占有的多少,划分户等。共分为上中下三等,三等之中又分上中下三等,如上上、上中、上下。户等的记录文簿称鼠尾簿,除军户与匠户外,其他诸色户统一编在鼠尾簿中,作为科征赋役的标准。元朝的赋税有南北的不同,北方为税粮和课差,南方为两税制。北方的税粮除特殊户籍外,是按成丁人数纳的丁粮。税粮外一般有超过正额的附加税,由纳粮人运至指定地点,如出现应输远仓而输近仓的须纳脚钱,钱可以用粮来折纳。附加税与折纳大大加重了人民的负担。科差包括丝料和包银二项,征收对象主要是民户。丝料的交纳户中有一类特殊的系官五户丝户,其缴纳的丝料由官府按每五户二斤的比例,分给此类人户的封主,类似于辽、金的二税户。包银之外,后来还有称为俸钞的附加税。南方地区实行两税制,乃是纯粹的土地税,夏秋两次征收,以秋税为主,并同时有科差的存在。秋税是按田亩纳粮,普遍征收;夏税,征收实物的或折纳钱,但不是所有地区都要交纳。同时还收取各种名目的附加税。其他税收有专卖税、商税、市舶之税、杂税等。元朝的徭役有杂泛之劳与差役之别。杂泛之劳主要包括人夫与车牛两方面,征调的名目广泛,且无时间限制。元朝前期主要由民户承担,后来诸色户都要统一均摊。差役即是职役,与宋、金大致相同,承担者也经历了由民户到诸色户的扩大。

工商业与纸币

宋代的商业也有了前所未有的发展,在农业、手工业生产发展的基础上,有了两个维度上的进步,区域市场的发展是商业在广度的标志,而货币化则是在深度上的体现。在商品货币化经济的重大发展中,形成了商业资本和高利贷资本,对当时产生了巨大的影响。

农业的发展为工商的发展提供了基础,随着经济重心的南移,南部中国得到了进一步的开发。而水利设施的兴修、劳动工具的改进、优良品种的推广使得农业快速发展。同时经济作物的广泛种植,农村多种经营的实行,扩大了商品市场,并促进了相应手工业的发展。

手工业是经济中的重要部门。宋代的官私营手工业如矿冶业、纺织业、各种制造业、加工业等各部门,与前代相比,都获得了巨大的进步和发展。

矿冶业包括采掘业、金属冶金及与之相关的铸钱业、军工工业等不同部门。采掘业从技术到规模都有了极显著的提高,尤其是煤炭的大量开采和使用。金属冶金业高度发展,居于世界最高水平,冶铁有新发明的淋铜冶炼法,冶铜有硫酸铜炼铜法。铜铁之外,金、银、铅、锡的采掘冶炼也有了显著的增长。以此为基础的铸钱业和军工业获得了突飞猛进的发展,宋神宗元丰年间的年铸钱额有506万贯,是宋初的6倍多,是唐代的几十倍。军工业中,火药开始被广泛应用,制作火器,在战争中发挥了重要的作用。

　　纺织业,无论原料、种类、产品数量和质量,还是生产的规模、方式都有了明显的发展。丝麻纺织依然占据主导地位,尤其是丝织业在整个纺织业中居核心位置。丝织业的产量是唐代的数倍,且种类繁多技术水平高超,以轻、薄出名。丝麻以外,棉纺织业开始向长江流域发展也是值得注意的事情。与纺织业相关的染色业与衣、帽、鞋等制造业成为独立的专门化手工业部门。

　　宋代的各种制造业、加工业同样非常繁荣。以农产品为原料的粮食加工、榨糖、榨油,由于农业的发展,规模扩大,技术改进,开始成为独立的专门手工业部门。建筑营造方面,宋代亦有突出发展,喻皓为当时著名的工匠,有"国朝以来,木工一人而已"的称赞,著《木经》三卷传世。另有李诫撰的《将作营造法式》,至今仍为中国营造法式最有价值之著作。造船业的发展主要体现在航海大船的制造上,另外海船还使用先进的隔舱法来提高安全性。制瓷业在宋代发展到了新高峰,五大名窑"官汝哥钧定",各有特色,而江西景德镇吸收各家特长并加以改进,所产瓷器是宋代瓷器的杰出代表,景德镇也有了"瓷都"的美称。

　　造纸业与印刷业也获得了巨大的发展,从而推动宋代文化达到了封建社会的最高峰。纸的用途在宋代大大扩展,新增的用途如制作纸币,制作纸衣、纸被甚至是制作铠甲等。用途的广泛除了证明纸产量的多,更是其质量的体现。印刷业发展体现在活字的发明,布衣毕昇发明了活字印刷术,用胶泥制作活字,可以反复排版使用,改变了以前雕版印刷一版一印的方法,大大降低了成本,促进了宋代文化的传播。到南宋时,又有改进,能以锡制作活字。中国的活字印刷术比德国人古腾堡发明的早400余年。文化的繁荣又带动了笔墨砚等相关行业的发展,出现了一批专业的工匠。

　　宋代对交通运输也极为重视,有专门设置的各类递铺机构,在官道上还设有馆驿。海运方式开始出现。

　　在农业、手工业发展的基础上,宋代商业也空前繁荣起来,主要表现在国内市场、对外贸易等方面。国内市场有了飞跃式的发展,城市中坊市制度、城郭限制被打破,城市商业迅速发展。城市之外,以镇市和草市为代表的小市场也有了显著的发展。草市、镇市和城市一起构成多层次、网络状的地方市场,在此基础上,又逐渐形成区域性市场。宋代商业的繁荣还可以通过商税立法的细密来体现,宋朝的商税立法规定了税种和税率,规定任何人都无免税特权,对货币性质的金银铜钱也要收税,订立契约也要交税。宋代的对外贸易,主要有与周边少数民族的榷场贸易,与海外诸国的贸易。

工商业的发达,带动了交换媒介货币的发展。宋代的货币主流仍然是铜钱,其铸造量和流通量都很大;作为信用货币的纸币和有价证券,产生于宋代并得到很大的发展;同时贵金属货币白银在流通领域中的作用也越来越大。宋代产生了世界上最早的纸币交子,起初是由于川峡地区的铁钱笨重,难以大量携带,民间创办了交子这种信用货币。后来,政府在益州成立交子务,正式发行使用,官办交子以两年为一界,界满以旧换新。南宋时,又出现了东南会子、淮交和湖会等纸币。纸币的流通区域越来越广,在商品经济中的作用也越来越大,并在南宋成为主要货币。纸币作为一种信用货币,本身无价值,其购买力与流通量成反比,后期的大量发行,使得纸币购买力随之下降,步步贬值。

随着商品经济及货币资本的积累,人们日常生活与货币的关系越来越密切,对货币的需求越来越大,这就促使了宋代各阶层乃至国家,都将相当一部分的收入投到放债取利上,中国古代高利贷资本在宋代有了很大发展。

元代的手工业,多是对两宋时期的继承,但也出现了一些新内容。如棉纺织业的普及,黄道婆从崖州将先进的棉纺技术带回,首先在松江地区传播之后扩展至全国。木活字的发明是对印刷术的一大改进。

元代的商业也是在继承两宋的基础上继续发展。城市的复兴繁荣是最直观的体现,北方的大都和南方的杭州是当时全国最大的城市,为全国商业贸易的中心,也是国际贸易的重要集散地。元朝的海外贸易方面,设七市舶司管理,抽分比例较宋要稳定,另还有官府主持下的出海贸易。元朝的交通系统也有了较大发展,陆路上有四通八达的驿站、驿路网络;水运方面,改造大运河,使其变成以大都为中心,直通杭州的河道;海运漕粮开始成为国内运输的重要途径。

元代,取消了纸币流通中的地域限制,开始发行全国通用的纸币,称之为"钞"。

海外贸易

唐代以前,我国对外贸易主要是通过西北的陆路,就是历史上有名的"丝绸之

路"。到了宋代,由于经济重心南移,东南地区农业、手工业的发展和海上交通的进步,对外贸易重心转移到海上,同时由于宋朝政府的重视与鼓励,海外贸易迅速发展,规模之盛远超前代。东南海路贸易的繁荣和西北陆路贸易的衰弱,昭示着古代中国由头枕三河、面向西北的内陆国家,向依靠东南沿海,面向大洋的海洋国家的转变。

首先海外贸易的发展有其自身的内在原因。宋代最终完成了经济重心的南移,东南沿海地区经济充分发展,由传统的单一型种植经济向经济作物与相关手工业联动的多种经营发展,亦即由自然经济转向商品经济,成为出口商品的主要产地。商品经济寻求最大经济效益的本质,让其致力于扩大商品市场,海外市场尤其得到重视。这种外向型的经济发展倾向是海外贸易繁荣的内在原因。同时随着经济重心的南移,还有南宋的定都临安,导致进口品的主要消费也转移到东南沿海地区,这一区域商业的繁荣又额外促进了海外贸易的发展。

另外宋朝政府对海外贸易的支持鼓励也是发展的原因之一。首先是市舶司的建立完善,市舶司是古代管理海外交通和海外贸易的机构,最早建于唐代,宋代时在九个地方设有市舶司或市舶务。市舶司类似近代的海关,其中广州、明州、杭州三处合称"三司",是当时主要的贸易港口。宋朝政府为了发展海外贸易还采取了对蕃商"招诱安存"的方针。首先是派使臣往南洋诸国招徕外商,其次对已经来到中国的外商实行种种鼓励褒奖措施,如迎送制、补官褒奖、遇难拯救等。此外"招诱安存"的另一项重要政策是对蕃坊的有效管理,允许蕃商定居,允许其与中国通婚并建立蕃学负责教育,还有专门的蕃人墓地。宋朝政府的种种措施政策都对海外贸易的繁荣起了促进作用。

海外贸易的发展还通过以下几个方面体现。首先是海港的由点到线,由点到面的发展。东南沿海众多外贸港口,从南到北连成一线,大型海港有广州、泉州、明州等,北起淮南东海,中经杭州湾和福建福漳泉金三角,南到广州湾和琼州海峡的南宋海岸线上,外贸港口至少又有20来个之多,为历代之盛。还有就是港口不再是零星的点状分布,而是带有区域性的特点,大致有广南、福建、两浙三个自成体系的区域,各区域中港口大小并存,主次分明,相互补充,形成多层次结构。

其次,海外贸易范围大为扩展,从南洋、西洋,直至波斯湾、地中海和东非海岸。大致可分为四个地区:一是印支半岛和马来半岛,有交趾、占城、真腊;二是印度尼西亚群岛,有三佛齐;三是印度次大陆,有故临;四是位于波斯湾、阿拉伯半岛及其以西地区,有麻嘉、勿斯里。

再次就是进口蕃货以特产、原料、矿产等初级产品为主,输出商品以手工制成品为主,主要有瓷器、丝绸、书籍等。海外贸易不仅在范围上有扩大、出口商品数量上有增长,而且以高附加值产品交换低附加值的初级产品和原料,表明宋代海外贸易在发展程度上要高于周围的外贸伙伴,在外贸中处于强势地位。同时,中国商人和商船也逐渐取代波斯和阿拉伯等国的地位,成为中外贸易的主导力量。

另外就是造船技术和航海技术的发达。宋代的造船技术世界领先,如建造载重万斛的大海船,发明水密隔舱技术。而指南针、罗盘运用于航海,使得远洋航行更加可靠,总之种种技术都是为了海洋航行而产生,都体现着海外贸易的重要。

城市的发展

中国城市的起源与发展有着自己的特殊道路,它伴随着私有制的产生而产生的,是集消费与生产于一身的综合体。宋朝结束了五代十国的分裂割据局面,局部性地统一了中国,并在政治、军事、文化等方面进行了一系列的改革,农业、手工业都有了较大的进步,商业繁荣也超过前代。这些因素都推动了城市的发展,使其突破了传统城市封闭式的制度,内部结构也发生了改变,南宋更是出现了特大城市杭州。之后的元朝在完成大一统后,经济、文化都有了进一步的发展,中外交流的加强使城市发展进入了新阶段,元大都成为一个国际性的大都市。

中国传统的城市有坊市之分,坊为百官市民的居住区,市为商贾百工聚居的贸易区。到了宋代,坊市分离的格局已无法满足城市发展的需求,旧格局逐渐被打破,街衢上可以开设店铺,甚至连道路之上都被侵占开立店铺。同时,鸣鼓闭坊的制度被取消,时间的限制也不复存在了。内部坊市格局被打破的同时,还打破了城郭的限制。原本城外进行定期贸易的草市,随着店铺的建立也固定化了,成为新的固定贸易场所。许多新兴的城市即是从草市发展而来的,如南宋的鄂州(武昌),由城外的南市逐渐发展成能媲美建康的大都会。城郭限制的打破和坊市格局的消失,使商业活动更加普遍化,不再局限于一区一城,而是扩展到更广大的地区,建立起广泛的

商业联系。

城市的发展带来了诸多的变化,首先是城市人口的增加。北宋时的开封和南宋的临安人口都已在百万以上,而总的城市人户在宋神宗时约占到总户数的百分之十二。其次,由于人口的增加,城市管理制度也发生变化,由坊市制变为厢坊制,并将成为草市镇市的户口统一编入管理。然后是城市中商业的发展,表现为"行"的大量增加,从隋唐时的120行发展到南宋时的414行。其中包括各类手工作坊、商业行铺和服务性行业,而服务性行业非生产性的行业要大于生产性的行业,即消费大于生产,是我国古代城市的基本特点。

宋代,还存在着与乡村地区有密切联系的镇市和墟市。镇市与墟市的不同主要是镇市较为固定,而墟市即草市是有时间性的,它们是连接城市与乡村的中间环节。镇市和墟市又与城市一同构成多层次、网络状的地方市场,若干个地方市场又形成区域性的市场,代表着这一地区的特点。宋代主要的区域市场:以汴京为中心的北方市场;以东南六路为主、苏杭为中心的东南市场,这是宋代最重要的区域性市场;以成都府、梓州和兴元府为中心的蜀川诸路区域性市场;以永兴军、太原和秦州为支点的西北市场;北方和西北市场中政治因素的影响较大,政治能让城市迅速地发展繁荣。如汴京,北宋时作为京城,是当时最大的都市。北宋灭亡后,汴京繁华不再,南宋的都城临安成为最大的都市,而南宋灭亡后,元大都又迅速兴起成为国际化的大都市。

北宋时都城为汴梁,是古魏都大梁地,又因临汴河,遂名汴梁。自隋代以来,是东南物资北运的中继站。城内河道纵横,交通便利。主要河道有四,南曰蔡河,中曰汴河,东北有五丈河,西北有金水河,城中的工商业皆散集在诸河沿岸及桥边,熙熙攘攘十分繁荣。宋代画家张择端的《清明上河图》即是当时汴梁城的生活面貌。随着坊市制的崩溃,城市居民获得了前所未有的自由,城市生活变得丰富多彩起来,主要表现在早市与夜市的兴起。汴京城的早市数量多,遍布全城,且种类较多。如有找工作的劳动力市场,有粮食市场,还有勾栏瓦舍的早场演出,早餐售卖等,且时间也大为提早,多是天还没亮就开始了。更有特点的是夜市的兴起,传统农业社会日入而息的习惯开始改变。商家延续白天的经营,一般以酒楼、勾栏瓦舍为主,许多店铺和娱乐场所更是会昼夜经营,汴京俨然成了一座不夜之城。南宋的临安继承了汴京城市生活的特点,但更为繁荣。早市变得更早了,夜生活也更为丰富。宋代城市生活的特点是自由奢华,服饰华盛、饮食精细和住宅建筑考究是在物质方面,同时精神方面的文化娱乐活动也大为兴盛。如勾栏瓦子的文艺演出;相扑表演;传统节日的商业化活动,著名的有杭州的上元节灯会;各地不同的民俗活动,如杭州的钱塘观潮。另外,宋代城市中妓女行业是必不可少的组成部分,在使市民文化日益绚烂的同时,也让城市变得腐化堕落。

元代的城市以元大都为代表,在元朝统一全国后,作为都城的元大都,虽是新建的城市,但却是当时世界上规模最宏大、最壮丽的城市,以其雄伟华美而闻名世界。元大都作为政治中心,迅速发展,在建成后调来数十万的工匠定居,并通过河运和海运将大量粮食输入都城。元大都是当时国内、国际贸易的中心,是当时世界上商业最繁荣的城市,来自欧洲、中亚、非洲、日本、朝鲜的各族商人辐辏于大都城内。

宋朝经济重心的南移

中国古代的经济重心先是存在于以黄河中下游地区为代表的北方,随着社会生产力的发展和经济、政治、环境、国防形势的演变,经济重心开始由北向南迁移,最终在以长江中下游地区为代表的东南集结成一个新的经济重心,并取代黄河中下游地区的经济重心地位。这一经济重心南移经历了一个漫长的历史过程,最终在宋朝得以完成。

中国古代北方经济发展的总体趋势是曲折的,北方地区历来多战乱,而南方拥有相对稳定的社会环境等有利因素,所以南方经济发展的总趋势是持续较快的向前发展并较少曲折。南北两方的不同发展速率犹如两条不同斜率的直线,终于在宋代相交,南方追上并超过北方,最终完成经济重心的由北向南转移。

首先是人口的迁移,宋金对峙时期,北方人民大量南迁,靖康之乱后更是出现第3次南迁高潮,前两次高潮是永嘉之乱和安史之乱。大量北方移民的迁入,对南方经济发展起了巨大作用,南方开发进入新阶段,而北方由于人口流失和战乱而发展缓慢。

南方农业的发展,构成南方经济的基础。首先,垦田数字在不断地上升,在北方流亡人口南下与政府鼓励垦荒的政策下,南方的土地得到充分的开发。不同自然条

件的地区各自发展出独具特点的耕地类型,如湖滨之地被修成圩田;丘陵、山区有梯田;在盐碱地,则有淤田,通过放淤改造原来不适宜耕种的土地。对土地的充分开发让南方耕地面积持续增长,同时对水利建设的重视也使得大片土地得到灌溉。这些水利工程除了修复原有的设施外,还兴修了不少新的工程,如四川眉山的通济堰、淮东的绍熙堰、明州广德湖,还有太湖流域的水利灌溉系统。"苏湖熟,天下足"的谚语流传天下,也使南方农业的发展更加直观。

农业生产工具和生产技术也以南方江浙一带最为先进。利于水田使用的曲辕犁、踏犁和犁刀,灌溉用的水力筒车、脚踏内翻车,秧马、耘荡等新式农具,这些适宜水田劳作的生产工具让农业生产效率大大提高。南方耕地多是水田,粮食作物主要是水稻,对优良品种如占城稻的引进、改良和推广,促使南方早晚稻系列的形成,及单熟制向多熟制的过渡,两作制亦即双季稻、稻麦连作等方式的得以推广。人口的增加让单位面积的精耕细作水平得以提升,表现在南方单位面积的产量大于北方。先进的劳动工具、人与地的充分结合与地尽其力的生产方式也让南方的农业生产效率高于北方。

除了粮食作物外,经济作物种植也是南方多于北方。棉花的种植已从两广、福建扩大到长江流域,其他如茶树、桑树、苎麻、甘蔗等经济作物的种植也扩大了规模。当农产品成为商品进入交换领域,一是扩大了市场,二是带动了以这些农产品为原料的手工业的发展,如丝织、制茶、榨糖等行业的繁荣。而随着市场的发展扩大,也必然带动其他手工行业,如制盐、冶铁、制瓷等行业的发展。此外,南方各手工业的生产技术、规模等也有了较大提高。丝织业在苏杭成都的官营织锦院,有工匠数千人,形成比较细致的分工,产量高且精美;棉纺织业迅速发展成熟;制瓷业以后来居上的"瓷都"景德镇为代表。同时南方的传统优势项目造船业进一步发展,技术居世界前列,远洋船舶与内湖船舶都有了长足的发展。而造纸业主要集中在南方,各地根据原料的不同生产出独具自身特点的纸张,如江西的藤纸、浙东的竹纸、徽州的龙须纸、平江府的春膏纸,造纸的工艺也有了较大进步。而造纸业的发达也带动了印刷业的进步,杭州、成都和福建的建阳是当时印刷业集中的地区。可见南方的文化行业较兴盛,这也是经济发达的一面体现。

手工业的发展给商业活动提供了基础,在北方开封等城市明显衰落,商品经济遭到破坏后,南方的商品经济却在继续发展。商业的发展带动了城市的兴起,宋代的城市多集中在长江沿线与沿海还有西南的四川等地区。首都临安更是为当时世界之冠的大都市,内外人口一百二三十万,超过了北方的开封,商业兴盛可谓空前,如《梦粱录》所描写的"万物所聚,诸行百市,自和宁门杈子外至观桥下,无一家不买卖者"。其他城市如建康、江陵、扬州,西南四川的城市,以海外贸易兴起的港口城市广州、泉州、明州,多集中在南方,可以看出整个南方的商品经济和市场的重要性。

元朝南北差距的扩大

经济重心南移后,南方经济超过北方。蒙古的统一对北方造成较大的破坏,相反地,对南宋的攻占所造成的破坏程度则是较小的。这就使得原来已明显呈现的南北经济文化的差异,在距离上更为拉远了。

首先在最基本的人口方面,南方远高于北方,且北方人口有不断南流的趋势,明白显示了南北方经济文化的差距增大。在赋税方面,南方仅江浙、江西、湖广三省的税粮就占到总计的 53.7%,每年通过运河和海运送至大都的粮食高达 830 万石,多半来自江南地区。有关金、银、税钞的收入也绝大部分是由江南地区来承担。通过分析《元史·食货志》的记载,可知除两淮的盐课外,其他赋入主要来自南方各地,体现了南北间经济发展上的巨大差距。元朝学校的兴办相当普遍,但在地域分布上,江南地区远多于北方。

元代,北方的农业在经战乱后逐渐恢复,而江南则在宋代发展的基础上继续前进。垦田上通过多种方式与水争田,如围田、柜田、架田、涂田、沙田,在丘陵地区则开垦梯田。在水利兴修上,南方的数量远高于北方,充分反映了南方农业生产远比北方发达。在粮食作物上,南方主要是稻、麦,且稻麦二收已相当普遍;而北方主要种植麦、粟,一般北方的亩产要低于南方。

手工业方面,元代实现诸色人等各有定籍的管理办法,从事一般手工业生产的工匠都被列入匠户,称"系官匠人",由官府统一管理。所以元代的手工业以官府手工业为主,民间手工业的恢复发展非常缓慢。主要的发展是棉纺织业,黄道婆到崖州学习带回新进的棉纺技术,棉纺织业开始发展壮大,松江地区也成为棉纺织业的中心,并带动了江南地区一大批小镇的发展。

宋末元初,南方所遭的战乱较少,城市经济未受到太大的破坏,到了元中期,南方城市的整体发展水平远超北方。杭州承南宋之余势保持着南方最大工商城市的地位。元代杭州的手工业相当发达,是南方的丝织业和棉纺织业的中心,尤其是民间丝织业的发展,已经出现了资本主义萌芽。杭州的手工业分 12 种大行业,每行从业者达 12 万户,每户雇工 10 至 40 人不等;商业也相当繁盛,城内设有十个大型市场,市场四周有高楼环绕,下层是店铺,上层是娱乐场所。同时由于海运和运河交通的发展,一批新的商业城市迅速成长了起来,如昆山、张家港、上海等。元代的外贸港口主要集中在东南沿海,主要港口城市有泉州、庆元(宁波)、上海、澉浦、广州、杭州、温州,并在这七处设有市舶司。泉州港是元代最大的贸易港,对外的主要门户。此外另有一批城市如镇江、江阴、福州等也由于对外贸易而得到发展。

家族制度的变化

中国古代的家族也称宗族,这是由同一位男性祖先的若干代子孙汇集聚居,按照一定规范,以血缘为纽带结合而成的一种特殊社会组织。中国家族制度的发展演变在历史上经历了 3 个阶段,先秦时期为宗法制家族;魏晋至唐为门阀家族,也称世家大族式家族;中唐以后,随着门阀世族的消亡以及界定姓氏贵贱的官修谱牒散佚不存,门阀制家族逐渐瓦解,至宋代,代之而起的是普通官僚及平民家族,一般称之为宗族制家族,或族权制家族。自此,中国的家族制度进入了一个新阶段。

宋代的家族大致有两种类型:其一为累世同居的大家族组织。形式为同一祖先的子孙数代同堂,同居共财,合爨而食。此类家族虽属少数,但朝廷往往给予鼓励和表彰,或免其杂课,或免其徭役,或贷以粟米,以“旌表门闾”。其二为聚族而居的宗族组织。形式为分裂成个体小家庭的多代族人,聚居于一个村落或邻近几个村落,组成宗族。宗族首领为族长,由他主持同族的祖先祭祀,处理日常事务。组内有严密的组织系统,有严格的宗族规范和族权统治,但每个小家庭在经济上是独立的。此类家族为数众多,是宋代以来家族制度的主流。

宋代家族形成的关键时期在唐末五代至北宋时期,这一时期中,世家大族式家族组织彻底瓦解,另外形成了以祠堂、家谱和族田为主要特征的新型家族制度。祠堂是家族的象征,供设祖先的神主,是族人祭祀祖先的场所。此外,祠堂还是宣讲封建礼法、讨论族内事务、处理族内民刑案件的地方。

家谱也称族谱、宗谱、世谱、家系、家乘等。魏晋至隋唐的谱牒主要为官修,是门阀世族炫耀门第及选官、婚配的依据。宋代家谱均为私修,是家族的档案、经典、法规,也是家族的组织标志。家谱的内容包括本族的世系源流、子嗣系统、婚配关系、祖宗墓地、公产义田、族规家法等,主要作用是明确本族的血缘关系,避免因年代久远、流徙分化等原因造成家族的瓦解。

族田,又称公田,包括祭田、义田、学田等。族田的收入,用来开支家族活动的各项费用,举办公共事业,救济贫困族人,是家族制度赖以生存的物质基础。族田的设置最早见于记载的是北宋范仲淹在平江设立的义田或称义庄,此后家族购置族田的风气就盛行起来了。

家族实行严格的祠堂族长族权的统治。族长的权力主要有主持祭祀权、管理族田收入之权、主持分家及财产继承和过户的权利以及处理族内案件的初级裁判权。其中族长的初级裁判权是由家族法规明确规定,封建国法予以默许的。

宋代的家族组织在基层社会起着举足轻重的作用。血缘纽带将分散的个体家族凝聚起来,通过祖先崇拜、礼法规范、伦理道德等手段,促进族人之间的和谐,有效地稳定了基层社会的秩序。家族所具有的仲裁职能,使族内的民事纠纷获得平息和解决,因贫富分化造成的阶级矛盾,也在尊祖睦族的温情脉脉中得以缓和。家族内部在经济上的赈济与互助,弥补了个体家庭的缺陷,有助于人们抵御灾害,缓解所遭受的痛楚。家族的作用还为国家政权所利用,基层行政机构往往是在与家族组织协调、合作的过程中,完成其行政职能。

身份制度

农民阶级中客户概念有了变化,唐代的客户指移徙异乡,脱离户籍的"浮户",他们没有独立户籍,是对地主有严格人身依附关系的荫庇户。而宋代的客户则编入国家户籍,是没有田产、不纳两税的佃农,人身依附减弱,有了迁移的自由。宋代客户与地主间的关系是以契约为保证的,双方都有选择的权利。主客户间并没有严格的

界线,有一定的流动性,并且政府为了增加税收通常也鼓励客户通过购买地产等方式转化为主户。

手工业人即工匠的身份地位也出现了改变。宋代的官营手工业中,官奴婢之类的"贱民"已经消失,代之以从民间招募来的厢军中的工匠即兵匠,他们实际上是受雇于国家而终身工作的工匠。官营手工业一般不再无偿征调民间工匠服役,而是采用一种新的介于征调和雇募间的方式——差雇,即将工匠编籍轮差但会给予一定报酬。有时,也会采用"和雇"民匠的方式,即双方自愿的雇佣制。

宋代的家内服役者主要是受雇用的劳动者"人力"和"女使",不同于唐代的主要由奴婢承担。宋代仍有奴婢,但已经不存在将大批罪犯及其子女没官为奴的制度。服役者仍称奴婢,但奴婢与雇主间订有雇佣契约,为雇佣关系,这标志着其身份地位的提高。

地主阶级中,官僚地主兴起。魏晋以来的门阀士族消失,社会上门第观念淡薄,不再存在士庶地主之别,作为地主阶级主要组成部分的各级官僚,统称为官僚地主。他们与农民一样被编入户籍,在法律和习惯上一般把品官之家称为"官户"。官户需要承担两税和额外的附加税,能依法免除差役和夫役,但在神宗变法后,也须缴纳助役钱。

官僚的组成上科举出身所占的比例增加,科举取士"不问阀阅",使大量"平民"进入官僚系统,虽然还存在着恩荫制,但进士出身者名位高,升迁快,远非恩荫入仕者能比。同时官僚能累世为官的为数不多,普遍是三世而衰。

元代,将被征服的民族一概按职业划定户计,世袭罔替,并按照职业户计为官府提供劳役。元代出现的这种全民服役,意味着百姓对官府人身依附关系的再度恶化,与唐宋以来"农民脱离贵族或国家的束缚"格格不入,无疑是一股逆流。元朝时,包括草原封国、中原食邑和投下私属等内容的分封制度,又死灰复燃,与其关联的贵族议政、巨额赏赐等也长期遗留。金朝就有不少贵族将俘获人口抑为奴婢,以供驱使,名为驱口,还有放免奴隶充当驱军的。金朝带回奴隶制是一种倒退,元朝灭金及南宋时掠民为驱口的现象依然存在。法律上驱口属于贱人,可任意买卖,可支配其婚姻。元统一后,分封制和驱口制得到部分改造或限制,但仍有残存。元代庞大的官营手工业,以机构重叠效益低下著称,妨碍了两宋以来私营手工业的发展。同时元朝北方的税粮与课差的征税法是对租庸调制的逆回。在政治上,儒学和儒生被边缘化,科举迟迟不开,上升途径被关闭,君臣关系中主奴化色彩加重。这些都是元对两宋以来发展的逆转倒退。

朱熹《四书集注》

朱熹,南宋徽州婺源人。字元晦,一字仲晦,号晦庵,死后追谥"文",世称朱文公。宋高宗绍兴十八年(1148年)中进士,是南宋集理学之大成的思想家和教育家,在理学的发展史上占有重要的地位。他受业于程颢程颐兄弟的三传弟子李侗,在继承二程理学思想的同时,兼采周敦颐、张载等人学说,构建起自己完整的理学体系。这个体系以"太极"为宇宙的本源,其中包括了不可分的"理"和"气",要寻到这一"理",就要通过"格物致知"的治学方法。

朱熹哲学体系的成功构建,离不开对儒家经典的注释。为了复兴儒学,宋儒在传统的《五经》之外发掘新的学术依据。二程尤其重视《大学》《论语》《孟子》《中庸》,第一次将其并列提出。南宋时期,随着对心性问题的探讨进一步深入,以陆九渊为代表的象山学派和以朱熹为代表的考亭学派都从不同角度对这四书进行了阐释和发挥。朱熹一生勤于治学著述,《四书章句集注》(简称《四书集注》)就是他的代表作之一。

《四书集注》是对这四部儒家经典的注释集,包括《大学章句》1卷、《中庸章句》1卷、《论语集注》10卷、《孟子集注》7卷,于绍熙元年(1190年)在漳州刊出,此时的朱熹已经年过花甲。注释抛开了汉唐以来囿于章句的风气,重视对义理的发掘和阐释。而为了使文献材料更符合自己的思想体系,朱熹对于《大学》中的部分篇目和内容更是进行了修改和补写。全书于天理、人性、格物致知、道统等问题和政治教育等方面阐发得尤为详细,构造出具有整体系统性的《四书》学体系。在"理""性""知"等哲学范畴上,他通过对文献语言的训诂和解释,提出将客观和主观世界连接起来的方法。这就是立足主体的思维认知形式,以"格物致知"为中介,进而与万物之理相接。在道统论上,因为构建了新经典体系,儒家道统人物的谱系便自然地在学术上有了可以依托的根基,宋学的道统论至此真正得到了完成。这种将实践体验和文献语言结合,对经典进行诠释的方法,使得朱熹在最高思想形态上完成了儒家人文

信仰。

南宋政权覆灭，汉族文明的知识和思想却没有随之一起消散，理学反而在历史的进程中以一种出乎意料的方式完成了它的制度化，实现了向政治权力话语的转变。元仁宗延祐二年(1315年)恢复科举，《四书》是首要的考试科目，《四书集注》被"悬为令甲"，成了官方所定的考试教材版本。明清时期，科举制度臻于完善和常规化，规定在阐述《四书》义理时，必须根据《四书集注》，否则不予录取。一代代士人为求取功名，便孜孜不倦地研习《四书集注》。这说明，经精密编排后的《四书集注》满足了封建王朝统治者对于维护统治和统一思想的需要。

宋词

宋词是宋朝盛行的一种文学体裁，通常由两阕长短不一的句子组成，可以合着音乐歌唱，又被称为曲子词、长短句、诗余等。隋唐之际，在宫廷和民间宴会上出现了配合享乐情境的燕乐，燕乐乐曲的繁衍为词的出现提供了前提。唐朝时，少数民族与汉族的音乐结合，乐曲数量大大增加，先出现了选词以配乐的"声诗"，但因为其多为格律整齐的五七言诗，词与曲子的节拍和曲调不能很好地配合。自然地，句子长短不一，音调起伏有致的曲子词渐渐代替了声诗来配乐演唱，历经五代，至宋朝达到巅峰。燕乐本就多来自少数民族或土风歌谣，在词初起时，乐工伶人又在其传播中起到了重要的作用，因此，词天然便具有俚俗浅易、易于传唱的特性。

在填词时，宋词的字数和韵律等格式由它的词牌名决定，常见的词牌名有《菩萨蛮》《如梦令》《卜算子》《念奴娇》《满江红》等。按照写作风格的不同，宋词又可以分为婉约派和豪放派。

婉约派词结构缜密，语言或清新或绮丽，具有柔婉之美。北宋的婉约词首推柳永，他戏谑自己"奉旨填词"，用赋陈之法作慢词，又多创调，创作的词雅俗共赏。"今宵酒醒何处？杨柳岸，晓风残月"，"衣带渐宽终不悔，为伊消得人憔悴"等名句，市井之人与文人都赞许不已。他的词甚至远传西夏，"凡有井水处，即能歌柳词"。两宋之交，有李清照为婉约派翘楚。她的词以靖康之乱为分界，前期多描写女性的敏感心思，"知否，知否，应是绿肥红瘦"，读来委婉动人。后期感于世乱，常有抒发悲怀如"寻寻觅觅,冷冷清清,凄凄惨惨戚戚"之语,个人的情感与时代的悲剧交织难分。

起于民间的身世,配上适合于反复吟咏的体裁样式,使得宋词的题材多集中在伤春悲秋和风花雪月等方面。对此做出革新的是北宋文坛的苏东坡,宋词中的豪放一派也由之形成。苏轼对词做出的改革,可以概括为"以诗入词"。常言道,诗言志,词言情,这是两种文学体裁在抒情上的显要区别。苏轼作词,内容上不限于儿女情长,将其所见天地万物之性灵旨趣描陈纸上,古往今来之英雄气概尽收词阕,宋词之境界为之一开。"会挽雕弓如满月,西北望,射天狼""大江东去,浪淘尽,千古风流人物",胸怀是何等广阔空前。苏轼的豪放来自他的性格与阅历,而南宋词人辛弃疾的豪放则来自他一腔热烈的爱国之情。面临中原的沦陷和金人的南犯,辛弃疾组织义军进行抵抗,写下了许多表达光复河山之愿的词作,令人与他一同"醉里挑灯看剑,梦回吹角连营"。

词在宋朝趋于鼎盛,北宋时词调大盛,南宋时词的创作已非常成熟。可是凡物盛极必衰,南宋词的成就虽然有目共睹,在词调的发展上却出现了呆滞现象。这一方面是因为出现了新的乐种、曲种、剧种,词曲失去了音乐文艺的中心地位,另一方面,南宋的词注重雅俗之辨,在格律上也日益讲究定式,与民间新声追求自由变化的趋势正相反。而且,宋词就本身来说,是与音乐离不开的,正是和乐曲结合后的这种"活的艺术"的形式,使它拥有了传播的活力。南宋时的词,却渐渐脱离了和音乐的有机联系,逐步转变为文人案头的纸面文字。这一切的变化,可以看到,作为宋朝代表性文学形式的宋词在南宋失去了其大众化与娱乐性上的优势,最终在社会上让位于新起的元曲和杂剧。

元曲

元曲是盛行于元朝的一种文艺形式,包括杂剧和散曲两类文体,常与唐诗、宋词、明清小说并列,是中国文学艺术的瑰宝之一。元杂剧专为舞台演出而作,由套数组成,间杂以宾白和科范,剧本通常由四折构成,有时会加上楔子,是合动作、言语和歌唱为一体的艺术形式。散曲没有动作和说白,有三种基本的类型:小令、套数和介

于两者之间的带过曲。散曲在篇幅上较杂剧少上许多,不能用来作舞台表演,只供清唱吟咏,与词有相似之处。不论是杂剧还是散曲,都有宫调和词牌名。宫调决定调式和风格,词牌名规定作品的字数、韵律和平仄等格式。

两宋时期,北方少数民族发展迅速,建立了属于自己的政权,他们与中原王朝的接触,使得不同民族的文化得到接触与交流,为新的文艺灵感的出现提供了条件。与南宋划界而治的金朝,在本民族的基础上吸取了宋朝的词曲和杂剧文化,出现了被称为诸宫调的说唱文学和金院本的舞台艺术。与此同时,蒙古族也在草原兴起,依靠强大的军事实力打败了金朝的统治者,得到了北方地区。蒙古族本就是热爱歌舞的民族,豪放的天性为草原艺术带来了开放活泼的特点。两者结合之下,便产生了元曲这一带有明显时代特征的戏曲形式。元曲以北曲为基础,本流行于北方,以大都(今北京)为中心。崖山海战(1279年)后,南宋政权彻底溃败,中国迈入元朝统治的时期,南方戏曲因此也受到了影响。偏安一隅的日子虽然不能再现,蒙古文化与儒家经典文化的碰撞却给通俗艺术带来了新的气象。

俗文化的发展当然是元曲得以蓬勃发展的土壤,而元朝统治下文人的心态转变,则提高了元曲的思想境界。蒙古政权实行四等人制,对汉人和南人有歧视之意,又甚为轻视儒学,停废科举达81年之久(1234—1315),无数读书人感到仕进无门,"学而优则仕"的理想没有实现的途径,便转而过起了隐逸的生活。理想破灭,元朝统治中的贪污腐败更让他们对黑暗的现实产生不满,然而恰恰又是这些当权者,对文化采用相对宽松的态度,对于文艺作品中的讽刺性话语不那么敏感,这与明清时的文字狱是很不一样的。在这看起来有些相悖的两个情境中,元朝的文人创造出一种"浪子—隐逸—斗士"文化。正因如此,元曲在赞美人性、张扬个性和揭露黑暗各方面,都表现出奇绝的文化特质。对爱情的大胆追求,对社会黑暗面的无畏控诉,都能在元曲作品中得到直观的感受。

元曲有"四大家"的说法,指的是关汉卿、马致远、白朴和郑光祖,代表作分别有《窦娥冤》《汉宫秋》《梧桐雨》《倩女离魂》等。各个作家的作品虽然内容不同,但在通俗易懂的语言之中,一般都能见到浓墨重彩的人物和丰满曲折的故事情节,除了一种浑然的自然美以外,更令人觉出"情畅""事畅""语畅"的酣畅之感。

元曲直接影响了明清戏曲的文体演变和创作风尚,出现了"宗元观念",为我国戏曲的演进和繁荣作出了巨大的贡献。

白话小说

宋朝以前,中国的传统文学都是用文言文写成的,创作和阅读者一般也都是有文化的士人。小说一词虽然很早就出现,但一直被认为只是琐碎的小道理,在文学领域不占有多么重要的地位。历经几百年的积累沉淀,小说在唐朝已经初具规模,但对如今我们熟知的白话小说发展产生重大影响的,还要数宋元时期的话本小说。正如鲁迅所说,宋元话本的出现,"实在是小说史上的一大变迁",为小说开创了一个新的局面。

这种用通俗白话写成的小说,其渊源可以追溯到唐朝时佛教寺院的俗讲和变文。佛教在传入中国之后,非常重视争取普罗大众的信仰和供奉,但普通百姓文化水平比较低,很难用对僧侣讲经的方式来向他们弘法,于是佛门便有了俗讲这一宣讲方式。为了引起民众的兴趣,俗讲的内容也多撷取佛经中离奇曲折的故事来增加趣味性,而俗讲的文本,就是"变文"。中唐以后,俗讲和变文发生了若干显著的变化,表演者从僧人扩大到民间艺人,表演对象从信众扩大到庶民,表演内容从佛教题材扩大到世俗题材。这些具有浓厚庶民色彩的转变,也推动着本土的说话艺术从宫廷走向民间。

说话是一种说唱形式的伎艺,原本没有独立的表演场所,但在唐宋之间多方面变革的影响下,在宋朝发展得十分兴盛。唐代灭亡后,坊市制也随之崩溃,在北宋变为当街开门、种树掘井的新的街道制度。商店的设立不再受限,大大促进了商业的发展。商品经济的发展又使得社会生活更加世俗化,市民阶层因此崛起,要求满足他们精神需求的娱乐活动。正是在这样的背景下,城市中出现了专门的娱乐场所——勾栏、瓦子。在勾栏瓦舍中,日复一日地上演着各种歌舞和说唱表演,说话就是其中一种很受欢迎的节目。宋元时期的说话艺人主要吸收了俗讲的体式和题材,又因为多要通过口头讲唱来传播市井间的故事,所以采用了白话作为表达工具。

说话的底本,作为一种文学形式,即是话本小说。话本小说的出现,标志着中国古代白话小说的正式形成。结构上,宋元话本小说一般由入话(头回)、正话和篇尾等部分构成。话本由诗词或故事引入,讲述完一个故事后,以收场诗或结束语作为

结束。宋元白话小说一般通过想象,将构建在现实基础上的故事塑造出传奇色彩,并通过生动丰富的语言描绘人物和情节,迎合了市民阶层的审美意趣。

宋朝以后,贵族政治没落,平民文化崛起,文学也在俗和雅的交融中有了新气象。白话小说产生于北宋,是通俗文化的代表之一。元朝杂剧艺术繁荣,白话小说在宋代的基础上没有太大发展,演进之迹多表现在长篇小说方面。总观宋元时期,话本代表作有《快嘴李翠莲》《错斩崔宁》《碾玉观音》等。宋元白话小说的发展,对明清白话小说和戏曲都有直接的影响。

书画

华夏传统的书画艺术,历经千年的继承与发展,在辽宋夏金元时期,迎来了新的变化。在重文轻武的社会风气、城市文化的崛起和统治阶级的推崇等因素的共同影响下,此时的书画一改唐朝工于表现技法的取向,转而追求意境和情态的传达,直接影响了后世的书画创作和审美取向。

清代书法家梁巘曾说:"晋人尚韵,唐人尚法,宋人尚意,元、明尚态。"北宋书法家向来以苏轼、黄庭坚、米芾、蔡襄并称。他们的书体虽然有行书、楷书、草书的不同,但在形神问题上都有相似的看法。苏轼提出"意造"主张,黄庭坚突出强调"韵"这一字,米芾特别注重书法的"趣",都是反对刻意,提倡率意,以书法来抒情言志、宣泄胸臆。说到北宋时期的著名书法家,不得不提的还有宋徽宗赵佶。宋徽宗是个失败的政治家,却是个成功的书画家,他开创了书法中的"瘦金体",字体瘦直挺拔,风格独特。南宋的书坛整体平淡,行书成就比较高,影响力较大的有赵构、陆游、范成大等人。

元代最著名的书法家要数赵孟頫。他是宋朝皇室后裔,在南宋覆灭后出仕元朝,是一位精通诗、书、画的全才。赵孟頫主张复古,要向晋朝书法大师学习,所写的行书和楷书都非常温和典雅、四平八稳。他的书法成就和观念深深影响了同时代和之后的不少名家。

绘画方面,宋代画坛很重要的一个现象是院体画和文人画的对峙。"院体画"一般指宋代翰林图画院及其后的宫廷画家所作的比较工致的绘画,风格华丽细腻。

"文人画"是士大夫所作绘画,他们都有深厚的文化修养,强调个人主观情趣在画中的表现。这一时期,职业的民间画家也开始出现,推动了书画艺术的商品化。从题材上来说,宋代绘画大致可分为山水、花鸟和人物三类。北宋的山水画多以全景构图来表现山川林木,南宋的马远和夏圭则开创了山水边角一景的画法,被称为"马半边,夏一角",又与李唐、刘松年合称"南宋四家"。花鸟画在宋朝得到了空前的发展,院体画和文人画在花鸟画法上有明显的区别。院体画精工富丽,以崔白和赵佶为代表。文人花鸟画不拘于形式,追求笔墨意趣,以苏轼、扬无咎、法常影响为大。宋代人物画的题材有所拓宽,市井生活和社会风俗成为画家们关心的主题,风俗画尤其获得了前所未有的发展。张择端所画《清明上河图》是风俗画中的杰出代表。在这幅528.7厘米长的画卷上,他采用全景式构图和严谨的笔法,栩栩如生地绘出了当时社会各阶层人物的生活状况,具有极高的艺术价值和历史资料价值。

两宋时期,周边的一些少数民族建立了政权,他们在和汉族进行交流的过程中,本民族的文化也受到了影响而展现出自己的特点。辽代的山水画尚未成熟,人物画的内容主要是简单描绘本民族的题材,花鸟画装饰意味浓厚。金代时,由于有不少中原文人流落到北方,加上贵胄们渐染学习汉文化之风,有武元直、王廷筠、张珪等著名画家,绘画风格上多沿袭北宋。

元代绘画中最突出的是文人画,绘画更向水墨方向发展,爱以梅、兰、竹、菊为题材。著名画家除赵孟頫、黄克功等士大夫外,还有被称为"元四家"的黄公望、吴镇、倪瓒和王蒙。元四家各有个性特点,又都强调诗书画印的结合,对明清绘画影响巨大。

三大发明

英国哲学家弗兰西斯·培根曾经说过:"(印刷术、火药、磁石)这三种发明已经在世界范围内把事物的全部面貌和情况都改变了。"他所提到的三样发明都和中国有脱不开的关系,而在辽宋夏金元时期,三大发明在技术和应用上都有了引人注目的突破。

造纸术的发明带动了印刷的起步,隋唐时期出现了雕版印刷,到了宋朝,这种印刷术已经十分普及。但是雕版印刷存在着缺点,就是必须一页一版,无法对版上的字进行单独的修改,因此如果要印页数多的书籍,制作和保管雕版会很费时费力。北宋庆历年间(1041—1048),为了克服雕版印刷的缺点,毕昇首次发明了活字印刷术。这一技术在同时代的沈括所著《梦溪笔谈》中被详细地记录下来。根据沈括的描述,泥活字印刷包括几个步骤:制字、置范、排版、固版、印刷、拆版、贮字。使用胶泥的印刷术发明之后,并没有马上得到大规模应用,工匠们又不断进行探索,使用木、铜、锡等材质来提高印刷效率。元朝时,王祯进一步改进了木活字印刷术,提出六则巧便之法,并把这些经验写成了《造活字印刷法》,附在著作《农书》之后。在东亚,活字印刷术直接或间接地对朝鲜半岛和日本的印刷事业产生了影响。宋元时期的活字印刷品现存不多,20世纪以来,考古发现了西夏文和回鹘文印刷品残卷,以及大量的回鹘文木活字,说明印刷术在发明后不久已经传到西域。法国印刷史专家古斯曼认为中国活字技术可能在蒙元时期经两个途径传入欧洲:一是通过与维吾尔人有接触,后来由居住在荷兰的亚美尼亚人传入,二是德国人古腾堡在布拉格居住时学会了经中亚、俄罗斯陆上道路传入的这种技术,才在欧洲掀起了印刷书籍的新风潮。

在中国,火药最初是由炼丹家发明的。唐朝初年,医学家孙思邈在《丹经》中提出了一种配方,把木炭、硫磺和硝石制成药粉来取火炼丹。《九国志》记载,唐哀帝天祐时,郑璠从攻豫章,所部"发机飞火,烧龙沙门",是早期火药在军事上运用的写照。北宋有了专门生产火药的部门,军队中开始配备火药武器。北宋末年,"霹雳炮""震天雷"等火器出现。宋理宗开庆年间(1259年),宋军发明了新的管状火器突火枪。在辽、宋、金的长期对峙中,火药由中原向外流传。到元朝时,又有了火雷、火铳、火炮等武器。公元13世纪,火药技术传入阿拉伯,又通过阿拉伯人传到欧洲,在战争史上产生了尤其重要的影响。

先秦时期,中国人已经接触到了磁石,在不断的经验累积中,对磁石的性质开始了进一步深入的了解。对于人造磁体的发明时间,李约瑟和王振铎等学者有不同的意见,但明确的关于指南针的记载,最早可见于北宋沈括在《梦溪笔谈》中所说的"方家以磁石磨针锋,则能指南"。宣和元年(1119年)撰成的《萍洲可谈》中,有广州海船在遇到阴晦天气时通过观察指南针来辨别方向的记载,可以看出,这时指南针已经使用在航海事业上。这一发明为远洋航海带来了可能。公元12世纪,阿拉伯人获得了指南针技术,又辗转将它传到了欧洲人手中,为大航海时代的开启提供了必要的前提。

沈括与郭守敬

沈括,字存中,北宋杭州钱塘人。宋仁宗嘉祐年间进士及第,之后在政坛上有所表现。他在宋神宗熙宁年间参与王安石变法,对改革军政和巩固国防提出了意见,修改九军战法和兵器、军营的营造法式。他也曾出使辽国,并记录其山川形势与人情风俗为《使契丹图抄》。沈括从小好学,《宋史》说他"博学善文,于天文、方志、律历、音乐、医药、卜算,无所不通,皆有所论著",李约瑟称赞他为"中国整部科学史中最卓越的人物"。

沈括的确在中国古代科学技术史上有重要的贡献。天文上,他改进了浑仪、漏壶,制造了圭表,奉旨修成《奉元历》。地理上,他分析出华北平原和雁荡山的形成原因,绘制出《天下州县图》。物理上,记录了人工磁化的方法和磁偏角现象,描述了小孔成像和凹凸透镜成像原理。数学上,首创隙积术与会圆术。除这些以外,他在化学、水利、医药、艺术等很多方面都有成就。

经历过贬官与内迁后,沈括晚年隐居润州(今江苏镇江)梦溪园,将自己的见闻和知识写成《梦溪笔谈》共 30 卷,包括《笔谈》《补笔谈》《续笔谈》3 个部分。这本笔记小说涉及的内容广泛,天文、地理、物理、化学、历史、军事等无所不包,其中尤为突出的是占有大篇幅的自然科学知识,北宋时许多重要的科技发明和人物都因为书中的记载而为后人所知。沈括著述今多亡佚,《梦溪笔谈》之外,还有《长兴集》《苏沈良方》等传世。

郭守敬,字若思,元朝顺德邢台人,从小对自然科学兴趣浓厚,后跟从元代重臣刘秉忠学习天文地理等知识。中统三年(1262 年),因他在水利方面的表现被荐举给忽必烈。至元元年(1264 年),从张文谦行省西夏,修复了唐来、汉延等古渠道,更立闸堰,使当地的农田得到灌溉,西夏人民因此为他建祠纪念。

至元十三年(1276 年),他受命参与制定《授时历》,这一新历于四年后编制完成。郭守敬在历法创制的过程中主要负责制器和观测。他提出"历之本在于测验,而测验之器莫先仪器",创制了 10 余种天文仪器,大胆改造了圭表,并把浑仪改为简仪,这也是世界上最早的赤道仪,由此提高了测影的精密度。至元十六年(1279年),他向忽必烈提出在全国范围内进行大规模天文测量的建议,之后便亲自主持了

这场被称为"四海测验"的宏大观测工程。据《元史》记载,当时"设监候官一十四员,分道而出,东至高丽,西极滇池,南逾朱崖,北尽铁勒,四海测验,凡二十七所"。最后,郭守敬测算出黄赤交角为 23°33′34″,推算出一个回归年长度为365.242 5天,与现在通用的《格里高利历》相同,达到了很高的精度。为了让历法更加准确,郭守敬在数学计算方法上也做出了创新。他和王恂一道,发明招差法处理三次差内插法,在沈括会圆术的基础上,创用弧矢割圆术来求解球面上的弧矢关系。

至元二十八年(1291 年),郭守敬领都水监,负责通惠河的修建。元朝定都大都,江南漕粮要经大运河运送到通州,然后通过驴畜陆运到都城,这样不仅耗费时间和人力,而且一碰到大雨天气,运输就更加艰难。通州本有一条旧河通往大都,但已年久荒废,郭守敬考察以后,决定跨区域调水,合入旧运粮河汇入京城。同时,他对坝闸和斗门也进行了改进,保证了大运河这条经济命脉的顺畅,对于水利事业又一次作出了重大贡献。

辽夏金元民族文字

契丹族早期使用汉字作为书面文字,辽太祖耶律阿保机统一契丹各部后不久,就着手创制本民族的文字。神册五年(920 年),在他的授意下,契丹大字制成。大字参照汉字制作而成,形体与汉人方块字相同,多为表意文字。大字笔画多,学习和书写起来不太方便,契丹贵族又喜爱汉文典籍,所以在当时并没有得到普遍使用。契丹族另有一种小字,是辽太祖弟耶律迭剌所制,制成年代略晚于大字。小字在回鹘文基础上制作而成,多为表音文字,比大字使用起来更简便。契丹大、小字颁布后,在辽朝境内与汉字同用,金灭辽后,契丹文字仍在使用,直到金章宗明昌二年(1191 年)诏罢契丹字。随着西辽的灭亡,契丹文字最终成为一种死文字。现今发现的契丹文字资料,主要是墓志、碑刻、摩崖和洞穴墨书,以及镜、钱、印章等。契丹文字对西夏文字和女真文字的创制都有影响。

西夏文字是由野利仁荣奉李元昊命令所创,文字结构多仿照汉字,形体方正,笔画繁杂,识记和书写都有一定难度。西夏字颁布后即成为西夏国字,应用范围很广,曾用于《天盛年改新定律令》以及文学、历史、医学著作的书写,还用于翻译汉文书籍和佛经。西夏灭亡后,西夏文仍在使用,元代称为河西字,明初印过西夏文经卷,迄后世渐废。20世纪在西夏黑水城遗址出土了一批西夏文书,其中包括西夏文汉文双解通俗语汇集《番汉合时掌中珠》。全书分天、地、人三大类,包括了西夏从政府机构到日用器皿各方面的社会用语,对研究西夏语言、文字和社会历史有重要作用。

女真族起初也没有自己的民族文字,在发展的过程中受到契丹文字和汉文的影响,开始使用这两种文字来进行沟通和记录。金朝建立后,金太祖天辅三年(1119年)颁布女真大字,金熙宗天眷元年(1138年)又颁布了笔画更为简单的女真小字。这一时期,由于女真文字还没有完善,金朝统治者采用的是多种文字并行的政策,但是他们很快就通过各种渠道对女真字进行了大力的推广。金世宗时,政府遴选猛安谋克子弟学习女真字,设立女真国子学,规定科举的策和诗用女真文作答,同时开始以女真文翻译汉文典籍。然而,女真文长期无法摆脱契丹文的影响,缺乏有深度和创造力的文学、史学和哲学成果,且学习者多为猛安谋克子弟,因此在金朝灭亡以后迅速为蒙古文所取代。后世解读女真文,主要依靠的工具书是明代四夷馆编撰的《女真译语》。

蒙古各部在统一之前各有名号,所说的语言也不尽相同,成吉思汗在草原兴起后,对于新整合而成的蒙古族,选择一种属于本民族的语言便成了构建民族认同的重要部分。1204年,铁木真灭乃蛮部,俘获了掌印官塔塔统阿,由他引入回鹘体畏兀儿文字来书写蒙古语。但是,畏兀儿字不能完全正确标记蒙古语,加之忽必烈建立元朝以后,内外矛盾更加复杂,迫切需要一种能够在帝国辖域通行的语言来构建新的国家认同。于是他下令,让来自吐蕃的佛教萨迦派领袖八思巴创制新字,至元六年(1269年)正式颁行,这就是八思巴字。八思巴字脱胎于藏文,仿汉字方体,初称蒙古新字,后称蒙古国字,可以用来拼写蒙古、汉、藏、畏兀儿语。忽必烈赋予八思巴字官方语言文字的地位,并动用行政手段大力推广。尽管如此,终元一朝,八思巴字始终没能从社会上层走进民间。明朝建立以后,北元仍用八思巴字来铸造官印,公元15世纪以后,便不再在蒙古族中行用。传世抄本《蒙古字韵》是八思巴字与汉字的对照字典。

《蒙古秘史》

《蒙古秘史》是蒙古族最早的一部文学和历史巨著,成书于13世纪,作者不详,

以文史结合的方式记述了从蒙古族起源到成吉思汗、窝阔台时期500多年的历史。成书以后,《蒙古秘史》一度藏在禁中不予示人,明朝洪武年间始译为汉文,改名为《元朝秘史》。一般认为原书由畏兀儿体蒙古文写成,早已亡佚,现在流传的十五卷本和十二卷本也不是明代原版本。十五卷本是清人鲍廷博从《永乐大典》中抄出,有钱大昕跋,顾广圻十二卷本是以旧抄本为底,参照其他抄本加以校勘而成,叶德辉十二卷本即是从顾本抄出。关于这三种版本《蒙古秘史》的来源,陈垣先生在《元秘史译音用字考》中有详尽的介绍。

《蒙古秘史》是研究蒙古族早期语言文学和社会历史的宝贵资料。它在叙事和语言上带有浓厚的草原文化特色。书的开篇以苍狼白鹿的神话传说解释蒙古族的起源,应该是从广泛流传的民间神话取材而来,反映出民众对本族历史的想象。全书除了用散文体进行记叙和描述以外,还穿插了许多韵文诗歌。散韵结合是草原文学的一大特点,可能也和在民间流传的史诗、故事等载体有渊源关系。韵文当中包含了大量的民间歌谣、祝词赞词、谚语、格言等口头文学,与民俗息息相关,读来节奏明快,透露出草原的生活气息。

《蒙古秘史》对蒙古族社会生活各方面有较全面的记录。书中经常提到牧马、牧牛、牧羊、牧驼等游牧畜牧形式,还记录了鹰猎、采集、渔猎等生活方式,具有蒙古族特点的饮食文化也得到了体现。而在制度文化、宗教信仰、风俗习惯、文学艺术等方面,《蒙古秘史》更是留下了可贵的材料。例如,书里许多地方写到了各部落推举合罕的情形,这就使汗位继承制的研究有了直接的资料。类似地,扎撒律制、怯薛制、千户制等蒙元时期重要的制度也在书中有直观的反映。蒙古族的传世文献并不多,因此这样的记载对补足《元史》不详处有很大的意义。利用这些记载,学者们对于相关问题作出了许多论述。

对于《蒙古秘史》的研究,最早可以追溯到明代学人对它的收录和音译。清代时出现了诸多抄本,还有李文田参考群书所著的《元朝秘史注》,尤详于舆地考证,属于最早的译注本。这一时期,各类考证文章也相继发表。20世纪对于《蒙古秘史》的研究,主要集中在作者、成书年代、汉译等问题上,注重考据和还原工作,大多是从版本学和文献学角度来进行考察的。近年来,对于《蒙古秘史》文本方面的研究有所增多,并开始注重与其有关的比较研究,蒙古学在国际上的影响也越发增大,说明《蒙古秘史》作为历史和文学著作具有强大的生命力。

第四部分

明清（鸦片战争以前）中国
版图的奠定与面临的挑战

朱元璋

　　朱元璋为明朝开国皇帝,其统治对于明初以降的中国历史具有重要影响。他是濠州(安徽凤阳)人,少时为人佣耕放牧。元至正四年(1344年),因旱灾瘟疫,父母、兄长皆死,入黄觉寺为僧,云游淮西颍州一带。至正十二年,投红巾军郭子兴部下,积功为军官,娶郭子兴养女马氏为妻。郭子兴死后,代其领军。奉红巾军宋小明王龙凤年号,任右副元帅。至正十六年,朱元璋率军克集庆,改名应天府(今南京),升枢密院同签,再升江南等处行中书省平章、左丞相。略定浙江,又连败汉陈友谅,进封吴国公。至正二十三年,朱元璋与陈友谅决战于鄱阳湖,陈友谅战死。同年灭汉,朱元璋自立为吴王,建百官。至正二十六年,朱元璋遣部将杀害小明王。至正二十七年,灭张士诚,建元吴。次年在应天称帝,国号大明,建元洪武。出师平福建,取广东,又命师北征,克元大都,元顺帝逃亡,元亡。此后朱元璋数次遣将北征,打击元朝残余势力。洪武四年(1371年),灭夏,平四川;洪武十年,平云南,逐渐统一全国。

　　洪武年间,朱元璋采取系列措施加强皇权。洪武九年,改行中书省为承宣布政使司,又设提刑按察使司分掌刑名,都指挥司分掌卫所军事,形成地方三司制度。十三年,朱元璋以谋反罪处死中书左丞相胡惟庸,后案件不断扩大,牵连致死者3万余人。以此为契机,朱元璋宣布废除中书省及宰相,由皇帝直接统领六部,处理日常行政。自秦以来辅佐天子处理国政的相位,至是废去,形成绝对君权独裁的局面。此后,又屡兴大案,实行重典统治。洪武十五年有空印案,借口携带空印文书,对地方官进行大清洗。十八年有郭桓案,清洗六部官员。二十六年有蓝玉案,诛杀"蓝党"1.5万余人,意在清洗武臣宿将。四大案基本是捕风捉影,牵连甚多,既是政治层面对原有官僚群体的清洗,也有财政经济层面的考量。

自洪武二年起,朱元璋陆续分封诸子为藩王,分镇各地,尤重于北方各省,渐成藩王代替功臣守边之势。又恐政权落权臣之手,特授诸王干涉中央政事之权,甚至可举兵清君侧,造成了此后"靖难之役"的出现。朱元璋以严猛治国,以重典驭臣下,亲自撰写《大诰》三编及《大诰武臣》,与《大明律》同为必遵之法。用锦衣卫设立诏狱,又行廷杖之制,以法外之法,立皇权之威。

改大都督府为五军都督府,负责军队的日常管理,兵部职掌武官选授和军队调发。设置卫所制度。明朝军队180万,编入各卫所,分布各地。卫所军士皆另立军籍,称军户,为世袭,不得随意脱籍。国家分拨土地,以屯田为经济支柱。重视发展生产,推广军屯、民屯制度,又定开中制,以供给边防及军民之需。定八股取士之制,推行迁徙富民之令。在全国实行里甲制,编造赋役黄册和鱼鳞图册,以清人口田地赋役。又将民众分为军、民、匠、皂等四类户籍,实行画地为牢的职业世袭制度。

朱元璋生活较朴素,讲节俭,对明初的统一及社会经济的恢复发展有所贡献,所创制度对于后世多有影响。卒后葬于南京钟山孝陵,谥高皇帝。

里甲制

洪武十四年(1381年),明太祖朱元璋建立里甲户籍赋役制度,即将人户编入里甲户籍,据此征调赋役,这是明王朝对基层社会进行管理与控制的基本手段。它的基本内容是:以地区相邻近的110户为1里。1里之中,推选家产殷富或丁多田多的10户为里长。其余100户为10甲,每甲10户。10户中推1户为首领,名曰甲首(或称甲长)。每年由里长1名、甲首1名,率领该管甲内人户承差应役。按照这样编排,每10年中,每1里长、每1甲首,皆率领1甲10户轮流应役1年。当年之年,名曰"见年",其余曰"排年"。

里甲正役的内容是"催征钱粮,勾摄公事"。前者即见年里长带领1甲之户,催征本里之夏税秋粮,并搬运至指定的仓库缴纳。后者即拘传本里本县讼案相关人员——原告、被告、证人等。也就是说,里甲正役之设,是协助州县官掌管本里的钱谷与刑名事务。永乐年间以后,政府开始通过里甲征收上供物料与公费,以及州县各项公私所需。里甲组织逐渐成为征收赋役的组织。这是由于明前期政府运作所需之资源多以差役形式向里甲摊派,法外科派成为地方收入的主要来源。除里甲正役外,里甲户另有多种杂泛差役,如均徭(服务各级衙门的职役)、驿传(在役递中服役,为政府传递公文,接送和款待过往官员、使客)及民壮(民间抽补以补助卫所军卒之不足),统称四差。

里甲各役按户科派,里长、甲首的编排及应役的次序,均按照各户"人丁事产"之多寡来确定。人丁即成年男子的数量,事产则包括田地、房产等。各户据此列为上、中、下户,以定应役轻重及先后顺序。人丁事产以户为单位,登记于十年大造一次之黄册。这意味着,此种人丁事产的集合体,是明代赋役征派的客体。在实物经济为主导和人身控制关系为基础的社会结构下,明朝国家运作所需的人力物力供应,大量是由里甲编户直接提供,实物和劳力的需求因人因事变动不定,因此,所谓"均平",只能笼统地通过对编户负担能力划分等级、分派轻重不等差役的方式去实现。

但明初确立的里甲赋役签派之法,在实际施行中,越来越与均平原则相背离,表现为富户胥吏舞弊、黄册失实等。尤其是正统年间以后,社会经历了一系列大的变革:人口的流动,土地的转移,商业经济的发展,白银的广泛使用。原有的里甲赋役制度难以继续维持,政府不得不调整赋役征派之法。至嘉靖万历年间,一条鞭法成为此前一系列改革的集大成者,其基本原则是化繁为简、折银征纳。它的主要内容大体是:赋役合并、里甲 10 年轮役改为每年编派、赋役征运由人民自理改为政府办理、赋役普遍用银折纳。一条鞭法的实施,标志着明前期画地为牢的里甲赋役制度的解体。

内阁

内阁是明朝创设的机构,距离皇帝最近,与皇帝联系最多,对明朝的政治生活影响也最大。明朝国家机构的一个重要特点就是内阁制取代了前朝的宰相制。

洪武十三年(1380 年)正月,明太祖朱元璋废中书省、罢宰相后,每天要亲自处理大量的政事。据《春明梦余录》记载,他平均每天看 145 份奏章,处理 511 件事,深感"人主以一身统御天下,不可无辅臣"。于是当年九月设置四辅官,皆为草野儒士,但没有从政经验。两年后,太祖即废除四辅官。洪武十五年(1382 年)开始,明太祖

设华盖殿、武英殿、文华殿、文渊阁、东阁诸大学士,统称"殿阁大学士",皆侍左右备顾问,但不参与大事决策。

明成祖即位(1402年)后,对此前的辅政形式稍事变通,创立了内阁制度。他从翰林院官中选人,入直文渊阁,称内阁学士,始参预机务,但品位仍较低。仁宗、宣宗(1425—1435)以后,担任阁臣者,如杨士奇、杨荣等地位渐高。内阁辅助皇帝处理政事的职能也进一步完善,其职掌更为明晰。除议政、辅助君主外,票拟逐渐成为内阁最重要的职能。明初官民奏事皆用奏本,永乐时又出现了书写便利的题本。批答奏本和题本,本是皇帝之事。正统初年起,一切内外章奏送到内阁,由阁臣先看,并提出处理意见,写在纸条上,与章奏一道呈给皇帝。这一过程称为票拟,又称票旨、票本、条旨。因此,进入内阁的官员既须具备较高的文化素养,善拟文稿,又须得到皇帝的赏识与朝臣的信任。

嘉靖、万历年间,内阁在明朝国家权力运作中的影响力越来越大,阁权达到了顶峰。首先,内阁的地位超过了六部。其次,内阁首辅地位凸显,成为权臣。内阁一般由五至七人组成,多时达九人。其中必有一人主持阁务,这就形成了首辅制。随着内阁地位的提高,首辅的权力因之膨胀。嘉靖、万历年间,杨廷和、严嵩、高拱、张居正先后成为权臣。再次,这一时期内阁与闻大政,侵夺部权。如张居正任首辅时,创考成法,拥有监督百官的执行权。时人认为这一时期内阁首辅"无宰相之名,行宰相之实"。鼎盛期的内阁,尤其是内阁首辅权力过重,给明朝高层权力运作带来新的矛盾。这些矛盾导致了万历中后期至泰昌、天启、崇祯等朝,内阁权力从顶峰向下滑落,曾经权倾一时的内阁首辅下场都很凄惨。

从明朝的权力运作来看,内阁的主要权力是以票拟之权辅佐皇帝处理政事,具有议政权。内阁、司礼监与六部都拥有前朝宰相的部分权力,但其权力均小于相权。明朝内阁制度的演化进程,也是专制君主政治极端强化的过程。

明代宦官

中国历史上历代王朝均使用被阉割的男性在宫廷侍奉皇帝及宫廷中人,此即宦官。明代宦官数量庞大,机构发达,其权力也达到空前绝后的地步。

明太祖时有意抑制宦官权势,规定宦官之职只是洒扫侍奉,不许读书识字,不得与外廷诸司文移往来,并镌铁牌置宫门内,上书:内臣不得干预政事,预者斩。但至洪武三十年(1397年),已经形成了完备的宦官机构——十二监、四司、八局,时人称"二十四衙门"。衙门本是官僚机构的称谓,明人称宦官机构为衙门,说明宦官在国家政权中地位已相对稳定,成为明代国家权力机构的一个重要组成部分。

锦衣卫初设于太祖时,职能是侦查不忠皇室与叛逆者,可自主刑狱。洪武二十年曾取消此权,成祖以靖难之役继位,恐人心不服,又加以恢复。永乐十八年建东厂,成祖因靖难起兵时得宦官相助,便以宦官提督东厂。东厂权力渐大,可随意逮捕、刑讯处死。成祖又因各地镇守大将多为建文帝旧臣,特派宦官出镇监军,使其握有部分兵权。这些临时措施成为延续有明一代的弊政。

明代宦官专权,始于英宗正统年间司礼监太监王振。在王振的时代,司礼监能与内阁分庭抗礼。司礼监为二十四衙门之首,设提督太监一员,掌印、秉笔、随堂太监四五、八九员,负责批红、传宣圣谕和提督东厂。批红是明代文书处理与中枢运作中的关键环节。当日一切内外章奏送到内阁,由阁臣先看,并提出处理意见,写在纸条上,与章奏一道呈给皇帝,这一过程称为票拟。皇帝看过章奏及阁臣的意见后,亲用红笔写于章奏,叫批红。但在这两个过程中,皇帝、内阁不相亲接,其间隔着太监的传递。宣德以后,宦官便利用票拟与批红之间的权力缝隙,代行批红之事。

王振之后,汪直、刘瑾、魏忠贤等成为明代最具代表性的大权阉。汪直为御马监太监。成化十三年,宪宗设立了由汪直所领的特务机构西厂,其权力较东厂更大。成化十五年,宪宗令汪直巡视九边,其典兵预政之权力,超过了此前任何一位宦官。正德年间,司礼监太监刘瑾掌握内外军权,甚至干预地方民政事务。他甚至常于私宅批答奏章,由内阁大学士焦芳为其润色。在其专政期间,皇帝完全被架空,内阁则成为他的附庸。天启年间,司礼监秉笔太监魏忠贤排斥异己,专横擅政,大肆打压东林党人。自内阁、六部、总督、巡抚遍置死党,广建生祠,时有"九千岁"之称。需要说明的是,这些权阉背后均有一位昏君,所谓主昏臣奸是也。

明代的宦官专权现象,与专制皇权的膨胀关系密切。皇帝希望但无法乾纲独断,只好依赖内阁或宦官。但两者内外有别,皇帝多防范内阁,而信赖身边的宦官。以至于一方面大权旁落宦官,自己成为傀儡;另一方面失去了文官集团的支持,皇权名强实弱,名长实消。

郑和

郑和,明云南昆阳(今晋宁)人,本姓马,小字三保(又作宝),回族。曾祖、祖父均到过伊斯兰教圣地麦加,幼时就对外洋情况有所了解。明初入宫为宦官,从燕王起兵,赐姓郑,升为内宫监太监。

明初大规模远洋航行,均由郑和率领出航。永乐三年(1405年),奉命与副使王景弘等率宝船舰队,自苏州刘家港出发,出使西洋(中国南海以西海域)诸国。五年九月返回。同年再次出使,七年返回。第三次出使于永乐七年至九年。第四次出使为永乐十一年至十三年。第五次出使为永乐十五年至十七年。第六次出使于永乐十九年至二十年。第七次为宣德六年(1431年)至八年。船队先后到达占城(今越南南部)、真腊(今柬埔寨)、暹罗(今泰国)、满剌加(今马六甲)、彭亨(今属马来西亚)、苏门答腊、旧港(今印度尼西亚苏门答腊岛东南巨港一带)、爪哇、阿鲁(今印度尼西亚苏门答腊岛日里河流域)、锡兰山(今斯里兰卡)、溜山(今马尔代夫)、榜葛剌(今孟加拉)、南渤里(今苏门答腊岛北部)、忽鲁谟斯(今伊朗霍尔木兹)、祖法儿(今佐法尔)、阿丹(今亚丁湾北岸一带)、比剌(今索马里境内)、竹步(今索马里境内)、木骨都束(今索马里摩加迪沙)、麻林(今肯尼亚马林迪)和天方(今麦加)等30多个国家和地区。

郑和出航,统领军士、水手多达两万余人,分乘宝船60多艘,大者长44丈,宽18丈,9桅12帆,可容千余人。航行使用罗盘,夜则仰视天空星辰,昼夜行驶。其规模之大、航程之远,实为世界航海史上的创举。船队所至,以瓷器、丝绸、金银铜铁等换取香料及其他珍奇宝货,扩大了中国与亚非各国的经济、文化往来。随同出使的马欢所著《瀛崖胜览》、费信所著《星槎胜览》、巩珍所著《西洋番国志》,记录了各国的风土人情、山川道里,极有价值。

郑和下西洋不仅加强了中国与今东南亚、南亚甚至东非地区的联系,还表明了当时中国高超的航海水平。明成祖并不在乎此举能带来多少财政上的收入,相反他所赏赐给各国贡使的东西,数量和价值要比后者进贡的大得多。他想要的,就是这样一个轰轰烈烈,朝廷上充满不同肤色、不同语言的各国使者的场面。故其迅速停罢,也合情合理。

　　后人常把郑和下西洋与半个世纪以后的新航路开辟加以比较。郑和下西洋不仅比哥伦布诸人的航行要早,航海的技术水平也要高得多,光是宝船的体积就等于后者船只的几十倍。其乘风破浪、到处宣谕圣德、一路势如破竹,比当日的西方人气派得多。但是,这两类远航的出发点却很不同:郑和下西洋完全是为王朝的政治服务,尽管其客观效果在一定程度上促进了海外贸易。哥伦布等人发现新航路出自国内生产对资金的渴求,虽然其初次航行代价巨大,却引发了一场大规模的海外探险与殖民活动。那源源不断流入欧洲的资金和原料被用于生产和扩大再生产,而非用于挥霍,从而形成了新制度诞生的基础。而郑和下西洋之所以遭到那些反对虚荣与奢侈的儒臣们反对而停罢,正是因为它给国家和人民带来的好处是有限的,这倒并不是因为这些儒臣目光短浅。

倭寇

　　倭寇对于东南沿海地区的侵犯,始于明初,至嘉靖年间达到高峰。明朝初年,明朝虽一度与日本建立了邦交关系,但此时日本正进入南北朝的分裂时期,天皇被握有实权的幕府将军所控制,而幕府将军之下有各地的大名,各自割据一方,互相攻战,争权夺利。在南北战争中失利的一些南朝大名经常组织武士、浪人和商人到中国东南沿海地区进行贸易和抢劫,当时称为"倭寇"。

　　明太祖为防止倭寇的袭扰,在沿海各地添造战船,加强戍兵,在山东、江南北、浙东等海防要地,筑城列寨,建立防御工事。永乐年间,明成祖更命沿海守军伺机进击,剿捕海盗。永乐十九年(1421年),倭寇大举进攻辽东沿海,明军在总兵刘江的率领下,于望海埚设下埋伏,"生擒数百,斩首千余",一举全歼登陆的倭寇。从此,倭寇不敢再作大规模的侵扰。

　　成化年间,即15世纪60至80年代,正是新航路开辟的前夜。在全球性远程贸易的时代来临之前,区域性贸易已有长足发展。此时,各国纷纷到中国来进行市舶贸易。但明朝官员摆不平他们之间的地位,引起了纠纷,导致沿海大乱。朝廷认为事端出于市舶,干脆罢掉市舶。自罢市舶后,日本船舶公开通商不成,便转向勾结沿

海的豪族奸商,而内地商民亦因海禁而勾串日人互市,于沿海各地肆行劫掠。"倭寇之患"迅速蔓延至东南数省。嘉靖前期,倭寇占据沿海岛屿,并开始出扰内地。

嘉靖倭乱的参加者多是中国人,甚至有很多海商,说明此次事件具有中国社会内部危机的因素。明政府采取海禁的方式来应对海上危机,是造成东南大规模动荡的导火线。沿海失业贫民本想凭借海上贸易求一条生路,却被堵死,便借着"倭寇"的入掠一时并起。因此,倭乱表现为游动劫掠,并没有十分明确的斗争目标。似乎这些人希望通过掠夺地方的财资,来弥补因海禁而遭受的贸易损失。

在此背景下,明政府的海防经营成为重要的问题,但长期效果不佳。直至嘉靖后期(16 世纪 50 至 60 年代),戚继光积极训练部队,组织抗倭,才改变了局面。戚继光在浙江招募金华、义乌兵 3 000 人,创造了新的战阵法(鸳鸯阵),使持各种武器的士兵协同作战,密切配合,大大提高了作战能力,在抗倭战场上屡建奇功。嘉靖四十年(1561 年),戚继光平定了浙东的倭寇。至嘉靖四十二年(1563 年),戚继光、吴大猷等又率军平定了福建、广东的倭患。至此,东南沿海长达数十年的倭寇之患悉平。

明政府原想用海禁政策来防止倭寇的侵扰,结果是"海禁愈严,贼众愈盛"。倭寇被扑灭,也促使明政府认识到海禁政策的失误。于是,隆庆元年,福建巡抚都御史涂泽民"请开海禁,准贩东西二洋",对贸易者实行税饷制度,有条件地允许沿海民众从事海上贸易活动。明中叶发展起来的私人海上贸易,取得了合法的地位。

利玛窦

利玛窦(Matthieu Ricci, 1552—1610),意大利人,为明末来华天主教耶稣会士中最重要的人物。从嘉靖三十一年(1552 年)方济各沙勿略(Francois Xavier)开始,欧洲耶稣会士纷纷来中国传教。万历四年(1576 年),罗马教皇下令在澳门建立教区,负责在远东地区传教。但在万历七年(1579 年)以前,在中国传教并未取得什么效果。此后,意大利籍神父罗明坚(Michel Ruggieri)和利玛窦来华后,改变传教策略,学习中国语言,适应中国传统习惯,身穿僧服,并以馈赠西洋器物争取地方官的承认和支持。

万历十年(1582 年),罗明坚前往肇庆,以西洋器物馈赠两广总督,获准在天宁寺居住传教,但不久即退回澳门。次年,罗明坚和利玛窦重至肇庆,会见新任两广总督郭应聘,获准定居迁花寺,陈列西洋器物、书籍、地图,介绍西方的科学文明,以博取官绅士民的好感,推进传教。万历十七年(1589 年),利玛窦迁居韶州,建立首座教堂。万历二十三年(1595 年),北上南昌,建立第二座教堂,改穿儒服,自称"西士"。万历二十七年(1599 年),在南京建立第三座教堂。二十九年(1601 年),上京入贡方物,神宗钦赐官职,并赐第于顺承门(后改名宣武门)外居住,此后长期留居北京。至万历三十八年(1610 年)利玛窦病故,耶稣会在中国的信徒已达 2 500 人。

在这期间,利玛窦等耶稣会士采取尊孔联儒的策略,利用原始儒家思想解释天主教义,攻斥宋明理学和佛禅,写作《天主实义》《二十五言》《畸人十篇》等作品。更以讲求天文历算、浑仪度数之学相标榜,把交往的范围从一般居民转向士大夫阶层。由于这一做法切合"喜新厌常"的时代风尚,许多高官名流与之往来酬答,从而激起追求科技知识和实学的新潮。通过科技知识的先导,传播天主教义,培养了一批由儒入耶、儒耶结合的新型士大夫,著名者有李之藻、徐光启、杨廷筠、王徵等人。利玛窦曾和徐光启、李之藻等合译《几何原本》《乾坤体义》《浑盖通宪图说》《同文算指》等天算书籍,编撰《坤舆万国全图》,对中国科学发展有很大影响。

但信仰西学与天学的儒者在士大夫中只是极少数,以天学补儒易佛,在当时的中国社会也缺乏基础。天主教与儒、佛冲突的结果,导致万历四十四年(1617 年)十二月神宗下旨禁教,欧洲耶稣会士被督令西归,逐往澳门。尽管如此,利玛窦等人激起的追求科技知识和实学的新潮,为西方科技文明在中国的传播作出了重要的贡献。

明成祖经营边陲

明朝建立后,占据漠北的北元蒙古势力,是明朝面临的最大威胁。明成祖朱棣一反建文帝时期的消极防御,以开拓进取的姿态,频频反击。北元退居漠北后,皇帝的权势急剧衰落。明初分裂为兀良哈、瓦剌、鞑靼三部分裂势力。其中,兀良哈和明朝关系最为密切,成祖起兵"靖难"还得到过他们的支持。成祖的注意力集中在北线的鞑靼和西北的瓦剌。

永乐六、七年(1408、1409 年),成祖连续派人以织金文绮、彩币等赠送鞑靼首领本雅失里和阿鲁台,本雅失里无意通好,杀了明朝使臣郭骥等。永乐七年,成祖命淇国公丘福为大将军,率精骑 10 万北征鞑靼。由于丘福孤军轻进,明军在胪朐河大败,全军皆没,丘福及诸将被执遇害。

丘福北征大败,明成祖"震怒,以诸将无足任者,决计亲征"。永乐八年(1410 年)二月,成祖亲率 50 万大军北征。明军大败本雅失里于斡难河,又回师东击阿鲁台部于飞云壑,阿鲁台部于是年冬天遣使贡马,表示内附。鞑靼部战败后,瓦剌部军力日益强盛,屡向明朝政府索取赏赐、兵器,并扣留使臣,南下骚扰。永乐十二年(1414 年)三月,成祖第二次亲率 50 万大军北征。是年六月,明军在忽兰忽失温大败瓦剌部。次年春,其首领马哈木等贡马谢罪,暂时宾服。

成祖二次北征打败瓦剌后,鞑靼部阿鲁台于永乐十四年(1416 年)趁机率部攻打瓦剌,势力复增,又数次起兵侵扰边境。永乐二十年(1422 年)春,阿鲁台率众南掠兴和等地,成祖第三次率军亲征,阿鲁台闻风逃走,明军烧其辎重、收其牲畜而还。归途并讨兀良哈部,以其"助拟",兀良哈部复降。

永乐二十一年(1423 年),成祖率大军进行第四次北征,讨伐阿鲁台。出塞后,闻阿鲁台为瓦剌所败,部落溃散,遂班师。二十二年(1424 年),阿鲁台纠众犯大同、开平。是年四月,成祖率军进行第五次北征,阿鲁台不敢应战,远遁。明军深入不见敌,穷搜无所获,各军以粮不继引还。六月,成祖率众班师,归途中死于榆木川。

明成祖对于鞑靼、瓦剌的用兵,实际上是明朝统一中国战争的继续,是巩固明朝统治、稳定边疆的必要措施。史家孟森曾称赞成祖开拓进取的性格,称:"五征漠北,皆亲历行阵,假使建文承袭祖业,必不能有此。"这是切合实际的。成祖在巩固北方边疆上作出的贡献,值得肯定。

为了从东方牵制蒙古,明成祖积极经营东北。明朝建立后,女真各部相继归附。成祖在太祖基础上,进一步加强经营和管理,使明朝对东北的统治地区不断扩大。永乐元年(1403 年)至永乐十四年(1416 年),明朝先后以当地首领为指挥使,建立了建州卫、兀者卫和建州左卫。建州臣属明朝,与内地的联系更为密切。成祖经营东北最重要的措施,是设置奴儿干都指挥司。永乐七年(1409 年),明政府在奴儿干等卫的基础上,于黑龙江入海口附近的特林地方设置了奴儿干都指挥司,这成为明朝管辖黑龙江、乌苏里江流域最高一级的地方行政、军事机构。奴儿干都司设立后,明朝除派军队前往戍守外,还设立了东西两条驿站路线,以加强内地对于东北边远地区的控制与联系。

经过成祖的开拓经营,明朝大一统局面日臻巩固,进入了全盛的时代。

努尔哈赤

努尔哈赤生于嘉靖三十八年(1559 年),姓爱新觉罗,是明初建州左卫指挥使猛哥帖木儿的后裔,祖名叫场,父名他失,世袭建州左卫指挥使。努尔哈赤童年丧母,备受继母虐待,为了独立生活,出奔抚顺,采松子、挖人参到抚顺马市上去交换。他因经常来往于建州和抚顺之间,学会了汉语,能够阅读《三国演义》和《水浒传》等书,深受汉文化的熏陶。

万历十一年(1583 年),明辽东总兵李成梁带兵进剿建州女真,努尔哈赤祖父叫场和父亲他失助明军征剿,担任向导。乱军之中,叫场及他失为明军所杀。明朝政府意识到杀害叫场父子不当,为做补偿,赐努尔哈赤蟒缎、银两、敕书,授其为建州左卫都指挥使。努尔哈赤成为建州女真的首领后,决心统一女真各部。万历十一年起,努尔哈赤以其父"遗甲十三副",开始了统一建州女真的战争。此后 20 余年,他又相继统一海西女真与东海女真各部,基本控制了东北女真的全部势力,形成了满族共同体。

努尔哈赤在统一女真各部的过程中,为适应战争形势的需要,逐渐制定了一系列的军政制度。万历十五年(1587 年),他建城于虎栏哈达,作为根据地。万历二十七年,努尔哈赤让额尔德尼和噶盖二人,利用蒙古字母拼写女真语言,创制了满文。同时,把原来出师行猎时"照依族寨而行"的氏族组织,改为牛录制度。每三百人为一牛录,由牛录额真统管。万历二十九年,在牛录的基础上创建了旗制,设立了黄、红、蓝、白四旗。万历四十三年,进一步确立了八旗制度,规定每三百人为一牛录,设一牛录额真;五牛录为一甲喇,首领为甲喇额真;每五个甲喇构成一个固山,首领为固山额真,一固山就是一旗。在原来四旗的基础上,增设镶黄、镶红、镶蓝、镶白四旗,共成八旗。八旗的最高统帅是努尔哈赤,其子侄作为各旗之主而分领八旗。八旗制度的确立,提高了战斗力。与此同时,还设立了理国政听讼大臣 5 人,都堂 10

人,处理诉讼等项事务。万历四十四年(1616 年),努尔哈赤在统一女真各部的基础上,即汗位于赫图阿拉,国号大金,建元天命,史称后金。

随着东北女真的统一和后金政权的建立,后金与明朝的矛盾日益尖锐。万历四十六年(1618 年)二月,努尔哈赤以"七大恨"誓师讨明,连下数城,给明朝以极大的震动。次年(1619 年),明辽东经略杨镐与总督汪可受、巡抚周永春做出了兵分四路进攻努尔哈赤老家赫图阿拉的战略决定。这一战略,建立在轻视努尔哈赤实力的基础上。且明朝中央决策诸臣及前线经略对于战场的实际情况并不十分了解,杨镐于军事指挥亦无真才实学。此次进攻被努尔哈赤集中六旗兵力,在萨尔浒山等地各个击破。明朝四路大军,仅一路完全撤退。此次明军惨败的战役,便是著名的萨尔浒之战。此战后,明朝在辽东的军事逐渐转入战略防御的地位,后金则转向战略进攻,对于明朝东北边防的威胁日甚一日。

天启元年(1621 年),努尔哈赤率领后金大军,攻陷沈阳。之后又攻陷辽阳、广宁。天启六年(1626 年),努尔哈赤趁辽东经略高第仓皇退走之际,准备进攻宁远城。宁前道袁崇焕与众将誓死守城,以西洋巨炮击退后金兵,后者损失惨重。努尔哈赤见强攻不下,只好撤围。努尔哈赤自兴兵以来,身经百战,"战无不胜,攻无不克,惟宁远一城不下,遂大怀忿恨而回"。是年八月十一日,他因痈疽突发,在瑗鸡堡逝世,第八子皇太极被拥立继承后金汗位。努尔哈赤庙号太祖,谥武皇帝,后谥高皇帝。

山海关战役

自明万历末年以来,辽东的清军一直对明朝的边防构成了很大的威胁。至崇祯年间,明朝在辽东前线已经完全处于防御的地位。崇祯十四年(1641 年)蓟辽总督洪承畴在锦州松山战败被俘后,明朝在辽东的防线更加脆弱,不得不退守到山海关宁远一带。而在山海关前线拥有重兵的只有吴三桂。当关中的明军精锐被农民军逐个消灭后,明朝能征善战的军队只剩吴三桂这一支了。因此,清太宗一直想笼络吴三桂,企图对他诱降,以解除清军入关的最大障碍。但吴三桂初不为所动,继续效忠明朝,扼守山海关。

崇祯十七年(1644 年)三月李自成攻占北京后,对立的各方发生了变化,吴三桂成了进不得亦退不得的明朝孤臣。但他手中掌握的数万精兵,又是一支不可忽视的力量,无论是清朝统治者还是李自成都不能不有所顾忌,双方都极力开展了对吴三桂的招抚工作。当时吴三桂的父亲吴襄及家属都留在北京,为了保护身家产业,吴三桂接受了李自成的劝降,归降大顺政权。但大顺政权却未能继续做好吴三桂的安抚工作,权将刘宗敏向吴家追赃勒饷,并夺去吴三桂的爱妾陈圆圆。吴三桂得知后,以为李自成的招降是为了骗其来北京,于是一怒而去,率部奔回山海关。李自成得到吴三桂叛变、山海关被占的消息后,亲率大军往山海关平叛。

此时清太宗已去世,年方六岁的福临即位,多尔衮为摄政王。多尔衮极有战略眼光,他对于关内的这些事变,时刻在密切注视中。当明朝土崩瓦解后,多尔衮当机立断集结军队,准备入关。恰在此时,吴三桂投降大顺不成,又见大顺军进逼山海关。吴自知不敌,遂派人向多尔衮请兵,称"若及此时促兵来救,当开山海关门以迎大王"。多尔衮见信大喜,一面派军队向山海关兼程出发,一面向吴三桂回信,百般招降。吴三桂得书后,决定投降,与大顺军决一死战。

四月二十一日,大顺军到达山海关,企图上下夹击山海关,切断清军与吴三桂的联合,但被清军击败。农民军只好在关内石河一带与吴三桂正面决战。双方的战斗十分激烈,吴三桂的军队有些招架不住,部分吴军向大顺军投降。四月二十二日,清军驰至山海关城下,吴三桂请求清军立即来援。双方约定协同作战。

吴三桂回到山海关,重新调整军队,同时打开南水门、北水门、关中门,让清军分三路进关。布好阵势后,吴三桂即向大顺军发动进攻,激战许久,吴军渐渐难以支持。此时,早已做好准备的清军从吴军阵右突出,直冲大顺军中坚。农民军在久战之余,猝遇劲敌,阵势大乱,损伤无数,刘宗敏也负了伤。四月二十六日,李自成败回北京。

山海关战役是顺、清之间的关键一战,大顺军的失败,表面上是因为吴三桂的叛变与清军的突击,从而寡不敌众。实际上从大顺军的内部找原因,其失败也是必然的。自从崇祯十三年(1640年)李自成进河南以来,一直所向披靡,大顺军的领导人逐渐滋长了骄傲轻敌的思想,对于清军的入关,缺乏清醒的认识。其次,吴三桂的降清,固然是本人的气节问题,但也是大顺政权在政策上的失败,即不注重根据地的建设,热衷于掠食自给。他们每到一处,便强迫富豪官吏贡献财物,这无疑削弱了大顺政权的广泛性。他们在北京的追赃助饷,无疑在政治上犯了大错误,把握有重兵、镇守山海关的吴三桂推给了清朝,加速了清兵的入关。

八旗制度

八旗是清代旗人的社会组织形式。其制"以旗统人,即以旗统兵",分别以正黄、镶黄、正白、镶白、正红、镶红、正蓝、镶蓝八种旗色辨其所属,每一旗色下又依种族及身份地位编为满洲、蒙古、汉军及包衣,统称八旗。

八旗满洲、蒙古、汉军实行佐领(满名牛录)、参领(甲喇)、旗(固山)三级管理体制,各以统领(满名牛录章京)、参领(甲喇章京)、都统(固山额真)、副都统(梅勒额真)为统率之官员。八旗包衣则每旗设参领五,下辖佐领、管领(满名浑托和)各若干,分隶于内务府(上三旗包衣)和王公各府(下五旗包衣)。凡旗人均隶于各该旗佐领(或管领)之下,政治地位远高于州县所属之"民人",然满洲、蒙古、汉军、包衣亦等级并然,汉军及包衣汉军不得"冒籍"满洲。

明万历二十九年(1601年),努尔哈赤在牛录制基础上初置黄、白、红、蓝四旗。万历四十三年,复增编镶黄、镶白、镶红、镶蓝四旗,正式建立八旗之制。皇太极又先后将降附的蒙古人、汉人另编为八旗蒙古和八旗汉军,原设之八旗遂为八旗满洲。入关之后,八旗复别为京师八旗与驻防八旗,而驻防官兵之旗籍仍隶于京旗。顺治八年(1651年)多尔衮死后被罪,正白旗收为皇帝自将,遂以镶黄、正黄、正白三旗为上三旗,其余为下五旗,以辨户籍、官制、兵制及宿卫扈从之等差。八旗作为军事、生产、行政三位一体的社会组织,在初期对满族社会经济的发展及清王朝的建立起了重要的推动作用。清统一全国后,八旗的生产职能日趋缩小,迨清中叶之后,军事职能亦日趋削弱,渐为管理旗务的行政组织。清亡,八旗亦随之瓦解。

雍正帝

雍正帝,即爱新觉罗·胤禛,1722至1735年在位,清圣祖康熙第四子。康熙三十七年(1698年)封贝勒,四十八年晋雍亲王。康熙六十一年,胤禛内恃步军统领隆科多,外靠统兵前线的川陕总督年羹尧,登上了皇位。胤禛之登上皇位,是秉承康熙帝的遗命。但关于其即位,记载中颇有异说。较有代表性的说法,是胤禛及其党人将康熙遗诏中的传位于十四子(允禵),改为四子。从当日遗诏的语言及格式来判断,改十四子为四子,几无可能。种种迹象表明,康熙帝在其在位的末年,心目中有皇四子与皇十四子两个继承人。而临终时,由于皇十四子远在西北,就选择了近在身边的皇四子。考虑到诸皇子争夺储位斗争的残酷及其引发的政治混乱,雍正元年,胤禛作出了秘密建储的规定,亲书太子名藏于闸内,置之乾清宫"正大光明"匾额之后,又别书密旨一道,藏诸内府。雍正帝创立的储位密建制度,为此后历朝沿用。

胤禛即位后,残酷打击政敌,并发布《御制朋党论》,告诫:"朋党之习,尔诸大臣有则痛改前非,无则永以为戒。"雍正三年,将八阿哥允禩、九阿哥允禟削去宗爵,贬为平民,分别改名阿其那(满语"狗")、塞思黑(满语"猪"),圈禁至死。同年,又赐死年羹尧。五年,将隆科多永远禁锢,后死于禁所。由此将允禩集团收拾净尽,彻底结束了康熙年间以来的储位、皇位斗争。

雍正帝推行了一系列加强中央集权的策略,对有清一代影响较大。设立军机处,辅助皇帝处理奏折、拟写上谕,取代内阁成为新的中枢权力机构。与之相应的是,推广奏折制度,使之成为最重要的行政文书。改革八旗事务,采取限制下五旗诸王对旗下人的处置权、禁止诸王向属员滥派差役、监察控制旗主等措施,削弱满洲王公和旗主的权力。

财政经济方面,雍正在康熙末年"滋生人丁永不加赋"的基础上,推行摊丁入地,把各省固定了的丁银摊入地亩之内,统一征收地丁银,延续了明代一条鞭法改革以来赋役合并的趋势。针对康熙末年的严重亏空与私征火耗,推行耗羡归公,裁减各省之耗羡,限以定额,充作地方各级官员的养廉银及公费之用,以调整中央与地方之间的收入分配。

此外,雍正也巩固和发展了统一的多民族国家。在湖广、云南、贵州、广西、四川等省的民族聚居地区推行改土归流,即废除该地区的土司土官,改为流官,收夺其权力,加强中央政府对于该地区的统治。又平定青海罗布藏丹津叛乱,实行郡县制和札萨克制。平定西藏阿尔布巴叛乱,首次设立驻藏大臣。然对准噶尔部用兵迭遭失败。禁天主教,将西洋传教士驱逐于澳门。与俄国签订《布连斯奇界约》与《恰克图条约》,划定中俄中段边界。

雍正勤于治政,手批奏章甚多。雍正十三年(1735 年)暴卒于圆明园,或说因脑溢

血,或说丹药中毒,俗传被剑客刺杀,则为无稽之谈。葬于易州泰陵,庙号世宗,谥宪皇帝。著有《世宗宪皇帝文集》《御选语录》等,另有臣子整理的《朱批谕旨》《上谕内阁》等。

奏折

奏折始用于清代,是高级文武官员向皇帝陈奏重要公私事务时经常使用的重要文书。一般认为,奏折起源于康熙中后期。康熙亲政后,为掌握政经情势,了解地方民情,要求部分官员(皇亲近臣)在题本、奏本之外,另行缮写密折进呈,从此奏折成为清代皇帝与官员之间的私密沟通管道。最初只有请安、雨水粮价、引见等内容。早期多满文奏折,稍晚才有汉文奏折。在康熙年间,奏折仍属"少数人写的告密文书"。

雍正即位后,将奏事权由总督、巡抚扩大至布政使、按察使、提督、总兵,甚至一小部分道员、知府,也获得了书写奏折之权。举凡内政、外交、军事、财政、农业、物价、交通、法律、文教、宗教、天文地理、民族事务、社会运动及官员大小私事,无不涉及。奏折取代题本,成为清代最重要的公文。

雍正时期,奏折经奏事处直接上至御前,其内容仅皇帝及上奏者知晓,而皇帝通过"朱批谕旨"对所奏事务进行回复,由此了解地方政情,控制庞大的帝国,研究者称之为"奏折政治"。奏折政治建立在勤政的、个性化的专制君主制基础上。

乾隆朝以降,奏折政治由个性化转为规范化,奏折开始公开地以军机处为中心来处理。由军机大臣拟旨(草拟回答臣下奏请的言词),皇帝批准后形成上谕。

奏折的处理流程包括缮写、装匣、传递、批阅、发还、回缴等。康熙、雍正两朝规定奏折必须具奏人亲笔缮写,内容不得泄于人。晚清时多由幕友、书吏缮写。奏折缮写后装入封套,外包黄纸,装于"折匣"内,上锁,锁口贴封条,再以黄色的包袱包裹。折匣为内廷特制皮匣,配备钥匙,发给具奏官员,凡有奏折,均要装匣专人送入京城。钥匙两份,具奏人和皇帝各一份。每员发折匣 4 个,以备不断上奏。奏折内容涉及紧急事务,通过兵部驿站,以日行 300、400、500、600 或 800 里的速度驰递。寻常事务则交亲信家丁雇骡马呈递。奏折到达京城后,经奏事处直达御前。督抚奏折直送乾清门,交内奏事处太监径呈皇帝。雍正基本亲自阅看,不假手于人。"各省文武官员之奏折,一日之间,尝至二三十件,多或五六十件不等,皆朕亲自阅览批发,从无留滞,无一人赞襄于左右,不但宫中无档可查,亦并无专司其事之人。"

除少数"留中"外,皇帝朱批后次日发下,再通过原呈递方式发还具奏人。雍正后期军机处成立后,逐渐减少朱批的字数(如"览""是""览,勉为之""另有旨""该部知道"),通过口谕军机大臣的方式,令其缮旨,承旨书谕。上谕大致分为廷寄、明发两种,廷寄由军机大臣字寄具奏人,取代朱批,成为密谕的主要形式;明发则通过内阁发抄,宣示京内外。朱批奏折回缴制度确立于雍正继位之初,凡有康熙朱批的奏折,一律进呈,不得抄写、存留、隐匿、焚毁。此后定制,具奏人在得到朱批谕旨的一定时期内,要将带有朱批的原折一并上交,保存宫中,本人不得抄存留底。由此形成了今日藏于北京、台北两地的"宫中朱批奏折""宫中档"。

奏折制度与奏折政治的意义在于,首先,皇帝直接处理庶务,强化了其专断权力。雍正帝使奏折成为正式官文书,一切重大事务,官员都要通过奏折请示皇帝。奏折既不通过内阁所属的通政司转呈,完全由皇帝亲自批示,不需要同内阁大臣讨论,就把内阁抛在一边。奏折制度还为皇帝行使权力提供了必要的条件。各类官员反映各种问题的奏折,使皇帝了解情况,洞悉下情,为制定决策、任用官员提供了较为可靠的依据。皇帝通过奏折这一通信系统,增长见识,有利于君主集权。其次,奏折成为革新政治的工具。一些重大事件,通过奏折和朱批谕旨的往复讨论,迅速决定下来,又利用这种文书,指导和监督它的实行。如雍正一朝,通过奏折制度,耗羡归公、摊丁入地、改土归流等重大改革,得以较快地施行。第三,奏折也是控制官员的手段。通过官员的密报掌握信息,也使官员相互制衡,利于君主集权。

军机处

全称办理军机事务处,或称办理军机处。因其取代内阁成为中枢机构,清人称其为"枢垣"或"枢廷"。

雍正年间设立(有雍正四年、七年、八年等不同记载),位于大内乾清门外西侧、隆宗门之内,与皇帝寝宫养心殿相距甚近。军机处有军机大臣、军机章京等官员,但均属差使而非实缺。军机大臣由皇帝从满汉大学士、尚书、侍郎、京堂三品以上官员内特简,无定员。军机章京从内阁中书、部院司员中奏补,嘉庆四年定为满、汉章京

各 16 员。军机处之登记管理档案、查例议覆、收发文移俱由章京亲自处理,这与各部院案牍皆书吏经手、司员寓目迥异。无论军机大臣或军机章京,虽然任职后全力在军机处办事,但名义上仍属兼差,其额缺及俸资计算,仍在原任职衙门。军机处设立之初,也属临时机构,雍正、乾隆朝《大清会典》均未将其列入,嘉庆及光绪朝《大清会典》才将其列入中央文职机构,但仍无额缺,军机处职官仍属兼差。

军机处职掌中枢机要,其重要地位与奏折制度密切相关。其主要职责是负责上谕的撰拟与颁发,以及奏折等机密文书的处理。基本流程如下:每日寅时(清晨3—5点)军机大臣、章京入直,内奏事处太监发下皇帝批阅过的奏折,军机大臣翻阅,称"接折"。皇帝辰刻一起召见军机大臣,章京备好"另有旨"的奏折,军机大臣捧入请旨,称"见面"。见面后退出,军机大臣召章京面授旨意,令其撰草旨稿,军机大臣阅后再由内监递进,称"述旨"。军机大臣或又奉旨见面,复有谕改。此后,上谕或廷寄,或明发,称"交发"。

军机大臣常备于皇帝左右以备顾问,参预军国重事的讨论决策,以及重要案件的审拟,并随时接受皇帝交办的一切事务。凡高级文官的任命、差派,对外国使臣及藩部王公的赏赐,均由军机大臣进名单、缺单、颁赐单。凡科举考试,则预先以上届试题缮单进呈御览。朝廷举行重大典礼,军机大臣亦考证成例始末,缮具方略清单呈览。方略馆总裁由军机大臣担任,掌修方略之事。

军机处成立后,逐渐取代了内阁的地位,成为清朝国家机务总汇之地。直至宣统三年(1911 年)成立责任内阁,军机大臣分别改任总理大臣和协理大臣,军机处才被裁撤。其间,咸丰十一年(1861 年)总理各国事务衙门的设立,虽使中枢机务有所分流,但名义上军机处仍为机务总汇之中枢机构。

施琅平台

康熙年间,三藩之乱平定后,统一台湾成为清政府必须要解决的问题。台湾自郑成功死后,由其子郑经继续统治。这时国内形势较之清初,已发生重大变化,满汉矛盾已经相对缓和,统一与分裂的矛盾,急需解决。但郑经集团仍以南明王朝为正统。割据台湾,已经失去了原来抗清斗争的意义和作用,成为国家走向统一的障碍。

康熙二十年(1681年),即平定三藩之乱的这一年,郑经死,诸子争位,发生内讧。郑经部将冯锡范立年幼的郑克塽为傀儡。此时郑氏集团政治腐败,内部分崩离析,人心惶惑未定。郑克塽曾向清政府"遣使赍书,愿称臣入贡,不薙发登岸",想要成为一个半归附半独立的政权。可见随着形势发展,原先抗清复明的意识也在郑氏集团中逐渐消失。清政府拒绝了郑克塽的主张。

平定三藩之乱后,康熙帝再次提出统一台湾问题,主张"宜乘机规取澎湖、台湾",以底定海疆。清朝在福建沿海调兵造船,布置进取,并重用主张统一台湾的姚启圣为福建总督,施琅为福建水师提督,筹划向台湾进兵。1681年,康熙命姚启圣统辖福建全省兵马,督同施琅,进取澎湖、台湾。

根据当时台湾的兵力,施琅主张先攻取澎湖,再收复台湾。清军经过一段海上作战训练后,1683年,施琅督率战船三百、水师二万,自福州出海攻取澎湖。郑氏集团集中兵力于澎湖,派善战的刘国轩率军坚守。但施琅等准备充分,指挥得宜,士气旺盛,清军一鼓作气大败郑军,刘国轩乘小舟退回台湾。清军攻占澎湖,使得郑氏集团极为恐慌,"群情汹汹"。郑克塽遂率众出降,清军胜利进驻台湾。清朝统一台湾,得到台湾人民的支持与拥护。施琅率军至时,"百姓壶浆相继于路,海兵皆预置清朝旗号以迎王师",原住民也纷纷出来迎接清军。

在攻占台湾后,对台湾的处理问题又出现了分歧,有人提出"宜迁其人,弃其地",主张放弃。施琅则极力主张坚守台湾,认为台湾经过长期开发,不仅已成富庶之区,且为"东南数省之屏蔽",在国防上极为重要。如果放弃,必将被"无时不在贪涎"的西方殖民者重新侵占。如此则"种祸后来,沿海诸省断难晏然无虞"。康熙支持施琅的意见,提出"台湾弃取,所关甚大","弃而不守,尤为不可"。因此,康熙二十三年(1684年),清朝在台湾设一府三县:台湾府和台湾、凤山、诸罗三县,隶福建省。又在台湾设总兵1员、副将2员,驻兵8千,分为水陆8营;于澎湖设副将一员,驻兵2千,分为2营。至此,台湾又重新统一于清朝中央政府的管辖之下。

平准之役

18世纪中叶,准噶尔据有今新疆的天山南北及中亚巴尔喀什湖一带。康熙、雍正两朝,与准噶尔进行了长期的激烈战斗。当时,准噶尔部治理有方,内部团结,人多畜广,兵精粮足。清朝竭尽全力,虽能遏制其进攻的兵锋,但无力深入作战,擒捉渠魁。经过70年之久,战争时打时停,准噶尔割据政权屹立如故,对清朝统治是重大的威胁,也对中国统一构成巨大的障碍。当时,沙皇俄国的势力已达到中亚地区,骎骎东向,觊觎中国的西部地区。此时,准噶尔部发生内讧,形势变得对清朝极为有利。乾隆帝抓住时机,毅然举兵,进行平准战争,终于解决了准噶尔这一重大隐患。

先是,雍正五年(1727年),噶尔丹策零成为准噶尔部的首领,继续对清朝采取敌对立场。乾隆十年(1745年),策零死,准部发生内乱,贵族之间为争夺汗位互相残杀。达瓦齐在厄鲁特蒙古辉特部台吉阿睦尔撒纳支持下获得汗位。不久两人发生利害冲突,阿睦尔撒纳力不能敌,遂于乾隆十九年(1754年)归顺清朝。达瓦齐不理政事,厄鲁特各部人民无不离心。其中,杜尔伯特三车凌率部1万余人,进入内地,归附清朝。乾隆亲自在承德接见三车凌,遂尽知准部内部虚实。在乾隆看来,平定准噶尔是康、雍两朝的未竟之业,关系国家统一大计,于是决定利用准部内乱时机,再次出兵。

乾隆二十年(1755年)春,遂以班第为定北将军,阿睦尔撒纳为定边左副将军,由乌里雅苏台出北路。以永常为定西将军,萨拉勒为定边右副将军,由巴里坤出西路。两路军各25 000人,马70 000匹。清军势如破竹,直捣伊犁,达瓦齐弃城率残部逃往格登山,复为清军所败,遂南走回疆,后被解送北京。为庆祝这一胜利,乾隆命在格登山树碑纪功,并亲撰碑铭文字。

达瓦齐平定后,阿睦尔撒纳的分裂野心开始暴露。清朝原打算在平定伊犁后,采取"众建以分其力"的方针,把厄鲁特四部封为四汗,以削弱准部割据势力。阿睦尔撒纳一心想做四部总台吉,控制西域。乾隆对其多有防范。进驻伊犁后,阿睦尔撒纳图谋割据的野心更加暴露,凡事独断专行,不受节制,不用清朝官印,而"私用噶尔丹策零小红钤记",隐以总汗自居。乾隆二十二年(1757年)八月,阿睦尔撒纳发动叛乱,清军留守兵力薄弱,班第兵败自杀,萨拉勒被俘。乾隆二十二年(1757年),乾隆命成衮札布、兆惠等率军平叛。阿睦尔撒纳兵败逃往哈萨克,继而投奔沙俄,叛乱至此平息。事后,清朝设将军、参赞大臣及领队大臣,分驻伊犁等地,加强了对天山北路的统治。

清朝平定准部叛乱是一场维护统一的战争,是与国内各民族之间联系日益密切的历史趋势相适应的,战争的结果巩固了西北边疆,有力遏止了沙俄和英国殖民势力的入侵。

理藩院

清朝机构名,掌内外蒙古、青海、西藏、新疆及四川土司等地区的民族事务。咸丰十一年(1861年)以前,曾办理与俄罗斯、廓尔喀等国的交涉、通商事宜。皇太极崇德元年(1636年)七月设"蒙古衙门"。三年更名理藩院,置承政、左右参政及副理事官、启心郎等官,制同六部。顺治元年(1644年)改承政为尚书,参政为侍郎,副理事官为员外郎,并增设堂主事、校正汉文官、司务、副使、笔帖式等职。顺治十六年改属礼部。十八年,复定理藩院官制体统,尚书入议政之列,位在工部之后,并置录勋、宾客、柔远、理刑四司,增设郎中等官分司其事。其后,内部机构、设官屡有增裁变易,至乾隆二十九年(1764年)始基本定制。

额设满尚书一人综理院务(偶尔也由蒙古人任此职),左右满侍郎(间以蒙古人充任)各一人,额外蒙古侍郎(以贝勒、贝子之贤能者简任)一人佐之,并特简王、公、大学士一人兼管院事。下设旗籍、王会、典属、柔远、徕远、理刑六司,以及满档房、汉档房、蒙古房、司务厅、当月处、督催所、银库、饭银处、俸档房等机构,分设郎中、员外郎、堂主事、主事、校正汉文官、司务、笔帖式及银库司官、司库等职。并附设内馆、外馆(内外蒙古等地来京人员居住处)、蒙古官学、唐古特学、托忒学、俄罗斯馆、喇嘛印务处、木兰围场等机构,各设官掌事。光绪三十二年(1906年)清末官制改革,改理藩院为理藩部,其后所属机构除六司仍旧外,其他多裁并改置,并于宣统三年(1911年)改尚书为大臣,侍郎为副大臣。

理藩院为清代制度中不同于明代的独创设计,显示出多民族统一国家对于非汉族地区的治理技术。

"滋生人丁永不加赋"

清初的赋役制度延续明制,向民众征收地银与丁银,前者的依据是地亩面积与科则,后者的依据是丁数。顺康年间,五年一次的人丁编审存在不小的问题,人丁的

隐匿成为常见的现象。

康熙五十一年(1712年),康熙帝发布"滋生人丁永不加赋"之谕,内称:各省编审人丁数目"并未将加增之数尽行开报",现今承平日久,户口日繁,如果按现在人丁数加征钱粮,实有不可,因为"人丁虽增,地亩并未加广"。在康熙帝看来:丁银的增加与地亩的加广应当同步,如地亩未能加广,人丁虽增加也不必增收钱粮。故他令各省督抚将现今钱粮册内之丁数,勿增勿减,永为定额,其后所生人丁,不必征收钱粮。该议下后,九卿议准:嗣后编审人丁,据康熙五十年(1711年)征粮丁册,定为常额,其后新增者谓之"盛世滋生人丁永不加赋"。也就是说,以康熙五十年为限,此后续生之人丁不再征收丁银,但各省仍须将丁数奏闻。

"滋生人丁永不加赋"的出台,其背景是清朝的户丁编征制度已经进入死胡同。康熙后期的户丁编审中,每年的溢额已经越来越少,丁额甚至根本不增加了。如湖北黄冈原额人丁12 883丁,自康熙十一年(1672年)至五十年(1711年)止,历次编审增加67丁,平均每年新增一个半丁,递增率低于万分之一。又如汉川自顺治十四年(1657年)至康熙五十年,编审9次,其增丁情况为:顺治十四年及康熙元年495丁,康熙十一年14丁,康熙二十年14丁,康熙二十五年24丁,康熙三十年14丁,康熙三十五年6丁,康熙四十年2丁,康熙四十五年2丁,康熙五十年2丁。还有的州县,自清初以来户口一直没有变动。如广东三水县康熙十一年账籍记载:户5 565、男9 231丁、妇女9 167口,男妇合计18 398丁口,到康熙五十年,实在男妇仍为18 398丁口,四十年间,生死相抵,毫无变化。

此外,从财政层面考虑,"滋生人丁永不加赋"对于政府收入也并不造成太大的损失。顺治十八年(1661年)至雍正二年(1724年)的60多年间,清朝共计增加丁银282 324两,米豆16 000多石,平均每年不过4 000余两,米豆250余石。而自康熙四十七年(1708年)后,历年户部积存的库银多超过4 000万两,额数最少的康熙六十年(1721年),也达3 200余万两。每岁增加的丁银,较诸户部存银,可谓微不足道。

"滋生人丁永不加赋"固定了丁银额数,使其不再随着人口增加而增长。这是此后普遍推行"摊丁入地"的前提,"自续生之赋罢,丁有定数,征乃可摊"。同时,这一政策减少了因丁税太重而发生逃亡的现象,把民众重新吸引到土地上来,不但清查了户口,同时也增加了田赋收入。

川楚陕白莲教起义

　　18 世纪末，清代社会矛盾日益尖锐，嘉庆元年（1796 年）爆发了川楚陕白莲教起义。这次规模巨大的起义，历时九年半，涉及四川、湖北、陕西、河南、甘肃五省，沉重地打击了清王朝的统治。

　　川楚陕三省边境，是一片崇山峻岭、层层叠叠的森林地带。它的范围，包括由陕西南部至湖北西北部的"南山老林"，以及由陕西、四川和湖北交界的"巴山老林"。这些地区，历史上就是广大无业流民的聚集之地。乾隆年间，随着人地关系的紧张，越来越多的流民涌向这里。他们进山后，或开垦荒地，或做长短工，或到煤场、铁场、木场、林场佃工为生，也有些人贩运私盐、私铸铜钱。

　　白莲教是这次起义的组织者，它是在民间流传很久的宗教结社。白莲教众以治病持斋为名，念诵经咒，聚众敛财。乾隆末年清政府对其进行搜捕，官吏借机敲诈勒索，激化民变，席卷湖北、四川、陕西三省交界的地区。正如洪亮吉在《征邪教疏》中所称："州县官既不能消弭化导于前，及事有萌蘖，即借邪教之名把持之，诛求之，不逼至于为贼不止。"

　　嘉庆元年（1796 年）正月，湖北枝江、宜都的白莲教首领聂杰人、张正谟首先举起"官逼民反"的大旗，揭开了白莲教起义的序幕。同年三月，王聪儿、姚之富等在襄阳黄龙挡举行了武装暴动。此后，在不到一年的时间里，四川、湖北、陕西三省多地掀起起义的风暴。起义民众以"白布缠头，白旗为号"，豪迈地提出"天上换玉皇，地府换阎王，另议孔夫子，不用四书五经"的口号，显示出与清朝抗争的气概。起义军中还设有掌柜、元帅、先锋、总兵等职务，负责对起义的领导。

　　川楚陕白莲教起义使清政府大为震动，从各地调来大量军队进行镇压。嘉庆二、三年间，起义军在各地击败清军，但其各自作战，先后受挫，起义领袖多被俘牺牲。嘉庆四年，嘉庆帝亲政后，使用"边抚边剿"的手法进行镇压。他颁发"罪己诏"，又惩办达州知州、武昌府同知等地方官员，来招抚流民开垦荒地，瓦解起义军。在军事方面，先后以勒保、额勒登保为经略大臣，节制五省军务。又下诏各地"坚壁清野"，"筑寨团练"，组织乡勇、团练与起义军作战，给义军造成很大的困难。嘉庆五年

(1800 年)二月,起义军与清军在江油马蹄岗大战失利,此后起义趋向低潮。至嘉庆七年(1802 年)底,起义军只剩小股部队,在南山巴山老林坚持作战。九年九月,义军首领苟朝九、王世贵被俘牺牲,三省白莲教起义最终失败。

川楚陕白莲教起义给予清政府沉重的打击。为了镇压起义,清政府从十六省调集数十万军队,耗费近二亿两军费,相当于五年的财政收入。这造成了政府的财政拮据,使得王朝迅速从盛世跌落。此外,这次起义也暴露出八旗兵腐败孱弱,不堪一战,绿营兵的战力也大为削弱。

起义的巨大威力也迫使清王朝进行某些政策上的调整。首先是取消禁令,有条件地承认白莲教存在的合法性。只要不反抗官府,白莲教徒可以合法地传教、信教。其次,废除封山禁林政策,准许流民在南山、巴山开垦荒地,以减少该地区的动荡,增加政府收入。这一政策促进了该地区社会经济的发展。

江南市镇

近世以来,在中国城市发展的过程中,江南地区尤其是太湖流域及沿长江三角洲各地,无疑居于最显著的地位。自唐宋以来,该地区已成为中国经济史上的枢纽地带。随着宋代工商业的发展,原有的乡村草市逐渐演化为商业性的聚落;而军事性及行政机能为主的城镇也渐次蜕化为工商业的据点。明清以来,商品经济的发展与商业市镇的兴起,在江南地区更是普遍与突出的现象;经济结构在此起了大变化,初期的资本主义已萌芽发展。在 19 世纪中叶西方经济势力冲击到中国沿海,及近代通商口岸都市出现之前,江南的近代化已经达到相当的程度。

从 16 世纪到 19 世纪的 300 年间,方志资料显示江南的商业市镇不仅在数量上快速地增加,市镇的人口和商业也不断地滋长繁荣。明清之际兴起的商业市镇多集中在长江三角洲的松江、太仓以及太湖流域的苏州、湖州、嘉兴以及杭州、常州各府。这种区域分布,不仅显示出数量之集中,而且更有为数颇多的专业性大市镇在这传统商业化最发达的地方兴起。尤其是太湖周边的蚕丝市镇与松江、太仓地区的棉市,以及苏州近郊及沿长江各地的米粮市镇。作为经济作物的木棉与蚕桑,在这些区域的种植与加工方面,均以专业化及商品的面貌出现于市场。

以棉业为例,明清以来,以松江府为中心的邻近地区形成了一个棉纺织业的专业地带。其中较具代表性的棉业市镇,如松江府金山县朱泾镇,上海县法华镇,青浦县朱家角,太仓州嘉定县新泾镇、南翔镇,宝山县罗店镇、江湾镇,镇洋县鹤王市等等。造成棉纺织业充分扩张发展的原因是棉花在该区域的普遍种植(木棉的耕种比例平均达60%至70%)以及人口压力之增大。此外,农村剩余劳力的充分利用及气候的潮湿、地形的高亢,都是江南棉作与棉纺织业发展的重要因素。

这种从本土文化中成长出来的乡村手工业,在近代以前达到了高度的发展,不只表现了传统农业经济的商品化,而且更加速了原有乡村市镇的繁荣滋长。这些市镇中的机户与邻近乡村中的农户,逐渐构成棉纺织业的生产联系体。随着海外市场的扩大和生产技术上的需求,早在鸦片战争发生、西方经济势力侵入中国之前的较长时期内,江南的棉纺织业在生产过程的最后阶段,已经由家庭手工业制度转变为作坊(甚至工厂)的工业生产方式。其中的手工业者不再自由独立,而变成没有生产工具的雇佣劳动者。农村经济及生产方式的变化直接影响到社会阶层关系。商业化侵蚀了传统农业地主、佃农之间的上下之分,也减消了地主对农民经济和礼制上的束缚力。雇佣人的法律、社会地位的提高,佃户新权益的获取,奴仆的解放,显示出农村社会商业化的巨变。作为最重要的家庭手工业的棉纺织业及棉业市镇的兴起,无疑是一股巨大的冲击力量。

徽商

嘉靖、万历时期农业生产力的提高,推动了商业和手工业的发展,使得这一时期商品经济的繁荣,形成了一个高潮。该时期国内外贸易空前活跃,商品交换的区域和内容更加广阔,生产资料在商品交换中的地位越来越重要,社会区域的分工日见明显,某些官方控制的贸易日益向民间贸易转变。

随着嘉靖、万历时期商品经济的发达,全国各地的商人逐渐活跃起来。从明中叶起,弃农经商的现象日益增多。在此基础上逐渐形成了一些各具特色的地方性商人集团,如实力最雄厚的徽州、山西商人,财富称雄于天下。时人谢肇淛《五杂俎》称:"富室之称雄者,江南则推新安,江北则推山右。"新安商人即所谓徽商,多以"鱼

盐为业"，其资产有至百万两者，其他二三十万者，则为中贾。

徽商即以新安江流域为中心的徽州府的商人。徽州因地瘠民贫，民多外出经商，通都城镇无所不至，以致江南各地有"无徽不成镇"之说。如上所述，盐业是徽商的主要产业。其中，淮扬的盐业，自明至清，几乎为徽商所独占。其他如汉口、长芦、四川，也都有徽商经营盐业的踪迹。经营盐业贸易作为致富主要业务的徽商，依赖于封建统治，谋取超额的垄断利润。每每随政治的变动，而起落不常。身家巨万的盐商，往往凭借其雄厚的财力，操纵行盐市场和官府的盐法管理。如嘉靖、万历年间扬州的盐引，向为徽商吴氏等所控制。

除盐业之外，徽商也多有经营典当业，从事高利贷资本的运作。典当业当时称为质库、典铺、解库、解铺等。徽州休宁商山吴氏，号称百万富翁，即是以开典铺为世业，汪氏等亦以开当而致富。有的徽商则系开设钱铺、兑店，以及牙行经纪等金融机构，开始经营钱粮兑换、存放款及汇兑等业务，并在其中发展了一种会票制度。此外，徽商也经营粮食贸易、海外贸易、木材贸易等。

明代徽商的活动区域，以江南一带最为集中，尤其是金陵、苏州与扬州，这是明代最重要的商业区。其次，两湖也是他们的集中地。再者，北方的山东、河南、陕西、河北以及北京，南方的福建、广东，均有其活动的踪迹。

明代嘉靖、万历年间，工商业在人民经济生活中比重大大提高，但商业经济的发展仍受到内部与外部的重重制约。首先，明代的商业资本与官僚政治有着紧密的联系，常常成为国家财政的来源，这一点在盐商身上表现得最为明显。因此，明代的商业资本如不依托于官僚政治，便很难获得超额利润；反之，其与官僚政治太过密切，常不能独立地长久维持其经济活动，每随政治的变动而变化。其次，明代徽商的商业资本，仍以乡族为结合的纽带，受到血缘关系和地缘关系的影响。不过，商人在该时期的商业活动中使用了商业雇佣者的伙计制度，创建并推广了代表商业行会意义的会馆制度等等，这一系列变化，都是值得重视的经济现象。

摊丁入地

摊丁入地是传统社会后期最后一次重要的赋役改革，也是清代"康乾盛世"的重

要事功。清初的赋役负担分为地银与丁银,自康熙五十一年(1712年)推行"滋生人丁永不加赋",丁银数被固定下来。从制度上来看,地银与丁银无需再分开会计与征收,二者的合并成为顺理成章之事。

康熙末年,广东、四川两省已在全省推行"丁随地起",即全省丁银按田地计征。摊丁入地在全国范围内展开,是在雍正年间。雍正元年(1723年),山东巡抚黄炳奏请将山东省丁银"摊入地亩输纳",并请"通饬五省一体遵行",未被采纳。同年,直隶总督李维钧也请求摊丁入地,雍正帝将李氏奏议发交有关官员讨论。经户部、九卿议准,自雍正二年(1724年)起,直隶正式开始摊丁入地,成为这一改革的标志性省份。

此后各省纷纷效仿,请求摊丁入地。雍正年间,福建、山东、河南、浙江等13省先后推行,稍晚的是山西、贵州二省,始于乾隆年间。盛京、吉林等省,情况特殊,直至清末才进行改革。在摊丁入地过程中,山西是一个较为特殊的省份,前后历经百余年[雍正九年(1731年)至光绪五年(1879年)]才完成。该省的主要问题是田土普遍不丰腴,又加上丁银偏重,摊丁入地后民众田赋负担过重,故阻力较大。其间发生过罢市、烧城门、毁公署等激烈反对摊丁入地的民变。可见,这一改革虽然代表赋役制度演进的方向,其过程却并非一帆风顺。

摊丁入地在各省的操作方式主要有两种:通省丁银摊入通省地粮;省内各州县分别计摊。前者如直隶,主要原因是各州县丁银、地粮额数差异较大,必须"统筹计摊"。后者指一省内各州县分别将本县丁银摊入本县地粮之内,省内各州县摊征科则不同。

摊征丁银入地银(田赋)的标准大体有三种:一是按田赋银数摊征,即田赋每两,摊征丁银若干,此种方法最为普遍,约有12省;二是以亩计摊,即每亩摊征丁银若干,如江苏、安徽两省;三是按田赋米石数摊征,即田赋每石,摊征丁银若干,如四川、湖南两省。因此,将这一改革称为"摊丁入地",更为准确。摊丁入地标志着传统社会后期赋役制度的进一步简化:它将明代一条鞭法改革以来的丁银转化为地银,从此法定的赋役征纳只有地粮/田亩这一种标准。相应地,丁银和地粮的会计与征收也合并起来,称为"地丁钱粮"。从理论上来说,从此,有地之人除纳地丁银以外,不用再服徭役或负担役银,无地之人也不再承担地税。但至迟在雍正、乾隆之际,部分省区已在地丁银之外出现了多种名目的额外加派。至19世纪初期的嘉道之际

(1820 年前后),徭役已在直隶等地区造成了严重的社会问题。

通常认为,摊丁入地有助于人口的自由流动,促进了农村雇佣劳力和城镇的发展,也使商业、手工业获得了更大的发展空间。另一方面,由于丁口数目不再与税额挂钩,清中叶人口急速增长:从乾隆六年(1741 年)的 1.43 亿,增至乾隆四十四年(1779 年)的 2.75 亿,再至道光三十年(1850 年)的 4.3 亿。

海外白银

明代嘉靖、万历年间,商品经济的发展、城市经济的发达、专业市镇的出现,给商人的活动开辟了广阔的天地。白银的大量流通,又为商人积累财富和促进商品经济的进一步繁荣提供了有利的条件。明初,政府曾实行禁止使用白银以维持自然经济的政策。宣德以后,此种禁令被打破,白银的使用范围日渐扩大。政府方面便有金花银等赋税折银之举措。至于民间交易,在工商业比较发达的南方地区,白银逐渐成为通用货币。即使在北方地区,也是银钱并用。万历年间给事中郝敬称:"今海内行钱,惟北地一隅。自大江以南,强半用银。即北地,惟民间贸易,而官帑出纳仍用银,则钱之所行无几耳。"

嘉靖、万历年间白银的普遍使用,一方面是国内银矿的开采,尤其是天顺以后云南、四川银矿的迅速开发。更重要的是,隆庆、万历以后,由于对外贸易的关系,输入了大量海外白银。特别是西班牙统治下的菲律宾马尼拉输入的白银,影响更大。16世纪初,西班牙在美洲殖民,在今秘鲁、玻利维亚等地发现了大量银矿。又以美洲为基地,对吕宋进行殖民统治。从嘉靖四十四年(1565 年)西班牙占领菲律宾至 1815年间,每年数艘大帆船横渡太平洋,往来于墨西哥阿卡普鲁可与菲律宾马尼拉(乃至福建月港)之间,西属美洲与菲律宾间的贸易兴盛起来。美洲对菲的输出以白银为主,而菲岛对美的输出,则以中国的生丝及丝织品最为重要。以华人、华侨为媒介,美洲银元源源不断流入中国。据估算,万历十四年(1586 年)以前每年输入约 30 万比索,是年达 50 万比索。万历二十六年(1598 年)前后增至 80 至 100 万比索。万历三十年(1602 年)前后每年骤增至 200 万比索。万历三十二年(1604 年)更达到 250万比索以上。1638 年,一位西班牙上将称:"中国皇帝能够用来自秘鲁的银条建筑一座宫殿。"

此外,葡萄牙人每年从欧洲和印度运往澳门的白银也有 20 至 100 万比索。日本生产的白银,每年约有五六十万两至 100 余万两经葡萄牙人运往澳门而流入中国。有人估计,自万历元年至崇祯十七年(1573—1644)的 72 年间,葡萄牙、西班牙、日本诸国由于贸易关系输入中国的银元,至少在 1 亿元以上。

嘉靖、万历年间海外白银的大量输入,大大增加了国内白银的储藏量,扩大了白银的流通范围。万历年间,全国普遍推行一条鞭法,每年赋税的征收总额达到 1 500 万两以上。明代赋役的白银化倾向,在相当程度上归因于海外白银的大量输入。白银大量进入国家财政的领域,改变了明清时代政府的运作方式,及其与社会的交往方式。至于它对推动中国商业发展的积极作用,更是不言而喻。当时海商从吕宋带回的墨西哥银钱,马上流行于东南沿海的市场。携带巨额白银的富商出现在广州、苏州、松江、太仓等地的市场上。嘉靖、万历年间来自海外贸易的白银逐渐成为中国市场的主要货币,这是中国货币史上一个划时代的变化。

王阳明

明朝"以理学于国",以朱熹为代表的正统理学是支配读书人的主导思想。明中叶的社会变迁,使一部分学者文人感受到程朱理学的困境和压抑,起而寻求新的思想出路。于是,成化、弘治年间广东的陈献章开创了明代心学的先声。

弘治、正德之际,浙江余姚人王守仁开创了姚江之学,倡其新说,鼓动海内,使明代的心学得到了广泛的传播。王守仁,字伯安,因筑室攻学于阳明洞,世称阳明先生。他于弘治十二年(1499 年)举进士,历任刑部、兵部主事,左金都御史,巡抚南赣汀漳等处,官至南京兵部尚书。他的著作被其门人编为《王文成公全书》,共 38 卷。

王阳明的学说,主要由三个论题组成:一曰心即理;二曰知行合一;三曰致良知。这三个论题是围绕发明本心的良知这一中心思想,"显与朱子背驰"。

在本体论上,王阳明反对程朱理学中"心与理为二"的客观唯心论,继承陆九渊"心即理"的主观唯心论,主张人心是宇宙的主体。所谓"人者,天地万物之心也;心者,天地万物之主也。心即天,言心,则天地万物皆举之矣"。认为"心之本体无所不

该"、"心外无物"、"心外无理",把世界上的一切都看作是由心生产出来的。

在知行问题上,他反对朱熹"先知后行"的主张,创立了"知行合一"的理论。他认为"知"和"行"是分不开的,"圣学只是一个功夫,知、行不可分作两事","知是行的主意,行是知的工夫;知是行之始,行是知之成"。当然,王阳明所说的"知行本体"也就是指"心",二者都归本于"心"。知行合一论只是他心学体系的一个组成命题而已。然而,这毕竟比朱熹的"先知后行"的彻底先验论是一个进步,注意到了实践活动对于认识的影响。

"致良知"或曰"致知格物",是王阳明关于认识方法与道德修养的核心思想。他的"致良知"实际上是把《大学》中的"致知"与《孟子》中的"良知"观点结合起来,并将之纳入他的心学体系。所谓"良知者,心之本体"。所以,他认为朱熹的"致知在格物,物格而后知至"的观点并不对,提出了只有致知才能格物的观点。

王阳明又主张"致良知"作为道德修养,是以"去恶存善""存天理去人欲"为其内涵和归宿的。他把"良知"和"天理"等同起来,"吾心之良知,即所谓天理也"。"致良知"是王阳明一生最得意的理论发明,他曾标榜说:"吾平生讲学,只是致良知之学。"因为他希望他的思想理论能够为现实的"为善去恶"服务。所以他晚年把自己的学说概括为四句话:"无善无恶性之体,有善有恶意之动,知善知恶是良知,为善去恶是格物。"此即后人所谓的"王门四句教"。

王阳明的心学,具有明显的反传统的姿态,被当时一些理学学者视为"异论""邪说"。然而正是这种"异论"起到了冲破思想禁锢的作用,对于嘉万时期及晚明的思想发展,有着开创性的积极意义。阳明心学所强调的"本心",尊重个人思考的权威性,正与后来的追求个性解放的叛逆思潮,有着很深的相承关系。

顾炎武

17世纪是中国历史上阶级、民族矛盾异常尖锐的时代。大斗争、大动荡的社会条件和瞬息万变的政治风云,有力地推动了思想领域斗争的发展,出现了以黄宗羲、顾炎武、王夫之、颜元等人为代表的一批杰出思想家。他们治学的规模宏伟博大,以犀利的笔锋、奔放的激情,抒发了深刻而新颖的政治、哲学观点,形成了与宋明理学相对立的、具有批判精神和求实精神的新思潮、新学风,谱写了中国思想史上光辉灿烂的一章。

顾炎武(1613—1682),字宁人,号亭林,江苏昆山人,出身江南大族。青年时期加入以抨击明末弊政为宗旨的复社,提倡读书务实,留心经世之学。清兵南下,陷昆山,其生母及两弟均罹难,这对顾炎武的刺激极深。他曾和复社中人归庄、吴其沆等人起兵抗清。失败以后,遍游北方各省,结交志士,力图恢复明朝的统治。著有《天下郡国利病书》《日知录》《音学五书》《亭林诗文集》等。

顾炎武在学术上的成就是多方面的,尤擅长经学、音韵学、史学、地理学。他针对明末士大夫的空疏不学,昏庸无耻,强调"博学于文,行己有耻",以"明道救世"为治学宗旨,把学术研究和解决社会问题联系起来,"自一身以至于天下国家,皆学之事也",力图扭转明末的学风。为此他树起"经学即理学"的旗帜,与"置四海之穷困不言,而终日讲危微精一之说"的理学相对抗,这在当时的思想界激起很大的波澜。

经世致用的学术内容决定了顾炎武别具一格的治学方法。他比较注重调查研究,广求证据,详察山川地理和各种制度的沿革,提倡独创,反对盲从和抄袭。内容浩瀚的《天下郡国利病书》和《日知录》就是实践这个理念的范例。他"频年足迹所至无三月之淹","一年之中,半宿旅店",每到一地,则"考其山川风俗,疾苦利病,如指诸掌"。

由于顾炎武有力地纠正了"束书不观,游谈无根"的恶劣学风,开辟了清代治学方法和学术门类的新途径,对继起的考据学派影响很大,因而在清代学术思想史上占有重要的地位。梁启超曾说:"清代许多学术都由亭林发其端,而后人衍其绪。"同时顾炎武受朱熹的影响较多,政治改革的主张比较温和。清朝统治者出于统治的需要,贬低顾炎武的经世之学"或迂而难行","或愎而过锐",极力赞赏他的"考据精详",企图借助他的声望为考据学派进行辩护。事实上考据学派虽然部分接受了顾炎武治学精神的传统,但他们把顾炎武的经世之学蜕变为脱离现实政治、单纯追求书本知识的繁琐学术,大大背离了顾炎武的初衷。

戴震

18 世纪初,清代思想界、学术界正在演变过程中,即从清初奔放、务实而反对空

谈的学术思想和学风,转化为更为朴实、重视实证,却拘守烦琐的清代汉学或清代考据学。汉学的代表性学者,有吴派的惠栋与皖派的戴震。

戴震(1723—1777),字东原,安徽休宁人。家境贫寒,曾为商贩,又以教书为业。青年时就学于著名学者江永。33岁时戴震去北京拜访钱大昕,钱誉之为"天下奇才"。从此,戴震结识了一批新科进士、学问家,包括王鸣盛、钱大昕、卢文弨等人,声重京师。他40岁才考中举人,会试不第,此后往来于江西、江苏、直隶、山西,受聘修志编书。51岁充《四库全书》纂修官,53岁会试又落第,特准参加殿试,授翰林院庶吉士,55岁病死。

戴震的学术成就,在清中叶的学者中最为突出。他学问渊博,识断精审,与其他汉学家不同,他写了很多理论文章,抨击程朱理学,创造性地阐发自己的思想,闪耀着唯物主义的战斗光辉。汪中评论清代的学术,称"诸儒崛起,接二千余年沉沦之绪……及东原(戴震)出而集大成焉"。

戴震的学术成就,还在音韵、文字方面。他对古韵分部和声类分析均有贡献。他说明必须通音声而明转注、假借,才能弄清楚许多古文字的意义。由于戴震精通小学,从音韵、训诂的基本功夫入手,所以治经的成绩较大。除音韵、训诂外,戴震对名物、制度、经籍的考证很多。如《考工记图》一书,对《考工记》本文和郑康成的注,多所订正。他在古天算、古地理的研究方面,也有不少成绩。他把古代天文理论和古籍中的相关记载结合起来,解决了古天算中的一些疑难。在古地理方面,戴震整理郦道元的《水经注》,将该书在流传中混在一起的经文和注文分开,基本恢复了《水经注》的本来面目。

戴震不仅是卓越的考据学家,也是卓越的哲学家。他对程朱理学进行了激烈的抨击,反对理学家所说的"理在气先",认为"气"才是第一性的,它是宇宙万物的本源,自然界的发生、发展就是"气化流行",即物质的运动。他认为理学家所标榜的"理"是第二性的,只能分别存在于各个具体的事物之中,所以又叫"分理"。

戴震还提出了人性论和理欲说,这是他思想中最精彩、最富战斗精神的部分。他认为,人性包括情、欲、知三方面,欲是对声色嗅味的要求欲望,情是喜怒哀乐的感情,知是分辨美丑是非的能力。人生而后有欲、有情、有知。因此,他反对宋儒所说的"存天理,灭人欲",认为欲是每个人都具有的自然的生理要求,是不可能灭掉的。只要在理智的指导下,欲合乎规律地发展,有节制地得到满足,就是善,就是仁。戴震的道德观不同于理学家,建立在尊重人性、承认人欲的基础上。

　　戴震生活在雍正、乾隆时期,专制主义对文化的控制极为严密,文字狱层出不穷。程朱理学是清朝政权的思想支柱,是维护旧制度、压制新事物的工具。清政府大力尊崇理学,有几起文字狱即因反对程朱理学而起。戴震对程朱理学的批判不仅仅是思想学术之争,而是用训释《孟子》字义的巧妙形式,开展了一场政治斗争。他的批判锋芒实际上直指专制主义和清朝的残酷统治。

汤显祖

　　嘉靖、万历年间,戏曲创作打破了明初以来的沉寂局面,出现了一批优秀的剧作家和戏曲作品,如徐渭、李玉、汤显祖等人,他们的作品不仅有很高的艺术价值,而且还有相当明显的现实主义和反传统的色彩。其中汤显祖《牡丹亭》,描写南安太守杜宝的女儿杜丽娘,敢于冲破礼教的束缚,生死离合,最终与自己爱慕的书生柳梦梅结为夫妻。这部强烈要求个性自由的作品堪称明代戏曲传奇之冠。

　　汤显祖字义仍,号海若、若士,又号清远道人,江西临川人。万历十一年(1583年)进士,十九年在南京礼部祠祭司主事任内,上《论辅臣科臣疏》,抨击朝政腐败,被贬斥广东徐闻。后复调为遂昌县令,治绩卓著。二十六年(1598年),弃官归里,二十九年大计时被罢斥。他厌恶官场倾轧,与吏部清议派人物赵邦清等交谊很深,颇有革新社会的抱负。在《牡丹亭》与《紫钗记》中,他憧憬着人间的光明前景;在《南柯记》中塑造了征徭薄、无暴苛、夜不闭户、家安户乐的"南柯善政"。官场上的遭遇和清议派在吏部政争中的失败使他的政治理想破灭,从期望社会改良转为对社会的批判。在《邯郸记》中,借卢生的荒唐梦境,"把人情世故都交谈尽",讽刺科举的不公、官场的黑暗、人际关系的卑鄙肮脏,实际上对现实社会作了无情的否定。

　　汤显祖的戏曲作品,不但在创作技巧上敢于打破戏曲的音韵格律限制,注重作品的流畅和大众化,而且在创作思想上,追求平等自主,主张作品的情感流露,"以情作使",讴歌"情"的伟大力量——"生者可以死,死可以生"(汤显祖:《牡丹亭记题词》)。强调作品的现实意义和思想内容,所谓"明之中叶,士大夫好谈性理,而多矫饰,科第利禄之见深入骨髓,若士一切鄙弃,故假曼倩诙谐,东坡笑骂,为色庄中热

者,下一针砭"(吴梅《四梦传奇总跋》)。正因为如此,他的作品在当时影响很大,为明代南曲传奇的兴起,作出了决定性的贡献。

《红楼梦》

《红楼梦》是一部长篇章回小说,不仅在中国文学史上占有极高的地位,也是世界文学宝库中的精品。

《红楼梦》作者曹雪芹,名霑,字梦阮,号雪芹,汉军正白旗人。自曾祖父曹玺起,其祖父曹寅,父辈曹颙、曹𫖯,在康熙初年至雍正初年的近60年中,三代世袭江宁织造,可见曹家与皇帝关系之密切、权势之显赫。曹雪芹出生于这一富贵之家,幼年过着锦衣玉食的公子生活。但雍正初年,其父因事获罪,罢官抄家,家境一落千丈。从此曹雪芹的生活条件一天不如一天,过着相对穷困的生活。曹雪芹晚年在北京西郊度过,乾隆中叶去世,终年不到50岁。

曹雪芹去世前写出《红楼梦》的前80回,现在的通行本共120回,后40回为高鹗续写。高鹗字兰墅,汉军镶黄旗人,乾隆六十年进士。高鹗的续书在思想性、艺术性上,均赶不上原作,但不少重要情节处理得不坏,并且使原作不再残缺,有利于该书的传播。前80回原来题名《石头记》,在曹雪芹撰写、修改过程中就以抄本形式流传。乾隆五十六年程伟元把前80回和后40回续书,合在一起以活字版排印,改名《红楼梦》,从此120回本流行。

《红楼梦》以贾宝玉、林黛玉的爱情悲剧和贾、王、史、薛四大家族的兴衰为线索,揭露了贵族家庭的腐朽没落与封建社会的黑暗,具有鲜明的时代意义。《红楼梦》中作为重点进行描写的,是封建叛逆者与封建势力的矛盾冲突。它所塑造的封建叛逆者的典型形象,是主人公贾宝玉及林黛玉。贾宝玉是贾家的公子哥,但他厌恶一般人所追求的科场功名、光宗耀祖的人生道路。那些热衷于这条道路的人被他斥为"国贼禄蠹"。林黛玉出生在世袭侯爵的家庭中,鄙视封建文人,厌恶八股功名。共同的思想倾向使贾宝玉和林黛玉产生了真挚的爱情。然而,他们的爱情受到封建家长的压抑,贾宝玉因不走读书科举做官的人生道路,屡次受到斥责。其婚姻也成了悲剧,在家长的干预下,贾宝玉没能与林黛玉成婚,而娶了薛宝钗。贵族大家庭的腐朽、残暴和堕落,以及由此引起的各种矛盾,造成了他们的统治危机,没落衰亡的命运不可避免地要降临在他们头上。《红楼梦》全面深刻地反映了封建社会行将崩溃时期的社会风貌,是一部伟大的政治历史小说。

《红楼梦》在艺术上同样成就极大,它非常善于刻画人物形象。书中写了许多人物,不管是主要的还是次要的,无不有血有肉,呼之欲出。《红楼梦》的语言简洁、准确、自然和富于表现力。其结构严密而完整,头绪虽多但组织得有条不紊,主次分明,情节和章节的转换,绝无生硬拼凑之感。《红楼梦》在艺术上的这些成就,实际上是继承发展了我国古代各种优秀文学作品的优点,从而达到了一个新高度。

《农政全书》

嘉靖、万历时期社会经济的发展,海外贸易所引起的传统商品扩大再生产和改革工艺的要求,迫切期待着科学技术的创新和总结。欧洲耶稣会士传来的西方科技。如天文、历算、火器铸造技术、机械原理、水利、建筑、地图测绘等等,又以其新奇和实际应用刺激了讲求实学的士大夫的求知欲。在这双重因素的交互推动下,出现了一股追求科技知识的新潮,产生了一次小型的"科学革命"。

徐光启的《农政全书》,是明末重要的科技著作。徐光启,字子先,号玄扈,上海人,生于嘉靖四十一年(1562年),卒于崇祯六年(1633年)。万历三十一年(1603年)举进士,官至礼部尚书,崇祯五年"以本官兼东阁大学士,入参机务"。他虽官居高位,但一生"澹泊自好,生平务有用之学,尽绝诸嗜好,博访坐论,无间寝食"。他曾虚心"从西洋人利玛窦学天文、历算、火器,尽其术,遂遍习兵机、屯田、盐策、水利诸书"。因此他学识十分渊博,在政务之余,致力于科学技术事业。

徐光启的家乡松江一带,是嘉靖万历时期我国农业最先进的地区之一,无论是经济作物的种植、集约化的经营,农田的耕作管理等方面,都有很大的进步。他的青壮年时期,均与农村有紧密的关系,对各种农业技术有较深切的了解。四十二岁成进士后,一度被委派去管理田政,亲自从事农业科学的试验。在此基础上,他广泛收集了历代的农业科学资料,结合自己的亲身体验,把宋元以来的农业科学研究成果与明代的农业实践相互印证,总结分析,于天启七年(1627年)完成《农政全书》

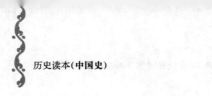

初稿。

　　全书分六十卷,分农本、田制、农事、水利、农器、树艺、蚕桑、蚕桑广类、种植、牧养、制造、荒政等十二目,"自夫沟封,景俟器物,皆可伸指知寸,舒掌知尺。既悉其事,复列为图,农之为通,凡既备矣"。《农政全书》是集我国古代农学之大成的巨著,它立足于嘉靖万历时期我国传统农业最为发达的这一时代背景。因此,它的成就达到了我国传统农业科学的顶峰,这对我国这样一个人口众多而又长期以农业为生命线的国家而言,其意义是十分深远的。

第五部分

晚清时期的内忧外患与救亡图存

马戛尔尼使华

19 世纪前半期,英国率先完成工业革命,成为世界头号资本主义强国。为了扩大商品销售市场和原料产地,英国政府期望通过派遣使团访华,与清王朝统治者谈判,取消清政府在对外贸易中的种种限制和禁令,打开中国门户,开拓中国市场。

乾隆五十八年(1793 年),英政府派遣乔治·马戛尔尼等人访问中国,这是中英之间最重要的一次早期交往。1792 年,英国政府以祝寿为名,派遣特使马嘎尔尼等人访华。该年 9 月,使团从英国出发,随员 700 多名,乘坐 5 艘战舰,满载英国工业革命以来最先进的火枪、大炮、纺纱机、蒸汽机等,漂洋过海来到中国。1793 年 6 月到达中国广东海面。两广总督郭世勋向乾隆上奏:英使将远道而来为其祝寿。乾隆龙心大悦,将之视为因天恩浩荡,福泽万邦,故化外之民,远来恭贺。于是下旨相关州府,为英使北上提供方便,并悉心关照英使在华的生活事宜,以示其"怀柔远人"的体恤之情。

1793 年 9 月,马戛尔尼一行到达热河(承德)行宫,拜见了乾隆,以贡献方物为名,赠送火枪、火炮、军舰模型等物以表祝贺。其后他代表英方,向中国提出了开放宁波、舟山等地为商埠,以及裁减关税、租借岛屿、派驻使节等一系列要求,均遭到拒绝。此时的清朝正值"康乾盛世"的顶点,乾隆皇帝满怀豪情壮志,君臣上下并没有将英国放在眼里。他们将英国遣使来华,只看作是英人向化、恭顺的表现。清廷也并不以商业利益来看待贸易,通商只是对外人的一种恩惠,如果洋人有过失,他们会取消通商以示薄惩,因此他们对英国所提出的要求不感兴趣。整个访问过程中,最令他们关注的,是英使觐见乾隆竟然不行"下跪"礼仪。当时,清廷坚持英使应对乾隆行三跪九叩之礼,而马戛尔尼则强调,大清与不列颠王国是地位平等的国家,如果

大清同级官员也能向英王行同等礼仪，英使也是乐意为之的。这当然不是乾隆及大清官员们想要的答案，双方一直为此争执不休。最后，清廷以"化外之人，有绑腿之俗，不便叩头"的托辞让步，同意英使在觐见时以单膝下跪行礼。

马戛尔尼此行主要是为通商而来，如此便是无功而返了。于清廷而言，这场会见不过是乾隆皇帝祝寿时的一个小插曲，但在英国看来意义却大不一样了。未来之前，中国于其而言是一个庞大的、国力强盛的东方帝国，令其敬畏、艳羡、心向往之。如今，英国使团访问后，却发现了繁华背后隐藏的种种问题，这一东方帝国已显现出其衰败、落后的一面，并非其表面展现出的那般强大、坚不可摧。23 年后，英国第二次派遣访华使团，因为拒绝向嘉庆帝行三跪九叩礼而遭驱逐。又经过 24 年，公元1840 年，鸦片战争爆发，大英帝国用坚船利炮打开了中国的大门。大清随之被列强瓜分，世界格局发生了极大的转变，英国成了"日不落"帝国，站在了时代的风口浪尖上。

闭关锁国

闭关锁国政策，指闭关自守，不与外界接触的一种国家政策。这一政策初始于明朝。明朝朱元璋在位期间，曾实行海禁，禁止人民与外洋番人进行贸易。明成祖朱棣实行对外开放政策，海上丝绸之路空前繁荣，以郑和下西洋最为壮观。明中期以后，由于倭寇之患，明朝政府又厉行海禁，待戚继光平息倭患之后，才再次开禁，允许人民出海贸易。

清初，清政府厉行海禁，将沿海人民内迁 25 千米，以断绝东南沿海对郑成功等抗清力量的物质供应。直至 1683 年，康熙帝统一台湾，至此全国归于统一。于是清政府在广东澳门、福建漳州、浙江宁波、江南云台山 4 处设立海关，准许外商来华贸易，创立广州十三行以专办对外贸易。1757 年，乾隆帝一道圣旨从京城传到沿海各省，下令除广州外，停止厦门、宁波等港口的对外贸易，且只许和朝廷特许的"行商"（专营进出口贸易的中国商人）做买卖，即所谓的"一口通商"政策。这一上谕的颁布，标志着清政府彻底奉行起闭关锁国的政策，此后清朝的对外贸易便主要由广州十三行负责办理。

　　清廷实行闭关锁国的政策受多方面因素的影响。首先,封建社会自给自足的自然经济比较稳定,对外来商品有较强的抵制作用,这是闭关锁国政策的经济根源。封建统治者长期受重农抑商的思想影响,不重视工商业的发展,并对外国通商贸易进行严格的限制。清朝统治者认为,世界上只有中国一个大国,其他国家都是番邦,即使和其他国家进行贸易,也不重视外贸的经济利益,只是把通商当作"怀远以德"、施恩于外邦,彰显大国国力的手段。其次,从维护自己统治的角度考虑,随着新航路的开辟,西方殖民者进行全球扩张,中国也是西方列强觊觎的目标,加之清初东南沿海的抗清武装活动,清政府为防止中外反清势力的联系与西方殖民主义的渗透,故而实行闭关锁国政策。

　　清廷在贸易上,对内实行严厉的海禁政策,严禁商民出海贸易,严格限制造船的规模和国产货物出口;对外,对西方贸易船只予以严格限制,尽量减少通商口岸的数量,并且对外商和华商的活动都作出了更为严格的限制。此外,清廷以天朝上国自居,认为中国是世界的中心,其他国家都是海外蛮夷,恍恍然不知外面的世界早已大变。他们排斥西学,斥之为"奇技淫巧",拒绝主动了解和学习西方先进的技术、文化成果。

　　闭关锁国政策在一定时期内维护了沿海地区的稳定,打击和限制了海上走私及海盗行为,对西方殖民者的入侵也有一定的自卫作用。然而这一政策,并不能削弱西方资本主义国家的力量,反而阻碍了自己的发展,使中国丧失了对外贸易的主动权。它隔断了中外科技文化的交流,阻碍了生产力的发展和社会的进步,拉大了中国与西方的差距,使中国与世界脱轨,渐渐落后于世界,造成了近代中国被动挨打的局面。

东印度公司与广州十三行

　　东印度公司与广州十三行都是 17 至 19 世纪国家应对海外贸易的产物,都具有贸易垄断的性质。但两者在组织形式、运营方式与经营内容上又存在很大不同。前者是国家追求海外扩张的产物,后者意在维稳,是清王朝应对急剧增长的外国对华贸易需求的产物。

17世纪的欧洲,正处于追求贸易垄断的重商主义时代。全球海上贸易急剧扩张,各方势力角逐海上贸易垄断权。为争夺海上贸易航线的垄断权,实现对供应市场和售地市场的垄断,1600年英国女王伊丽莎白授予"英国东印度公司"皇家特许状,给予它在东印度贸易的垄断权。

为了在海外扩张中更有效地集中本国力量参与竞争,英国王室和议院与东印度公司配合,不断保护和加强东印度公司的竞争能力,授予其拥有军队、发动战争、缔结和约、铸造货币、建立殖民地政权和管辖殖民地等诸多权力。随着英国的日益强大和海外霸权的确立,东印度公司完成了它的历史任务,英国政府基于现实需要对其做出了政策调整。1813年英国东印度公司被解除对印度的贸易垄断权,1833年被解除对中国的贸易垄断权,1858年被国有化,交出印度管辖统治权,直至1874年最后解散。在这两百多年的历史中,英国东印度公司为英国开疆拓土、殖民印度、垄断欧亚贸易、建立殖民地生产基地,为英国工业革命开辟原材料供应市场和工业制造品销售市场,同时也为英国在印度打败法国、用鸦片扭转对华贸易赤字,以及为英国挤进茶叶生产领域及后来垄断世界茶叶市场作出了巨大贡献。它为英国积累了巨大的财富,也为英国海外霸权的建立作出了极大的贡献。

广州十三行创立于康熙盛世,是清政府特许的专业商行,负责对外贸易业务。1757年,乾隆颁布广州一口通商上谕,此后清朝的对外贸易便长期锁定在广州十三行。由于清政府将对外贸易限定在一口,指定由十三行承担中介,由此极易衍生出垄断和黑幕交易。受闭关锁国、重农抑商等思想的影响,外商在华贸易受到诸多限制。也因此,英国自马戛尔尼访华后,几次三番派出使节,要求开放通商口岸,但都遭到了拒绝。于是英国采取武力行动,发动了鸦片战争。1842年五口通商,中国对外贸易的重心逐渐由广州转移到了上海。

一直以来,设立广州十三行都是清廷应对海外国家贸易需求的权宜之计,政府授予它垄断对外贸易的特权,同时也要求它承担起维护境内社会秩序稳定的责任。在清政府的眼中,十三行行商自身的商业利益并不重要。广州十三行内部是一个由多家行商组成的松散组织。在中西贸易纠纷中,中央政府和地方官员又往往厚彼薄己,重罚本国行商,保护外商利益。广州十三行的行商们只能受着清王朝和西洋商人的双重压迫和欺凌。在这样的官商关系、对外贸易政策、公行的组织结构和运行方式下,行商只能在外国对中国产品大量需求的框架下发财致富;其对国家的贡献也无非是为朝廷内务府提供了财政收入,促进了商品特别是出口商品的生产和运输。然而,当面对西方的强势扩张时,清政府被迫采取防守式回应,其底线也遭到一次次挑战。随着国家海关主权的丧失,广州十三行必然失去其存在的意义。

第一次鸦片战争与《南京条约》

鸦片俗称大烟,由罂粟的汁液加工而成。原产于南欧及小亚细亚,后传到阿拉伯、印度及东南亚等地。鸦片早在唐代已有少量输入,元明时期南洋诸国贡品中也有此物,但均作为药材使用。17世纪,吸食鸦片的方法从南洋传入中国,鸦片中含有大量麻醉性的毒素,如若吸食上瘾就不易戒除,长期服用会使人形容枯槁,精神涣散,甚至死亡。葡萄牙和荷兰两国最早向中国贩运鸦片。鸦片大量输入中国则是从17世纪开始,英国是最大的贩卖商,美国次之。

第一次鸦片战争爆发之前,在正常的中英贸易中,中国一直处于出超地位。为了攫取暴利,扭转贸易逆差,英国以其所占领的印度为基地,向中国大肆走私鸦片。1773年,英印殖民政府确立了大量种植及向中国贩运鸦片的政策,并给予东印度公司制造和专卖的特权。清政府多次颁布禁烟诏谕,东印度公司为撇清干系,遂转交英印散商几经辗转卖往中国。同时,鸦片商人还向中国缉私官吏行贿。通过这些方法,鸦片的走私贸易在鸦片战争前发展极快。

当时,英国商人常常将销售鸦片所获得的大量现金,用于购买丝绸、茶叶等货物。19世纪20年代中期以后,鸦片输入激增,中英之间的贸易逐渐发生变化,英国由原来的入超变为出超。白银大量外流,银贵钱贱,大大加重了广大农民的负担,刺激了物价上涨,也加剧了清政府的财政危机。鸦片流毒中国,吸食者日众,使广大人民的身心受到严重摧残。鸦片泛滥给清政府的统治造成了严重危机。

1838年底,道光皇帝任命湖广总督林则徐为钦差大臣,前往广东禁烟。道光十九年(1839年)正月林则徐到达广州,严厉执行禁烟谕旨。英商拒不接受中国方面的规定,英国政府还以遏制贸易、危害英国臣民为借口,在1840年发动了侵略中国的鸦片战争。

第一次鸦片战争失败后,清政府被迫与英国于1842年签订《南京条约》。《南京条约》签订后,英、法、美等国屡次提出要修改条约,使中国承认鸦片贸易的合法化,均遭到清政府的拒绝。英国政府遂听任私商鸦片走私继续进行,并且加以庇护,借此来迫使中国就范。战后的鸦片贸易,以香港为走私基地,长江以南沿海各个口岸都可作为走私据点;新签订的不平等条约更给走私非法活动以法律保护。因此其规模更大,活动也更猖獗。在1858年英法等国强迫中国签订的《通商善后条约》中,规定鸦片以"洋药"名义进口,从此鸦片一直作为合法进口商品,在中国行销近60年。甲午战争以后,外国资本主义对华商品输出大增,鸦片已不再是平衡贸易逆差的手段,而且国内川、滇等地也大量私种鸦片,再加上中国人民的坚决反对和国际舆论的强烈谴责,鸦片进口数量逐步减少。

《南京条约》要求中国开放广州、厦门、福州、宁波、上海五处为通商口岸,实行自由贸易。1844年,美、法两国又分别强迫清政府订立中美《望厦条约》和中法《黄埔条约》,沿用了上述内容,五大商埠成为中国由清末到民国初年中西方的主要贸易之地。

《南京条约》开了列强强迫中国开辟商埠的先例。根据条约规定,这些通商口岸,准许英国人携带家属自由居住,派驻领事等驻华官员,外商可以自由贸易。五口通商迫使中国东南沿海的重要口岸对外开放,打破了清朝自1757年以来实行的"广州一口通商"的贸易体制,"十三行"制度及"防范外夷规条"也同时宣告废止。

随着五口开放通商,外商蜂拥来华,他们凭借从不平等条约中获取的政治、经济特权,争相在通商口岸倾销商品,从中国掠夺原料和农产品,中国大宗出口货物如茶叶和生丝的出口量直线上升。但是,列强的商品倾销受到了中国自给自足的传统自然经济的抵制。海运费用高昂、信息传递迟缓,使得英国输华产品成本昂贵,商人难以及时把握有利的商机,因而在价格上很难与中国本土产品竞争。清廷与外国签订了诸多赔款条约,沉重的外债负担导致百姓的税收增加,阻碍了经济的发展,社会极度贫困化,国人购买力低下。外国商品因为不适合中国市场需求,以及中国人的消费习惯,对华贸易频频受阻。

然而,西方的经济入侵来势汹汹,中国传统自然经济生产力低下,对其难以进行长期抵制。随着西方工业革命的发展,西方资本主义国家的国际竞争力显著提高,对中国的市场开拓能力大大增强。中国传统自然经济逐渐土崩瓦解,中国进一步卷入资本主义世界市场。从1877年开始,中国对外贸易的长期优势被打破,国际收支由顺差转为逆差,直至1949年,中国出现了连续长达70余年的贸易逆差。

第一次鸦片战争以前,中国的对外贸易长期高度集中于广州一口;第一次鸦片战争以后,五口开放,中国对外贸易的重心逐步由广州转移到上海。上海地理位置优越,可辐射南北各地,由长江连接起中国最富庶的经济带,此外又邻近中国最重要的出口货源——丝、茶、土产区(江、浙、鄂、闽),因而上海既是中国交通最便利的口岸,又是中国出口商品最大的供应中心,还是中国最具购买力的消费区域。随着上海港的崛起,外资工厂也多集中在上海。五口通商虽然加速了中国传统自然经济的瓦解,但是随着西方先进生产技术、管理技术的引入,也促进了中国沿海地区商品经济的发展,在一定程度上推动了中国资本主义经济的产生和发展。然而五口通商带给列强的巨大的经济效益,亦催生了他们更多的侵略欲望。到《北京条约》时,通商口岸就增加至19处,《中日马关条约》时则增加到35处,到了1913年竟达150处。列强在通商口岸攫取了大量的资源与财富,同时设立租界,利用其诸多特权在中国领土上建立其"独立王国",使之成为对中国进行政治、经济、军事、文化侵略的堡垒。

叶名琛

叶名琛(1807—1859),清末官僚,湖北汉阳人(祖籍江苏溧水),字昆臣,出生于官宦兼商人家庭。道光十五年(1835年)中进士,道光二十六年(1846年)授广东布政使,道光二十八年(1848年)任广东巡抚。咸丰二年(1852年)升任两广总督兼通商大臣。

清代,外商来广州贸易,历来居住在城外的商馆。道光二十七年(1847年),香港总督德庇时(英方)寻衅胁迫两广总督耆英,要求进入广州城。百姓聚集反抗,耆英遂与德庇时密约两年后准英人进城。道光二十九年(1849年)4月,英国公使要求履行密约,广州人民聚集10万余众,坚决反对洋人入城。两广总督徐广缙和广东巡抚叶名琛认为若违逆民意,势必引起百姓公开造反,故决定集结官兵,严阵以待。以断绝通商相要挟,拒绝英方入城,英方被迫收回要求。由于此次危机处置得当,清廷加封叶名琛为男爵。

1852年,叶铭琛前往高州接替徐广缙,指挥镇压了凌十八起义,升任两广总督。太平天国运动爆发后,他不断向邻省输送饷需、兵员和军械,深得清廷器重,权倾一

时。1854 到 1855 年间，受清廷"抚夷"方针的引导，他在英、法、美等国的军火支持下，对广州附近各府县人民起义进行血腥镇压，被杀的有二三十万人，严重摧残了人民反侵略力量，给英法联军侵略以可乘之机。

咸丰六年（1856 年）初，叶名琛擢体仁阁大学士，仍留总督任。该年 10 月，清军水师在广州黄埔搜查中国商船"亚罗号"，逮捕了两名海盗和 10 名涉嫌走私的水手，英国借机寻衅扩大事端，叶名琛为避免事态恶化，答应放回被捕人员，出城与英方谈判，但拒绝道歉和英方的无理要求。其后，英国海军炮轰广州城，挑起了第二次鸦片战争。叶名琛做好相应部署加以应对。一度攻入广州外城的英军，立足未稳便被围剿，加上援军不至，被迫于次年二月撤去。此后，双方间有小战，僵持近一年。这期间，叶名琛多次派出大批探子到香港搜集情报，但没觉察到一场新的大规模战争已迫在眉睫，也未做充分的作战准备。

1857 年 12 月，英、法等国联军乘大批军舰再次闯到广州城外，对广州城发动猛烈攻击。广州军民奋勇抗战。然而，沿海炮台已尽被联军夺取，守城部队相继溃散。据其同僚所称，在战事吃紧时，叶名琛仍毫无布置，只寄希望于神佑，时人讥讽他实行"六不"，即"不战、不和、不守、不死、不降、不走"的作战原则。12 月 29 日，广州为联军所陷。1858 年 1 月，英法联军分队搜查广州各衙署，叶名琛被俘，被押上英舰"无畏号"。他先被送到香港，囚于"无畏号"上达 48 天之久。2 月被解往印度加尔各答，囚禁于寓所。一年多后，他自备的粮食告罄，当仆役提出再购买粮食时，他摇头不允。叶名琛曾想觐见英王当面理论，然而最终未能如愿，滞留此处，所带食物既已食完，无颜再吃外国之物，遂开始绝食。8 天后，于咸丰九年四月初十客死异域。

火烧圆明园

圆明园坐落在北京西郊海淀区，始建于康熙四十八年（1709 年），由圆明园、长春园、绮春园三园组成。康熙帝将该园赐给四子，即后来的雍正帝，赐名圆明园。经雍正、乾隆、嘉庆、道光、咸丰五位皇帝约 150 年的经营，将其精心营造成一座规模宏伟、景色秀丽的离宫，清朝皇帝每到盛夏常来此地避暑。园内珍藏文物众多，建筑规格中西合璧，是中国古代园林艺术的巅峰。只可惜在 1860 年被英法联军付之一炬，大量珍玩被掠走,园林惨遭损毁,只留下断壁残垣,时时控诉着侵略者的暴行。

　　第一次鸦片战争之后,为了进一步打开中国市场,扩大侵略权益,英国自 1854 年起就开始与清政府交涉,提出了中国全境开放、鸦片贸易合法化、外国公使常驻北京等要求,酝酿全面修改条约,法、美两国亦参与其中。清政府拒不接受,交涉无果。1856 年,"修约"要求再遭拒绝。英、法两国大为恼怒,故蓄意制造事端,对中国发动了第二次鸦片战争。1857 年底,英法联军攻陷广州。次年春北上攻陷大沽,侵入天津城郊,京师震动。咸丰帝急忙派人议和,与其签订《天津条约》,英法联军遂退出天津。1860 年 2 月,英、法两国借口"换约"受阻,再次增兵,扩大侵华战争。8 月,英法联军攻占大沽,直入天津,咸丰帝仓皇逃往热河(今河北承德)。10 月,英法联军攻占北京。

　　10 月 6 日,英法联军绕经北京城东北郊直扑圆明园,当时,清军将领僧格林沁、瑞麟残部在城北一带稍事抵抗,终寡不敌众,英法联军占领圆明园。次日,英法联军军官和士兵从四面八方涌入圆明园,开始疯狂地抢劫和破坏。他们大肆掠夺金银财宝、奇珍异玩,甚至为了抢夺财宝,互相殴打、械斗。那些带不走的,他们就砍掉、砸碎,全部捣毁。当 10 月 9 日法国军队暂时撤离圆明园时,这处秀丽园林,已被毁坏得满目疮痍。

　　10 月 18 日,英国军队首领额尔金在英国首相帕麦斯顿的支持下,下令烧毁圆明园。3 500 名英军冲入圆明园,纵火焚烧,大火连烧三天三夜,圆明园被烧成一片废墟,300 名太监、宫女、工匠葬身火海。圆明园文物被掠夺的数量粗略统计有 150 万件,上至中国先秦时期的青铜礼器,下至唐、宋、元、明、清历代的名人书画和各种奇珍异宝。文渊阁损失尤为惨重,约 10 500 卷图书档案,包括有关中国历史、科技、哲学及艺术的稀世著作,都在额尔金的大火中灰飞烟灭。

　　圆明园还在熊熊燃烧之时,奉命留守北京的恭亲王奕訢,就承诺了侵略者的一切条件。不久便分别与英、法、俄诸国交换了《天津条约》文本,签订了《北京条约》。帝国主义列强霸占了中国的九龙半岛南端和中国北部的大片领土,勒索 1 600 万两白银的巨额军费赔款。

魏源与《海国图志》

　　魏源(1794—1857),名远达,字默深,湖南邵阳人,近代中国"睁眼看世界"的先

行者之一。自幼勤奋好学,心怀爱国热情。1840年鸦片战争爆发,次年3月,魏源弃笔从戎,经林则徐介绍进入两江总督裕谦幕府,直接参与浙东的抗英斗争。

1841年,林则徐被清廷革职,充军新疆,在赶赴新疆的途中,与魏源相遇,他乡遇故知,百感交集。国家饱受外国欺凌,林则徐内心愤愤然,遂在广州任职期间多方搜集外国资料,编撰《四洲志》以介绍外国的地理、历史等情况,使国民得以了解外面的世界。此次见面,林则徐就将相关手稿、资料交给魏源,嘱托他进一步扩充资料,完成这项任务。第一次鸦片战争以失败告终,清政府被迫签订丧权辱国的《南京条约》,魏源对此深感失望,遂辞掉官职,专注于著书立说,两年后参加科考,重新步入仕途。他在担任地方官期间,历时十年完成了鸿篇巨著《海国图志》。

魏源在《四洲志》的基础上,先后征引了历代史志14种,中外古今各家著述70多种,还有一些奏折等其他材料,其中包括由英国人马礼逊编写的《外国史略》,由葡萄牙人马吉斯编写的《地理备考》等。1842年,50卷的《海国图志》初稿完成。1847至1848年,魏源又将《海国图志》增补为60卷本,刊于扬州。到1852年又扩充为100卷。这是中国近代史上最早的一部由国人自己编写的有关世界各国情况介绍的巨著。

他系统地介绍了西方各国的地理、历史、政治状况和许多先进科学技术,如火轮船,地雷等新式武器的制造和使用。所记各国地理条件、交通贸易、民情风俗、政治政体、文化教育、历法、科学技术等,内容丰富程度都超过了前书。使长期处于闭目塞听的国人得以跨出"国界",认识近代世界的新鲜事物。

魏源在序言中即阐明编书的真正目的,是"师夷长技以制夷"。"师夷"是指向西方学习,其中最主要的是学习他们先进的科技、军事技术,同时自行研发战舰和兵器。"制夷"是指抵抗西方列强的侵略。清末的洋务运动、资产阶级改良派和维新派深受其影响。尽管如此,《海国图志》在中国境内的传播还是相当有限,反倒在日本大受欢迎。1854至1856年,日本出版了21种不同版本的选本。这本书在日本的流传,推动了日本维新思想的发展,随后日本爆发了明治维新运动。

魏源虽然了解世界各国的分布,但其潜意识里仍然认为世界是以中国为中心的。书名中"海国"的涵义是海外之国,他将在地域上与中国相连的国家称为海岸之国,将真正的"海外之国"称之为海岛之国。由此可见他仍未摆脱中国中心观念的影响。此外,这部作品的多数内容都是从其他著作中摘录编辑而成,少有原创性的内容,且在摘录过程中,由于未对原著内容进行充分的考证,许多错误纰漏也被直接录入书中。尽管如此,能够在当时极其简陋的条件下,编撰出这部鸿篇巨著绝对是功德无量,造福国民。魏源晚年开始潜心研究佛法,闲时仍然著书立说,在杭州一间僧舍中去世,享年 63 岁。

不平等条约

传统中国在处理对外关系时,主要奉行的是朝贡体系。朝贡体系强调文化上的华夷之辨,不同国家定期派遣使臣携带贡物朝见中国皇帝,其政治关系主要通过礼仪得以展现。清朝后期,自签订《南京条约》开始,中国分别与英、法、美等西方列强签订了一系列条约,由此条约体系逐渐取代了朝贡体系,成为中国对外关系的主要内容。由于清政府在战争中屡屡战败,外国与清廷签订的诸多条约大多违背了国家间平等互惠的原则,中方负有必须遵守的义务,而列强则坐享条约赋予的权益,却不必履行相应的义务,因而近代中国长期桎梏于不平等条约体系的牢笼中,逐渐沦为半殖民地半封建社会。

中国与外国的不平等条约的关系,始于《南京条约》以及与《南京条约》构成一系列的中英《五口通商章程》、中英《虎门条约》和中美《望厦条约》、中法《黄埔条约》。不平等条约的重要内容,如领事裁判权、协定关税、最惠国待遇、划分势力范围、允许外国军舰进入我国领海等,皆发源于上述条约。自此,中国从"天朝上国"的优越地位降到了与西方平行的对等国地位,然而这些条约虽规定了协定关税和领事裁判权等不平等的条款,但全系清廷的无识和自动放弃,故其文字尚不明确。

而到了第二次鸦片战争,国际形势发生了极大的变化。《天津条约》(1858 年)和《北京条约》(1860 年)皆为城下之盟,中国任由英法两国予求予取。于是先前按惯例取得的权利,此时两国一概都加以明文规定,从而变成了中国单方面的条约义务。此后,普、丹、荷、西、奥等国与中国订立的条约,基本上都以 1858 年的《天津条约》为蓝本。自此外国人犯法,中国不能过问,关税的厘定,中国不能自主,再加上一体均沾的片面最惠国条款,中国遂牢牢束缚在不平等条约体系中。

在近一个世纪的时间里,中国先后被迫与各国订立了数百个不平等条约。这些

条约损害了中国的领土完整,列强可在中国设置租界和居留地,开辟通商口岸,拥有驻兵权,可设立警察,外国军舰可以在中国境内任意航行。列强通过攫取领事裁判权,使得中国法律不能通行于本国的领土之内,不法之徒借此为所欲为。大量经济赔偿与外债,对中国的经济自主权造成了极大的破坏,政府增加地方税收以填补财政窟窿,百姓生存压力倍增。

列强所攫取的种种特权,往往还不以条约规定为限,有些是超出或缺乏条约限制的。在引用不平等条约时,列强往往任意扩大或肆意滥用。各国驻华外交团纯属名义性质,并无政治性质,但他们却动辄联合抗议,大肆干涉中国内政事务。由于治外法权的滥用,外人在华除了缴纳关税之外,其他捐税,如所得税、印花税等一概拒绝负担,还任意设立银行,扰乱中国金融制度。此外,列强借助条约体系对中国进行大肆的文化渗透,大肆攻击中国传统文化。

半殖民地半封建社会

19 世纪中叶,西方列强挟坚船利炮,连续对中国发动两次鸦片战争,逼迫清政府签订了一系列丧权辱国的不平等条约。从此,中国一步步沦入半殖民地半封建的苦难深渊。

"半封建"的术语是马克思和恩格斯提出的。中国共产党将近代中国的社会性质概括为"半殖民地半封建社会"。半封建是指伴随着西方对中国的军事侵略,西方资本主义经济生产方式、民主政体、自由平等等思想传入中国,封建主义(如封建君主专制制度、自给自足的生产方式、落后保守的思想观念)受到冲击,逐步瓦解。但封建主义在中国根深蒂固,其在政治、经济、思想领域仍起着阻碍近代社会进步的作用。半殖民地是从政治角度看,主权遭破坏,中国有部分独立权,却在条约体系下没有完整的独立自主权。列强干涉中国内政,中央机构受外国力量所控,政治机构半殖民地化。从经济角度看,中国被迫卷入资本主义世界市场,沦为列强的商品倾销地与原料生产地,中国的经济发展日益半殖民地化。

第一次鸦片战争使中国丧失了独立自主地位,开始沦为半殖民地半封建社会,中国社会性质发生了巨大变化。中国的领土、领海、司法、关税和贸易等主权开始遭到严重的破坏。以小农业和家庭手工业为主要标志的自然经济开始解体,东南沿海地区的家庭手工业受到外来商品的巨大冲击,以丝茶为主的农产品日益商品化。第二次鸦片战争使外国侵略势力从沿海深入到内地,从东南沿海扩展到东北沿海,中国半殖民地化的程度进一步加深。外使进京,插手中国内政。总理衙门的成立,标志着清朝中央机构开始半殖民地化。这一时期,资本主义国家对中国的经济侵略大大加剧,外国商品充斥中国市场。封建自然经济在外国商品的冲击大潮下土崩瓦解,家庭手工业纷纷破产,农产品加速商品化。

甲午战后,中日签订《马关条约》,列强掀起了瓜分中国的狂潮,使中国半殖民地化的进程大大加快。新的通商口岸的开放和内河新航线的开辟,使帝国主义侵略势力进一步深入中国内地。随着民族资本主义的发展和列强对华投资的增加,封建自然经济逐步走向消亡。八国联军侵华战争与《辛丑条约》的签订,最终使中国完全沦为半殖民地半封建社会。根据条约规定,中国拆除大沽炮台等军事防御设备,准许各国派兵驻守北京至山海关铁路沿线要地。划定“使馆区”,界内不许中国人居住。总理衙门改为外务部,班列六部之前。清政府惩治打击义和团运动,百姓不得参与反抗斗争,清政府成为了“洋人的朝廷”。在帝国主义的胁迫下,清政府的军事防御受到外国的钳制,在政治和军事上都受其摆布。在经济上,巨额赔款以及列强对中国的大量投资,加强了帝国主义对中国人民的经济掠夺。在此之后,中国社会性质进一步沉沦。

洪秀全和拜上帝教

1814年,一个男婴在广州城外的花县呱呱坠地,成为一个客家农户的第三子。男婴被取名为洪仁坤,小名叫火秀。火秀自小聪明伶俐,7岁入私塾读书,一共读了9年,在学业上表现出相当高的天赋,18岁便设馆授徒。因此火秀也被赋予科场登第、光宗耀祖的期望。但他在考取功名的路上屡败屡战。他一生前后四次(1828、1836、1837、1843年)去广州应秀才府试,但都落榜了。谁也不会想到,就是这么一个屡屡落第的失意士子,竟会成为日后令清廷大为头疼的,几乎攻占了清廷半壁江山的太平军的领袖——家喻户晓的洪秀全。

　　1837 年，洪秀全去广州应试再次落第，心理上大受打击，大病 40 余日，每日昏昏沉沉，似梦非梦，亦真亦幻。似乎有人迎接他到一处华丽而光明的地方，有一和蔼可亲的长者对洪秀全传道并授予他一柄斩妖宝剑和一方斩妖玺。此后数次他又陆续拜访天庭，他见到了一位中年男子，此人教他斩妖除魔。这些幻象可能是他曾大略浏览过的《劝世良言》中关于上帝、天堂邪神等片断印象的再现。1843 年，当洪秀全再次落第的时候，他又仔细阅读了《劝世良言》这本小册子。其中，拜上帝、敬耶稣、反对拜偶像邪神、天堂永乐、地狱永苦等思想对洪秀全造成了思想上的很大震动。他不由得想起了当年病中的幻象，并与《劝世良言》中的内容加以对照比附，觉得"大觉大悟，如梦初醒"。洪秀全认为自己的灵魂曾经升天，那位长者便是天皇上帝，那位中年人便是天兄耶稣，而自己就是上帝的次子和耶稣的弟弟，是上帝所派的拯救世人，使世人回到敬拜上帝之路的使者，是受命于天的真命天子。《劝世良言》是上帝赐他的"天书"。于是，他开创"拜上帝会"，撰写《原道救世歌》，主张建立"天下为公"的盛世。

　　洪秀全按照小册子中描述的方法为自己作了洗礼，并向上帝起誓不拜邪神，恪守天条。洪秀全最早的信徒是同学和邻居冯云山。他们捣毁寺庙中的塑像，把孔子牌位清出私塾，为乡里不容。1844 年，他们前往广西传教，但是信从的人不多。洪秀全便回到花县，家居两年，从事宗教政治著述。1845 至 1846 年间，他写下《原道醒世训》《原道觉世训》《百正歌》等作品，用以宣传基督教思想，传播天下凡间，实为一家，男皆兄弟、女皆姊妹等平等主义观念。与此同时，冯云山在广西贵平县已经组织起了"拜上帝会"。至 1847 年，信徒已达 3 000 多人。最初的信徒多为矿工、烧炭工和穷苦农民，随着拜上帝会的发展扩大，一些受过良好教育的人和富裕的人也纷纷加入。洪秀全作为上帝的次子，被尊为领袖。

《天朝田亩制度》

　　洪秀全受到《劝世良言》的影响，创建了拜上帝会，宣传大同、平等原则，鼓励民众与皇帝、官僚、财主等阎罗妖作斗争。拜上帝会信徒日增。1851 年，洪秀全发动金田起义，建立太平天国。之后更是大举北伐，一路势如破竹，于 1853 年攻占南京，改名天京，并定都于此，形成了与清政府对峙的农民政权。1853 年冬，颁布《天朝田亩制度》。这是一部纲领性文件,以解决土地问题为核心,意在建立一个"有田同耕,有饭同食,有衣同穿,有钱同使,无处不均匀,无人不饱暖"的理想社会。

《天朝田亩制度》里所描绘的社会模式,是中国农民把理想天国搬到人间来的一次勇敢尝试。该文件以解决农民最关心的土地制度为核心,有关土地制度的设计,包含了三个方面的内容。其一,解决土地问题的指导思想,"凡天下田,天下人同耕,此处不足,则迁彼处,彼处不足,则迁此处";其二,划分土地质量的等级标准,"凡田分九等:其田一亩,早晚二季可出一千二百斤者为上上田,可出一千一百斤者为上中田,可出一千斤者为上下田,可出九百斤者为中上田,可出八百斤者为中中田,可出七百斤者为中下田,可出六百斤者为下上田,可出五百斤者为下中田,可出四百斤者为下下田",并提出了九等田地之间的换算标准,"上上田一亩当上中田一亩一分,当上下田一亩二分,当中上田一亩三分五厘,当中中田一亩五分,当中下田一亩七分五厘,当下上田二亩,当下中田二亩四分,当下下田三亩";其三,土地的分配方法,"凡分田,照人口,不论男妇,算其家人口多寡,人多则分多,人寡则分寡,杂以九等。如一家六人分三人好田,分三人丑田,好丑各一半……凡男妇,每一人自十六岁以上受田多十五岁以下一半。如十六岁以上分上上田一亩,则十五岁以下减其半,分上上田五分;又如十六岁以上分下下田三亩,则十五岁以下减其半,分下下田一亩五分"。

《天朝田亩制度》虽然以"田亩"为标题,但说的是整个社会组织,提出了政治、经济、军事、社会等一整套的改革措施。如兵民合一的社会组织,把军事组织移植到社会组织上去。规定每五家为一伍,设伍长;每五伍为一两,设两司马。其中,"两"为地方基层单位。以两司马为首的二十五家首先是一个公有制经济单位,"凡当收成时,两司马督伍长,除足其二十五家每人所食可接新谷外,余则归国库。凡麦、豆、苎麻、布帛、鸡、犬各物及银钱亦然"。还同时兼备文化教育、武装自卫、司法行政等职能。《天朝田亩制度》对司法也有规定,规定民间诉讼由两司马解决,如果解决不了,可以逐级上报,一直到天王那里。文件中关于选举与黜陟也作了详细规定。如"凡天下每岁一举以补诸官之缺,举得其人,保举者受赏,举非其人,保举者受罚"。在黜陟方面,也规定"凡天下诸官三岁一升贬,以示天朝之公"。

由于客观条件的限制和《天朝田亩制度》本身的空想性等缺陷,《天朝田亩制度》有关内容并没有真正实施,最终也并未建成"有田同耕,有饭同食,有衣同穿,有钱同使,无处不均匀,无人不饱暖"的理想社会。

总理衙门

总理衙门,全称为总理各国事务衙门,设立于 1861 年 3 月 11 日。外国人一般称之为外交部,但实际上它的职能更像是军机处的一个下属机构,而不是一个正规的政府部门。总理衙门分为五个股,俄国股、英国股、法国股、美国股和海防股。另有两个附属机构,海关总税务司署和同文馆。总理衙门的突出特征是作为一个办事机构,它没有编制,没有定级别,只是一个出于权宜之需创立的临时机构。主要负责人为恭亲王奕䜣和户部侍郎文祥。

清廷从前一直没有设立外交官衙。鸦片战争前,中国没有多少外交事务,与清政府打交道较多的只有一个俄国,其余如朝鲜等国均是清王朝的属国,并不被视为严格意义上的外国。与这些国家的外交事务一般都由清政府设立的本是处理少数民族事务的理藩院一并处理。与西洋海国的贸易则委派给驻节广州的总督办理。该总督通过粤海关监督和行商"驾驭"那些外夷。在两次鸦片战争期间(1842—1856),出于纯粹实用的目的,两广总督和两江总督充任了中国的非正式外交大臣。但欧洲各国不满足以"蛮夷"身份与效率低下的理藩院打交道,同时又认为地方大臣负责外交于制不合,要求清政府成立专门的外交机构。1860 年的《北京条约》重申了西方外交代表驻扎中国京城的权利,此后就出现了设立一个外交机构来统筹办理外交事务的实际需要。接纳外国使节、分配使团馆舍、交付赔款、开放新口岸和一大堆与新的条约义务相关的其他问题,要求马上给予关注。1861 年 1 月 11 日,恭亲王奕䜣和文祥上了一道名为《统筹全局酌拟善后章程》,该章程建议设立一个新的衙门总理夷务。1861 年 3 月 11 日,总理衙门在北京设置。

总理衙门头目称为首席大臣,由亲王担任。另有一些大臣协办,这些大臣同时兼任内阁部院官员——军机大臣、大学士、诸部尚书和侍郎。在他们之下的 16 名办理文案的章京,满汉各八人。恭亲王是总理衙门首任的、也是长期负责的大臣,军机大臣兼户部侍郎文祥则是该衙门的主要大臣,他一直供职至 1876 年去世。总理衙门下属机构有同文馆、海关总税务司署,名义上,南、北洋通商大臣也归其统属。总理衙门不仅办理外交事务与通商事务,还开展一些现代化项目。它提倡新式学堂、西洋科学、工业和交通,在 19 世纪 60 年代发挥了积极的作用,成为清政府的重要决策机构之一。1901 年,清政府施行宪政改革,总理衙门改为外务部,居于六部之首。虽然总理衙门未能有效地发挥外交机构的作用,但它作为现代化的倡导者却相当成功,它是中国在响应西方冲击时所设置的第一个重要的机构。

江南制造总局

　　江南机器制造总局,简称江南制造局或江南制造总局,又称作上海机器局,是江南造船厂的前身。江南制造总局建立于 1865 年的上海,是清朝洋务运动中成立的军事工业生产机构。其前身是美商旗记铁厂。本来由曾国藩规划,后由李鸿章实际负责,是李鸿章在上海创办的规模最大的洋务企业,对于清朝的军事力量以及重工业生产都有提升作用。

　　两次鸦片战争之后,一些洋务派官员和知识分子开始逐渐认识到,中国正面临着"三千年未有之大变局"。祖宗之法已经不足以应对新的形势,必须改弦更张,学习西方的长技才能富国强兵。1863 年起,他们开始产生觅购"制器之器"和建设"西式机器厂"的想法,希望不再局限于仿制洋枪洋炮,而是可以自己生产制造。江南制造总局就是在这样的情势下被筹建创立的。1864 年,李鸿章收到丁日昌关于设厂制造船炮的建议,深以为然,并提出"广购机器"和"精求洋匠"的主张。并嘱咐丁日昌在上海留意访购,着手此事。1865 年,丁日昌得知上海虹口的美商旗记机器铁厂愿意出售,该铁厂"能修造大小轮船及开花炮、洋枪各件,实为洋泾浜外国厂中机器之最大者"。1865 年夏,洋务派以六万两银购买该厂机器及其所储存的铜、铁、木料等材料,江南制造总局成立。1865 年 9 月 20 日,报告购买厂房的经过,并言"该厂一经购买,即改为江南制造总局,正名辨物,以绝洋人觊觎"。

　　由于江南制造总局的前身美商旗记铁厂设备不全、厂房狭小,又位于虹口这样一个租界,故行事多有不便。于是,1867 年夏,江南制造总局迁至上海城南高昌庙,占地 70 多亩,后来面积又扩充到 600 多亩。江南制造总局起初分设有机器厂、汽炉厂、木工厂、铸铜铁厂、熟铁厂、轮船厂等 13 个生产部门,后来逐渐增设枪厂、炮厂、水雷厂等。经过不断扩建,江南制造总局成为当时国内最大的近代军事工厂。总局

总共占地 370 余亩,分局 260 余亩。两局人员约 200 人,工匠共 3 000 余名。江南制造局主要铸造枪炮、子弹等军用品,也制造船舶并开设一个翻译馆,它所造的第一艘船竣工于 1868 年,长 185 英尺,宽 27.2 英尺。该局一共打造了 5 艘船,最后一艘在 1872 年制成,拥有 400 马力,配备 26 门火炮。它的翻译馆在不到十年的时间里翻译了 98 种西洋著作,其中 47 种属自然科学领域的书籍,45 种为军事和技术一类的书籍。江南制造局无疑称得上是自强运动早期的主要成果。它制造出中国第一艘近代兵轮"恬吉"号,冶炼出中国第一炉钢水,创办了中国第一所机械工业制造学校,最早从外国引进先进技术。甲午战争后,江南制造总局的生产锐减。1905 年 4 月,江南制造局实行局坞分家,所属造船厂改称江南船坞,而制造军火部分则改称上海制造局,至 1917 年改称上海兵工厂。

镇南关大捷

镇南关大捷是 1885 年清军于中法战争期间在广西镇南关(今友谊关)战胜法军的一次著名战役,改写了自鸦片战争以来中国一直战败的屈辱历史。但由于清政府的懦弱与妥协,在战役胜利的情况下依旧签订了不平等条约《中法新约》,导致胜利的果实被葬送。时人感叹这种怪现象为:"法国不胜而胜,中国不败而败。"

19 世纪下半叶,法国对越南的侵略变得明目张胆。1862 年,法国与西班牙强迫越南接受《西贡条约》。越南割地赔款,开通湄公河。1874 年,法国又强迫越南签订了《第二次西贡条约》。此次条约名义上承认越南独立,实际上把其降为了法国的保护国。法国还在条约中取得了在红河的航行权,妄图通过红河攻占云南和广西。当越南政府向清政府求助时,清政府却在战与和之间摇摆不定,一方面不希望自己失去宗主国的地位,一方面又不愿意与法国这个西方头等强国开战。但这种妥协退让,更助长了法国侵略者的野心。1883 年 8 月,法国攻占了越南首都顺华。随之又向驻扎在越南北部边境的中国军队挑衅,中法战争拉开序幕。1884 年 8 月 24 日上午,法军舰队炮轰马尾船厂,使船厂受到了毁灭性的打击。8 月 26 日,清政府向法国宣战,中法战争在海陆全面展开。陆路战场集中在中越边境地区和北圻。

法军在陆地战场上分东西两路前进。1884 年 10 月,东路法军向广西边境攻略,双方缠斗,桂军不敌,法军亦无力续进。西路法军向云南边境进犯,在宣光被滇军及黑旗军围攻,仅能固守。1885 年 2 月,东路法军万余再次向广西边境进犯。清军统帅潘鼎新畏惧敌人,放弃战略要地谅山,不战而退。法军一路前进,直逼中国广西边境,攻陷镇南关。但由于法军的战线过长,不得不撤回越南补给。嚣张的法军临走前在关前竖起一块牌子,上书:"广西的门户已经不再存在了。"清政府革去潘鼎新的职务,任命年近 70 的老将冯子材帮办广西军务。冯子材到任后,整饬队伍,严明军纪。整饬后的军队信心大增,在法军竖牌子的地方也竖立木牌回应:"我们将用法国人的头颅重建我们的门户。"冯子材在镇南关积极备战,他修筑长墙,挖掘壕沟。召集诸将开会晓以大义,以绝前线清军各部之间的派系门户之见,使将领们捐弃前嫌,团结起来。在冯子材的统一调度指挥下,清军各部密切协同,严密防守。冯子材更是联合王孝棋、苏元春、陈嘉、王德榜、蒋宗汉各军 10 000 余人,主动出击。3 月 24 日,法军兵分三路进攻。正面的敌人在猛烈的炮火掩护下,逼近了长墙,有些已经爬上长墙,冯子材见此情景,大喝一声,"再让法军入关,有何颜面见粤人"。冯子材手持长矛,不顾年迈,率先跳出长墙,冲入敌阵,和敌人展开了白刃战。清军将士见此倍受鼓舞,一拥而出,奋勇杀敌。法军大败,惊慌溃逃,清军取得了中法开战以来最大的一次胜利。是为镇南关大捷。

镇南关大捷的消息传到法国,导致了茹费理内阁的倒台。但此次胜利的果实却被李鸿章当作与法国谈判的资本,向法国妥协求和,经谈判签订了《中法新约》。

日本大陆政策

日本大陆政策又称"大陆经略政策",是明治维新之后,在"不甘处岛国之境"的心理下策划并拟定的,在 19 世纪末被确定为基本国策,是一种用战争手段向中国、朝鲜等周边大陆国家进行武力扩张,进而称霸亚洲,征服全世界的侵略扩张总路线。虽然直到明治维新之后才开始策划拟定,但这一政策的基本思想在 16 世纪初就已经开始萌发。代表人物为丰臣秀吉。丰臣秀吉在 1588 年统一日本后,为缓和国内矛盾,在 1592 年、1597 年两度发动侵略朝鲜的战争,史称"文禄之役""庆长之役"。这两次侵略战争,其目的不仅仅是朝鲜,而是一江之隔的土地更为广阔、更为富足的中国。德川幕府末期则出现了"海外雄飞论"和"攘夷论",其中包含着强烈的对外扩

张思想。其中的代表人物有吉田松阴、佐藤信渊。如佐藤信渊就曾在其所著《支那经略论》中露骨地表述:"当今世界各国中,皇国最易攻取之土地莫过于中国的满洲。"吉田松阴更是直白:"以亲善而制两虏(美国和俄国),乘隙富国强兵,开拓虾夷(北海道),夺取满洲,占领朝鲜,合并南北(东南亚),然后挫美折欧,就将无往而不胜。"明治维新之后,日本的大陆政策开始正式被拟定。1868 年 3 月 14 日,明治天皇发表《宸翰》,奠定了大陆政策的思想理论基础。《宸翰》提出要布国威于四方,"继承列祖列宗伟业,不问一身艰难辛苦,经营四方,安抚亿兆,冀终开拓万里波涛,布国威于四方……"在这个思想理论的指导下,日本开始一步一步地向周边国家扩张,首当其冲的是朝鲜。19 世纪 60 年代末至 70 年代初,日本国内"征韩论"甚嚣尘上。1875 年 9 月,日本政府派军舰侵入朝鲜江华岛,开炮炸毁炮台,登陆烧杀,制造了江华岛事件。并于次年 2 月,迫使朝鲜政府签订《修好条规》,打破了两国之间的平等地位。接着,日本把目光投向了中国。1873 年宣扬"长白山国防第一线说",1874 年 5 月以琉球渔民被杀事件为借口进攻台湾,制造了日本侵台事件。但是这场事件却以恭亲王同意赔偿侵略者 50 万两白银了事。清政府息事宁人的态度使日本的野心进一步扩张,进而制定了侵略中国的蓝图。19 世纪 70 年代末 80 年代初日本陆续派间谍来到中国调查,搜集材料,写成《满洲纪行》《对清策战案》《邻邦兵备略》。19 世纪 80 年代,日本初步确定了中国为大陆政策的主攻方向。1887 年,日本政府制定了所谓"清国征讨策略",逐渐演化为以侵略中国为中心的"大陆政策"。简言之,即为攻占中国台湾,吞并朝鲜;以朝鲜为跳板侵占东北进而侵占全中国;以中国为基地,北进西伯利亚,南进印度支那半岛及南洋群岛;征服亚洲,进而称霸世界。19 世纪 90 年代进一步确定了大陆政策为日本的国策。1890 年,已经是内阁总理的山县有朋向明治天皇上奏《外交政略论》,提出了"保护利益线"之说,为日本对外侵略扩张提供了新的理论基础,大陆政策在此理论基础上正式形成。1894 至 1895 年的甲午中日战争正是日本大陆政策正式形成后的第一次大规模对外侵略战争。

黄海海战

黄海海战是甲午中日战争中的著名战役,亦称中日甲午海战、大东沟海战。

丰岛海战之后,日本海军增强了战胜中国海军的信心。日本联合舰队寻机同中国海军主力决战,企图歼灭北洋海军,夺取黄海和渤海制海权,为实施其在中国渤海海湾登陆并进行陆上战略总决战的计划创造条件。1894 年 9 月 16 日,中国北洋海军提督丁汝昌奉命率舰队主力 18 艘舰艇,护送运输船载陆军 40 000 人至鸭绿江口大东沟登陆,增援平壤。17 日中午,舰队准备折返旅顺。由海洋岛向东北方向搜索的日本联合舰队在大东沟海域发现北洋海军,列舰准备实施攻击,北洋水师立即启舰迎战。

中方 10 艘军舰参战(共 31 000 吨),分别为"定远""镇远""致远""靖远""来远""经远""济远""广甲""超勇""扬威"。其中,以"定远"为旗舰。日方 12 艘军舰参战,分别为第一游击队的"吉野""高千穗""秋津洲""浪速";本队的"松岛""千代田""严岛""桥立""比叡""扶桑""赤城""西京丸"。其中,以"松岛"为旗舰。中方舰队以铁甲舰"定远"和"镇远"居中,左翼依次为巡洋舰"靖远""致远""广甲"和"济远",右翼依次为巡洋舰"来远""经远""超勇"和"扬威"。日联合舰队 12 艘军舰则以纵队迎战:第一游击队 4 舰依次居前,本队 6 舰依次居后,"西京丸"和"赤诚"2 舰列于本队后尾非战斗的左侧。

下午 1 时,战争开始,丁汝昌在之前的交火中自瞭望台震落受伤,但匆匆包扎好伤口之后便继续投入战斗,从容应敌,颇为沉着。"扬威""超勇"两舰先后沉没。"致远"舰管带邓世昌为保护旗舰,指挥"致远"舰冲锋在前,迎击敌舰,在日军 4 艘舰艇的围攻下,"致远舰"寡不敌众,被日军击沉,邓世昌与 200 余名战士壮烈牺牲。"经远"因船身碎裂,管带林永升与船同尽。"定远""镇远"遭日舰 5 艘夹攻,但是依旧英勇战斗,丝毫不怯。"定远"曾击中日舰"西京丸",自身亦受弹起火。"镇远"管带林泰曾与官兵表现甚佳,一面护卫"定远",一面与日舰恶战,以巨弹击中日旗舰"松岛",伤亡日官兵 80 余人。下午 5 时 30 分,日本联合舰队开始撤出战场,北洋舰队稍稍追击,便收队返回了旅顺。此次海战,中日双方损失惨重,但中方损失更剧。日本的"松岛""吉野""西京丸"等舰受创严重,死伤 500 余人。北洋舰队的"致远""经远""超勇""扬威"4 舰沉没,死伤 1 000 余人。邓世昌、林永升两位海军将领牺牲。从此日本陆军可自由进向朝鲜半岛,深入辽东,威胁北京,这种情势进一步助长了日本的侵略野心。

《马关条约》

1894 年，朝鲜东学党起义。朝鲜王室向袁世凯求援，日本方面却以此为其出兵朝鲜的契机。日本公使怂恿袁世凯采取积极行动镇压起义者，并表示日本的唯一目的只是为了保护贸易，无意参与任何军事干预。但事实上这只是日本方面的伪装，其在中国派兵朝鲜时，早已在东京做好了充分的出兵准备。果不其然，中国人刚在朝鲜扑灭东学党人，8 000 名日本兵马上出现在朝鲜。尽管东学党人的起义已经被镇压下去，但日本却丝毫没有撤兵的意思，并开始干涉朝鲜内政，要求改革。其间拒绝了中日双方同时撤兵的要求。1894 年 8 月 1 日，中日双方同时宣战。主要战役有平壤之战、辽东之战、黄海海战、威海卫战役。战争历经陆战、海战，最终中国惨败。但早在中国海军败北之前，清廷已经开始着手和平准备。但日本方面态度冷漠傲慢，暗示只有派出一位像恭亲王或者李鸿章这样地位更高的人前来，才愿意进行谈判，并且谈判必须以割地、赔款为"议和"条件。于是，1895 年 2 月 13 日，73 岁高龄的李鸿章赴日议和。

1895 年 3 月 20 日，中日双方在马关春帆楼会见。中方的主要代表人物为李鸿章、参议李经方、秘书罗丰禄、于式枚、伍廷芳，美国前任国务卿科士达为中方和谈团的顾问，而日方则派来日本首相伊藤博文、外务大臣陆奥宗光。双方在春帆楼正式开启了和谈。当时北洋水师虽全军覆灭，但是辽东战场争战方酣。李鸿章要求议和之前先行停战，日方提出包括占领天津等地在内的四项苛刻条件，迫使李鸿章撤回了停战要求。由于日本在战争中处于优势地位，谈判进行得很艰难。但是，事情在1895 年 3 月 24 日的下午发生了改变。下午 4 时，中日第三次谈判结束后，李鸿章乘轿返回驿馆时遭到一名日本狂热分子的刺杀，左颊中弹。此事使日本政府十分尴尬，主动提出休战。李鸿章遇刺后第二天，陆奥宗光曾对李鸿章的儿子说："令尊之不幸实为大清之幸事。自今起，议和条款的商定将较前更容易了，日清之战也将停止。"前后经过五次谈判，在日方的步步紧逼下，李鸿章一行于 4 月 17 日签订了《马关条约》。

《马关条约》（又称《春帆楼条约》）共 11 款，并附有"另约"和"议订专条"。条约的主要内容为：第一，清政府承认朝鲜国独立自主，不再向中国朝贡；第二，向日本赔款白银二亿两；第三，割让台湾、澎湖列岛和辽东半岛；第四，开放重庆、苏州、杭州和沙市为商埠；第五，日本臣民可在中国开设工厂，从事工业和各种制造业。《马关条约》签订之后，引发了帝国主义列强的加紧扩张，将整个中国分割为各自的租借地与势力范围。日本在《马关条约》中获得了在华设厂的权利，使中国的民族工业受到了空前的压制，将中国的工业降低到依从、附属的地位。日本在条约中的获利使之逐渐崛起，取代中国成为远东头号强国。

瓜分危机

　　中日甲午战争之后，中国面临被瓜分的危局。瓜分危局的最早表现，就是"三国干涉还辽"。1895年4月23日，《马关条约》签订的第6天，俄、法、德三国联合照会东京，要求日本退还辽东半岛，并通知清政府，暂缓批准《马关条约》。并警告说，日本占领辽东半岛，不仅威胁北京，使朝鲜独立成为无稽之谈，还会威胁整个远东的和平。刚刚结束战争的日本，军队疲惫不堪，财政也十分困难，不得不向三国屈服，宣布放弃对辽东半岛的永久占有，但要求清政府必须交给日本一笔5 000万两的"偿金"。三国将这笔额外的赔款总额减少到3 000万两。1895年11月4日，李鸿章与日本驻华公使林董正式签订了《交收辽东条约》，中国再赔偿3 000万两白银，日军撤出辽东半岛。

　　由于俄国领头进行干涉，辽东半岛得以赎还，俄方还主动向中国提供对日赔款贷款。张之洞与刘坤一等高级官员纷纷赞成联俄。一时间，清廷内外亲俄、联俄的倾向逐渐加强。1896年5月，沙皇尼古拉二世继承皇位，举行加冕礼。沙皇曾暗示中国如果派李鸿章作为贺使，将使他不胜欣喜。于是清政府派74岁高龄的李鸿章为一等钦差大臣和赴俄致贺使团团长赴俄祝贺。6月3日，李鸿章与俄外交大臣罗拔诺夫秘密谈判，签订了《中俄密约》。《中俄密约》使俄国势力侵入我国东北，加剧了帝国主义列强争夺中国的矛盾。德、英、法、美、日等国，乘机向清政府进行勒索，在中国划界、租地，争夺势力范围，掀起了瓜分中国的狂潮。1898年3月，中俄签订《旅大租地条约》。俄国攫取了租借旅顺与大连25年的权利，同时获取权利从中东

铁路修建一条南满铁路抵达这两个港口,再修筑一条支线通至营口和鸭绿江。5 月又签订《续订旅大租地条约》。1899 年,俄国擅自把旅顺、大连租借地改为"关东省",宣布开放大连为商埠,从此东北沦为俄国的势力范围。

1897 年 11 月 1 日,两名德国传教士在山东巨野被杀。德国乘机派兵强占胶州湾,并迫使中国政府将其出租给德国,租期为 99 年,并取得在山东境内修筑铁路、开矿等权利。有了这些先例之后,割地狂潮如野火般蔓延开来。英国租借了威海卫,租期为 25 年;租借了拓展的九龙新界,租期为 99 年;从清政府那里取得不将长江流域让与他国的保证,长江流域诸省成为英国的势力范围。法国租借了广州湾,租期为 99 年,取得了自越南至昆明的铁路修筑权,在云南与两广建立了它的势力范围。日本除霸占台湾外,又划定福建为其势力范围。列强掀起瓜分中国的狂潮时,美国正忙于与西班牙进行争夺菲律宾的战争,没来得及在中国取得势力范围。美西战争之后,美国为了分享帝国主义的侵华权益,提出了门户开放政策。

公车上书

在日方的步步紧逼下,李鸿章一行于 1895 年 4 月 17 日签订了《马关条约》。此时正值参加乙未科举会试的各省举人在北京等待发榜,听闻日本逼签《马关条约》的消息,悲愤不已,台籍举人更是放声痛哭。举人们纷纷奔走相告,相互联络,希望能尽一点微薄之力。康有为、梁启超成为组织者和发动者。他们发动广东、湖南的举人向都察院请愿,要求清廷拒绝批准合约。这一请求得到其他各省举人的响应和支持。早在 4 月 15 日,《马关条约》签订的前两天,已经得悉条约有关内容的康有为和梁启超首先在自己熟悉的广东举人中宣传鼓动,湖南举人也随之响应。

4 月 28 日,以康有为、梁启超为代表的广东、湖南两省举人率先向朝廷递交了拒和请愿书,当时一共有 81 位举人在请愿书上签字。在此影响下,各省举人纷纷行动起来。4 月 30 日,在京会试的 18 省举人聚集到北京城南宣武门外的松筠庵。举人们情绪激昂,一致推举康有为起草奏章。康有为用两天一夜的时间起草了共约 1.8 万余字的《万言书》(即《上清帝第二书》),要求皇帝"下诏鼓天下之气,迁都定天下之本,练兵强天下之势,变法成天下之治"。提出拒签和约、迁都抗战、变法图强三项建议,并详细论述富国、养民、教民等变法图强的具体措施。5月1日,各省举人齐聚松筠庵开会讨论。松筠庵原是明朝大臣杨继盛(字椒山)的故宅,谏草堂则是当年杨椒山冒死起草上皇帝书,弹劾奸臣严嵩的地方。康有为选择这里作为集会场所,即是喻意大家要学习当年的忠臣杨椒山的爱国精神和冒死直谏的品德。有1300多人在这封万言书上签了名。当时,清朝的政治制度中规定,举人无权直接向皇帝上书。因而,5月2日,由康、梁二人带领,18省举人与数千百姓云集"督察院"门前,请求代奏朝廷,坚决反对签订《马关条约》。但都察院推脱说《马关条约》已获准画押,拒绝接受。因汉代以公家马车送举人赴京应试,后世以"公车"为入京应试举人之代称,故此次在京举人联合上书事件史称"公车上书"。

《时务报》

甲午战后,人心思变。康有为多次上书请求维新变法,未果。于是,康有为便于1895年组织了强学会。但强学会遭顽固派御史杨崇伊劾奏,遭到封禁。黄遵宪"愤学会之停散,谋再振之,欲以报馆为倡始"。汪康年也由湖北到上海,与黄遵宪商议用强学会剩余的款项来筹备创办《时务报》,以"开民智"。于是,《时务报》于1896年8月9日在上海福州路福建路口创刊。创办初期的办事人员分别为总理汪康年、主笔梁启超、英文翻译张坤德、法文翻译郭家骥、日文翻译古城贞吉、理事(管印书兼银钱事务)黄春芳。该报为旬刊,每月初一、十一、二十一日出版。每期20多页。第一册的主要栏目有"论说""谕旨""奏折录要""京外近事""域外报议"(包括西文报译、路透电音等)等。其中,"域外报议"几乎占一半的篇幅。这些栏目后来又局部调整,但整体上保持了第一册的栏目和风格。

《时务报》以变法图存为宗旨,"穷则变,变则通,通则久",并试图把变法维新的理论基础建立在近代自然科学的理论之上。报中的文章以维新变法为指导思想,强调兴学校,变科举,改官制;抨击旧学,提倡新学;从语言文字、声光电化、政治法律等各个方面学习西方文化;发展工商业。这些文章内容新颖,文笔流畅,反映民众呼声,敢于抨击时政,一时风靡全国,成为和天津《国闻报》并驾齐驱的在戊戌变法时期影响最大的报刊。梁启超描绘说:"甲午挫后,《时务报》起,一时风靡海内,数月之间

销行至万余份,为中国有报以来所未有,举国趋之,如饮狂泉。"但是后来,随着形势的发展,《时务报》的批判越来越尖锐、深入。不仅在报上发文章批评,还成立各种学会,慷慨激昂地讨论政治问题和社会问题,甚至把批判的矛头指向了君主制,"善治国者,知君与民,同为一群之中之一人"。后来又陆续发表了汪康年的《论中国参用民权之利益》、梁启超的《知耻学会序》、徐勤的《中国除害议》等批判性的文章。汪康年的民权文章发表后,一向支持《时务报》的张之洞便致书表示不悦,等看到梁启超的《知耻学会序》后,更是大怒,致电湖南巡抚,命其"速告湘省送报之人,此册千万勿送"。后由于张之洞以报中民权议论过多而常加干涉,汪康年干涉起主笔梁启超。梁非常愤怒,把自己与张之洞的关系比作资本家与雇工的关系。后来,汪梁之间矛盾激化,梁启超于1897年冬愤而辞职,《时务报》上自第55期后再无梁文,版式也与前不同。

1898年7月26日,光绪帝诏改《时务报》为官报,派康有为督办,但汪康年拒绝交接。至1898年8月8日《时务报》停刊,共出69期。同年8月17日汪康年将报名改为《昌言报》出版。虽然《时务报》在维新运动之前便已停刊,但其以大胆的言论,独到的见解,对维新变法的鼓吹,切实做到了"开民智",堪称当时维新派最重要的、影响最大的机关报。

《天演论》

《天演论》是中国近代较早介绍西方资产阶级理论著作的译述,由严复翻译自赫胥黎所著的《进化与伦理》的前两章。最初,《天演论》以《天演论悬疏》为名连载于《国闻汇编》的二、四、五、六期。1898年4月,以《天演论》为书名由湖北沔阳卢氏慎始基斋木刻出版,同年10月又由侯官嗜奇精舍石印出版。1905年,《天演论》终于交由商务印书馆排印出版。《天演论》发行不到10年,版本多达30余种,社会影响极大。

《天演论》在1898年4月正式出版时,分上下两卷,共35篇。上卷讲生物进化,下卷讲伦理学。《进化与伦理》本是赫胥黎于1893年在牛津大学发表的一场关于进化的演讲稿整理而成,主要讲述了宇宙过程中的自然力量与伦理过程中的人为力量相互激扬、相互制约、相互依存的根本问题。严复在翻译的过程中有两个特点,其一,提出了"信达雅"的翻译原则,"译事三难:求其信已大难矣,顾信矣不达,虽译犹不译也,则达尚焉……易曰'修辞立诚',子曰:'辞达而已',又曰:'言之无文,行而不远',三者乃文章正轨,亦即为译事楷模。故信、达而外,求其尔雅"。其二,严复在翻译的过程中,对赫胥黎原文有所调整改善,以便更加符合中国读者的阅读习惯和表达自己的见解。严复在翻译的过程中选取了更符合中国读者口味的标题名,如察变、趋异、忧患、佛释等,使读者下意识地把此书与当下中国现实联系在一起;为了增加内容的可读性,还添加了原文并未出现的中国的人名、地名、典故等。其次,为了方便表达自己的见解,关照现实,严复并没有纯粹直译,而是有评论,有发挥,写了译者序和按语。严复在自序中称,此书"于自强保种之事,反复三致焉"。试图通过介绍达尔文的"物竞天择适者生存之生物进化论"论证中国应该顺应"天演"规律,实行变法,维新图强。在按语中,严复借介绍斯宾塞的思想,并与赫胥黎的思想进行比较,让读者清晰地了解到达尔文主义两个分支之间的异同。也会在按语中介绍与正文内容相关的西方的背景知识学说,以减少读者的阅读难度。此外,严复在按语中联系甲午战争后中国危亡的状况,向国人发出了与天争胜、图强保种的呐喊,指出再不变法将循优胜劣败之公例而亡国亡种。

《天演论》第一次系统地把达尔文的进化论引进中国,用物竞天择的生物学规律来解释人类社会。严复在阐述进化论的同时,联系中国的实际,向人们提出不振作自强就会亡国灭种的警告。不仅轰动了当时的知识界和思想界,把国人从沉睡中惊醒,还为变法维新提供了理论依据,促进了变法图强和维新运动。

百日维新

百日维新是 19 世纪末清政府进行的自上而下的维新变法运动。从 1898 年 6 月 11 日光绪帝颁布《明定国是》诏书宣布变法开始,到 1898 年 9 月 21 日慈禧太后发动政变,囚禁光绪帝,自己临朝听政为止,共计 103 天,史称"百日维新"。

甲午中日战争以后,帝国主义对中国的侵略进一步加深,中国陷入被瓜分的狂潮。严重的民族危机促进了中国人民尤其是爱国知识分子的觉醒。以康有为、梁启

超、谭嗣同为代表的爱国知识分子极力推崇变法维新,以实现富国强兵,挽救民族危亡。康有为等人也一直在为维新变法造势。康有为在北京出版《中外纪闻》,组织强学会。严复在天津主编《国闻报》,宣传维新变法。谭嗣同、唐才常等人在湖南成立了南学会,创办《湘报》。全国议论时政,宣扬变法的风气已经逐渐形成。从1897年底到1898年初,康有为三次上书光绪帝,要求变法维新,启用维新人士。光绪二十三年十月(1897年11月),德国强占胶州湾,全国人心激愤。12月,康有为看时机成熟,第五次上书光绪帝,陈述当时中国的形势,指出了列强瓜分中国的企图。光绪二十四年正月初八(1898年1月29日),康有为写了著名的《应诏统筹全局折》,吁请光绪帝"决行变法",奏折中指出:"变则能全,不变则亡;全变则强,小变仍亡!"

光绪二十四年(1898年)四月,光绪帝为改变国家落后的局面,决定变法。四月二十八日,光绪帝召见了康有为,与之商议变法具体事宜。不久,光绪帝又下令康有为可以专折奏事,并任命其为总理衙门章京上行走。1898年6月11日,光绪帝颁布《明定国是》诏书,宣布变法。其主要内容有:第一,文化教育方面。教育是维新派最重视的问题。国是诏发布之日,首命举办京师大学堂,派孙家鼐管理。广设学校学堂,派人出国留学,提倡学习西学,设立译书局。废八股,停朝考,定期举行经济特科。第二,经济方面。诏命设铁路矿务总局、农工商总局,各省设分局。广设农会、工厂。各省设商务局、商会,保护商务。修筑铁路,开采矿产;设立全国邮政局,裁撤驿站;改革财政,编制国家预算。第三,军事方面。精练海陆军,裁减绿营,准备举办民兵。设厂制造军火,筹设武备大学堂。第四,政治方面。政治改革最重要的为变革机构,提高效率,广开言路,裁汰冗员,准许官民上书言事。改上海《时务报》为官报,创京师报馆。

但是在此期间,反对变法的声音就一直没有停止过。在光绪帝宣布变法的第五天,慈禧太后连下了三道旨意,对京津地区的军政大权进行了人事变动,换上了自己的亲信。而维新派都是一些年轻书生,既无资历,又无军队。维新派便把目光转向了袁世凯,以期他能支持维新变法。9月18日夜,谭嗣同密访袁世凯,但随即被袁世凯出卖。9月21日慈禧太后突然从颐和园赶回紫禁城,将光绪帝囚禁于中南海瀛台,然后发布训政诏书,再次临朝训政,并逮捕通缉维新派人士。9月28日,谭嗣同等六人在北京菜市口被杀害,除京师大学堂外的所有新政措施都被废止,维新变法运动失败。1898年为戊戌年,故该次变法被称为"戊戌变法",又因其从6月11日变法开始到 9 月 21 日慈禧太后发动政变结束,维新变法一共持续 103 天,故也被称为"百日维新"。

义和团

义和团,又称义和拳,是与 1796 至 1804 年的反清秘密教派白莲教相联系的八卦教的一个分支。八卦教初以"书符治病"煽诱愚俗,民众趋之如鹜。被官方禁止后,转而在民间私相传习。随着基督教传入中国,乡间的地痞流氓争相入教,借着教民的身份横行乡里,鱼肉乡民,受欺压的百姓则投入八卦教以期与之抗衡。八卦教分为八大团。各团以一卦为标识,如乾字拳、坎字拳。其中乾字、坎字势力最大,见扰于京津一带。各团首领称为大师兄,凡是正式祈祷的时候,每每拈香念咒,如有神灵降集其身,发号施令,余众不敢不从。每团设有坛宇,所供奉的神,任意捏造,各不相同,如姜太公、诸葛武侯、赵子龙、梨山老母、西楚霸王、梅山七兄弟、九天玄女,大多出自《西游》《封神》《三国》《水浒》这些小说。新人刚加入时,会被教授法术咒语,练习拳棒。咒语如:"天灵灵,地灵灵,奉请祖师来显灵。一请唐僧猪八戒,二请沙僧孙悟空,三请二郎来显圣,四请马超黄汉升,五请济颠我佛祖,六请江湖柳树精,七请飞标黄三太,八请前朝冷于冰,九请华佗来治病,十请托塔天王,金吒木吒哪吒三太子,率领天上十万神兵。"起初口号是反清,后来随着甲午战争之后西方列强对中国侵略控制的加强,反清的号召逐渐让位于反侵略的号召。义和团称三个月法术即可练成,刀枪不入,可以抵御洋人。

19 世纪 90 年代,山东拳民在大刀会的名号下特别活跃,并得到山东巡抚李秉衡的暗中鼓励。李秉衡的继任者毓贤也同样支持拳民。拳民在他的保护下竖起了"扶清灭洋"的旗帜。1899 年,山东巡抚毓贤给"义和拳"改名为"义和团",意思为"正义与和谐的民兵"。义和拳取得合法地位之后,在山东迅速扩张,团众四处攻打教堂,驱逐教士。由于国外的压力,毓贤在 1899 年 12 月被免职。署理巡抚袁世凯对山东拳民采用了镇压的政策。在 1900 年 5 月的一场宫廷表演中,义和团使慈禧太后相信他们拥有神力,并在 5 月 29 日下诏,告诫各省官员不要不加区分地攻击拳民。官方的认可更加鼓励了义和团,他们从山东扩张到直隶、天津,切断京津铁路,围攻各

国公使馆，焚烧教堂、出售外国商品与书籍的书店、外国人寓所，杀死中国基督教徒，掘开传教士的墓。拳民称外国人为"大毛子"，中国基督教徒和从事洋务的人为"二毛子"，用洋货的人为"三毛子"，他们发誓要把所有的"毛子"斩尽杀绝。6 月 20 日，他们杀死了德国公使克林德，21 日，清廷向外国列强宣战。7 月中旬，八国联军攻陷天津，8 月中旬，攻陷北京。八国联军攻入北京后，对义和团进行了残暴屠杀。9 月 7日，慈禧太后在西狩路上发布了剿灭义和团的上谕。义和团势力就此衰亡。

八国联军

1900 年 2 月，各国公使因义和团北进，要求清政府颁布剿灭义和团的诏旨。慈禧太后虽然颁布了诏旨，但拒绝了各国公使希望将诏旨公布的请求。各国公使认为事态严重，电去本国请兵，各国军舰集中在直隶湾示威。4 月，英美德法四国照会总理衙门，限令清政府两个月内剿灭义和团，否则将派出水陆各军代为"剿平"。4 月下旬，义和团已经在北京城内出没。5 月中旬，公然张贴揭帖，并毁坏铁路、破坏电线、杀害教士。各国公使因此调兵来京。6 月初，数百名洋人士兵进入使馆，600 人开入天津租界，海参崴四千俄军向天津出动。但慈禧太后因身边亲信不断鼓吹义和团为义民，有纪律有法术，故命董福祥部移扎北京城内。董福祥出身甘肃土匪，为人桀骜不驯，其军中几乎全都是义和团。故董福祥军进入北京后，杀日本书记官杉山彬，焚烧教堂、洋人住宅、售卖洋货的店铺，杀教民。北京城内一片狼藉，天津情况亦同。6 月 10 日，由英国海军提督西摩尔率领的英、俄、德、法、美、日、意、奥联军 2 000余人从天津出发北上，以援北京各国公使馆。但是由于京津间铁路被毁，只能一边修路一边前进，抵达廊坊时，又遭到了义和团的迎头痛击，西摩尔被困。与此同时，又有千余俄军到达天津，6 月 17 日上午 8 时，联军的海军攻占大沽炮台。6 月 21日，慈禧下宣战诏。

得益于东南互保，长江各省晏然无事，主战场集中在天津和北京。6 月 26 日，廊坊战败的西摩尔部退回天津，虽然得到俄军救援，但伤亡将近十分之二。攻占大沽炮台的联军，接着开始攻打天津。武卫军虽奋力抵抗，老将聂士成亦在此战中壮烈牺牲，天津还是于 7 月 14 日失陷。另一个主战场是北京城，主要集中在东交民巷的使馆区。董福祥部与义和团数千人负责进攻。但由于慈禧心意变化无常,导致进攻时而猛烈,时而停止,再加之荣禄的暗中庇护,所以使馆区尽管防御弱,兵力少,却依然久攻不下。8 月 14 日,八国联军攻入北京,北京失陷。

联军攻陷天津、北京后,烧杀抢掠,无恶不作。两城内,死尸遍地,房屋十室九空,家破人亡者不计其数。清政府为了维护其统治政权,于 1901 年 9 月 7 日,派庆亲王奕劻与李鸿章为代表与英、俄、德、法、美、日、意、奥以及比利时、荷兰、西班牙 11 国在北京的公使签订了丧权辱国的《辛丑条约》。

庚子西狩

1900 年 8 月 15 日,天还未亮,慈禧太后便一身农妇打扮,带着光绪皇帝、隆裕皇后和李莲英等少数侍从,仓皇离开紫禁城,一路向西逃亡。直到 1902 年 1 月 8 日,才乘坐袁世凯为其准备的火车专列回到北京城。这一年半的逃亡生活,被美其名曰"西狩"。

兵荒马乱之中,马玉昆带兵赶来,与神机营、虎神营兵共 2 000 人左右共同保护着慈禧一行向西出逃。晚间,一行人在北京郊外 70 里的贯市停留。奔波了一整天,太后与光绪皇帝颗粒未进,又饥又饿,也顾不得食物粗糙,也顾不得皇家礼仪,很快便把当地百姓呈上来的饭食吃得一干二净。晚上就寝时,也只能将就着农家被褥而睡。经过数天跋涉,慈禧一行于 8 月 17 日傍晚来到了怀来县。县令吴永出城跪迎。慈禧出京后第一次受此礼遇,大为感动。一行人也终于可以吃上饱饭,洗澡换衣服了。后来,吴永写了《庚子西狩丛谈》,详细记载了两宫西狩的事情。

途经宣化府、大同府、太原,由于每前行一站便会提前派人通知下一站官员,慈禧太后一行人的逃亡之路较之前总算没有那么困苦。在太原停留了一个月后,由于担心八国联军追兵杀来,慈禧太后下令继续前行,于是他们渡过黄河,于 10 月 26 日抵达了陕西西安。抵达之后,慈禧太后改陕西巡抚官署为行宫,一行人在西安一天的御膳费用就要花去 200 两银子,殊不知陕西已经连年遭灾,民不聊生。这年冬天,几十万饥民听闻两宫驾到,纷纷跑来西安讨活路。陕西巡抚怕蜂拥而至的饥民影响到自己的仕途,下令关闭城门,置饥民于冰天雪地而不顾。冬至暴雪,饥民食无可

食，居无可居，每天都有数千人死去。

1901 年 9 月 7 日，《辛丑条约》签订。1901 年 10 月 6 日，慈禧太后携光绪帝从西安回京。若说来时是为逃命，那回去时便是为游山玩水，解闷逗趣。11 月中旬，更因为慈禧太后和光绪皇帝的生日而就地停留，庆祝了将近一个月。终于在 12 月 18 日再次起行，进入直隶后，新任直隶总督袁世凯派自己编练的新兵全程迎送。1902 年 1 月 8 日，慈禧太后坐上袁世凯为她准备的豪华火车专列，不到半日便抵达北京。慈禧太后一行人终于回到了阔别一年半的紫禁城，所谓"西狩"也到此结束。

《辛丑条约》

1900 年 8 月 24 日，"西狩"路上的慈禧发布上谕，命李鸿章与庆亲王奕劻负责议和之事。八国联军虽然在镇压义和团上有共同利益，但攻入北京后，各国之间的矛盾开始尖锐起来，形成了以英国为首的英、美、日集团和以沙俄为首的俄、法集团。沙俄想独占东北，英国想垄断长江流域，德国想独占山东，日本想侵吞中国福建、浙江两省。最终，经过各侵略国之间的不断协商，形成《议和大纲》12 条。逃亡西安的慈禧接到《议和大纲》后，向奕劻和李鸿章发出谕旨："所有十二条大纲，应即照允。"1901 年 1 月 15 日，奕劻、李鸿章在《议和大纲》十二条上正式签字画押。1901 年 2 月 14 日，慈禧太后以光绪皇帝的名义发布罪己诏，讲出了"量中华之物力，结与国之欢心"的"名言"。此后，在北京的各国公使又经过 70 多次会议，对大纲的具体细节进行讨论，以便最后签订正式条约，并使本国利益最大化。

1901 年 9 月 7 日，庆亲王奕劻与李鸿章作为清政府的代表与英、俄、德、法、美、日、意、奥以及比利时、荷兰、西班牙 11 国在北京的公使签订了丧权辱国的《辛丑条约》。《辛丑条约》是《议和大纲》的具体化，有正约 12 条，附件 19 条。条约规定：第一，就德国公使克林德之死赴德致惋惜之意；在克林德遇害处立铭志之碑。第二，惩办伤害诸国国家及人民之首祸诸臣；上谕将诸国人民遇害被虐之城镇停止文武各等考试 5 年。第三，就日本国使馆书记官杉山彬遇害一事赴日致惋惜之意。第四，于诸国被污渎及挖掘各坟墓建立涤垢雪侮之碑，并付给各费银两。第五，军火暨制造军火之物，禁止进口两年。第六，赔款。海关银两 450 兆两，照市价易为金款，年息 4

厘,分 39 年偿还。第七,划定使馆境界,界内由使馆管理,亦可自行防守。第八,大沽炮台及有碍京师至海通道之各炮台一律削平。第九,许诸国驻兵黄村、廊坊、杨村、天津、军粮城、塘沽、芦台、唐山、滦州、昌黎、秦皇岛、山海关,以保京师至海口的交通。第十,禁止仇外,停止考试。责成官吏保护外人之上谕,当在各府厅州县,张贴两年。第十一,许改订通商行船各条约。第十二,将总理各国事务衙门按照诸国酌定改为外务部,班列六部之前。

《辛丑条约》进一步加强了帝国主义对中国的控制,标志着清政府完全沦为帝国主义国家统治中国的工具。

东南互保

面对各国列强以"保护使馆"为名陆续派兵进京的举动,1900 年 6 月 20 日,清政府下诏命令各省督抚"保守疆土,接济京师,联合一气,共挽危局"。21 日,清政府以光绪的名义发布《宣战诏书》向十一国宣战。

但两广总督李鸿章、两江总督刘坤一、湖广总督张之洞拒不受命。他们拒绝承认这项诏令的有效性,认为其是一个未经皇室授权的非法诏令。时任邮政大臣盛宣怀命各地电信局将清廷召集义和团民及宣战诏书扣押,只给各地督抚内部参考,并电告建议不要服从。与此同时,英国也恐义和团运动波及属其势力范围的长江流域,不仅给俄以干涉口实,更会损害英国利益。故英国希望看到中国恢复秩序,不愿看到事态继续扩大。6 月 14 日,英国驻沪领事建议伦敦协助刘坤一、张之洞维持长江地区治安。这一建议不仅立刻获得英国的批准,美国、日本也一起对此事表示了支持。在双方都有意的情况下,加之盛宣怀从中周旋,刘张二人最终与各国驻沪领事达成一项非正式的协议。大意为东南各省督抚将保护外国人的生命和财产,并在他们的辖区内镇压义和团。但与此同时,外国列强不得派军队进入他们的辖区。

1900 年 6 月 26 日,《东南互保条款》拟定并由盛宣怀致电粤、宁、苏、鄂、皖各督抚。条约一共有 9 条,包括:第一,上海租界归各国共同保护,长江及苏、杭内地均归各督抚保护,两不相扰,以保全中外商民人命产业为主。第二,上海租界公同保护章程已另列条款。第三,长江及苏、杭内地各国商民、教士产业,均归南洋大臣刘、两湖

督宪张允认切实保护,并移知各省督抚。第四,长江内地各口岸已有各国兵轮,照常停泊。约束水手,不可登岸。第五,各国未经中国督抚商允,擅自派兵轮驶入长江,受到百姓攻击破坏,事后中国不认赔偿。第六,吴淞及长江各炮台,各国兵轮切不可近台停泊,兵轮水手亦不可在炮台附近地方操练。第七,上海制造局、火药局一带,各国允兵轮勿往游弋、驻泊及派洋兵巡捕前往。第八,各国洋教士及游历各洋人,不要冒险前往内地偏僻未经设防处。第九,凡租界内一切设法防护之事,均须安静办理,切勿张皇,以摇人心。1900 年 7 月,上海中西各官会同商定了《保护上海城厢内外章程》,共 10 条,内容更加具体。

东南互保章程虽然因各帝国主义之间的矛盾而未正式签字,但它规定的具体条款已经付诸实施。章程背弃了民族大义,但客观上也让整个中国东南部免受外国列强的入侵,保持了相对稳定的局面。

江楚会奏三折

"江楚会奏三折"是刘坤一与张之洞于 1901 年 7 月联衔上奏,呼吁变法改革的三份奏折,由《变通政治人才为先遵旨筹议折》《遵旨筹议变法拟整顿中法十二条折》《遵旨筹议变法拟采用西法十一条折》《请筹巨款举行要政片》(即三折一片)组成,强调适应形势实行变法的必要,"不变何以为国",要求"整顿中法","采用西法"。

庚子事变期间,慈禧太后挟光绪帝仓皇逃亡西安。迫于各方压力,在宣化鸡鸣驿,她不得不下诏承认自己有罪,"负罪实甚",表示要"涤虑洗心"。与此同时,慈禧太后也意识到,必须通过适当的政治改革来改变自己的形象,重新赢得外国人和国人的尊敬与仰慕。1901 年 1 月 29 日,清政府颁布变法的上谕。4 月 21 日,成立了以庆亲王奕劻、荣禄、李鸿章为主管,张之洞、刘坤一为协办的督办政务处,主持新政事宜。所以,当清政府多次表达了改革的决心后,张之洞和刘坤一二人揣摩时局,荟萃众说,写下三折,于 1901 年 7 月联名三次上奏。

在《变通政治人才为先遵旨筹议折》中,刘张二人强调要改革教育,为国家培养人才。"窃谓中国不贫于财而贫于人才,不弱于兵而弱于志气。人才之贫,由于见闻不广,学业不实……保邦政治,非人无由。"所以,刘张二人就育才兴学,参考古今,会通文武,提出了四条建议:一曰设文武学堂;二曰酌改文科;三曰停罢武科;四曰奖劝游学。最后,刘张二人在文末再次强调人才及改革的重要性:"非育才不能图治,非兴学不能育才,非变通文武两科不能兴学,非游学不能助兴学之不足。"在《遵旨筹议变法拟整顿中法十二条折》中,刘张二人提出了立国之道,以及如何实现富强。"盖立国之道,大要有三:一曰治,二曰富,三曰强国。既治则贫弱者可以力求富强;国不治则富强者亦必转为贫弱。整顿中法者,所以为治之具也;采用西法者,所以为富强之谋也。"是故,刘张二人提出了整顿中法 12 条,以期御侮捍患。"一曰崇节俭;二曰破常格;三曰停捐纳;四曰课官重禄;五曰去书吏;六曰去差役;七曰恤刑狱;八曰改选法;九曰筹八旗生计;十曰裁屯卫;十一曰裁绿营;十二曰简文法。"在《遵旨筹议变法拟采用西法十一条折》中,刘张二人总结了他们的倡议书,建议采用西法,共提出了十一条建议。"一曰广派游历;二曰练外国操;三曰广军实;四曰修农政;五曰劝工艺;六曰定矿律、路律、商律、交涉刑律;七曰用银元;八曰行印花税;九曰推行邮政;十曰官收洋药;十一曰多译东西各国书。"

慈禧太后主要以此三折所奏建议为基础,开展改革。改革从 1901 年一直持续到 1905 年,总计发布变法诏令 30 多条。大的方面包括废除旧官僚机构、创设新官署、进行军事改革、教育改革、社会改革等。但是,直到改革结束,事实上只做出了废科举、建立现代学校、选派留学生出国这三项具体的改进。

第六部分

辛亥革命与中华民国的建立

孙中山

1890 年以后,"立宪"与"革命"成为时人的两大政治诉求。"革命运动者,改君主国为民主国";"立宪运动者,变独裁制为代议制"。在杜亚泉等人看来,辛亥革命的成功与中华民国的建立实是由"此二大之政潮相推相荡而成"。20 世纪初的中国在立宪与革命的变奏中,经历了一波又一波的震荡与涤新。老大帝国正迎接一个新时期的到来。

1895 年,在康有为、梁启超发起戊戌变法运动的时候,此时的中国无论是在技术经济还是思想文化上,正悄然孕育着新的生机。这一时期,无论是报刊社团等舆论场域的兴起,还是电报铁路等信息交通技术的进步,都催逼着中国思想界内部发生一系列变化。戊戌变法的失败使许多知识群体产生出推翻清政府的思想,其中最有代表性的就属孙中山。

孙中山(1866—1925),名文,字逸仙,广东香山人。孙中山九岁时在香山私塾读书,到 1897 年随母亲到美国檀香山投奔哥哥孙眉。在檀香山他学习西方的自然科学知识,接受西方的民主科学思想,这对他的一生来说是一个重要的转折点。他曾回忆称"从学村塾,仅识之无,不数年得至檀香山,就傅西校,见其教法之善,远胜吾乡","而改良祖国,拯救同群之愿,于是乎生"。

此后孙中山又到香港学医、行医。在香港期间,他结识了许多密友如郑士良、陈少白、尤列、杨鹤龄等人,这四人具有革命倾向,被时人称为"四大寇"。与这些人的交往为孙中山日后革命奠定了思想基础。大约在 1892 年左右,孙中山放弃了行医事业,转而寻找"医国"的良方。当时康有为等人在广东万木草堂聚徒讲学,孙中山本欲结交,却因康有为要颇为繁缛的师徒礼节而作罢。

1894 年甲午战前,他上书李鸿章,展示了自己富国强兵的构想,并请求能够面陈李鸿章。其时甲午战争正剧,李鸿章以军务繁忙而婉拒。孙中山希冀大医能医国,却无奈处处碰壁,此时的老大帝国已药饵不进,病入膏肓。在改良不成之后,孙中山决心主张革命,推翻清政府。

1894 年 11 月,孙中山在檀香山联合华侨 20 余人,创立革命团体"兴中会"。其会员入会誓词明确提出"驱除鞑虏,恢复中国,创立合众政府"。兴中会成员希望能以美国为蓝本,将中国改造为一个共和国家。1895 年初,孙中山到香港,召集旧友陆皓东、孙少白等人组织成立了香港兴中会。香港兴中会成立之后,孙中山亦开始组建武装,举起反清旗帜。他借用一个公开团体"农学会"的组织掩护革命党人在广州筹备起义的活动,并争取日本等国家的支持。

1895 年 10 月,孙中山发起广州起义。但是由于革命党人内部存在各种分歧,起义筹备并不周全,广州起义最终遭到流产,广州兴中会的机关遭到破坏,陆皓东等人被捕牺牲。广州起义是孙中山等人密谋发动的第一次起义,对于革命党人而言,具有相当重要的意义。广州起义失败以后,孙中山遭到通缉,遂远赴日本。1900 年义和团事变之际,孙中山还趁机发起过庚子惠州起义,但亦未成功。惠州起义虽然失败了,但是其给当时人的震动却不小。有时人即称"孙逸仙者,近今谈革命者之初祖,实行革命者之北辰"。此时反清团体却如星火燎原之势遍及海外及中国沿海各地,"有志之士,多起救国之思,而革命思潮自此萌芽矣"。到了 1904 年,国内先后成立了华兴会、光复会等十余个革命小团体。这些地域性的革命团体,为全国性政党的出现奠定了基础。

同盟会

1905 年孙中山由欧洲回到东京,结识了又一个反清革命团体华兴会的领导人黄兴。黄兴,出生于 1874 年,字克强,湖南人。他在 1902 年赴日留学,在留学过程中逐渐接受了革命思想。回国之后他组织成立华兴会,倡导反清革命。在当时的留日学生中,黄兴具有很高的威望。孙中山在与黄兴及湖北、四川、湖南等留日学生商议后,决定筹备组织成立具有全国性质的反清团体。

孙中山在 1900 年惠州起义失败之后，就认识到"号召各省同志组织革命大集团"的重要性，此后更是不断推动这一构想的实施。1905 年 7 月 30 日，讨论建立全国性革命团体的筹备会议在东京黑龙会本部内田良平的宅内召开，与会者来自国内十个省共 76 人。通过讨论，新团体被定名为中国同盟会，以"驱除鞑虏，恢复中华，创立民国，平均地权"为纲领。

1905 年 8 月 20 日，中国同盟会在东京正式成立。成立大会通过了《中国同盟会总章》，推举孙中山为同盟会总理，并选举了各部负责人，黄兴被指定为负责执行部的庶务，总理外出时负责本部工作。孙中山后来回忆称"集合全国之英俊成立革命同盟会于东京之日，吾始信革命大业可及身而成矣"。

同盟会成立后，决定将宋教仁创办的《二十世纪之支那》改名《民报》，作为同盟会机关刊物。孙中山在《民报》发刊词中，首次将十六字纲领概括为民族、民权、民生三大主义，即三民主义。此后，孙中山对其三民主义进行了进一步的系统论证，三民主义成为了同盟会的政治纲领。

其中民族主义的基本内容是"驱除鞑虏，恢复中华"。起初，革命党人以"排满"为号召，民族主义体现了革命团体当时的最主要诉求。后来，在数年的革命实践中，孙中山意识到要"五族共和"，民族主义转化为了反帝爱国。

民权主义的基本内容是"创立民国"。孙中山把民权主义作为政治革命的根本，在《同盟会宣言》中孙中山以美国为主要范本，描绘了建立议会制共和国的蓝图。他认为"中国数千年来都是君主专制政体，这种政体，不是平等自由的国民所堪受的"。"要去这政体，……不做政治革命是断断不行的"。

民生主义的基本内容是"平均地权"，具体来说就是核定全国地价，现有地价归原主所有，革命后社会改良进步之增价归国家所有。孙中山希望能将政治革命与社会革命毕其功于一役，政治革命成功后，通过民生主义防止两极分化，消弭社会不稳定的根源。三民主义成为此后革命党人领导革命的基本政治纲领。

立宪运动

在革命党人主张用武力推翻清政府的同时，曾经在戊戌变法中失败的康有为、

梁启超等人主张效仿日本,采用君主立宪制。梁启超更是在《清议报》上连发评论,称如今世界上有君主立宪、民主立宪和君主专制三种政体,而"君主立宪者,政体之最良者也"。梁启超等人的这一思想得到了许多士绅如张謇、汤寿潜、赵凤昌的响应。他们被称为立宪派。在立宪派等人的倡导下,国内开始关注立宪问题。

1905年,日俄之间因远东利益问题发生了战争,战争的结果是日本胜利。日方的胜利给中国思想界造成极大的震动,日俄之役被认为是立宪政体战胜帝制政体的明证。日俄战争因此成为中国思想界转向立宪的一大契机。当时有人就称"日胜俄败,俄国人民群起而为立宪之要求","吾国之立宪论,乃亦勃发于此时"。一时间国内立宪运动如火如荼。此时立宪派进一步加强了立宪思想的宣传,如夏瑞芳在上海创办了《东方杂志》、梁启超等人创办了《时报》。在这些人的奔走下,清政府的地方要员如张之洞、袁世凯、岑春煊、端方等人对立宪亦颇赞赏。时人评论称"立宪之声,洋洋遍全国矣"。袁世凯更是上奏清政府请求"简派亲贵,分赴各国,考察政治,以为改政张本"。

在清政府内部要员的推促下,1905年7月,清政府决定派遣五大臣出洋考察各国政治,预备实行立宪政体。之所以要"预备",是因为清政府认为当时中国立宪的条件还不成熟,需要一个准备和过渡时期。1906年9月,在端方、载泽、戴鸿慈、徐世昌的推动下,清廷发布上谕,决定改革官职,宣布预备仿行立宪。民间的立宪人士更是纷纷联络成立立宪团体。郑孝胥、张謇为首的预备立宪公会,梁启超创办的政闻社,杨度创立的宪政公会等等,大小团体联合工商学界积极宣传,向下普及宪政知识,向上推动宪政改革。预备立宪公会不仅仅是江浙地区立宪运动的核心,在全国立宪运动中也发挥着主导作用。在民间力量的积极努力下,清廷设立了地方咨议局,颁布了中国第一部宪法性质的文件《钦定宪法大纲》,并建立了带有议会雏形性质的资政院。

但推动立宪的过程并不轻松。由于清政府宣布预备立宪之时,并未宣称预备的年限。这使得立宪派觉得朝廷是在搞拖延战术,毫无诚意。因此他们发起全国性的国会请愿运动,要求清政府速开国会,确定预备年限,以尽快实行立宪。由于一些地方督抚也要求速开国会,迫于压力之下,1908年奕劻等人奏请光绪皇帝,拟"限定九年将预备各事一律办齐",奏请得到了光绪皇帝的批准。这样预备实行立宪制的年限规划在了九年。

1908 年之后,随着慈禧太后与光绪皇帝的去世,清政府内部的权力发生了一系列变动。朝政大权转移到了摄政王载沣手中。此后虽然预备立宪仍在实行,但是随着民间立宪运动的高涨,立宪派试图在两三年之内实行宪治。1909 年,在立宪派的代表人物,江苏咨议局议长张謇的联络下,各省派代表团先在上海集结,再赴北京请求政府"缩短国会年限","速开国会"。这样的大规模国会请愿运动从 1909 年开始,共有三次。三次声势浩大的国会请愿运动是一场民间立宪人士与朝廷的拉锯战,请开国会的要求一次次被朝廷拒绝。最后,清廷在各方压力下做出了微小的让步,宣布缩短预备立宪期限,由九年变为七年。然而武装起义的风暴将带走这个颟顸朝廷自救的机会,已经没有多余的时间了。

萍浏醴起义与黄花岗起义

随着革命团体的纷纷建立,革命党人领导的武装起义也此起彼伏地展开了。早期的武装起义多是联合各地会党进行,萍浏醴起义就是其中的代表。萍乡、浏阳、醴陵在江西与湖南两省的交界之处。1906 年两省发生饥荒,民众对清政府极为失望。同盟会会员刘道一、蔡绍南回到湖南之后,与当地革命党人联络运动新军与联络会党,酝酿起义。是年 12 月,萍浏醴起义爆发。清政府闻讯后派湖广总督张之洞、湖南巡抚岑春煊等发兵镇压。起义坚持到次年 1 月,最终失败。

萍浏醴起义失败之后,长江流域的革命势力损失很大。同盟会知"长江各省,一时不足有为,注重两广首义,愈益坚定"。此后革命党人转向两广地区。自 1907 年之后,革命党人先后在两广发动了潮州起义、惠州起义、钦州起义、镇南关起义等等。徐锡麟、秋瑾等人领导的光复会在安徽、浙江也发动了数次起义。这一系列起义均未成功,但对于打击清政府的势力以及宣传同盟会的方针策略有着非常重要的影响和意义。

此后革命党人转而开始运动新军,在各地新军中培养革命武装力量。然而 1910 年初广州新军起义的失败,使武装起义陷入低潮。为振奋革命精神,1910 年末孙中山决定在广州再举义旗。在经过数月的筹备之后,1911 年 4 月 27 日,黄兴率领的同盟会骨干在广州起义。由于起义前夕,两广总督张鸣岐已有察觉,起义并未按计划

行动。

27 日下午,黄兴率 120 人敢死队冲入两广总督衙门,随后与清军展开巷战。但两广总督张鸣岐早有准备。"死多人以攻入督署,空洞无一人。观其情形,有如二三日前去者。"黄兴遂立即撤退,在撤退途中遭遇激战,由于缺乏后援,黄兴率领近百名勇士拼死突围,仍遭失败。此役,除黄兴等少数人逃回香港,同盟会百余名会员牺牲,其中 72 人收葬于广州黄花岗,因此这次起义被称为"黄花岗起义"。黄花岗起义倾注了革命党人的大量心血。孙中山后来撰文纪念这次起义,他称此次起义之后,"全国久蛰之人心,乃大兴奋","斯役之价值,惊天地、泣鬼神,与武昌革命之起义并寿。"

武昌起义

黄花岗起义失败后,同盟会损失惨重。然而,就在革命党人面临诸多困境之际,各种机缘与条件促成了 1911 年 10 月 10 日武昌起义的成功,敲开了通向民主共和国的大门。

由张之洞长期主政的湖北,是清末新政改革的模范地区。实业建设、新式学堂创立、新军编练,为起义创造了良好的物质与人员条件。清末的财政危机与官员的贪暴,使当地民怨极深。此外,还有革命党人长期的宣传组织工作。仅以文学社为例,该团体以研究文学为名在新军中发展会员,开展革命活动。在起义前已在新军中发展出 3 000 多名会员,占湖北新军总数的五分之一,是起义中重要的武装力量。武昌如一个火药桶,随时可能引爆。恰在此时,四川保路运动的发生点燃了引信。

1911 年 5 月,清廷宣布,各省原先已经交由商办的铁路干线,一律收归国有。清廷无力建路,只得向英、法、德、美借款修筑粤汉铁路和川汉铁路,同时出让大量本已收回的利权。因此,铁路沿线的湖北、湖南、广东、四川爆发了保路斗争。其中尤以四川保路运动发展激烈。当铁路国有的消息传到四川之后,四川士人群情激愤,反对国有。

6 月,川汉铁路公司成立了保路同志会,并派代表赴京请愿。与此同时素有强硬作风的赵尔丰接任四川总督。赵尔丰上任之后,鉴于保路运动日渐高涨,恐难收拾,遂下令逮捕了保路同志会的领袖人物蒲殿俊等人。消息传出以后,成都市民蜂拥而至,聚集在总督衙门请求予以释放。但是赵尔丰却下令开枪打死请愿群众,遂酿成"成都血案"。"成都血案"一时使民变四起。面对突发变局,清廷急令湘、鄂、粤、陕、滇、黔六省派兵入川,并催令在湖北的大员端方带新军入川。湖北新军革命力量有被分散的危险。于是在湖北的革命团体文学社、共进会在蒋翊武、孙武、居正、焦达峰等人的组织下进行了合并,决定共同促成武昌起义。

　　革命党人原计划在农历八月十五日(10月6日)举行起义。清朝官方极度恐慌,八月十五日当天全城戒严。武汉革命党人只得调整计划,将起义时间改为10月11日。10月9日,革命党人在汉口俄租界宝善里14号赶制炸药时发生爆炸,起义者名册被俄国巡捕搜走,机关暴露。湖广总督瑞澂下令全城戒严,大肆搜捕革命党人,情势危急。10月10日晚,新军第八镇工程营第八营革命党人主动发难,武昌起义爆发。他们击毙前来弹压的营官,冲入楚望台军械库夺取弹药。其他革命党士兵闻风响应,当夜武昌光复。起义军在11日晚和12日控制汉阳和汉口,自此武汉三镇全部光复。

　　武昌首义之后,武汉革命党人组织了湖北军政府,当时孙中山尚未归国,黄兴、宋教仁等也不在武汉,文学社与共进会的领导人或负伤或出逃。起义的新军官兵认为自己威望不足,于是强迫旧军官黎元洪担任湖北军政府都督。在湖北军政府建立之后两个月内,内地18省中有14省相继响应,纷纷独立。

第一次南北和谈

　　面临倾覆之危的清政府不得不起用被闲置数年的袁世凯来收拾残局。袁世凯在遭到载沣罢免后一直在老家河南彰德,一面密察天下大势,一面积极准备伺机而动。此时,面对清廷的反复催请,袁世凯提出了即开国会、组织责任内阁、速开党禁等六项条件。清廷虽不情愿但由于情势危急,不得已之下,才答应袁世凯的条件。

　　11月,袁世凯率北洋军南下,他派兵出击汉口、汉阳,革命党军队日渐窘促。与此同时,清政府任命袁世凯为内阁总理大臣,命令其组织内阁。袁世凯复出之后,既想全面控制清廷大权,又想解决南方革命党军的起义。因此他采用"剿抚兼施"的策略,一面猛攻汉阳、汉口,迫使革命党军就范,一面又将革命党作为自己的政治筹码,

不断向清廷施压,以便达到自己进一步揽权的目的。

革命党人面对实力强大的北洋军,也并无胜利的把握。黎元洪、黄兴等人亦主张借助袁世凯的力量推翻清政府,并以大总统之位许诺袁世凯。黎元洪在致袁世凯的信中即称"将来民国总统选举时,第一任之中华共和大总统,君固不难从容猎取也"。张謇、赵凤昌等立宪派也致函袁世凯,请求袁世凯促成两方议和,"采众论以定政体"。袁世凯此时正被清政府以组织内阁等条件笼络,对于议和只是派人进行了试探性的接触。随着国内议和之声愈渐高涨,在多方压力逼迫下,袁世凯遂派出代表唐绍仪与南方议和。南方11省公举伍廷芳为和议代表。

起初双方和议的地点选在汉口。因为此时南方以黎元洪为首的湖北军政府糅合了两湖地区的立宪派、旧官僚及革命团体,形成了南方的武昌集团。但是与此同时,在上海,张謇、赵凤昌等老牌立宪派与江苏都督程德全、浙江都督汤寿潜及上海都督陈其美逐渐形成了上海集团。上海集团与武昌集团均主张将新政府设在自己名下。两集团在争夺政治中心的过程中,张謇甚至提出了"政府设鄂,议会设沪"的主张。最后,在伍廷芳以及从海外归来的孙中山等人的坚持下,南北和谈的地点最终选择在了上海。

12月18日,南北议和会议在上海举行。从12月18日起到12月底,南北双方共召开了五次会议,主要讨论了停战问题、国体问题以及召开国民会议问题等三项主要议题。停战问题上,两方达成协议,在12月31日"两军于各省现用兵地方,一律停止进攻"。国体问题上,双方均认定"开国会之后,必为民主"。至于国会问题,双方基本主张每省派代表3人,各省代表超过四分之三则召开议会。

南北议和期间,双方还在暗地进行一系列讨论。最终双方达成的协议主要有:确立共和政体,优待清皇室,先覆清廷者为大总统,组织临时议会等。这时候孙中山突然回国,被各省代表会议推举为大总统。袁世凯听闻此消息后颇为恼怒,他否认了之前所议决的和议条款,北方代表唐绍仪亦不得不辞职。南北议和遂转入地下。

南京临时政府

1911年12月25日,长年流亡海外的孙中山回国。29日各省代表齐集南京,举行南京临时政府筹备会议,会议选举孙中山为临时大总统。1912年1月1日,孙中山在南京就职,中华民国临时政府成立。此后以1912年为民国元年,改旧历为国际通用公历。随后临时政府又成立临时参议院,为南京临时政府立法机关。为求得列强支持,临时政府发表《宣告友邦书》,承认清廷与列强签订的一切旧条约,继续支付外债和赔款。

南京临时政府成立后,颁布了一系列法规,旨在保护私有财产,发展实业;改革司法制度,整肃军队。这些法规虽然并未广泛实施,但却为近代民主共和的制度建设提供了经验。南京临时政府存在时间只有区区几个月,但贡献巨大,为后人留下了丰富的政治遗产,其中最重要的便是《中华民国临时约法》。

孙中山在就任临时大总统时便致信袁世凯,称"如清帝退位,宣布共和",则他即"正式宣布解职,以功以能,首推袁氏"。袁世凯在得到孙中山的许诺之后便加紧逼迫清帝退位。1912年1月12日,袁世凯以内阁总理的身份出马,率全体国务大臣劝清廷"俯鉴大事,以顺民心"。此后袁世凯还操纵北洋将领段祺瑞、倪嗣冲、王占元等人建议清廷接受优待条件,宣布共和。

1912年2月12日,清帝在袁世凯的逼迫下宣布退位。按此前约定,孙中山向临时参议院辞职,随后袁世凯被选为临时大总统。孙中山面对权力的移交,认为有必要制定一部民主的宪法,维护共和,限制袁世凯可能出现的权力滥用。

3月,临时参议院通过了孙中山提请的《中华民国临时约法》。约法共七章56条,规定了中华民国国体及中华民国之主权属于全体国民,对国民享有的基本权利和应尽的基本义务做了规定。在国家体制方面,改总统制为责任内阁制,对总统权力进行诸多限制,希望通过颁布的《临时约法》来限制袁世凯的权力,使其无法独裁,以维护共和。4月,孙中山正式卸职,随后临时政府迁往北京,开启了北洋政府统治的序幕。

《中华民国临时约法》以西方的民主法治学说为理论基础,以美国合众政府的宪法为模式,开创了中国资产阶级民主政治的新局面。它以根本法的形式宣布:废除了延续了两千年的封建君主专制制度;确认了资本主义生产关系的合法性;树立了帝制非法、民主共和的观念,造就了集会、结社、言论、出版自由等民主氛围,对于民众的民主觉醒,起了不可估量的作用。

辛亥革命的历史意义

武昌起义是辛亥革命最具标志性的事件,但武昌一役绝不是辛亥革命的全部。1911 年风云激荡,从黄花岗起义,到蔓延多省的保路运动,再到武昌首义的成功,中华民国的建立,历史大潮在向前推进的时候又尽显曲折。如果将眼光拉长,辛亥革命的历史意义是需要重估的。时人即指出"五千年来之专制帝王之局,于此十年中为一大结束;今后之亿万斯年之中华民国,乃于此时开幕。则非十年来之小变,实乃五千年以来之大变"。

历史学家雷海宗指出,"庚子以后不能说清廷一事未做,但所作的事都嫌太晚,且缺乏诚意,终致大清政权被推翻。战国诸子所预想、秦始皇所创立、西汉所完成、曾支持中国 2 000 年的皇帝制度,以及 3 500 年来曾笼罩中国的天子理想,也都由清帝退位时轻描淡写的一纸公文宣告结束"。雷海宗先生的此段话表明辛亥革命在推翻帝制上的重大意义。

辛亥革命不是这个所谓"停滞的""循环式"的小农社会里又一次的汤武革命,它把中国社会带入了一个全新的历史范畴。它否定了整个皇权体制,从此不再有王朝的更迭。曾经的天子及其权威,不仅跌落神坛,而且其存在的合法性、正义性都被否定。鲁迅先生说"中国的二十四史多至二十四,就是可悲的铁证",辛亥革命把这"二十四史"的传统皇帝家谱全都砍断了。此后虽经历袁世凯复辟、张勋复辟等多次试图复辟帝制的活动,但都迅速归于失败。皇权以及其代表的一整套特权秩序,在社会思潮中被扫入历史的垃圾堆。

南京临时政府的成立,《中华民国临时约法》及民初一系列新法令的颁布,从制度方面奠定了民主共和体制运行的基础。此后虽有波折和变动,整个民国时期都是在这些政治制度下运行。《临时约法》被尊奉为"法统"正源,被赋予神圣性、合法性。《临时约法》所奠定的民主共和原则,也成了此后仁人志士不断努力的方向。孙中山后来回忆就称:"临时约法者,南北统一的条件,而民国所由构成也。"此后孙中山等人发动的护法运动均是因北京政府废除《临时约法》而起。

除此之外,辛亥革命对社会生活的影响同样巨大。作为清朝标志的辫子割了,民初的男性发型千奇百怪,但都不再蓄发,发型逐步与西方接轨。禁缠足,禁鸦片,改称谓,废跪拜,禁止人口买卖,改易服饰等等,虽然由于历史的惯性,这些变革都不是一蹴而就的,但这些异乎往古的变迁,慢慢塑造出现代中国的社会细节,从而影响了每一个中国人的生活。

宋案与二次革命

1912 年民国的成立,开启了中国历史上的共和时代,其时的中国也是新旧杂陈。共和与专制、创新与守旧、战争与和平,大时代风云继续在北洋时期的历史舞台上演着。南京临时政府成立之后,形成了与北京清政府南北对峙的政治格局。而北京清政府的权力已经落入袁世凯的手中。在袁世凯的武力胁迫下,1912 年 2 月 12日,清帝被迫逊位;2 月 15 日,袁世凯又被南京临时政府参议院选举为临时大总统。

袁氏当国是民初各派势力博弈、妥协的结果。袁世凯作为北洋军的领袖,军事实力最强,政治资历深厚,并且与立宪派、旧官僚关系密切。经过清末动荡,人心思定,多数人认为袁世凯是最有能力调和各派势力,保证国内统一的政治领袖。袁世凯当选临时大总统之后改变了孙中山在推举其就任大总统时提出的将首都设在南京等条件。1912 年 3 月 10 日,袁世凯在北京就职临时大总统。

袁世凯当政之始,虽然为了加强中央集权与革命党人冲突不断,但是革命党人在中央及地方仍掌握一定权力,在这种较为均衡态势下的政治格局中,各种政党一时纷现,政党政治一时勃兴。除孙中山、宋教仁为首的国民党外,其中最突出的有前清官吏、政客及立宪派等人组成的统一党、共和党和民主党。民国元年,清政府时期严厉的党禁被解除,革命派、立宪派,甚至旧官僚都纷纷组党结社。同盟会合并其他小党派,改组成立了国民党,并吸收各方面人物,在社会上形成了巨大的政治号召。此外,统一党、民主党、共和党也是民初重要的政党,1913 年国会选举后,国民党成为国会第一大党。袁世凯为了压制国民党的势力,遂笼络统一、共和、民主三党合并成进步党。进步党以黎元洪、梁启超、张謇、汤化龙等人为领袖。与党派林立相伴的是议会政治的勃兴。1912 年末到 1913 年初,全国举行了第一次国会选举,共选出参众两院议员 860 余席。国民党独得 392 席,成为国会第一大党。1913 年 4 月 8 日,

第一届国会开幕,临时参议院即日解散。中华民国的共和制度,似乎正在导入正轨。

但就在国会开幕前夕,一场谋杀,改变了历史的进程。1913 年 3 月 20 日晚,国民党代理理事长宋教仁准备从上海启程回京,在上海站登车时,突遭歹徒枪杀。宋教仁是国民党党务的实际负责人,对议会政治颇有研究。对于袁世凯独裁的野心,他想通过合法的议会斗争取得政权。在国民党取得多数党地位的时候,他宣称将以多数党资格组建新内阁。这与袁世凯将权力保持在北洋一系,进而谋得独裁地位的目的形成严重冲突。同时袁世凯也不能容忍他对现任政府的大量批判。袁世凯曾以 50 万巨款相赠,以此拉拢。宋教仁接受巨款,却用于国民党竞选事务,仍旧痛批政府。此举使其与袁世凯矛盾更深。案件很快告破,凶犯武士英被缉捕到案,并起获凶犯与国务总理赵秉钧、内务部秘书洪述祖的来往密电。密电表明此案为周密安排的政治谋杀,并且与袁世凯有重大干系。

宋案真相大白,举国震惊,革命派要求审判宋案真凶,矛头直指袁世凯,双方围绕宋案司法审判问题你来我往,针锋相对。此时"去袁"成为革命派的共识,革命派与北洋派矛盾骤然激化。随后的善后大借款更是火上浇油。民国成立以后,由于政府财政紧缺,无论是南京临时政府还是袁世凯的北京政府都曾向各国银行借款,各国银行亦会附加各种经济、政治条件。宋案发生之后,革命党人遂反对袁世凯向各国银行借款。1913 年 4 月,袁世凯为扩充实力,镇压革命党人,遂答应各国借款条件,向英、法、德、俄、日五国银行团借款 2 500 万英镑。此项借款未经国会讨论,成为革命党人攻击袁世凯的一项重要口实。

双方武力对决已成必然之势。1913 年 6 月,袁世凯先后发布命令,免去革命派反袁的中坚力量赣、粤、皖三省都督的职位。袁之命令下达之后,三省都督李烈钧、胡汉民、柏文蔚均表示遵令辞职,并无背水一战之决心。袁世凯任命的三省新督遂得以顺利赴任。但是孙中山此时却坚决主张武力讨袁。在孙中山与革命派各方人士反复商议之后,革命党人内部终于达成了起兵讨袁的共识。7 月,李烈钧首先发难,组织江西讨袁军。随后,江苏、安徽、广东、福建等省也都宣布独立,加入讨袁阵营。此役的主战场在江西与江苏,因此被称为赣宁之役,也被称为二次革命。经过革命派的艰苦努力,到 8 月初,共有江西、江苏、安徽、广东、福建、四川、湖南等南方七个省宣布独立,组成讨袁阵营,参加讨袁战争。但是上述七省参加讨袁的过程却是一波三折,七省的领袖人物并不主张完全与袁世凯割裂,因此讨袁时往往三心二意。

革命派发布讨袁号召之后,袁世凯也是紧锣密鼓地进行军事准备。7 月 21 日,袁世凯正式下令对南方革命派的各省进行"定乱"。在不到一个月的时间中,江西、江苏战场上革命派的军队节节败退,南昌、南京也被北洋军攻占,起义很快失败。革命的领导者孙中山、黄兴遭到严令通缉,只得出逃海外。

二次革命是辛亥以后革命派与北洋派、立宪派等各方之间矛盾不断加剧的结果。由此定义的"二次革命"亦可看出其与辛亥革命之间的理想上的继承关系。但是由于在袁世凯的强势统治下,革命派内部对于讨袁的主张不一致,辛亥革命之后人心思定,江浙等地商人民众对二次革命的消极响应等因素,二次革命最终失败。

袁世凯复辟帝制

二次革命之后,袁世凯拉拢进步党,分化国民党,加速了谋求个人独裁的过程。1913 年 10 月,他逼迫国会选举自己为正式大总统。自此,袁世凯已不需要"国会"这个名存实亡的招牌,因此他对国会步步紧逼,谋求取消国会制度。首先他通过以杨度为首的宪法研究会向国会提出增修约法案,旨在扩大总统的权力。提案在遭到国民党的国会议员的反对之后,他继而解散了国民党,并开除了国民党籍的国会议员。被开除的议员人数竟超过国会总议员人数的一半,国会因无法达到法定人数而只得停会。1914 年 2 月 28 日,袁世凯以"牵涉内乱嫌疑","办事鲜有效率"为由,下令解散了各省议会。此前各省议会虽已经停止活动,但名义尚存,而此后议会制度在法律上亦不复存在。没有了议会制度,袁世凯更是为所欲为。之后,袁世凯又废除《中华民国临时约法》,炮制出《中华民国约法》,以及《总统选举法》,改内阁制为总统制,总统任期十年,可连选连任,同时规定下任总统由现任总统推荐,被推荐人没有任何限制。

1915 年,身为大总统的袁世凯已经不满足自己是"无冕之王",预备称帝。此时,第一次世界大战已经打响,日本借口对德宣战,派兵登陆山东半岛,接管了德国在山东的势力范围。为使其占领山东合法化,并在中国攫取更大的权益,日本以支持袁世凯恢复帝制为诱饵,软硬兼施,迫使袁世凯接受日方提出的"二十一条"。"二十一条"共五号,分别涉及山东问题、满蒙问题、汉冶萍公司、中国港湾海岛的领土问题以及诸多杂项要求。经过多月谈判,日方下达最后通牒。1915 年 5 月 9 日,袁世凯派中方外长前往日本驻华使馆递交覆文,对于日本提出的"二十一条"除第五号预备另行商议外,其他全部接受。

复辟帝制的活动更加紧锣密鼓地进行。8 月,袁世凯授意他的美国顾问古德诺发表《共和与君主论》一文。此文认为,在中国相较于共和制更适宜实行君主制。古德诺的言论为袁世凯称帝制造出了学理上的合理性。紧接着杨度、严复等"六君子"成立了"筹安会",发表《筹安会宣言》,大肆宣传复辟帝制。杨度认为"多数人民,不知共和为何物","欲求立宪,先求君主"。由于此时袁世凯的地位逐渐稳固,权势日渐高涨,许多官僚听闻此风之后纷纷表示主张实行君主制,支持袁世凯称帝。各地甚至出现了"公民请愿团"等拥护袁世凯称帝的民间团体。

10 月到 11 月,在杨度等人的策划下,各地举行了国民代表大会,议决国体问题。结果是全部代表一致同意,改民主共和制为君主立宪制。各省区更是纷纷献上"拥戴书"。12 月,袁世凯在一次次的劝进后,发布申令:改元洪宪,旧历元旦举行登基大典。

护国战争

在袁世凯图谋称帝时期,中华革命党及进步党人纷纷表示反对。进步党人更是在西南酝酿武力反袁。当时曾在云南领导反清起义的将领蔡锷深受袁世凯重视,但随着袁世凯逐步迈向帝制,蔡锷深不以为然。蔡锷与进步党领袖梁启超有师生之谊。梁启超此时亦对复辟帝制极为反对。1915 年 12 月,蔡锷逃出袁世凯的控制,从日本转道,回到云南,在云南都督唐继尧的保护和支持下,蔡锷开始筹备反袁活动。当袁世凯复辟消息传出时,蔡锷联名李烈钧、唐继尧通电全国,宣布云南独立,起兵讨袁,护国战争爆发。

1916 年初,护国军突入四川,全川震动。袁世凯派大军入川,与护国军激战于川南。继云南之后,贵州、广西、浙江、广东等省也先后宣布独立,此时中华革命党也在各地举行起义,反袁力量不断壮大。由于北洋军在短时间内无法镇压护国军,袁世凯的帝制气焰逐渐消沉。北洋军阀内部此时也发生分化。在袁世凯筹备称帝之际,其北洋嫡系段祺瑞、冯国璋态度消极。袁世凯称帝之后,对段祺瑞等亦多有闲置,未加重视,段、冯等与袁世凯逐渐离心。1916 年 3 月,身为江苏都督的冯国璋联络江西督军李纯等将军要求袁世凯取消帝制。原本对袁世凯称帝态度暧昧的英、日等国在 1915 年底亦多次劝告袁世凯"展缓改变国体","以防不幸乱祸之发生"。

此时袁世凯的帝制运动陷入进退两难之局。1916 年 3 月 15 日,广西宣布独立,讨袁阵营声势日壮。袁世凯迫于各方压力,于 1916 年 3 月 22 日宣布撤销帝制,仍任大总统,并任段祺瑞为参谋总长。取消帝制是护国战争和反袁阵营的重大胜利。在帝制取消之后,袁世凯的地位问题成了南北争论的要点。蔡锷等人坚决反对袁世凯再任大总统,中华革命党方面亦通电要求袁世凯下台。6 月 6 日,做了 83 天皇帝的袁世凯病重身死。

张勋复辟与安福国会

袁世凯死后,黎元洪继任大总统,并任段祺瑞为国务总理。此时的北洋派,再没有可压服各方的人物了。北洋集团分出皖、直、奉三大派系,分别以段祺瑞、冯国璋、张作霖为派系首领。他们各有自己的地盘,在此后的 10 余年中相互混战,争夺控制中央政府的权力。除此之外,地方上大大小小的实力派也各有自己的势力范围。这些地方军阀既追随掌握中央政权的各大派系军阀,又保持着一定的独立性。

北洋三系中,皖系军阀的首领是段祺瑞,袁世凯当政时任国务卿与陆军总长,因其手中实力,以及有反对帝制的美名,成为南北方都可接受的人物,进而出任国务总理。相较而言,担任总统的黎元洪却并没有什么真正的实力可言,只因为武昌首义,一个小小的协总意外成了革命元勋,进而官运亨通,甚至荣登大总统宝座。段祺瑞自然不太把这个大总统放在眼里,在中枢权力和参加一战问题上,以他为首的国务院与以黎元洪为首的总统府之间发生了激烈的府院之争。

1917 年初,美国与德国断交,准备参加一战,并要求黎元洪政府与美一致行动。黎元洪对此表示同意,国会也通过了对德绝交。日本在获悉美国插手中国对德外交后,也积极支持北洋政府参战。美国为了与日本抗衡,又改变原态度。当时,段祺瑞

正想通过参战扩军,从而扩充皖系势力,因而主张立即参战。黎元洪与冯国璋为遏制皖系势力,在美国的支持下反对参战。在国会,对德宣战的议案因为派系矛盾以及段祺瑞的粗暴行为,迟迟无法通过。部分国会议员更是表达了对内阁的不信任。面对如此情势,段祺瑞决定先下手,呈请黎元洪解散国会。黎元洪则利用国会对段祺瑞内阁的不满,在美国公使的支持下,下令免除段祺瑞国务总理和陆军总长的职务。

段祺瑞接到免职令后立即前往天津,成立"独立各省总参谋处",指使皖系、奉系各省督军独立,并准备进军北京解散国会、驱逐黎元洪。黎元洪束手无策,只好请安徽督军张勋出面调停。张勋随即率3 000辫子军启程入京,抵京后逼迫黎元洪去职。7月1日,张勋拥立清废帝溥仪复辟。黎元洪躲入日本使馆,并重新任命段祺瑞为总理。段祺瑞立即通电兴师讨逆,成立"讨逆军总司令部",并自任总司令。7月12日,讨逆军攻入北京,辫子军溃散,张勋仓皇逃入荷兰使馆,溥仪再次宣布退位。

张勋复辟失败后,段祺瑞再次上台任国务总理。冯国璋也抵京,代行总统职权。北洋政府出现了短暂的段、冯合作时期。但是以段祺瑞为首的皖系就实力而言此时远超过冯国璋的直系。段祺瑞在北京经营有年,政治手腕灵活多变,在内先有汤化龙、梁启超等研究系的附和,后有安福系的支持,而在外有日本政府的"西原借款",因此整个北京政府完全由皖系控制。而从江苏都督入住京城的冯国璋则相形见绌。此时北京对德宣战也再度提上日程。1917年8月14日,北洋政府正式对德、奥宣战。

段祺瑞当权以后,在制宪、参战及府院之争等问题上与旧国会多有掣肘,旧国会议员以国民党为主,因此他决议废止了《临时约法》,另组临时参议院取代原来的国会。由于军政两界多有拥护,北京政府在1918年遂废除旧国会,成立临时参议院选举新国会议员。1918年2月,在段祺瑞及安福系等人的暗中运作下,新国会议员出炉,这批议员中安福系占330多席,因此此届国会被称为"安福国会"。

安福国会及段祺瑞等人并不罢休,而是进一步筹划更换总统。此时的代总统冯国璋与段祺瑞之间多有龃龉,冯、段之间似乎又会发展成新的一轮府院之争。段祺瑞废除旧国会亦招致孙中山的强烈反对。在安福国会成立之后,孙中山偕同部分国会议员南下广州,联合桂系、滇系等地方军阀,在广州组成"非常国会",建立反对段祺瑞的"中华民国军政府",南北又一次出现对峙局面,揭开了护法运动的序幕。

南方主张护法之后,北京政府亦主张武力统一,而征讨南方的军队主要是依赖直系。然而直系在前线多有观望,不愿出力,在长江流域的直系各都督甚至主张与南方护法政府议和。在此胁迫下,段祺瑞不得不下台。段祺瑞下台之后,代总统冯国璋一时之间找不到合适的总理人选,幸而老将王士珍出面才一解冯国璋的难题。段祺瑞下台之后并不善罢甘休,而是暗中操纵国会选举,并引奉军南下,逼迫冯国璋下台。在种种压力之下,冯国璋于 1918 年 3 月再次请段祺瑞出山。段祺瑞出山之后,去冯成为其主要目的。段依据 1913 年颁布的《大总统选举法》,宣称此届总统到 1918 年 10 月届满。冯国璋因此被迫下台。冯国璋下台之后,对于大总统之位,段祺瑞亦不敢堂而皇之地就任。在直皖两方均未谋求的情况下,对直皖两系不偏不倚的北洋老臣徐世昌得以接任。徐世昌在北洋系的地位仅次于袁世凯,又是文人,因此才被安福国会支持。1918 年 10 月徐世昌就职大总统。

第二次南北和谈

1917 年 9 月,孙中山被选举为军政府的大元帅,又选滇系首领唐继尧、桂系首领陆荣廷为元帅。军政府成立后,孙中山积极筹划北伐,并争取各地方实力派的支持。护法军政府成立以后,孙中山一方面否认北京安福国会的合法性,一方面积极筹备军队主张北伐。但护法军政府内部矛盾重重,孙中山地位并不稳固。孙中山在广东组建新政府时,桂系陆荣廷控制着广东。因此桂系对护法的态度在北伐中起着关键性的作用。但是桂、滇两系人物并不想让孙中山以大元帅的名义凌驾在自己之上。不得已孙中山只好借助滇系唐继尧来制衡桂系,希图借助滇系的力量达到北伐的目的。但是桂系和滇系拥立孙中山反段,只是借用孙中山的名望来抵抗北洋政府的权宜之计。缺乏武力支持的孙中山,虽然力倡护法,实则难有作为。

1918 年西南实力派主张对护法军政府实行改组,将军政府改为合议制,改大元帅为政务总裁,由多人担任。唐继尧亦主张孙中山"游历列国,办理外交"。至此孙中山不得不辞去大元帅职。在辞职宣言中,他称"吾国之大患,莫过于武人之争雄,南与北如一丘之貉,虽号称护法之省,亦莫肯俯首于法律及名义之下",愤而离开广州。

此时北京政府仍主张武力统一全国,并派直系将领吴佩孚等南下攻占湖南。吴佩孚在攻下衡阳之后却主张南北议和,这一提议得到了南北多数士绅的响应。熊希龄、张謇、蔡元培等人成立了"平和期成会",其他如交通系、研究系等均主张南北议和。而第一次世界大战后,英法列强亦认为此时中国"平和统一之实为要"。于是南北议和逐渐促成。新就任的大总统徐世昌亦致电北方各将领,酝酿议和方案。徐世昌的议和呼声得到了广东军政府的回应。岑春煊表示在上海租界召开议和会议,可以"据理而谈","依法公决"。此时南北双方内部对议和均有不同意见,但是议和还是逐渐形成。1919 年 2 月,南北议和会议在上海促成。然而南北议和会议自 2 月起至 8 月,长达 6 个月的时间里,双方在陕、闽问题及新旧国会问题上多有争执,南北和谈的代表亦是先后数次更易。北方主张议和的主要是徐世昌,皖系对此并不感兴趣。在国会问题上,北方的段祺瑞与南方的孙中山等人均不支持各自代表的提案。因此南北和谈最终不了了之。

参加第一次世界大战

第一次世界大战初期,日本借口对德宣战,出兵我国山东,夺取了青岛和胶济铁路。中国最初保持中立。日本因担心失去在山东的权益,反对中国参战。1917 年 2 月,美国宣布与德断交,准备参加一战,要求中国采取一致行动。亲美的黎元洪接受了美国的要求。当时梁启超也表示赞同,认为可乘机使中国跻身于国际之林,增加关税,缓付庚子赔款。3 月,北京政府宣布对德断交。对德断交后,中国政府随即取消了德国根据不平等条约所获取的部分特权,如在华驻兵权、租界及赔款等。北京政府命令将所有德国在华驻军一律解除武装,所有可作军事用途的德国公私产业,一律查封,或予充公。

北京政府又令有关地方政府派警察进入天津和汉口的德租界,收回租界,改设特别区。但是,德国侨民所享有的领事裁判权并未取消。北京政府担心取消其领事裁判权会引起其他各国的反对,遂与荷兰驻华公使做出安排,同意由荷兰驻华使节受理有关德国人的各种案件。这时日本因列强已秘密支持其占领山东,转而唆使北洋政府参战,以进一步控制中国。皖系首领国务总理段祺瑞企图假参战之名,取得日本借款和协约国财政支持,来扩充本系实力,对内推行武力统一,因而力主参战。总统黎元洪等亲英美派为抵制日本和段祺瑞扩张势力而反对参战。这就是"府院之争"。"府院之争"其实是日美在中国争夺的产物,目的都是要扩大自己派系的实力。

段祺瑞政府虽对德奥宣战,但没有参加欧洲的战争行动,只是给协约国运去大批粮食,向法国派了一个军事调查团,同时在宣布参战前就已开始向欧洲派遣劳工,弥补了当地劳动力的不足。中国劳工主要是修筑道路,装卸船只等,收入微薄,有数万人丧失了生命。1918 年 11 月,第一次世界大战结束,中国成了战胜国。通过参战,中国收回了德奥对华特权,撤销了对德奥的庚子赔款,签订了对德、奥、匈、保平等条约,成了国联成员。但巴黎和会拒绝中国正义要求,把德国在山东的权利全部让给日本,战胜国却受到了战败国的待遇,国人终于从虚幻的胜利中清醒过来。

民族工商业的"黄金时期"

中华民国成立以后,在北洋政府的统治下,虽然战乱频仍、政争不断。但无论是经济社会,还是思想文化,都有了显著的发展和变化。在振兴实业的热潮中,中国现代工商业逐渐发展。第一次世界大战的爆发,使西方列强无暇东顾,为中国的经济发展创造了有利的外部环境。经济、技术的变革与发展也带动思想观念的更替。也就是在 1915 年前后,随着《新青年》杂志的发行,新文化运动逐渐悄然兴起。新文化运动的兴起促使整个中国社会发生巨大的思想、文化变革,带动着这个古老的民族向民族国家迈进。

民国建立之后,无论是南京临时政府,还是北洋政府,都大力提倡发展工商业,颁布了一系列有利于工商业发展的经济政策和法律法规。各种工商团体迅速增多,社会上兴起了投资实业的热潮。在第一次世界大战期间,西欧列强无暇东顾,给了国内企业扩展自己市场的有利空间。民族工业,特别是投资相对较少回报较快的轻工业发展最快,出现了所谓民族工商业发展"黄金时期"。

棉纺织是第一次世界大战前后发展最快的部门,到 1920 年全国纺织厂已经有 475 家,出口棉纱到 1924 年已经达到 14.7 万担。而面粉行业在一战之后也大规模地向外出口。在轻工业方面,火柴业、卷烟业、缫丝业等在不同程度上有较大发展。

原本薄弱的重工业在 1918 年的出口值居然达到了 1 673 万关两,位居全世界当年出口货品前十名。

　　第一次世界大战结束后,列强对华经济扩张又卷土重来,洋货的大量输入使民族资本企业感受到沉重的压力,大约自 1922 年起,中国工商业逐渐进入缓慢甚至是停滞发展的时期。由于洋货物美价廉,再加上战争连年不断,民众的购买力增长不大,军阀割据下的市场很难统一。时人即指出"出省一步,如履异邦,旅行已不胜其难,营业更为棘手"。

　　在农业方面,新兴经济作物逐渐有所发展。第一次世界大战之后,受国内外市场的影响,棉花种植的范围逐渐扩大,产棉区域几乎遍及全国,如直隶、江苏、湖北、山东已逐渐发展成为产棉大省。此外,到 1920 年代中期,大豆种植也较为扩大,中国当时甚至一度成为最大的大豆生产国和出口国之一。全国农作物的商品化逐渐有所提高。

移风易俗

　　随着经济、技术的引进与推广,在社会方面也逐渐发生变化,突出地反映在居民的日常生活中。清政府被推翻后,民国政府推行了剪辫易服的运动。清廷要求男子必须留的辫子,大多被剪去了。清代的品级服饰制度也被废止。长袍马褂虽然仍然流行,但样式逐渐变化。西式的礼服、西服正装、日本学生服等外来服装样式在男子群体,特别是上层社会男士以及受教育男士中流行起来。女子的服装样式也在发生改变,传统的旗装经过改良,产生了早期样式的旗袍。女子洋装更是在富裕阶层的女士中流行起来。

　　新式教育的推行,不仅推进了中国教育的近代化,也提高了中国女性受教育水平,使社会上出现了一批受过新式教育的新女性。与新女性同时出现的还有民初妇女运动。放天足运动在各地兴起,对缠足的陋习进行了大力的批判和制止。以唐群英为代表的女性政治家,在争取女性政治权利方面也作了很多贡献。男女平等的观念,慢慢地被部分进步人士接受,"男女同校"也渐渐成为了普遍的现象。

　　新的习俗方面,新历年逐渐被许多民众所接受,经由政府的提倡,"悬挂国旗,停止办公"成为庆祝新历年最基本的形式。人们也乐意采用新历及"星期"的方式纪日。在西方歌舞剧的影响下,新式的话剧、舞剧等剧目形式更是受到年轻人的欢迎。

新文化运动

社会经济的发展更促进了思想观念的解放。民国成立以后,对于国家制度、社会变革等问题在思想方面的讨论一度很热烈。但是袁世凯当政以后,要求尊孔读经,对新文化的倡导颇有倒退之势。面对沉闷的思想界,一批新式人物纷纷表明自己的观点,逐渐推动出了一场影响巨大的新文化运动。

1915 年陈独秀在上海创办了《青年杂志》,后来改名为《新青年》。在《青年杂志》的创刊号上,他提出了"科学与人权并重"的主张,对较为沉寂的思想界予以了回应。1917 年,蔡元培担任北大校长后,提出"思想自由,兼容并包"的办学方针。与此同时,他请陈独秀到北大来任职,担任文科学长。《新青年》亦随之迁往北京。在北大,有胡适、鲁迅、李大钊、刘半农等新派人物的撰稿发声,他们倡导"文学革命",主张采用白话文,倡导西方的民主和科学精神,反对封建礼教,因此,《新青年》逐渐受到了关注,并且发行量渐为扩大,引起了思想界的瞩目。

《新青年》的发展有四个阶段。一开始《新青年》主要是介绍世界青年文化;1917年的时候主张反对复辟潮流;此后在胡适等人的倡导下提倡新文学;最后一个阶段是强调"思想革命"。除了《新青年》以外,其他各种宣传新思想的报纸杂志不断增加,如《每周评论》《国民》《建设》以及《民国日报·觉悟副刊》等等。这些新刊物所提倡的思想、主张或许并不一致,但对于传统中国的批判、反思却是大抵相同的。新文化运动是一场具有中国特色的文艺复兴运动,它对民主与科学的宣扬,对封建礼教的抨击,都促使国人逐渐得到启蒙和洗礼。

辛亥革命只是在政治体制上推翻了封建君主专制制度,在思想文化上对国人的撼动并不显著。著名历史学家陈旭麓先生就指出,"辛亥革命后的山重水复是'五四'运动兴起的背景,'五四'运动促进马克思主义的传播和中国共产党的诞生"。1917 年,俄国爆发了十月革命,为此李大钊等人发表了一系列评论,如《布尔什维主义的胜利》《我的马克思主义观》等等,宣传马克思主义,盛赞俄国的工农革命。而且他指出"只有俄国的共产党在名义上,在实质上,都真是马克思主义"。当时各地出现了一些共产党早期组织。这些共产党早期组织在传播马克思主义方面作用尤大。与此同时,苏俄方面亦派出维经斯基等人来华,寻求与中国革命者建立联系。在与陈独秀等人接触后,中国共产党的建立便提上了日程。1921年,在五四新文化运动的孕育与催生下,中国共产党成立。中国共产党的成立标志着一个新时代的来临。

第七部分

中国共产党成立与新民主主义革命的兴起

巴黎和会

巴黎和会是在一战结束后的 1919 年,胜利的协约国集团为解决战争所造成的问题,以及奠定战后的和平而召开的会议。

从 1919 年 1 月开始,第一次世界大战的战胜国在法国巴黎召开和平会议。这实际是一次由此时世界五强,即英、法、美、日、意五个帝国主义国家操纵的重新瓜分世界的会议。中国政府因战时参加后来的战胜国协约国一方,也派代表出席和会。参加这次会议的中国代表在全国人民的压力下,为改变中国在国际上的不平等地位,在会上提出废除外国在中国的势力范围、撤退外国在中国的军队和巡警、撤销领事裁判权、归还租界、取消中日"二十一条"及换文等正义要求,但都遭到拒绝。在讨论德国租借地问题时,中国代表又提出,战前德国在山东攫取的各项特殊权益应直接归还中国。但日本代表却无理地提出,它在大战期间强占的德国在胶州湾的租借地、胶济铁路以及德国在山东的其他特殊权益,应该无条件让与日本。4 月 29 日至30 日,英、法、美三国在议定巴黎和约中关于山东问题的条款时,完全接受日本的提议。和会给予中国的,只是归还八国联军侵占北京时被德国夺去的天文仪器而已。这样,日本夺取战前德国在中国山东的特殊权益的"既成事态",便被明文肯定下来。中国代表指出,"此次和会条件办法,实为历史所罕见",并对和会的这种做法提出抗议。但是,北京政府屈服于帝国主义列强的压力,竟准备在这个丧权辱国的和约上签字。消息传到中国国内,激起了各阶层人民的强烈愤慨,以学生游行为先导的五四爱国运动就如火山爆发一般开始了。

巴黎和会最终签订了处置战败国德国的凡尔赛和约,同时还分别同德国的盟国奥地利、匈牙利、土耳其等国签订了一系列和约。这些和约和凡尔赛和约构成了凡

尔赛体系,确立了一次大战后由美国、英国、法国等主要战胜国主导的国际政治格局。

巴黎和会其实是一战后帝国主义列强重新瓜分世界的一场分赃大会,虽然在协调一战参战战胜国之间的矛盾上面起到了一定的作用,但是其强权政治的霸道措施,并未从根本上解决帝国主义之间争夺殖民地的矛盾。和会对德国进行的宰割性惩罚措施,严重伤害了德国人民的民族感情,被德国人普遍认为这是"强加的和平",激发了德国的民族主义高潮,也种下了复仇的种子。

五四新文化运动

五四新文化运动是辛亥革命后,一些先进的中国知识分子从总结辛亥革命的经验教训着手,通过对辛亥革命失败的思考,决心发动的一场新的思想启蒙运动,以期廓清蒙昧、启发理智,使人们从封建思想的束缚中即蒙昧状态中解放出来。1919年五四运动以前的初期新文化运动是资产阶级民主主义的新文化反对封建主义的旧文化的斗争。五四运动以后的新文化运动,则推动了社会主义思潮在中国的蓬勃兴起,促进了马克思主义在中国的传播。

1915年9月,参加过辛亥革命的陈独秀在上海创办《青年杂志》(后改名《新青年》),新文化运动由此发端。1917年1月,《新青年》编辑部迁到北京,李大钊、鲁迅、胡适等参加编辑部工作,并充当主要撰稿人。北京大学和《新青年》编辑部成了新文化运动的主要阵地。

初期的新文化运动的基本口号是拥护"德先生"(Democracy)和"赛先生"(Science),就是提倡民主和科学。根据这个口号的倡导者陈独秀最初的解释,民主是指资产阶级的民主制度和资产阶级的民主思想;科学,"狭义的是指自然科学而言,广义的是指社会科学而言"。他强调要用自然科学一样的科学精神和科学方法来研究社会,这表明,初期新文化运动所提倡的民主和科学,追求的还只是个人的解放,建设的是资产阶级的共和国,而不是根本的社会改造。

此外,新文化运动的倡导者们把攻击的矛头集中指向了封建主义的正统思想——孔学。他们以《新青年》为主要阵地,以进化论观点和个性解放思想为主要武器,猛烈抨击以孔子为代表的"往圣前贤",大力提倡新道德、反对旧道德,提倡新文学、反对旧文学,包括提倡白话文、反对文言文。他们认为封建社会的道德与文章,严重束缚了人们的思想,压制了民族的生机和创造力。为了提倡民主和科学,给发展资本主义扫清思想障碍,必须对孔学进行批判。通过批判孔学,他们动摇了封建正统思想的统治地位,打开了遏制新思想涌流的闸门,从而在中国社会掀起了一股思想解放的潮流。

1917年,俄国爆发了十月社会主义革命,建立了苏维埃政权,成为人类历史上的划时代事件。这场革命给正在苦闷中摸索的中国先进分子展示了一条新的出路。十月革命第一次把社会主义从书本上的学说变成活生生的现实,而这次革命由于发生在情况和中国相近的俄国,表明资本主义的路走不通,可以走社会主义思想指引的路。十月革命中俄国工农大众在社会主义旗帜下所进行的英勇斗争和所取得的历史性胜利,更给予中国的先进分子以新的革命方法的启示。这就有力地推动了先进的中国人倾向于社会主义,进而促使他们去认真了解指导十月社会主义革命的马克思主义学说。在这种情况下,中国出现了一批赞成俄国十月社会主义革命、具有初步共产主义思想的知识分子。

1919年上半年,中国因在巴黎和会中外交受挫,而北洋政府准备在屈辱的和约上签字,消息传到国内,激起各阶层人民的强烈愤慨。5月3日,北京大学学生和北京十几所学校的学生代表举行集会,决议致电巴黎专使,要求拒签和约。5月4日,北京十几所学校的学生3 000余人齐集天安门前举行示威。他们提出"外争主权、内除国贼""取消二十一条""还我青岛""诛卖国贼曹汝霖、章宗祥、陆宗舆"等口号。示威队伍在东交民巷使馆区西口被阻,就改道奔向赵家楼胡同曹汝霖住宅。学生们痛打了正在曹宅的章宗祥,并放火烧了赵家楼曹宅。北洋军阀出动大批军警进行镇压,学生被捕者32人。学生们没有屈服,且成立了北京中等以上学校学生联合会,北京2.5万名学生举行了总罢课。由于反动当局公然表彰曹汝霖等并再次严令取缔爱国运动,从6月3日起,北京学生重新走上街头讲演。在随后的3天时间里,近900多名学生被捕,数千学生因示威受到军警马队的冲击。天津、上海和其他一些城市的学生,纷纷响应北京学生,进一步举行抗议活动。从6月5日起,上海工人自行举行声援学生的罢工,几日内,罢工工人达到六七万人。随后,北京、唐山、汉口、南京、长沙等地工人也相继举行罢工,许多大中城市的商人举行罢市,形成罢工、罢

课、罢市的"三罢"高潮。斗争如燎原之火蔓延全国,扩展到 20 多个省区、100 多个城市。

五四运动突破了知识分子的狭小范围,成为各阶级参加的全国规模的群众运动。运动的中心由北京转移到上海,斗争的主力由学生逐渐转为工人。迫于人民群众的压力,中国代表没有出席巴黎和约的签字仪式。五四运动是近代中国革命史上具有划时代意义的事件。它的历史意义,就是彻底地不妥协地反对帝国主义和彻底地不妥协地反对封建主义,启导广大人民的觉悟,为革命力量的团结做出准备。

五四新文化运动对社会主义思潮在中国的蓬勃兴起,起到了极大的推动作用。它促进了马克思主义在中国的传播并与工人运动的结合,为中国共产党的成立在思想上、干部上做了准备。因此,它标志着中国新民主主义革命的伟大开端。

马克思主义的传播

1917 年,俄国爆发十月社会主义革命,建立苏维埃政权,成为人类历史上的划时代事件。这场革命给正在苦闷中摸索、在黑暗里苦斗的中国先进分子展示了一条新的出路。

在这以前,中国思想界已经有人谈论过社会主义。从 1899 年英国传教士在《万国公报》中第一次提到马克思和马克思的学说以来,资产阶级维新派如梁启超和革命派如朱执信都曾对马克思及其学说作过某些介绍。但在十月革命以前,马克思主义在中国并没有得到正确的阐释,也没有为人们所重视。十月革命第一次把社会主义从书本上的学说变成活生生的现实,给中国的先进分子以新的革命方法的启示。在这种情况下,中国出现了一批赞成俄国十月社会主义革命、具有初步共产主义思想的知识分子。1918 年 7 月开始,北京大学图书馆主任李大钊先后发表《法俄革命之比较观》《庶民的胜利》等文章,宣传社会主义思想。

在五四运动前后,中国的先进分子从巴黎和会所给予的实际教训中,开始看出帝国主义列强联合压迫中国人民的实质,这是社会主义思想在中国进一步传播的直接原因。中国的先进分子对社会主义的认识有一个发展的过程。开始时,他们对社会主义还只是一种朦胧的向往,一时还分不清科学社会主义与其他社会主义流派的界限。无政府主义、新村主义、合作主义、泛劳动主义、基尔特社会主义、社会民主主义等观点在各种刊物上纷然杂陈。中国的先进分子经过反复的比较、推求,才选择了马克思主义,选择了科学社会主义。1919 年 9 月、11 月,李大钊在《新青年》连续发表《我的马克思主义观》一文,肯定马克思主义为"世界改造原动的学说",对马克思主义作了比较全面、系统的介绍。与此同时,一些留学日本期间接触过马克思主义学说的先进青年,对马克思主义在中国的早期传播也起过重要的作用。如留日归来的杨匏安,于 1919 年 11 月至 12 月在广东《中华新报》发表长篇连载文章《马克思主义(一称科学社会主义)》,对马克思主义的唯物史观、经济学说和科学社会主义作了相当系统的介绍。留日学生李达翻译的《唯物史观解说》《社会问题总览》《马克思经济学说》等书在国内出版。留学美国的张闻天也发表《社会问题》一文,介绍和宣传马克思主义学说。此外,经过 1919 年李大钊与胡适就"问题与主义"展开论争后,社会主义思潮的影响力进一步扩大,推动了一批爱国的进步青年,尤其是那些具有初步共产主义思想的知识分子,逐步划清无产阶级社会主义和资产阶级民主主义、科学社会主义和其他社会主义流派的界限,走上了马克思主义的道路,其中以毛泽东、蔡和森、瞿秋白、周恩来等人为代表。

五四运动以后,马克思主义之所以能够在中国得到广泛传播并被中国的先进分子所选择,是因为它符合中国社会发展的现实需要,中国的先进分子一开始就是把马克思主义作为观察和认识国家命运的工具来接受的,并且在学得马克思主义基本原理后,就以此为指导,积极地投身到群众斗争的实践中去。如在李大钊的推动下,1920 年初,北京的一些革命知识分子曾到人力工人居住区调查他们悲惨的生活状况。邓中夏等还到长辛店向工人作革命宣传,开始同工人建立联系。在上海,陈独秀等人也在工人群众中进行发动和组织工作,并积极传播马克思主义。先进知识分子与工人群众相结合的过程,也就是马克思主义与中国工人运动相结合的过程。在这个过程中,初步确立了共产主义信念的知识分子,其思想感情进一步转变到工人阶级方面来;同时,一部分工人由于受到马克思列宁主义的教育而提高了阶级觉悟。他们真正成了工人阶级的先进分子。随着马克思主义在中国的传播和一批确立了马克思主义信仰的先进分子的出现,在中国成立共产党组织的思想和干部条件就都具备了。

中共第一次代表大会

五四运动后不久,随着马克思主义在中国的传播及其同中国工人运动的初步结合,建立工人阶级政党的任务被提上了日程。

1920 年 3 月,李大钊同邓中夏等多次商议后,在北京大学组织了马克思学说研究会。这是中国最早的一个学习和研究马克思主义的团体,也是李大钊把"对于马克思派学说研究有兴味的和愿意研究马氏学说的人"联合起来的最初尝试。同年 4 月,经共产国际批准,俄国共产党远东局海参崴分局派全权代表维经斯基等来华,了解五四运动后中国革命运动发展的情况。他们分别在北京和上海与李大钊、陈独秀等人会谈,经过考察,维经斯基认为中国可以组织共产党,这一认可对中国共产党的创建起了一定的促进作用。1920 年 5 月,陈独秀在上海发起组织马克思主义研究会,探讨社会主义学说和中国社会改造问题。6 月,他同李汉俊、俞秀松、施存统等人开会商议,决定成立党组织,还起草了党的纲领,并且定名为"共产党"。8 月,共产党早期组织在上海法租界老渔阳里 2 号《新青年》编辑部成立,推陈独秀担任书记。11 月,共产党早期组织拟定了《中国共产党宣言》,指出"共产主义者的目的是要按照共产主义者的理想,创造一个新的社会"。1920 年秋以后,李大钊、张国焘、董必武、毛泽东、王尽美、谭平山等人相继在北京、武汉、长沙、济南、广州等地成立共产党的早期组织,并且开始了研究与宣传马克思主义、同反马克思主义思潮展开论战、在工人中进行宣传和组织工作及成立社会主义青年团组织等活动,这些活动有力促进了马克思主义的进一步传播及其同中国工人运动的进一步结合。

1921 年 7 月 23 日晚,中国共产党第一次全国代表大会在上海法租界望志路 106 号(今兴业路 76 号)开幕。国内各地的党组织和旅日的党组织共派出 13 名代表出席大会。他们代表着全国的 50 多名党员。这些代表是:上海的李达、李汉俊,北京的张国焘、刘仁静,长沙的毛泽东、何叔衡,武汉的董必武、陈潭秋,济南的王尽美、邓恩铭,广州的陈公博,旅日的周佛海,以及受陈独秀派遣的包惠僧。在广州的陈独秀和在北京的李大钊因有其他事务未出席会议。共产国际代表马林和尼克尔斯基出席了这次大会。7 月 30 日,因有法租界敌探闯入会场,马林建议马上中止会议,迅速转移。代表们商定最后一天的会议改在浙江嘉兴南湖的游船上举行。

大会确定党的名称为"中国共产党",党的纲领是"以无产阶级革命军队推翻资产阶级","采用无产阶级专政,以达到阶级斗争的目的——消灭阶级","废除资本私有制",以及联合第三国际。这表明,中国共产党从建党一开始就旗帜鲜明地把社会主义和共产主义规定为自己的奋斗目标,并且坚持用革命的手段来实现这个目标。大会虽然也主张"与其他政党合作,反对共同的敌人"即军阀,但并没有制定出党在民主革命阶段的明确纲领。大会在讨论党的实际工作计划时,"因为党员少",关于"组织农民和军队的问题成了悬案",决定集中精力组织工厂工人。为了保证党的先进性,大会"决定接受党员要特别谨慎,严格审查";鉴于当时的党"几乎完全由知识分子组成",大会"决定要特别注意组织工人,以共产主义精神教育他们"。考虑到党员数量少和地方组织尚不健全,大会决定暂不成立中央执行委员会,只设立中央局作为中央的临时领导机构。大会选举陈独秀、张国焘、李达组成中央局。陈独秀为中央局书记,张国焘分管组织工作,李达分管宣传工作。

党的第一次全国代表大会宣告了中国共产党的正式成立。中国共产党的创建,是中华民族发展史上开天辟地的大事件,具有伟大而深远的意义。它给灾难深重的中国人民带来了光明和希望。

中共第二次代表大会

1921 年 7 月中国共产党成立以后,一个重大的任务就是尽快制定出一个适合中国国情的革命纲领。这是一个需要在实践中总结经验才能解决的课题。

1921 年底至 1922 年初帝国主义列强召开的华盛顿会议,通过《九国公约》,肯定了美国提出的"各国在华机会均等"和"中国门户开放"的原则。在帝国主义势力的操纵下,中国各派军阀展开更为激烈的争夺,相继爆发大规模的战争。这些事实,使中国共产党人开始认识到,中国人民所受的最大痛苦,还不是一般的资本主义剥削,而是帝国主义的压迫和封建军阀的统治。1922 年 1 月,共产国际在莫斯科召开远东各国共产党及民族革命团体第一次代表大会,大会指明中国"当前的第一件事便是把中国从外国的羁轭下解放出来,把督军推倒",建立一个民主主义共和国。这些思

想,对于党制定当前阶段的革命纲领给予了直接的帮助。

1922 年 7 月,中国共产党第二次全国代表大会在上海召开。出席这次大会的代表共 12 人,代表全国 195 名党员。大会选出由陈独秀、张国焘、蔡和森、高君宇、邓中夏五名委员和三名候补委员组成的中央执行委员会。中央执行委员会推选陈独秀为委员长。大会通过《关于共产党的组织章程决议案》,阐明了中国共产党是无产阶级中最有革命精神的分子所组成的政党。大会通过的《中国共产党章程》,是党成立后的第一个党章,对党员条件、党的各级组织和党的纪律作了具体规定,明确地体现了民主集中制原则。大会通过决议案,确认中国共产党是共产国际的一个支部。

中共二大发表的宣言通过对中国经济政治状况的分析,实际上揭示出中国社会的半殖民地半封建性质。大会宣言指出,一方面,中国在政治上经济上无不受帝国主义列强的控制,实际上已经成为"国际资本帝国主义势力所支配的半独立国家";另一方面,中国"在政治方面还是处于军阀官僚的封建制度把持之下",这也"使中国方兴的资产阶级的发达遭着非常的阻碍"。宣言着重指出:"各种事实证明,加给中国人民(无论是资产阶级、工人或农人)最大的痛苦的是资本帝国主义和军阀官僚的封建势力"。宣言在分析国际国内形势和中国社会性质的基础上,提出在目前的历史条件下,党的奋斗目标是:消除内乱,打倒军阀,建设国内和平;推翻国际帝国主义的压迫,达到中华民族完全独立;统一中国为真正的民主共和国。这就制定出了党在当前阶段的反帝反封建的民主革命纲领,即党的最低纲领。宣言又指出:党的目的是要"组织无产阶级,用阶级斗争的手段,建立劳农专政的政治,铲除私有财产制度,渐次达到一个共产主义的社会"。这又指明了党的最高纲领。党的二大同时阐明了现阶段中国革命的性质、对象、动力、策略、任务和目标,指明了中国革命的前途,这就是:革命的性质是民主主义革命;革命的对象是帝国主义和封建军阀;革命的动力是工人、农民和小资产阶级,民族资产阶级也是革命的力量之一;革命的策略是组成各阶级的联合战线;革命的任务和目标是打倒军阀,推翻国际帝国主义的压迫,实现中华民族的独立和中国的统一;革命的前途是走向社会主义、共产主义。

党的二大在全国人民面前破天荒第一次提出了明确的反帝反封建的民主革命纲领,说明只有用马克思主义武装起来的中国共产党才能为中国革命指明方向,在党的历史上有重要的地位。

五卅运动

1925 年爆发的震惊中外的五卅运动,标志着大革命高潮的到来。

五卅运动是从中国最大的工业城市上海开始的。上海是帝国主义势力对华经济侵略的中心,也是中国产业工人最集中的地方,约有新式产业工人 20 多万人。1924 年下半年,曾一度低落的上海工人运动又活跃起来。中共上海地方委员会在沪西、沪东、浦东等区创办工人夜校和工友俱乐部,至年底,已有 19 家中外纱厂秘密建立俱乐部,会员近 1 000 人。上海工人运动的发展和工人政治觉悟的提高,为五卅运动的兴起做了重要的准备。

1925 年 2 月,上海日资纱厂工人为反对日本资本家打人和无理开除工人,要求增加工资而举行罢工,中共中央专门组织了指挥这次罢工的委员会,最终迫使资方答应工人的部分要求,承认了工会组织。1925 年 5 月 1 日至 7 日,第二次全国劳动大会在广州举行,大会决定正式成立中华全国总工会,共产党员林伟民当选为执行委员会委员长兼总干事,刘少奇、邓培等当选为副委员长,大会还通过了《中华全国总工会总章》,统一领导全国的工会。

1925 年 5 月 7 日,上海日本纺织同业会开会议决,拒绝承认工人组织的工会,要求租界当局及中国官方取缔工会活动。5 月 15 日,日本资本家宣布内外棉七厂停工,不准工人进厂。该厂工人顾正红率领工人冲进工厂,要求复工和发工资。日本大班率领打手向工人开枪,打伤 10 多人,顾正红身中四弹,伤重身亡。屠杀事件激起上海内外棉厂工人的愤怒,他们当天即举行罢工,以示抗议。这成为五卅运动的导火线。

事件发生后,中共中央多次召开会议,及时提出指导斗争的方针、策略和口号,并进行大量的宣传和组织工作。上海学生响应共产党的号召,走上街头进行反对帝国主义暴行和支援受难工人的宣传、募捐活动,遭到租界巡捕拘禁。5 月 28 日晚,中共中央和上海党组织召开紧急会议,参加者有陈独秀、瞿秋白、彭述之、蔡和森、恽代英、李立三等,会议决定以反对帝国主义屠杀中国工人为中心口号,使斗争表现出明显的反帝性质,以争取一切反帝力量的援助。会议还决定 5 月 30 日在租界内举行

大规模的反帝示威活动,援助罢工工人。中共中央同时决定成立上海总工会,由李立三、刘华等主持。

5月30日,上海各大、中学校学生2 000余人分散到公共租界繁华的马路,进行宣传、讲演和示威游行,又有100多人先后被捕,关押在南京路老闸捕房。这更加激怒了广大群众,数千人奔赴捕房前,要求释放被捕者。早有戒备的租界英国巡捕突然开枪,打死了13人,伤数十人。南京路上顿时一片腥风血雨。这就是举国震惊的五卅惨案。

上海人民长期郁积的对帝国主义侵略的仇恨,经过五卅惨案的触发,像火山一样迸发出来。6月1日,开始了声势浩大的反对帝国主义的总罢工、总罢课、总罢市。同日,上海总工会成立,李立三任委员长,这标志着上海工人运动从分散的状态开始转向集中的有组织的活动。同日晚间,中共中央决定,由上海总工会联合全国学生联合会、各马路商界总联合会等,组成联合战线性质的上海工商学联合委员会,作为运动的公开指挥机关,并决定把斗争扩展到全国。随后不久,五卅运动的狂潮迅速席卷全国各大中城市,各阶层广大群众积极参加反帝爱国运动,全国各地有1 700多万人直接参加了运动。从通商都市到偏僻乡镇,到处响起"打倒帝国主义""废除不平等条约"的怒吼,形成反帝国主义的民族运动浪潮,史称五卅运动。

中国共产党领导的五卅运动,是中华民族直接反抗帝国主义的伟大运动,它冲破了长期笼罩全国的沉闷的政治空气,大大促进了群众的觉醒,显示了各革命阶级、各阶层民众在无产阶级领导下联合斗争的巨大威力。五卅运动也使党初步积累了领导反帝斗争的经验,提高了对中国革命基本问题的认识,扩大了在群众中的政治影响,认识到无产阶级是反帝斗争的中坚力量,具有重大的历史意义。

省港大罢工

1925年发生在广州和香港的省港大罢工,是五卅运动的重要组成部分。

五卅惨案的消息传到南方,在广州和香港爆发了规模宏大的省港大罢工。由于在广东已存在革命政府和比较巩固的革命根据地,省港大罢工比其他地区的运动有着更加有利的条件,声势更大,坚持的时间也更长,成为大革命高潮时期一场十分引人注目的重要斗争。

6月2日,广州各界群众举行大规模的反帝示威游行,声援五卅运动。6月上旬,中共广东临时委员会指派邓中夏、黄平、杨匏安、苏兆征组成"党团",到香港组织罢工。6月中旬,中共广东区委派李森、刘尔崧、冯菊坡、施卜、林伟民、陈延年组成"党团",到广州沙面发动工人罢工。在中共广东区委的领导和全国总工会的公开指挥下,6月19日,香港的海员、电车、印务等工会首先宣布罢工,其他工会随即响应,并成立全港工团联合会作为统一领导罢工的指挥机构。6月21日,广州沙面洋务工人和广州市内各洋行工人宣布总罢工。到6月底,省港两地参加罢工的人数达25万。罢工一开始就声明支持上海工商学联合会的"十七条"要求,并向港英当局提出政治自由、法律平等、劳动立法等六项条件,因而具有鲜明的争取民族独立的政治斗争性质。罢工工人不顾英帝国主义者的阻挠和威胁,先后约有20万人返回广东各地。

6月23日,香港罢工工人和广州市的工人、农民、学生、青年军人及其他群众10万余人,在广州举行上海惨案追悼大会,会后举行游行示威。密集的游行队伍路过沙基时,突然遭到沙面租界英国军警的排枪射击,停泊在白鹅潭的英、法军舰也开始轰击,造成惨重伤亡,据不完全统计,有50余人被打死,170余人受重伤,轻伤不计其数。沙基惨案发生后,广州革命政府立即照会英、法等国提出抗议,并宣布同英国经济绝交,同时封锁出海口。

为了加强对斗争的领导,中国共产党发动香港、沙面罢工工人选出代表,在广州举行省港罢工工人代表大会。大会选举苏兆征、李森等13人组成省港罢工委员会,由苏兆征任委员长,下设财政、纠察、法制、审计等多个办事机构,邓中夏为罢工委员会中共党团书记。罢工委员会负责处理有关罢工的一切事宜。由于得到中国共产党的坚强领导和广州革命政府的有力支持,罢工委员会卓有成效地领导了封锁香港、审判工贼等重要政治活动,实际上担负起一部分政权组织的任务。

在罢工斗争中,省港罢工委员会尽力团结一切可能团结的力量,共同反对英帝国主义及其帮凶。它以共产党领导的工会为核心,联合香港、广州的其他工会,组成2 000多人的纠察队,团结广东沿海广东农民群众,对香港实行封锁。香港被封锁后,进出口商品总额减少一半,经济生活陷入困境。国民党领导人和广东的工商业者对罢工工人表示极大的同情。广州国民政府财政部每月资助罢工委员会经费1

万元,并在物资上给予罢工工人不少帮助。

1926 年 10 月,罢工委员会根据形势的变化,接受了共产国际远东局关于尽快结束罢工的建议,宣布结束罢工,并取消对香港的封锁。

省港大罢工是反抗帝国主义屠杀中国人民的政治大罢工。在全国人民和广州国民政府的大力支援下,罢工坚持 16 个月之久,这在中国工人运动史上是空前的,在世界工人运动史上也属罕见。省港大罢工在经济上、政治上给英帝国主义者以沉重打击。组织严密、战斗性很强的 10 多万罢工工人集中在广州,成为广州革命政府的有力支柱,为统一广东革命根据地和维护社会秩序,为准备北伐战争作出了突出贡献。省港大罢工显示了中国工人阶级的伟大力量和奋斗精神,在中国革命史上写下了光辉的一页。

第一次国共合作与国民党改组

1924 年至 1927 年,中国大地上爆发了轰轰烈烈的反对帝国主义、反对封建军阀的革命运动。这场革命运动是中国共产党积极推进国共联合统一战线的建立和发展,在国共两党合作的基础上发展起来的。

20 世纪 20 年代初期,欧美列强度过第一次世界大战的严重危机后,在远东又卷土重来,加紧对中国的掠夺。在列强操纵下,军阀割据和军阀混战成为国内社会生活中的突出现象,军费的激增,使人民担负的各种苛捐杂税达到难以承受的地步,一场变革现状的大革命,已成为中国社会中广泛阶层的强烈的共同需要。

中国共产党人从京汉铁路大罢工失败的事实中看到:在半殖民地半封建的中国,工人阶级虽然有坚强的革命性,但人数毕竟比较少,如果不团结一切可以团结的力量,结成最广泛的统一战线,党就不可能把中国革命引向胜利。正是从这种情况出发,中国共产党决定采取积极的步骤去联合孙中山领导的中国国民党,推动国共合作的建立。孙中山领导的中国国民党,在几经挫折后,并没有多少实力,而且成分复杂,严重脱离群众。孙中山深感国民党内许多人已经日趋腐败,中国革命必须改弦易辙。他开始同共产党人建立联系,真诚地欢迎共产党员同他合作,欢迎苏联对中国国民革命的援助。

关于建立统一战线的方式，1922年7月党的二大提出的设想本来是：国民党和共产党各自单独存在，实行平等的"党外合作"。另一种合作方式是实行"党内合作"，即共产党员、共青团员加入国民党，把国民党改造成为各革命阶级的联盟。后一种方式是共产国际驻华代表马林倡议并得到共产国际赞同的。1923年1月，共产国际执行委员会根据马林的提议作出《关于中国共产党与国民党的关系问题的决议》。1923年6月12日在广州召开的党的第三次全国代表大会对国共合作的方针和办法作出了正式的决定。党的三大正确估计了孙中山的革命立场和国民党进行改组的可能性，决定共产党员以个人身份加入国民党。用这种形式实行国共合作，是孙中山和国民党当时所能接受的唯一形式。党的三大明确规定，在共产党员加入国民党时，党必须在政治上、思想上、组织上保持自己的独立性；并且强调，拥护工人农民的自身利益是我们不能一刻遗忘的，这些规定是正确的。党的三大也有不足之处，那就是没有提出工人阶级应当努力争取对民主革命的领导权的问题。大会对国民党内的复杂情况和日后可能发生的变化估计不足，多少种下了后来犯右倾错误的根子。

中共三大后，国共合作的步伐大大加快了。共产党的各级组织动员党员和革命青年加入国民党，在全国范围内积极推进国民革命运动。1923年10月初，应孙中山的邀请，苏联代表鲍罗廷到达广州。孙中山聘请他担任国民党组织教练员。国民党改组很快进入实行阶段。

1924年1月20日至30日，中国国民党第一次全国代表大会由孙中山主持在广州举行。出席开幕式的代表165人中，有共产党员20多人，包括李大钊、谭平山、林祖涵、张国焘、瞿秋白、毛泽东等。李大钊被孙中山指定为大会主席团成员，谭平山代表国民党临时中央执行委员会向大会作了工作报告。大会审议并通过《中国国民党第一次全国代表大会宣言》，对三民主义作出顺应时代潮流的新解释。在民族主义中突出了反对帝国主义的内容；民权主义中强调了民主权利应为"一般平民所共有"；民生主义则以"平均地权""节制资本"为两大原则。会后不久，孙中山又提出"耕者有其田"的口号。国民党一大的政治纲领同中国共产党在民主革命阶段的政治纲领的若干基本原则是一致的，因而成为第一次国共合作的政治基础。大会否决了国民党右派分子提出的反对共产党员"跨党"的提案，确认了共产党员以个人身份加入国民党的原则。大会选举出中国国民党中央执行委员会。共产党员李大钊、谭

平山、毛泽东、林祖涵、瞿秋白等 10 人当选为中央执行委员会委员或候补委员,约占委员总数的 1/4。

国民党一大的召开,在事实上确立了联俄、联共、扶助农工的三大革命政策,标志着国民党改组的完成和第一次国共合作的正式形成。这是中国共产党实践民主革命纲领和民主联合战线政策的重大胜利,也是孙中山晚年推进中国革命的一大历史功绩。实行国共合作,既是国共两党反对帝国主义和封建军阀的共同需要,也是两党各自发展的需要。

北伐战争

五卅运动使中国革命形势有了突飞猛进的发展。社会各阶层对帝国主义和北洋军阀的憎恨更加强烈,渴望结束已经持续十多年的军阀割据和军阀混战的黑暗局面,实现国家的独立和统一。人们把越来越多的同情和期待转向南方的广州国民政府。在南方,广东革命根据地统一后,革命潮流继续高涨。尽管潜在的逆流已在发展,但还没有表面化。广州国民政府在全国的地位和影响继续增强。1926 年初,刚刚控制广西的李宗仁、黄绍竑宣布接受广州国民政府的领导。3 月,两广统一会议在广州召开,通过两广统一方案。与此同时,湖南军阀赵恒惕部下师长唐生智举兵驱赵,表示倾向广州国民政府。两广统一和唐生智反赵,为国民革命军大举北伐创造了有利条件。

1926 年 7 月 9 日,国民革命军在广州誓师北伐,北伐战争在"打倒列强,除军阀"的雄壮口号中正式开始。北伐战争的目的是推翻帝国主义支持的北洋军阀的反动统治,实现中华民族的独立、自由、民主和统一。这是孙中山多年的愿望,是全国人民的共同要求。

在北伐开始时,北洋军阀的兵力还很强大。直系吴佩孚控制着湖南、湖北、河南三省及直隶的保定一带,约有兵力 20 万人。原属直系的孙传芳割据着江苏、浙江、安徽、江西、福建五省,有兵力 20 万人左右。奉系张作霖占据着东北三省、热河、察哈尔和北京、天津地区,连同受他节制、统治山东的张宗昌的军队在内,有兵力 30 多万人。而国民革命军只有 8 个军,兵力仅 10 万人左右。从双方总兵力的数量看,北洋军阀占有很大的优势。但是,北洋军阀的统治已尽失人心,内部又存在深刻的矛盾,这就为北伐提供了利用矛盾、各个击破的机会。

国民革命军在以加伦为首的苏联军事顾问的建议下,制定了集中兵力、各个歼敌的战略方针:首先向湖南、湖北进军,长驱直进,迅速消灭北洋军阀中最薄弱的一环——吴佩孚部的主力,争取张作霖、孙传芳两部在一段时间内保持中立;待两湖战场取得胜利后,再引兵东向,消灭孙传芳部;最后,北上解决实力最为雄厚的张作霖部。这个战略方针是正确的。

1926年7月11日,北伐军第四、第七两军与唐生智第八军会合后,胜利进入长沙,8月22日占领岳州,随后进入湖北境内。8月下旬连克汀泗桥和贺胜桥,击溃吴佩孚主力。10月上旬,攻占武昌。在此期间,北伐军与江西的孙传芳部展开激战,于9月间一度占领南昌,后被孙传芳部夺回。11月初,北伐第四、七军占领九江、南昌,12月占领福州。1927年2月进占杭州,平定浙江全省;3月,相继占领安庆、南京等地,并开进上海。至此,长江以南地区完全为北伐军占领。

1926年9月17日,冯玉祥部国民军在苏联和中国共产党的帮助下,于绥远五原誓师,组成国民军联军,挥军南下。到11月间,国民军联军已控制陕西、甘肃等省,准备东出潼关,响应北伐军。

随着北伐战争的胜利进展,北伐军所到之处,工农群众运动立刻以空前的规模迅速高涨起来。1926年9月,毛泽东发表《国民革命与农民运动》一文,指出“农民问题乃国民革命的中心问题”。同年11月,毛泽东担任中共中央农民运动委员会书记,决定以湖南、湖北、江西、河南的农民运动为重点。湖南农民协会会员一度激增到200万人,湖北全省的农民协会会员,到1926年已发展到20万人,农民运动呈现蓬勃形势。在城市,工人运动也高涨起来。湖南、湖北两省总工会在1926年九十月间相继成立。到1927年1月,两省的工会会员发展到70万人。在湖南、湖北、江西等省,都仿效省港大罢工的经验,组织了武装的工人纠察队。长沙、武汉、九江等城市的工人相继举行大规模的罢工,提出增加工资、减少工时、改善劳动条件、反对包身工制等要求。

1927年1月,由于英国水兵在汉口和九江登陆打死打伤中国人,武汉工人和其他市民在共产党员刘少奇、李立三等的领导下,冲入并占领了汉口英租界。国民革命军独立第二师也接管了九江英租界。2月19日和20日,国民政府外交部同英国

方面签署协定,收回了汉口、九江的英租界。反对帝国主义的群众性斗争,取得了重大的胜利。在北伐胜利进军和工农运动高涨的推动下,中共中央和中共上海区委从1926年10月开始,发动和组织上海工人进行三次武装起义,并最终取得胜利,并与上海工商学界代表合组上海特别市临时市政府。上海临时市政府虽然只存在24天,但它是在党的领导下最早由民众在大城市建立起来的革命政权。上海工人第三次武装起义,是大革命时期中国工人运动的一次壮举,是北伐战争时期工人运动发展的最高峰。

北伐战争是在共产党提出的反对帝国主义、反对军阀的口号下进行的。在北伐进军的过程中,共产党人在军队政治工作和发动工农群众方面作出了巨大贡献,加伦等苏联军事顾问的帮助和苏联提供的物资支援也起了重要作用。北伐战争所以能在短时间内取得如此巨大的成功,是国共两党合作结出的硕果。然而,在北伐战争中,忽视对军队的争取,片面着重于民众运动,这是中国共产党的领导机关所犯的一个重大错误。

"四一二"反革命事变

1927年3月24日,国民革命军第六、第二军由安徽东进,占领南京。当天下午,游弋在长江江面的英、美军舰借口保护侨民,突然猛烈炮轰南京,中国军民遭到严重伤亡。南京事件加速了蒋介石同帝国主义势力勾结的步伐。

3月26日,蒋介石从安徽乘军舰赶到上海,随即同帝国主义列强、江浙财阀和帮会头目等举行一系列秘密会谈。帝国主义列强鼓励他"迅速而果断地行动起来",江浙财阀给了他几百万元的巨额财政资助。上海青帮头子黄金荣等则保证用流氓、暴徒组织及武装充当他解除上海工人纠察队武装的打手。4月初,蒋介石在上海约集李宗仁、白崇禧、黄绍竑、李济深、张静江、吴稚晖、李石曾等举行秘密会议,决定用暴力手段实行"清党",对中国共产党发动突然袭击。中共中央和上海区委对蒋介石的某些阴谋活动有所察觉,努力加强工人纠察队,力图巩固革命成果。但当时共产国际仍对蒋介石抱有期望,在蒋介石正磨刀霍霍之际,仍不赞成同蒋破裂。3月下旬,陈独秀致信中共上海区委,提出"要缓和反蒋"。4月1日,汪精卫从海外回到上海。

他到上海后,曾同蒋介石等密谈。蒋介石主张立刻"分共",汪精卫担心这样做会使权力全部由蒋介石独揽,主张召开国民党中央全会讨论蒋提议的"分共"事项。4月5日,陈独秀和汪精卫发表联合宣言,把"国民党领袖将驱逐共产党,将压迫工会与工人纠察队"说成是"不审自何而起"的"谣言",要求大家"立即抛弃相互间的怀疑,不听信任何谣言,相互尊敬,事事开诚协商进行"。这个宣言的发表,使一部分共产党员放松了警惕,误以为局势已经和缓下来。此后,陈独秀和汪精卫立即一起前往武汉;中共中央机关也由上海迁至武汉办公。

4月12日,蒋介石突然在上海发动反革命政变。当天凌晨,大批青帮武装流氓冒充工人从租界冲出,向分驻上海总工会等处的工人纠察队发动突然袭击。国民革命军第二十六军借进行调解之名,收缴工人纠察队武装。13日上午,上海工人和市民召开10万人的群众大会,会后整队游行,要求释放被捕工友,交还纠察队被缴枪械。队伍行进到宝山路时,第二十六军突然从埋伏处冲出,向密集的人群开枪扫射,当场打死100多人,伤者不计其数。继上海的"四一二"反革命政变后,江苏、浙江、安徽、福建、广东、广西等省相继以"清党"为名,大规模搜杀共产党员和革命群众。单广东一地,被杀害的就达2 000多人。北方的奉系军阀张作霖也捕杀大批共产党员和革命群众。4月28日,中国共产党主要创始人之一李大钊在北京英勇就义。大革命遭受严重挫折。

4月18日,蒋介石在南京另行成立代表大地主大资产阶级利益的"国民政府"。蒋介石发动的反革命政变,得到大资产阶级的支持和民族资产阶级一些上层人物的附和。上海商业联合会通电表示"对于当局清党主张愿为后盾"。个别资产阶级代表人物还被吸收到南京政府任职,成了大地主大资产阶级的反革命军事专政的点缀。"四一二"政变发生后,全国形成三个政权对峙的局面:以张作霖为首的北京政府、以蒋介石为首的南京政府和继续保持国共合作的武汉国民政府。

宁汉合流与东北易帜

武汉国民政府的北伐军与冯玉祥部会师后,1927年6月10日至12日,汪精卫、唐生智等同冯玉祥在郑州举行会议。汪、唐希望联冯反蒋和反共,所以对冯玉祥作了很大让步,但冯玉祥在会谈中只对武汉方面攻击中国共产党和两湖工农运动的言论表示赞赏,对蒋介石没有片言谴责,反而一再要求汪、唐等停止宁汉间的对立,同蒋介石联合起来共同北伐。郑州会议刚刚结束,冯玉祥在蒋介石极力拉拢并答应给予经济和武器援助的条件下,于6月20日至21日在徐州同蒋介石等南京国民党领导人举行会议。会议主张,宁汉双方应在共同反共的基础上继续北伐。冯玉祥完全倒向蒋介石一边,使蒋介石的地位大为增强,并加速了汪精卫公开反共的步伐。郑州会议后,汪精卫即以紧急指示"根本危害"国民党的"生命"为借口,煽动"分共"。在汪精卫的支持下,唐生智的主力部队特别是何键所部第三十五军,从河南前线撤回两湖,公开站在反共的军官一边,镇压工农运动。

在革命面临严重危机的关头,共产国际和联共(布)驻华代表之间矛盾重重,无法制定应对危机的好办法。自6月以来,以陈独秀为首的中共中央在鲍罗廷等人的指导下作出的一系列决定,都是企图以妥协让步来拉住汪精卫、唐生智。事实证明,这样做不仅无济于事,反而助长了反革命的气焰。武汉的汪精卫集团正在一天天向南京的蒋介石集团靠拢。

7月15日,汪精卫等控制的武汉国民党中央召开"分共"会议,决定同共产党决裂,彻底背叛了孙中山制定的国共合作政策和反帝反封建纲领。随后,汪精卫集团对共产党员和革命群众实行大逮捕、大屠杀。至此,由国共两党合作发动的大革命宣告失败。

为了实现"合作清党""统一党务",武汉与南京两方面进行了一系列酝酿和接触。冯玉祥从中牵线,与各方反复电商,于7月20日提出解决宁、汉合作的具体办法。汪精卫等表示愿意"和平统一",同意"迁都南京"。蒋介石、李宗仁、胡汉民等欢迎武汉重要分子等到南京"柄政",赞成各方"共同北伐"。8月上旬,宁汉双方基本达成妥协。同时,蒋介石因排斥异己、战事失利等原因,感到自己地位还不巩固,便采取以退为进的策略,于8月13日发表下野宣言,宣布辞去国民革命军总司令职务。9月11日至13日,宁、汉、沪三方代表在上海举行谈话会,议决党务、政府等相关事项。9月13日,武汉国民政府停止办公,汪精卫通电下野。9月15日,在南京召开国民党中央执行委员、中央监察委员临时联席会议,决定成立国民党中央特别委员会,次日在南京正式成立,并举行第一次会议。9月17至19日,召开会议推定常务委员,并改组国民政府及军事委员会,取消中央政治委员会及各地政治分会,其职权分别由国民党中央党部和省党部、国民政府和省政府执行。同时,发表《中国国民党特别委员会宣言》,宣告国民党"统一"完成。

　　1928年4月,国民党军队继续进行"北伐",夺取奉系军阀所占据的地盘。6月初,张作霖弃守北京,乘火车退往山海关外,在皇姑屯被日本关东军预谋炸死。这是日本帝国主义者决意抛弃张作霖、另行成立"满蒙帝国"计划的一部分。面对家仇国恨,再加上受美国的影响,张作霖之子、新任东北保安司令张学良,没有顺从日本使东北"独立"的意图,于1928年底宣布"服从国民政府,改易旗帜"。至此,国民党政府实现了全国的统一。

南昌起义

　　大革命失败后,在国民党的统治下,中国社会的半殖民地半封建性质和人民的悲惨境遇没有改变,中国仍然需要继续进行彻底的反对帝国主义和封建主义的资产阶级民主革命。但是,革命形势发生了急剧变化,中国共产党遭遇了极其严重的困难,共产党人和革命群众遭到野蛮屠杀。严酷的事实表明:中国革命已经进入低潮,反革命的力量大大超过党所领导的革命力量,中国共产党面临着被敌人瓦解和消灭的严重危险。

　　在极端危急的情况下,为了挽救革命,1927年7月中旬,刚组成的中共中央政治局临时常委会毅然决定了三件大事:将党所掌握和影响的部队向南昌集中,准备发动武装起义;组织工农运动基础较好的湘、鄂、赣、粤四省农民发动秋收起义;召集中央紧急会议,讨论和决定大革命失败后的新方针。

　　7月27日,周恩来从武汉经九江到达南昌。根据中央的决定,中共中央前敌委员会(简称前委)成立,由周恩来、李立三、恽代英、彭湃组成,周恩来任书记。8月1日,在以周恩来为书记的前委的领导下,贺龙、叶挺、朱德、刘伯承等人率领党所掌握和影响下的军队两万多人,在南昌城头打响了武装反抗国民党反动派的第一枪。经过四个多小时的激烈战斗,起义军全歼守敌3 000余人,占领南昌城。聂荣臻、周士第在南昌附近的马回岭将第二十五师的大部分部队也拉出来参加起义,于8月2日赶到南昌。

为了争取和团结国民党中一部分愿意继续革命的人士,揭露蒋介石和汪精卫背叛孙中山革命精神的面目,这次起义仍使用国民党左派的旗帜。起义胜利后,成立中国国民党革命委员会,推举宋庆龄、邓演达、贺龙、周恩来等 25 人为委员,以宋庆龄、邓演达等七人组成主席团。同时以宋庆龄等人的名义发表《中央委员宣言》,指出南京的蒋介石和武汉的汪精卫等曲解三民主义,背叛国共合作,毁弃联俄、联共、扶助农工的三大政策,已成为孙中山事业的罪人;号召一切革命者团结一致,继承孙中山的革命遗志,"继续为反帝国主义与实行解决土地问题奋斗"。8 月 3 日,起义军按照中央在起义前的决定,开始撤离南昌,南下广东。这样做是准备同广东东江地区的农民起义军汇合,进军广州,占领整个广东,并夺取出海口,取得共产国际的援助,重新北伐。10 月初,起义军在广东潮汕、汕头地区失败。保存下来的部队一部分转移到广东海陆丰地区,同当地农民军会合;主要部分在朱德、陈毅率领下,转移到湘南地区,开展游击战争。

南昌起义在中国共产党历史上开辟了一个新的时期。这次起义像一声春雷,使千百万革命群众在经历了一系列的严重挫折后,又在黑暗中看到了高高举起的火炬。南昌起义在全党和全国人民面前树立起一面革命武装斗争的旗帜,标志着中国共产党独立地领导革命战争、创建人民军队和武装夺取政权的开始。这次起义也有深刻教训。周恩来后来曾指出,南昌起义军"用国民革命左派政府名义,南下广东,想依赖外援,攻打大城市,而没有直接到农村中去发动和武装农民,实行土地革命,建立农村根据地,这是基本政策的错误"。

秋收起义

南昌起义后的第六天,中共中央在湖北汉口召开紧急会议(即八七会议)。会议着重批评了大革命后期以陈独秀为首的中央所犯的右倾机会主义错误。毛泽东根据大革命失败的惨痛教训,在发言中指出:"以后要非常注意军事。须知政权是由枪杆子中取得的。"会议确定了实行土地革命和武装起义的方针,提出了整顿队伍、纠正错误而"找着新的道路"的任务,并选出以瞿秋白为首的新的中共中央临时政治局。在中国革命处于严重危机的情况下,八七会议及时制定出继续进行革命斗争的新方针,使党在政治上前进了一大步。中国革命从此开始了由大革命失败到土地革命战争兴起的历史性转变。

八七会议后,党派出许多干部分赴各地,恢复和整顿党组织,发动武装起义。8月9日,在中共中央临时政治局第一次会议上,决定毛泽东以中央特派员身份到湖南传达八七会议精神,改组省委,领导秋收起义。8月16日,根据中央指示,中共湖南省委进行改组,彭公达任书记。8月18日和30日,改组后的湖南省委先后召开会议,根据八七会议精神讨论和制定秋收起义计划。毛泽东指出:湖南秋收暴动单靠农民的力量是不行的,必须有一个军事的帮助。我们党从前的错误是忽略了军事,现在应以百分之六十的精力注意军事运动,实行在枪杆上夺取政权,建设政权的策略。鉴于国民党已经变成压迫、屠杀民众的工具,会议认为起义不应再用国民党的名义,而必须用共产党的名义来号召,并应竭力宣传和建设工农政权。会议决定实行以长沙为中心,包括湘潭、宁乡、醴陵、浏阳、平江、岳阳、安源等七个县镇的起义,并决定成立以毛泽东为书记的中共前敌委员会,作为秋收起义的领导机构。

以毛泽东为书记的中共湖南省委前敌委员会,将参加起义的各路武装5 000余人统一编为工农革命军第一师,于9月9日发动了湘赣边界秋收起义。9月11日,起义军分别从江西的修水、安源、铜鼓等地出发,进入湖南境内,会合平江、浏阳地区的起义农民,准备会攻长沙。长沙近郊农民也参加了起义。起义军虽曾占领醴陵、浏阳县城和一些集镇,但遭到远比自己强大的反革命军队的抵抗,加上兵力分散、对敌情估计不足、缺乏作战经验、有些指挥员指挥失当和邱国轩团叛变,因而先后遭受很大损失。这时,毛泽东果断改变原有部署,下令各路起义部队停止进攻,退到浏阳文家市集中。9月19日,毛泽东在文家市主持召开前委会议,否定了"取浏阳直攻长沙"的主张,决定把起义军向南转移到敌人统治力量薄弱的农村山区,寻找落脚点,以保存革命力量,再图发展。从进攻大城市转到向农村进军,这是中国人民革命发展史上具有决定意义的新起点。

湘赣边界秋收起义,在开始时虽然也以攻占大城市为目标,但在遭到挫折后,毛泽东适时地率领部队走上一条在农村建立革命根据地,以保存和发展革命力量的正确道路。这条道路,代表了1927年大革命失败后中国革命的发展方向。

三湾改编

秋收起义后,根据毛泽东主张,放弃攻打长沙,把起义军向南转移到敌人统治力量薄弱的农村山区,寻找落脚点。起义军在向南转移途中,处境十分困难。部队中党的组织不健全,思想比较混乱;缺乏弹药,没有给养,指战员伤病残增多;在江西省萍乡县芦溪又遭到敌人伏击,总指挥卢德铭牺牲。因此,许多人情绪低落,不少人离队。

1927年9月29日,部队到达江西省永新县三湾村时,前委决定对保留下来的不足千人的队伍进行改编:由原来的一个师缩编为一个团;建立党的各级组织和党代表制度,党的支部建在连上,班、排有小组,连以上设党代表,营、团建立党委;在连以上建立各级士兵委员会,实行民主制度,在政治上官兵平等。这些措施开始改变起义军中旧军队的习气和不良作风,从组织上确立了党对军队的领导,是建设无产阶级领导的新型人民军队的重要开端。

经过三湾改编,起义军精神面貌焕然一新。一位连长在写给妻子的信中说:"我们天天行军打仗,钱也没有,衣也没有穿,但是精神非常的愉快,较之从前过优美生活的时代好多了,因为是自由的,绝不受任何人压迫;同志之间亦同心同德,团结一致。"10月上旬,毛泽东率领起义军到达井冈山北麓的宁冈县,先后和当地农民武装袁文才(共产党员)、王佐两部建立联系,又派党员军事干部到袁文才部队中帮助进行政治、军事训练,开始了创建井冈山革命根据地的斗争。

古田会议

在农村游击战争环境中,红军是以农民为主体组织起来的,红军中农民和其他小资产阶级出身的党员占多数。在这种条件下,如何克服党内和军内的非无产阶级思想,把党建设成为无产阶级先锋队,把军队建设成为一支无产阶级的新型人民军队,成为亟待解决的根本性问题。

毛泽东十分重视党和军队的建设，早在井冈山时期就认识到，"无产阶级思想领导的问题，是一个非常重要的问题"。红四军出击赣南、闽西后，在军队建设问题上领导人之间产生了一些不同看法，军内存在的单纯军事观点、流寇思想和军阀主义残余等非无产阶级思想有所发展。

1929 年 6 月 22 日，红四军党的第七次代表大会在福建龙岩召开。毛泽东打算通过总结过去斗争经验，解决红军建设中的主要问题。但他的正确主张未能被多数人所认识和接受。大会改选了前委，原由中共中央指定的前委书记毛泽东没有当选，陈毅当选为前委书记。会后，毛泽东到闽西协助指导地方工作。8 月，陈毅到上海向中央汇报红四军工作，前委书记由朱德代理。

9 月 28 日，中共中央发出给红四军前委的指示信。这封信是陈毅按照周恩来多次谈话和中共中央会议的精神代中共中央起草并经周恩来审定的。九月来信指出："先有农村红军，后有城市政权，这是中国革命的特征，这是中国经济基础的产物"；明确规定红军的基本任务是：第一，发动群众斗争，实行土地革命，建立苏维埃政权；第二，实行游击战争，武装农民，并扩大本身组织；第三，扩大游击区域及政治影响于全国。指示信分析了红四军党内的实际情况，着重指出："只有加强无产阶级意识的领导，才可以使之减少农民意识"；对于红军中的错误观念，"前委应坚决以斗争的态度来肃清之"。指示信强调：应将"党的一切权力集中于前委指导机关"；同时，"前委对日常行政事务不要去管理，应交由行政机关去办"。这样，中共中央对红四军党内发生的争论问题作出了明确的结论。指示信要求红四军前委和全体干部战士维护朱德、毛泽东的领导，毛泽东"应仍为前委书记"。

12 月下旬，红四军党的第九次代表大会在福建省上杭县古田召开。这就是古田会议。会上传达了中共中央指示信。大会通过了八个决议案，其中最重要的是关于纠正党内错误思想的决议案。古田会议决议的中心思想是要用无产阶级思想进行军队和党的建设。

在军队建设方面，决议规定中国的红军是一个执行革命的政治任务的武装集团，必须绝对服从党的领导，必须全心全意为着党的纲领、路线和政策而奋斗；批评了那种认为军事和政治是对立的单纯军事观点。决议再次提出红军必须担负起打仗、筹款和做群众工作这三位一体的任务，批评了只是走州过府、流动游击、不愿做建设政权的艰苦工作等思想倾向。决议强调要加强红军政治工作，特别是政治教育

工作。

在党的建设方面,决议强调了加强党的思想建设的重要性,指明了党内各种非无产阶级思想的表现、来源及纠正办法。决议还提出了加强党的组织建设的任务,要求"厉行集中指导下的民主生活",指出以后发展新党员要注重质量,党员的条件是:第一,政治观念没有错误的(包括阶级觉悟)。第二,忠实。第三,有牺牲精神,能积极工作。第四,没有发洋财的观念。第五,不吃鸦片,不赌博。古田会议根据中共中央的指示,选举产生了新的中共红四军前敌委员会,毛泽东当选为书记。

古田会议决议是中国共产党和红军建设的纲领性文献。它初步回答了在党员以农民为主要成分的情况下,如何从加强党的思想建设着手,保持党的无产阶级先锋队性质的问题;初步回答了在农村进行革命战争的环境中,如何将以农民为主要成分的军队,建设成为无产阶级领导的新型人民军队的问题。决议所规定的基本原则不但很快在红四军得到贯彻,而且在各地红军中也逐步得到实行。古田会议决议是党和人民军队建设史上的里程碑,具有十分重要的意义,产生了极其深远的影响。

工农武装割据

毛泽东率领秋收起义部队上井冈山创建根据地一年多来,既有成功的经验,也有失败的教训。在白色政权的包围中,红色政权能否长期存在并得到发展? 这是一个非常现实的问题,也是一个重大的理论问题,必须在总结经验教训的基础上予以回答。

毛泽东在为湘赣边界党的第二次代表大会起草的《政治问题和边界党的任务》的决议中,在代表红四军前委于 1928 年 11 月 25 日写给中共中央的报告中,根据中国社会和中国革命的特点,论证了红色政权能够长期存在并发展的主客观条件,提出了工农武装割据的思想。这些主客观条件是:第一,中国是帝国主义间接统治的经济落后的半殖民地国家,半封建的地方性的农业经济(不是统一的资本主义经济)和帝国主义对中国实行划分势力范围的政策,使反动统治阶级内部继续不断地发生分裂和战争。这种分裂和战争既然总是继续不断,小块区域的红色政权就能够利用这种矛盾而发生并长期坚持下来。第二,红色政权之所以在小块地区发生,是和大革命运动的影响有密切关系的。这样的政权首先发生和能够长期存在的地方,就是在大革命过程中工农群众曾经发动起来的地方。第三,小块红色区域能否长期存在,还取决于全国革命形势是否向前发展。中国革命形势是随着国内买办豪绅阶级和国际资产阶级的继续分裂和战争而必然继续向前发展的,所以红色政权不但能够长期存在,而且还会继续发展。第四,有相当数量的正式红军的存在,是红色政权存在的必要条件。第五,共产党组织的有力量和它的政策的不错误,更是一个要紧的条件。此外,还需要有便利于作战的地势和能提供足够给养的经济力等。

阐明工农武装割据局面长期存在和发展的条件是非常重要的。只有正确回答这个问题,才能既同那种怀疑红色政权能够存在的右倾悲观思想划清界限,又同那种认为可以无条件地在农村发展武装暴动的"左倾"盲动错误划清界限。毛泽东科学地阐述了共产党领导的土地革命、武装斗争与建立工农民主政权这三者之间的关系,强调工农武装割据的思想,是共产党和割据地方的工农群众必须具备的,实行工农武装割据,就是在中国共产党领导之下,把武装斗争、土地革命、建立革命政权三者结合起来。就全党来说,这时还没有解决以农村为工作中心的问题,但工农武装割据的思想为解决这个问题奠定了基础。

党的六大以后,各地党组织所做的最有成效的工作,是利用国民党军阀混战的时机,发动农民,建立红军,开辟和发展革命根据地。到 1930 年夏,全国已建立大小十几块农村革命根据地,红军发展到约 7 万人,连同地方武装共约 10 万人。这时,除了毛泽东、朱德开辟的赣南、闽西根据地外,党开辟的主要根据地还有湘鄂西、鄂豫皖、湘赣、湘鄂赣、闽浙赣、广西左右江、广东东江和琼崖等。红军游击战实际上已经成为中国革命的主要形式,农村根据地成为积蓄和锻炼革命力量的主要战略阵地。

中原大战

从 1929 年到 1930 年,国内政治形势发生了一系列重要变化,其中,国民党内部新军阀之间爆发的中原大战,是这一变化的重要内容。

本来,北洋军阀的覆灭和东北"易帜",实现了表面上的全国统一。但是,作为半殖民地半封建中国的特征之一的军阀政治,其基本特点是以军队私有为基础,形成

军阀割据。这种特点,必然不断引发各派军阀为争夺地盘而进行的战争。在国民党新军阀统治建立的过程中,中央政府和地方政府之间、"中央军"和各杂牌军之间的矛盾依然存在,并日益尖锐化。各派军阀特别是蒋、桂、冯、阎四大派系,为了扩大自身的利益,除争夺地盘以外,他们之间的争斗主要表现为对国民党中央政府控制权的争夺。这就不可避免地会经常发生各派军阀之间的战争。此外,中国的各派军阀都是以一个或几个帝国主义国家的支持为背景的。因此,英、美、日等帝国主义国家为争夺在华利益的矛盾和斗争,必然直接导致国民党内部的派系纷争和军阀之间的混战。

1929年三四月间,爆发蒋介石对桂系李宗仁的蒋桂战争。此后,又爆发蒋介石、阎锡山、冯玉祥三派之间的剧烈斗争;张发奎、俞作柏联盟的反蒋斗争;唐生智、石友三联盟的反蒋斗争。反蒋势力的这些斗争失败后,阎锡山、冯玉祥、李宗仁等从1930年1月开始磋商,于3月达成以阎锡山为首的反蒋联盟,并着手做反蒋战争的准备。5月上旬,阎锡山、冯玉祥在中原和鲁西南的三个战场,李宗仁、张发奎在湘粤桂边界,发起了对蒋介石集团的大规模战争,这次国民党新军阀之间的中原大战和湘粤桂边战争,双方共投入兵力100万人以上,总耗资达5亿元,波及中原和华南广大地区。

中原大战分为南、北两个战场。北方的主战场在河南,支战场在山东,分别沿平汉、陇海、津浦三条铁路线进行,以陇海线为决战区,反蒋联军的主力是改编后的冯玉祥的第二方面军和阎锡山的第三方面军,再加上再度反正过来的石友三的第四方面军。南方战场在湖南,沿湘江进行,以衡阳附近为决战区,反蒋联军的主力是李宗仁的第一方面军。不过,虽然这一次反蒋各派齐心合力,准备充分,进攻却仍由南京方面发动。经过一系列战役,1930年7月初,桂张联军在衡阳争夺战中失利,被迫退回广西全州。这样,在中原大战的南方战场上,双方交战不过两月即以南京中央讨逆军的胜利宣告结束了。北方战场初期,反蒋联军处于优势地位,1930年7月,改组派和西山会议派在此形势下找到合作方法,联名发表宣言,并于同年9月,成立北平国民政府,以与南京国民政府争夺正统地位。然而8月15日,讨逆军夺回济南,北方战场形势开始发生巨变。9月18日,张学良公开发出"呼吁和平,即日罢兵,静候中央措置"的通电,派兵入关助蒋。反蒋联军在南北两面夹击下,不得不迅速撤出整个平津地区。两周后,反蒋联军在军事上完全失败,阎锡山、冯玉祥被迫通电下野。中原大战以反蒋派全面失败而告结束。南京国民政府自此基本上确立了自己在中国的正统地位。

左联五烈士

中国共产党在国民党统治区内的活动本来就极为困难，"左倾"冒险主义和关门主义方针使党在组织上和工作上都遭受严重损失，境遇变得更加困难。在极为艰难的环境中，国民党统治区的共产党员仍然坚持斗争，推动抗日救亡运动，反对蒋介石的独裁统治，其中一些人为传播马克思主义，进行文化战线上的反"围剿"斗争，作出了重大贡献。

由于中共临时中央的"左倾"指导思想在实践中行不通，加之临时中央迁往中央苏区和上海中央局屡遭破坏后，同党中央失去联系的一些在上海的党组织，如中共中央文化工作委员会和后来成立的江苏省临时委员会等，在异常复杂的环境中独立进行探索，使党的工作有了新的进展。对"左"的指导思想的突破，主要表现在开始注意团结更广泛的社会力量和尽量利用各种合法阵地开展工作。在中国共产党的建议和筹划下，1930 年 3 月，由党内外作家参加的中国左翼作家联盟（简称"左联"）在上海成立。随后，中国社会科学家、戏剧家、美术家、教育家联盟以及电影、音乐小组等左翼文化团体也相继成立。同年 10 月，各左翼文化团体又共同组成中国左翼文化总同盟。这支左翼文化新军在党的领导下，积极从事马克思主义宣传和革命文艺创作等活动，形成了一个很有声势和实力的左翼文化运动。

国民党当局对左翼文化运动进行了残酷的迫害和镇压。从 1929 年起，国民党政府相继颁布《宣传审查条例》《出版法》等法律、条例，对书籍刊物的编辑、出版和发行施加种种限制，直至严加查禁。仅据湖南长沙 1931 年 9 月的统计，被查禁书刊就达 228 种，其中以"共党宣传刊物""鼓吹阶级斗争"等理由查禁的就有 140 多种。国民党当局还设立图书杂志审查委员会，通过蛮横无理的审查，对具有进步倾向的文化作品加以扼杀。一伙伙流氓特务按照其主子的旨意狂暴地袭击进步的文化团体和编辑、出版、排演机构，拘捕、刑讯并秘密杀害革命的作家和文化人。

1931 年 1 月 17 日，在上海三马路东方饭店举行的一次反对中共六届四中全会的党内集会，因为有内奸告密，到会者在这里被捕，其中"左联"成员李求实（伟森）、冯铿、柔石、殷夫、胡也频等五人也被捕。同年 2 月 7 日，这五人在上海龙华被国民

党淞沪警备司令部秘密枪杀,史称"左联五烈士"。这是国民党反动派政府种种反革命的文化"围剿"的罪行之一,同时也体现了在中国共产党领导下的左翼文化人士那种英勇、顽强的革命精神。

遵义会议

1931年,党的扩大的六届四中全会以后党中央的"左倾"教条主义错误造成的恶果,使中国的革命形势又一次跌入低谷,中国共产党再次遇到严重失败的考验。在险境中,党中央召开遵义会议,确立了新的正确的领导。中国共产党领导红军主力不畏艰难,斩关夺隘,长驱数万里,终于取得战略转移的胜利,度过了最艰难的时期,开创了中国革命的新局面。

中央红军开始长征后,推行"左倾"错误方针的中共中央领导人又犯了退却中的逃跑主义错误,把战略转移变成了大搬家式的行动,带着笨重的机器,八万多人行动迟缓。按照原定计划,中央红军准备转移到湖南西北部同红二、红六军团会合。国民党当局在红军西进的道路上布置了四道封锁线。在突破第四道封锁线湘江时,红军在国民党湘军和桂军的夹击下,付出了极大牺牲。12月1日,中共中央、中革军委和直属机关渡过湘江。由长征出发到这时,中央红军从8.6万余人锐减到3万多人。在残酷的事实面前,党和红军内部对错误领导的怀疑、不满和要求改换领导的情绪迅速增长。一些曾经支持过"左倾"错误的领导人,也逐步改变态度。对中央红军的前进方向,在渡过湘江后一直存在着激烈的争论。1934年12月18日,中共中央政治局在黎平举行会议,根据毛泽东的建议,通过决议,放弃到湘西北同红二、红六军团会合的计划,改向贵州北部进军。1935年1月7日,红军攻克黔北重镇遵义。1月15日至17日,中共中央在遵义召开政治局扩大会议。会议集中全力解决当时具有决定意义的军事和组织问题。张闻天、毛泽东、王稼祥尖锐地批判了博古、李德在第五次反"围剿"中实行单纯防御、在战略转移中实行逃跑主义的错误。与会者多数同意张闻天、毛泽东等人的意见。会议增选毛泽东为中央政治局常委,委托张闻天起草《中央关于反对敌人五次"围剿"的总结的决议》。会后不久,在向云南扎西地区进军途中,政治局常委决定由张闻天代替博古负中央总的责任。中央政治局通过遵义会议决议,并及时向全军传达、贯彻。3 月中旬,成立由毛泽东、周恩来、王稼祥组成的新的"三人团",以周恩来为首,负责全军的军事行动。

　　遵义会议开始确立以毛泽东同志为主要代表的马克思主义正确路线在中共中央的领导地位,从而在极其危急的情况下挽救了党,挽救了红军,挽救了中国革命。会议的一系列重大决策,是中国共产党同共产国际中断联系的情况下独立自主地作出的。遵义会议是党的历史上生死攸关的转折点。遵义会议表明:作为一个严肃的、对人民负责任的马克思主义政党,中国共产党是敢于正视自己的错误,并注意从自己所犯的错误中学习并汲取教训的。在领导中国革命全过程的某一个时期内,由于经验不足,以及其他原因,党和党的领导人难免会犯这样或那样的错误甚至严重的错误。但是,错误有两重性。它一方面损害党的事业,损害人民利益;另一方面又从反面教育了党,教育了人民。在大革命失败以后到遵义会议的这个时期内,中国共产党正是通过总结成功的经验和挫折、失败的教训,一方面反对右倾机会主义,又一方面反对"左倾"教条主义,使自己从两条战线的斗争中巩固和壮大起来,从而把党领导的革命事业坚持下来并向前推进的。

长征

　　1933 年下半年,蒋介石调集 100 万军队,准备发动对革命根据地的第五次"围剿"。他实行"三分军事,七分政治"的方针,对根据地实行经济上的严密封锁,在军事上采取持久战和"堡垒主义"的新战略。1933 年 9 月下旬,蒋介石开始对中央根据地进攻。中央根据地临时中央负责人博古和共产国际派来的德国人李德,放弃过去几次反"围剿"行之有效的积极防御方针,实行错误的作战方针。

　　1934 年 1 月,党的六届五中全会在瑞金召开。这次会议把"左倾"错误发展到了顶点。9 月上旬,各路敌军加紧对中央根据地中心地区发动进攻,10 月中旬,中共中央、中革军委率领中央红军主力 8.6 万余人,开始了长征,中央根据地也随着第五次反"围剿"的失利而丢失了。中央红军开始长征后,推行"左倾"错误方针的中共中央领导人又犯了退却中的逃跑主义错误。1935 年 1 月,中共中央在遵义召开政治局扩大会议。会上开始确立以毛泽东同志为代表的马克思主义正确路线在中共中央的

领导地位,是党的历史上一个生死攸关的转折点。遵义会议后,中央红军在毛泽东等指挥下,四次渡过赤水河,5月上旬渡过金沙江,摆脱了几十万国民党军队的围追堵截。5月下旬,红军强渡大渡河,飞夺泸定桥,翻越了长征途中第一座人迹罕至的大雪山夹金山。6月,中央红军与红四方面军会合后,中共中央决定向北进攻,创造川陕甘革命根据地。8月初,红一、红四方面军混合编成左、右两路军北上。毛泽东、张闻天、周恩来等率中共中央机关和前敌指挥部随右路军行动,朱德、张国焘、刘伯承等率红军总司令部随左路军行动。可是,张国焘不愿北上,并要右路军南下。9月12日,中共中央政治局召开扩大会议,通过关于张国焘错误的决定,并将北上红军改成陕甘支队。1935年10月19日,陕甘支队到达陕北吴起镇。至此,中央红军主力行程二万五千里、纵横11个省的长征胜利结束。陕甘根据地成为中央红军主力长征的落脚地。

中国工农红军长征的胜利,是中国革命转危为安的关键。毛泽东曾形象地指出:"长征是历史记录上的第一次,长征是宣言书,长征是宣传队,长征是播种机。"它宣告了国民党围追堵截的破产,实现了红军的战略大转移,宣传了中国共产党的政治主张,在沿途播下了革命的种子,鼓舞了广大人民群众。长征的胜利是在遵义会议后确立以毛泽东为核心的新的党中央正确领导下取得的。长征的胜利表明,中国共产党及其所领导的中国工农红军具有战胜任何困难的无比顽强的生命力,是一支不可战胜的力量。长征后保存下来的红军人数虽然不多,但这是党的极为宝贵的精华,构成以后领导抗日战争和解放战争的骨干。毛泽东曾说过:"我们的军事力量在长征前曾经达到过30万人,因为犯错误,后来剩下不到3万人,不到十分之一。重要的是在困难的时候不要动摇。3万人比30万人哪个更强大?因为得到了教训,不到3万人的队伍,要比30万人更强大。"

红军长征不仅创造了可歌可泣的战争史诗,而且铸就了伟大的长征精神。这就是:把全国人民和中华民族的根本利益看得高于一切,坚定革命的理想和信念,坚信正义事业必然胜利的精神;为了救国救民,不怕任何艰难险阻,不惜付出一切牺牲的精神;坚持独立自主、实事求是,一切从实际出发的精神;顾全大局、严守纪律、紧密团结的精神;紧紧依靠人民群众,同人民群众生死相依、患难与共、艰苦奋斗的精神。长征精神,是中国共产党人和人民军队革命风范的生动反映,是中华民族自强不息的民族品格的集中展示,是以爱国主义为核心的民族精神的最高体现。长征精神为中国革命不断从胜利走向胜利提供了强大的精神动力。

第八部分

中华民族的抗日战争和
人民解放战争

"九一八" 事变

1931 年 9 月 18 日夜,日本驻中国东北的侵略军——关东军自行炸毁沈阳北郊柳条湖附近南满铁路的一段路轨,反诬中国军队破坏铁路,并以此为借口,突然袭击中国军队驻地北大营和沈阳城。9 月 19 日,日军侵占沈阳,随即在几天内侵占安东(今丹东)、海城、营口、辽阳、鞍山、铁岭、本溪、抚顺、四平、长春、吉林等 20 多座城市及其周围广大地区。9 月,辽宁(除锦州及辽西)、吉林两省沦陷。11 月,黑龙江省基本沦陷。1932 年 1 月,锦州及辽西地区沦陷。2 月,哈尔滨沦陷。至此,在短短四个多月内,整个东北百万平方公里的大好河山,沦为日本的占领地,东北人民陷入水深火热的亡国惨痛之中。

"九一八"事变发生后,国民党南京政府竟电告东北军:"日军此举不过寻常寻衅性质,为免除事件扩大起见,绝对抱不抵抗主义。"蒋介石采取不抵抗主义的基本理由是"攘外必先安内,统一方能御侮"。他所谓的安内,主要是指继续"围剿"工农红军、镇压抗日爱国力量和排除内部异己力量。他所谓的攘外,在此时不过是谋求同日本侵略者的妥协。他袭用过去中国统治者以夷制夷的故伎,把制止日本侵略的希望完全寄托在企求英、美等国出面干涉上,幻想依赖国际联盟(简称国联)压迫日本撤兵。但是,英、法操纵下的国联并没有对日本采取任何有力的制裁措施。南京政府采取的妥协退让方针,使日本帝国主义无所顾忌地用武力大规模进攻中国。在民族危机的严重关头,中国共产党率先高举武装抗日的旗帜。1931 年 9 月 20 日,中共中央发表《为日本帝国主义强暴占领东三省事件宣言》,响亮地提出:"反对日本帝国主义强占东三省"。11 月 27 日,刚刚在江西瑞金宣告成立的中华苏维埃共和国临时中央政府发表对外宣言,号召全国人民动员起来,武装起来,反对日本的侵略和国民

党的反动统治。

"九一八"事变是日本政府长期以来推行对华侵略扩张政策的必然结果,是它企图把中国成为其独占殖民地而采取的严重步骤。"九一八"事变发生后,中日之间的民族矛盾上升为主要矛盾,中国国内的阶级关系发生重大变动。它强烈地震动了中国社会,各阶层爱国人士看到大片国土迅速沦丧,政府屈辱退让,无不痛心疾首,义愤填膺,一个群众性的抗日救亡运动很快在全国许多城市和村镇兴起。"九一八"事变是中国人民抗日战争的起点,中国人民不屈不挠的局部抗战揭开了世界反法西斯战争的序幕。

"一·二八"淞沪抗战

日本侵占东北三省以后,又很快在上海发动侵略战争,以转移国际上对中国东北问题的关注,迫使国民党当局承认其占领东北的既成事实,并把上海变成它侵略中国内地的新基地。

同在东北一样,日军事先制造一系列事件作为借口,于 1932 年 1 月 28 日夜发动对上海闸北区的进攻(即"一·二八"事变)。蔡廷锴、蒋光鼐率领的第十九路军进行了英勇抵抗。上海各界民众纷纷组织义勇军、敢死队、救护队协助作战,护理伤员,捐献慰劳金和慰劳品。全国各地民众和海外华侨仅捐给第十九路军的款项即达 700 余万元。中国共产党通过上海党组织发动群众,支援前线。中共江苏省委领导下成立的上海民众反日救国联合会,在这一活动中发挥了重要的作用。在广大人民群众的有力支援下,第十九路军和随后参战的第五军(张治中任军长)部分官兵,不顾武器装备和兵员数量远不如日军等种种困难,发扬顽强战斗、不怕牺牲的爱国精神,坚持抵抗一个多月,取得重大战果。日本侵略军被迫三易主帅,数度增兵,结果是损伤 1 万余人却无法实现速战速决的迷梦。上海数十万军民同仇敌忾,齐心御侮,涌现出大量可歌可泣的爱国英雄事迹。

蒋介石、汪精卫联合掌权的国民党政府,对"一·二八"事变提出所谓"一面抵抗,一面交涉"的方针,实际上是要在略作抵抗之后仍然请求英、美等国出面调停,求得对日妥协。最后,中国军队在腹背受敌又无援军的情况下,不得已于 3 月 1 日奉命放弃前线阵地,撤出上海。经过英、美等国"调停",中日双方代表进行谈判,于 5

月 5 日签订《淞沪停战协定》。协定规定上海至苏州、昆山一带地区中国军队不能驻扎,只能由警察接管,而日本反而可以在许多地区驻扎军队。这个屈辱的停战协定传出后,遭到上海人民乃至全国人民的强烈反对。上海各团体抗日联合会等群众组织通电表示抗议,指责国民党政府丧权辱国。中华苏维埃共和国临时中央政府也在通电中反对这一协定。然而,国民党统治集团决定加强对内部的控制和对人民的压迫。《淞沪停战协定》签订不久,蒋介石就正式宣布"攘外必先安内"为国民党处理对内对外关系的基本国策,立即部署对南方革命根据地红军的第四次"围剿",并将英勇抗日的第十九路军调往江西参加"剿共"。对许多地方的群众抗日活动,也采取措施进行压制和取缔。这样,全国性的抗日爱国运动暂时遭受了挫折。

事实表明,在日本大举入侵东北以后,中国的政治形势已开始发生深刻变化。日本竭力用武力扩大在中国的独占范围,正在成为中华民族的首要敌人。反对日本侵略的民族革命斗争,正在成为中国各族人民的主要斗争。中国一切不愿做亡国奴的阶级、阶层都有可能参加到这一革命斗争中来,民族革命的阵营将空前扩大。中国的民族斗争和阶级斗争正在进入一个新的阶段,出现了自 1927 年大革命失败以来不曾有过的革命发展的新形势。

东北抗日联军

中国的抗日战争,经历了由局部抗战到全国抗战的过程。局部抗战是从东北地区开始的。

"九一八"事变后,在东北三省,除了各种抗日义勇军外,中国共产党领导的抗日武装,依靠群众,直接同日本侵略者进行了极其艰苦的斗争。中共满洲省委指示各地党组织,加强与抗日义勇军的联系,并组织党领导下的抗日武装。从 1932 年起,先后组织了由汉、满、朝鲜、蒙古、回等民族的爱国志士参加的十余支抗日游击队。这些抗日武装主要在南满、东满和北满地区广泛开展游击战争,打击日本侵略者。在斗争初期,中共临时中央的冒险主义和关门主义方针,曾给东北党组织的工作带来消极影响。1933 年 1 月 26 日,中共中央发出《给满洲各级党部及全体党员的信》(即"一二六"指示信),首次提出在东北组织全民族的抗日统一战线策略。中共满洲

省委认真贯彻指示信精神,决定扩大党独立领导的抗日游击队,执行民族革命统一战线的策略,反对关门主义,改善党领导的抗日游击队同其他抗日武装的关系。到1933年底,共产党直接领导的各地游击队已发展成为东北抗日游击战争的主力。1933年9月,杨靖宇、李红光等领导的南满游击队改编为东北人民革命军第一军第一师。童长荣、王德泰等领导的东满游击队于1934年3月改编为东北人民革命军第二军独立师。赵尚志、张寿篯(李兆麟)等领导的珠河游击队于1934年夏改编为东北人民革命军第三军。李延禄领导的密山游击队为基础,于1934年秋组成东北抗日同盟军第四军。此外,周保中等领导的绥宁游击队,冯仲云、夏云杰等领导的汤原游击队以及饶河游击队等,也都在积极开展抗日斗争。

1936年2月,直接领导东北党组织的中共驻共产国际代表团决定统一全东北抗日军队的名称,建立东北抗日联军总司令部。随后以杨靖宇、王德泰、赵尚志、周保中等人名义,发表《东北抗日联军统一军队建制宣言》,宣布东北人民革命军和各抗日游击队改编为东北抗日联军。东北抗日联军开辟了东南满、北满和吉东三大游击区。从1939年9月起,中共满洲省委把党领导的各抗日游击队相继改编为东北人民革命军。活跃在东南满地区的有第一军和第二军。1936年7月,第一军和第二军合编为第一路军,由杨靖宇任总司令,王德泰任副总司令。活跃在北满地区的有第三军、第四军和第六军。活跃在吉东地区的是第五军主力。1936年11月,以抗日联军第四军第二师为基础建立抗日联军第七军。除上述中国共产党直接领导的抗日联军七个军外,到1937年全面抗战爆发前后,还建立了第八、第九、第十、第十一军。

从1936年初到1937年秋,东北抗日联军已建立11个军,共3万余人,开辟了东南满、吉东、北满三大游击区,在南起长白山,北抵小兴安岭,东起乌苏里江,西至辽河东岸的广大地区内,开展游击战争。同日、伪军进行了大小几千次战斗,粉碎了敌人的一次又一次"讨伐"。他们的英勇斗争,有力地打击了日本在中国东北的殖民统治,牵制了大量日军,支援和鼓舞了全国的抗日救亡运动。

瓦窑堡会议

在中共中央率领红军北上到达陕甘地区前后,日本侵略者利用国民党的不抵抗主义政策,发动"华北事变",北平学生在中国共产党的领导下,发动"一二九运动",中国人民抗日救亡民主运动新高潮到来。中国共产党也已处于政治形势大变动的前夜,把各种要求抗日的力量汇合起来,组成抗日民族统一战线,共御外敌,成为中国共产党这一时期最主要的使命。

1935 年 8 月 1 日,中共驻共产国际代表团草拟了《中国苏维埃政府、中国共产党中央为抗日救国告全体同胞书》(即"八一宣言"),主张停止内战,组织国防政府和抗日联军,对日作战。10 月 1 日,宣言在法国巴黎出版的《救国报》上发表。11 月中旬,中共驻共产国际代表团派张浩由苏联回国到达陕北瓦窑堡,向中共中央传达了共产国际七大的精神和"八一宣言"的内容。

1935 年 12 月 17 日至 25 日,中共中央在瓦窑堡召开政治局扩大会议,讨论全国政治形势和党的策略路线问题、军事战略问题。会上,张闻天作了关于政治形势和策略问题的报告,张浩作了关于共产国际七大精神的传达报告。毛泽东在会上指出:战略方针应是坚决的民族革命战争。首先把国内战争与民族战争相联系,一切战争都在民族战争的口号下进行。他认为:中国的民族资产阶级有两重性,是可以争取的。会议通过了《中共中央关于目前政治形势与党的任务的决议》。决议指出:"目前政治形势已经起了一个基本上的变化","党的策略路线,是在发动、团聚与组织全中国全民族一切革命力量去反对当前主要的敌人:日本帝国主义与卖国贼头子蒋介石",并且指出:"关门主义是党内的主要危险。"两天后,毛泽东根据会议精神,在党的活动分子会议上作了《论反对日本帝国主义的策略》的报告。报告以"九一八"事变以来民族资产阶级的政治代表人物政治态度的变化,充分地论证了和民族资产阶级在抗日条件下重新建立统一战线的可能性和重要性。报告指出,由于中国是几个帝国主义国家争夺的半殖民地,"当斗争是向着日本帝国主义的时候,美国以至英国的走狗们是有可能遵照其主人的叱声的轻重,同日本帝国主义者及其走狗暗斗以至明争的"。"我们要把敌人营垒中间的一切斗争、缺口、矛盾,统统收集起来,作为反对当前主要敌人之用。"报告着重指出了共产党和红军在这个统一战线中的具有决定意义的领导作用。

瓦窑堡会议决议和毛泽东的报告,分析了日本侵略者侵入中国之后社会各阶级之间相互关系的变化,明确提出了党的基本策略任务是建立广泛的抗日民族统一战线。瓦窑堡会议是从第五次反"围剿"失败到全民族抗战兴起过程中召开的一次重

要会议。它表明党已经克服了"左倾"冒险主义和关门主义,制定出抗日民族统一战线的新策略,使党在新的历史时期将要到来时掌握了政治上的主动权;表明党在继遵义会议着重解决军事路线和组织问题之后,开始努力解决政治路线问题;表明党在总结经验教训的基础上,正在从中国的实际情况出发,创造性地开展工作。

西安事变

瓦窑堡会议后,中国共产党采取切实措施,积极开展统一战线工作,主张"停止内战,一致抗日",不断推进日益高涨的抗日救亡运动。与此同时,中国共产党对驻扎在西北地区的以张学良为首的东北军和以杨虎城为首的第十七路军也开展了统一战线工作,并取得了良好的效果。尽管日本在华北的侵略活动已超出南京政府所能忍受的限度,蒋介石和国民党中央的对日政策也在发生变化,但蒋介石政府"攘外必先安内"的方针并没有根本改变。

1936年12月4日,蒋介石亲赴西安,逼迫张学良、杨虎城立即将其军队全部开赴陕北"剿共"前线,"中央军"在后接应督战;否则就要把东北军调往福建,第十七路军调往安徽,由"中央军"在陕甘"剿共"。这个最后通牒式的方案,既同张学良、杨虎城的联共抗日、不再打内战的决心相矛盾,也危及张、杨部队的生存。12月9日,西安城内1万余名学生为纪念"一二·九"运动一周年,举行请愿游行,要求停止内战、一致抗日。国民党特务竟开枪打伤学生。学生群情激愤,冲出城去,准备前往临潼华清池蒋介石住地请愿。蒋介石指令张学良实行武力镇压。张学良答应学生在一周内用事实回答他们的要求。同时,蒋介石为了加强对张、杨的压力,宣布派蒋鼎文为西北"剿匪"军前敌总司令,卫立煌为晋陕绥宁四省边区总指挥,陈诚以军政部次长名义指挥绥东"中央军"各部。他的这些部署,既是为了大举"剿共",同时也是准备解决张、杨的问题。在张学良、杨虎城向蒋介石要求抗日的"哭谏"遭到严厉训斥和拒绝后,他们决心采取"兵谏",用武力扣押蒋介石,逼其答应抗日。12月12日凌晨,按照张、杨商定的计划,东北军一部包围了临潼华清池,扣留了蒋介石;第十七路军控制了西安全城,囚禁了从南京来的几十名国民党军政要员。张、杨并向全国通电,提出停止内战、一致抗日等八项主张。这便是震惊中外的西安事变。

　　西安事变发生后,南京政府在如何对待事变的问题上出现了两种主张。军政部长何应钦等主张讨伐,调动军队准备进攻西安;以宋子文、宋美龄为首的一派主张和平解决,积极谋划营救蒋介石的办法。中国共产党在事变发生前没有与闻。事变一发生,张学良连夜电告中共中央。毛泽东和周恩来立即复电,表示拟派周恩来前往西安商量大计。12 月 17 日,应张学良邀请,周恩来作为中共中央代表到达西安。在弄清楚情况后,中共中央以中华民族利益的大局为重,独立自主地确定了用和平方式解决西安事变的方针。根据这一方针,周恩来与张学良、杨虎城共同努力,经过谈判,迫使蒋介石作出了"停止剿共,联红抗日"的承诺。

　　西安事变的和平解决,成为时局转换的枢纽。它粉碎了亲日派和日本帝国主义者的阴谋,促进了中共中央逼蒋抗日方针的实现。自此之后,内战基本停止。中国共产党在这次事变中力主和平解决,充分表现了对团结抗日的诚意。西安事变在国共重新合作的客观形势渐次成熟的时候,起了促进这个合作的作用。在抗日的前提下,国共两党实行第二次合作成为不可抗拒的大势。西安事变和平解决以后,中国共产党面临的主要任务,是动员全党和全国人民巩固和平,争取民主,早日实现全民族共同抗战。

"一二·九"运动

　　"一二·九"运动是在中国共产党领导下,由北平学联组织发动的一次大规模的抗日爱国运动。它使中国人民被压抑的爱国情绪猛烈地爆发出来。

　　1935 年 11 月,中国共产党在北平成立了中共北平临时工作委员会,在临时工委领导下,北平学生组织成立了北平市大中学校学生联合会(简称北平学联)。一些文化教育界的共产党员和进步教授也努力宣传中国共产党的抗日救国主张。

　　在中共中央率领红军北上到达陕甘地区前后,日本侵略者利用国民党统治者的不抵抗主义政策,开始大规模越过长城南下,企图直接控制华北。它的第一个步骤是 1935 年 6 月中旬通过国民党北平军事长官何应钦和华北日军司令梅津美治郎达成协定,迫使国民党"中央军"撤出北平、天津和河北。第二个步骤是策动所谓"华北自治运动"。10 月间,土肥原贤二以关东军代表名义向国民党军第二十九军军长兼

平津卫戍司令宋哲元提出要求:通电设立华北自治政府,将南京任命的华北官员一概罢免。11 月 6 日,土肥原贤二甚至以最后通牒的姿态,限令宋哲元在 20 日前宣布自治,否则日军将出兵占领河北和山东。11 月下旬,日本扶植汉奸殷汝耕在河北通县成立"冀东防共自治政府",控制冀东 22 个县。作为迎合日本要求的妥协办法,国民党当局计划于 12 月在北平成立以宋哲元为委员长的冀察政务委员会,开始实行华北特殊化。

华北事变使平津上空乌云密布,整个华北危在旦夕。北平学生悲愤地喊出:"华北之大,已经安放不得一张平静的书桌了!"在李常青和彭涛、周小舟等组成的中共北平临时工作委员会领导下,在姚依林、郭明秋、黄敬、宋黎等的组织、指挥下,12 月 9 日,北平学生高喊"反对日本帝国主义""停止内战,一致对外"等口号,到新华门向北平当局请愿。由于请愿没有结果,他们把请愿改为示威游行。当游行队伍走到王府井大街时,人数增加到 3 000 人。军警突然用水龙向学生喷射,并挥舞皮鞭、枪柄、棍棒从两侧袭击学生。当天,有 30 多名学生被捕,数百人受伤。第二天,北平各校学生举行全市总罢课。12 月 16 日,在天桥举行市民大会,反对"华北自治",与会者 3 万余人。会后举行了更大规模的示威游行。在"一二·九"北平学生斗争的影响下,从 11 日开始,天津、保定、太原、杭州、武汉、成都、重庆、广州等大中城市先后爆发学生的爱国行动。许多地方的工人也举行罢工。上海和其他地方的爱国人士和团体成立各界救国会,要求停止内战,出兵抗日。抗日救亡运动发展成全国规模的群众运动。

"一二·九"运动揭露了日本吞并华北进而独占中国的阴谋,打击了国民党妥协退让政策,极大地促进了中华民族的觉醒,标志着中国人民抗日救亡民主运动新高潮的到来。"一二·九"运动中先进的知识青年,走上与工农相结合的道路,为抗日战争和中国革命事业准备了一批骨干力量。正如毛泽东所指出的:"一二·九"运动是"动员全民族抗战的运动,它准备了抗战的思想,准备了抗战的人心,准备了抗战的干部","将成为中国历史上的一个非常重要的纪念"。

"七七"事变

1937 年 7 月 7 日夜,日本侵略军在北平西南的卢沟桥以北举行军事演习,借口一名士兵失踪,要求进入宛平县城搜查,遭到拒绝后,即炮轰宛平城,攻击卢沟桥。当地中国驻军第二十九军奋起抵抗。这就是卢沟桥事变,又称"七七"事变,标志着日本蓄谋已久的全面侵华战争的爆发。这次战争是中国遭到的一次最大规模的帝国主义侵略战争。日军在 7 月底占领北平和天津。接着以三十万兵力,沿平绥、平汉、津浦三条铁路向华北地区扩大进攻。8 月 13 日,日军为了求得"速战速决",迅速解决中国问题,又把战火烧到上海。

卢沟桥事变发生的第二天,中国共产党中央委员会发出《中国共产党为日军进攻卢沟桥通电》,向全国人民呼吁:"平津危急! 华北危急! 中华民族危急! 只有全民族实行抗战,才是我们的出路";号召"全中国同胞,政府,与军队,团结起来,筑成民族统一战线的坚固长城,抵抗日寇的侵掠! 国共两党亲密合作抵抗日寇的新进攻","全国上下应该立刻放弃任何与日寇和平苟安的希望与估计"。同日,毛泽东、朱德、彭德怀等红军领导人致电蒋介石,表示红军将士愿意"为国效命,与敌周旋,以达保土卫国之目的"。接着,派叶剑英在西安代表中共中央于 7 月 14 日向南京政府表示"愿在蒋指挥下努力抗敌,红军主力准备随时出动抗日,已令各军十天内准备完毕,待令出动,同意担任平绥线国防"。7 月 15 日,中共代表周恩来等将《中共中央为公布国共合作宣言》交给蒋介石,强调"在民族生命危急万状的现在,只有我们民族内部的团结,才能战胜日本帝国主义的侵略"。《宣言》提出发动全民族抗战、实行民主政治和改善人民生活等三项基本要求,重申中共为实现国共合作的四项保证。17日,周恩来、博古、林伯渠同蒋介石、邵力子、张冲在庐山继续谈判。中共代表提出以《中共中央为公布国共合作宣言》为国共合作的政治基础,约定由国民党中央通讯社发表。

在全国抗日救亡运动不断高涨和共产党倡议国共合作抗战的情况下,蒋介石于7 月 17 日在庐山发表谈话说:"如果战端一开,那就是地无分南北,年无分老幼,无论何人,皆有守土抗战之责任,皆应抱定牺牲一切之决心。"但这时他还没有完全放弃对日媾和的幻想,仍想把卢沟桥事变限制在"地方事件"的范围内。冀察政务委员会委员长宋哲元继续同华北日军进行谈判。国民政府外交部于 7 月 19 日向日本使馆提议,中日双方停止军事行动,将部队撤回原地,然后由外交途径解决。这一提议遭到日本外务省的拒绝。日本侵占北平、天津的行动,震动了全国,也使原来进行的谈判难以继续下去。日军进攻上海,更直接威胁到国民党统治集团的心脏地区和英、

美等国在华利益。在全国要求抗战洪流的压力下,国民政府外交部于 8 月 14 日发表声明,宣称"中国为日本无止境之侵略所逼迫,兹已不得实行自卫,抵抗暴力"。

"七七"事变的爆发,是中国全面抗战的开端,从此中华民族开始了长达八年的民族解放战争。

《论持久战》

围绕着抗日战争,当时中国国内外的形势是相当错综复杂的。在国际上,德、意法西斯支持日本侵华。英、法、美出于自身利益考虑,在一个较长时期内,打着"中立"和"不干涉"的旗号,对日本和中国采取两面政策。在国内,全国人民坚决主张抗战,人数众多的中间力量把抗战的希望寄托在掌握全国政权的国民党身上。但国民党又实行片面抗战路线,坚持国民党一党专政,只是单纯依靠政府和军队的抗战,而不愿实行民主、改善民生,不敢发动和依靠人民大众。针对抗日战争,在国民党营垒中,存在着"亡国论"和"速胜论"的错误思潮。在共产党内,虽然没有"亡国论",但有些人有盲目轻敌的思想。

为了初步总结全国抗战经验,批驳当时流行的种种错误观点,系统阐明党的抗日持久战方针,毛泽东在 1938 年 5 月写了《论持久战》这篇重要论文。《论持久战》明确指出:抗日战争是持久的,最后胜利属于中国。毛泽东深刻地揭示了中国抗日战争必须经过持久抗战取得胜利的客观根据。他指出:"中日战争不是任何别的战争,乃是半殖民地半封建的中国和帝国主义的日本之间在二十世纪三十年代进行的一个决死的战争。"在这场战争中,中日双方存在着互相矛盾的四个基本特点:第一,日本是个帝国主义强国,中国是个半殖民地半封建弱国;第二,日本的侵略战争是退步的、野蛮的,中国的反侵略战争是进步的、正义的;第三,日本战争力量虽强,但它是个小国,人力、军力、财力、物力均感缺乏,经不起长期的战争,中国是个大国,地大、物博、人多、兵多,能够支持长期的战争;第四,日本的非正义战争在国际上是失道寡助的,中国的正义战争却是得道多助的。第一个特点决定了日本的进攻能在中国横行一时,中国不能速胜,中国抗战不可避免地要走一段艰难的路程。后三个特点决定了中国不会亡国,经过长期抗战,最后胜利属于中国。

《论持久战》科学地预见到抗日持久战争将经过战略防御、战略相持、战略反攻三个阶段。明确指出，通过三个阶段，在双方力量的对比上，中国必将由劣势到平衡到优势，而日本则必将由优势到平衡到劣势。其中，战略相持阶段的时间将相当长，遇到的困难也将最多，然而它是整个战争转变的枢纽。这个阶段中，我们的作战形式主要是游击战，而以运动战辅助之。这个阶段的战争是残酷的，但是游击战争能够胜利。速胜论者不知道战争是力量的竞赛，在战争双方的力量对比没有起一定变化以前，就要举行战略决战是没有根据的。"中国将变为独立国，还是沦为殖民地，不决定于第一阶段大城市之是否丧失，而决定于第二阶段全民族努力的程度。如能坚持抗战，坚持统一战线和坚持持久战，中国将在此阶段中获得转弱为强的力量。"《论持久战》强调"兵民是胜利之本"，"战争的伟力之最深厚的根源，存在于民众之中"。指出争取抗战胜利的唯一正确道路是充分动员和依靠群众，实行人民战争。

《论持久战》是中国共产党领导抗日战争的纲领性文献，它不仅指明了必须持久抗战才能取得最后胜利的前景，并且提出了一整套动员人民群众，在持久战争中不断削弱敌方的优势、生长自己的力量，以夺取最后胜利的切实可行的办法。

南京大屠杀

从卢沟桥事变到 1938 年 10 月广州、武汉失守，是中国抗日战争的战略防御阶段。这个阶段呈现出两大特点：一是日军分路深入中国广大领土，对中国正面战场的攻势达到顶点；二是中国人民军队开辟敌后战场，并迅速壮大起来。这一阶段中，日军的大举进攻，使中国的大片土地沦为日本的占领区。日本在这些地方实行残暴的殖民统治，犯下空前严重、灭绝人性的罪行。

1937 年 11 月，日本侵略军在从上海向南京进攻的沿途即开始大肆屠杀中国人民。苏州失陷后，该地未能躲避的许多居民都被日军杀害了。日军在从上海至南京的攻击途中，屠杀中国兵民达到疯狂程度。日军第 16 师团向井敏明及野田毅两名少尉，竟于无锡约定，进行谁先砍杀 100 名中国人的杀人比赛。至 12 月 10 日，两人在南京城外紫金山见面时，野田杀了 105 人，向井则杀了 106 人，由于无法确定谁先杀到 100 人之数，两人于是再赌谁先杀满 150 名中国人。

1937 年 12 月 12 日,南京沦陷,日军进行了长达 6 周的骇人听闻的血腥大屠杀。日军将南京普通民众和徒手士兵用绳索捆绑,每百人或数百人围成一团,用机枪扫射,或用汽油焚烧,或抛尸江河湖塘。日军在大街小巷逢人便杀。南京城到处血流成河,到处是屠场。此外,日军占领南京后大肆强奸妇女,在一个月中,南京市内发生了两万起左右的强奸事件,因日军施暴而跳河自尽或自杀的中国妇女不计其数。日军在大肆屠杀的同时,对南京城进行了疯狂的抢掠,无数的住宅和商店被抢劫的物资用卡车拉走,抢完商店、仓库后往往是放一把火烧掉。最重要的太平路商业区被焚毁,大批平民住宅被烧。

日军在南京进行的长达 6 周的大屠杀,造成中国军民超过 30 万人遇害,南京市三分之一的房屋被烧毁,几乎所有的商店被抢劫一空。南京变成一座尸横遍野、满目凄凉的死城。南京大屠杀是日本在侵华战争中犯下的滔天罪行,它并没有压倒中国人民反抗侵略的勇气与决心,而是激起了沦陷区人民对日本侵略的强烈反抗。

台儿庄大捷

日军占领南京、杭州、济南等城市后,侵略气焰日趋嚣张。为了挫败中国军民的抗战意志,1937 年 12 月 14 日,日方在北平成立了以汉奸王克敏为首的"中华民国临时政府"。次年初,又发表声明称"今后不以国民政府为对手",企图抹杀国民政府。然而,中国的抗战意志并未衰退,国民政府统帅机构转移到武汉后继续指挥作战。

为了实现迅速亡华的目标,侵华日军决定攻占徐州,打通津浦线,使得南北日军连成一气,进而攻占武汉攫取中原。从 1938 年 2 月开始,日军先后调集约 24 万人,准备南北对进,夹击徐州。国民政府方面考虑到徐州对于中原战场的重要地位,决心全力防守,力保徐州。故以重兵驻守(约 60 万人),由第五战区司令长官李宗仁指挥作战。

台儿庄位于徐州东北 30 公里的大运河北岸,扼运河咽喉,是徐州的门户。为了一举攻占徐州,1938 年 3 月 20 日,日军第 10 师团濑谷支队向台儿庄袭进。李宗仁随即命令孙仲连扼守台儿庄;汤恩伯让开津浦路正面,转入侧后的抱犊崮东南的山区,待到日军主力直扑台儿庄时,即行南下拊敌之背,协同孙仲连围歼敌军。如此的战略部署不拘泥于"一城一寨之得失",而旨在诱敌深入,分散日军兵力。3 月 24 日,蒋介石前往徐州视察防务,令随行的副参谋总长白崇禧等人组成临时参谋团,留在徐州,协助李宗仁。

此前,白崇禧曾特意邀请周恩来、叶剑英共商对敌作战方针。周恩来提议:"在津浦铁路南段,由李品仙、廖磊两个集团军在新四军第四支队的配合下,采取以运动战为主,游击战为辅的联合行动,运动于辽阔的淮河流域,使津浦铁路南段日军时时受到威胁,不敢贸然北上支援南下日军;而在徐州以北,以主力采取阵地战与运动战相结合的方针,守点打援,以达到各个击破的目的。"

对于周恩来提出的这些想法,白崇禧深表赞同。于是在徐州协助李宗仁指挥时,他基本采纳了周恩来的建议。

3月24日,濑谷支队在空军火力支援下向台儿庄发起猛攻。并在炮火与坦克的掩护下,冲入庄内。至27日,国民党方面第2集团军已经伤亡过半,防守台儿庄的指挥官池峰城率部与日军展开巷战,战况惨烈。28日至29日,国军与日军展开拉锯战,重创敌军。日本方面不断向台儿庄增兵,但进攻受阻,战斗陷入胶着状态。29日,蒋介石下达了死守台儿庄的命令。李宗仁即令第2集团军死守阵地。日军为了突围,令正在进攻临沂的坂本支队放弃进攻计划,增援台儿庄。不过,坂本支队在向城、爱曲地区即遇到了国民党军队的阻击,这一计划最终落空。

根据战局的变化,李宗仁于4月2日下达了围歼台儿庄日军的命令。4月3日,国军向日军发起全面反攻。经过四天激战,台儿庄守军最终歼灭了濑谷支队大部、坂本支队一部。

敌后抗日根据地的建立

日军深入中国内地之后,由于兵力不足,在其后方留下了广阔的地区。国民党在这些地区原有的统治机构也已经瓦解,一时间形成了无政府的状态。于是,这些地区就成了中国抗日军民发动游击战、消耗敌人、壮大自身力量的重要空间。1937年8月,洛川会议上,中共中央做出了开辟敌后战场的战略安排。

值得注意的是,在1937年11月太原失守前后,八路军在华北的战略动向是不同的:在太原失守以前,八路军主要以游击战和游击运动战配合友军作战,以少部分

兵力发动、组织群众武装;在太原失守之后,八路军各师则分别在晋察冀、晋东南、晋西北和晋西南进行独立自主的山地游击战。1938 年 1 月 10 日,晋察冀边区临时行政委员会成立。这是敌后由共产党建立的第一个统一战线性质的抗日民主政权。1938 年 4 月以后,八路军向着河北、豫北平原、山东、冀热边和绥远等华北敌后区域发展游击战,开辟了广大的敌后战场。新四军则开赴苏南、皖南、皖中地区,创建华中抗日根据地。至 1938 年 10 月,中共领导的抗日武装发展到了近 20 万人。

1938 年冬,中共中央决定将原先驻扎在山西山区的八路军三大主力分别向河北、山东的平原地区挺进,如此极大地加强了平原地区抗日游击战的推进。新四军各部也利用山区、河湖、港汉等复杂地形开展游击战。中国的抗日战争逐渐形成了战略上互相配合的两个战场,一个是由国民党领导的正面战场,另一个便是由共产党人领导的敌后战场。

实践证明敌后抗日根据地的开辟是正确而十分必要的决策。实行敌后抗战能够缩小敌占区,迫使日军必须集中兵力守卫其占领区。对于兵力不足的日军来说,这是极其严重的威胁。与此同时,沦陷区的人民有着强烈的抗日热情。领导敌后抗日战争能将人民分散的力量聚合起来,有效地积蓄与发展人民的抗日力量。当八路军这样的人民军队深入敌后之后,就成为了凝聚各种抗日力量的中心。

在敌后根据地的建设中,共产党确立了以游击战为基本战的作战方针,也“不放松有利条件下的运动战”。中国共产党领导的军队在敌后开展的游击战异常艰苦。人民群众对此表现出了强烈的支持与拥护。在很多敌后抗日根据地,男女老幼都是八路军、新四军的耳目。他们在各个山头、村庄之间观察、联络、报告,将敌情以最快速度传递给部队。更令人感动的是,一些根据地还出现了“母亲叫儿打东洋,妻子送郎上战场”的画面。人民群众的支持是人民军队赖以生存的基础,也是军队能够在极其艰苦的环境中不断发展壮大的奥秘所在。

平型关大捷

1937 年 9 月 25 日,八路军在山西省大同市灵丘县平型关附近,为了配合第二战区的友军作战,阻挡日军攻势,由 115 师师长林彪、副师长聂荣臻指挥,充分发挥近战和山地战的特长,首次集中较大兵力对日军进行的一次成功伏击战,八路军在平型关取得首战大捷。

该战役是八路军 115 师师长林彪率领所部,根据中共中央军委的指示临危出征,与日本号称"钢军"的板垣征四郎第 5 师团第 21 旅团一部及辎重车队浴血死拼取得的巨大胜利,有力配合了阎锡山负责的第二战区正面战场的防御作战,迟滞了日军的战略进攻,打乱了敌人沿平绥铁路右翼迂回华北的计划,是八路军出师以来打的第一个大胜仗。

1937 年 9 月 23 日,林彪、聂荣臻在干部会议上,作出初步计划。24 日,友军第 2 集团军、第 6 集团军送来"平型关出击计划",拟定 71 师附新编第 2 师及独立 8 旅一部配合 115 师向平型关以东的日军出击。115 师主力布置在平型关到东河南镇 10 余里长的公路南侧山地边缘。343 旅之 686 团位于白崖台附近,左侧是 685 团,右侧是 687 团,口袋底是第 33 军之独立 8 旅、115 师第 344 旅,687 团断敌退路并打援敌,688 团作为预备队。这一部署使得进攻平型关的敌人完全处于包围圈伏击之中。八路军同时又以一部从关沟出发,主动接应郭宗汾的出击部队。

为打好这场仗,林彪曾三次到平型关乔沟一带进行实地勘察,并在现场向各团指定了埋伏地点,明确了师、旅、团指挥所的位置。

25 日晨,日军第 21 旅团一部及师团辎重部队进入 115 师设伏区。685 团、686 团突然发起攻击,给日军以沉重打击,随即将日军分割包围,展开白刃格斗。687 团歼日军一部,切断日军退路。日军顽抗,疯狂组织反扑,企图突围,均被击退。东泡池日军和涞源日军闻讯来援,均被 685 团和独立团阻止。激战至下午 1 时许,战斗胜利结束。黄昏,685 团、686 团向东泡池与友军对峙的日军进攻,逼近东泡池。而友军未按照计划出击,致使东泡池日军乘隙而逃。此次战斗共歼日军 1 000 余人。平型关首战告捷,有力地打击了日军的侵略气焰,提高了八路军的威望,打破了日军"不可战胜"的神话,增强了全国军民的胜利信心。

百团大战

1940 年夏季,德国军队在欧洲不断推进着战线,英、美等国深陷战事之中,无暇东顾中国的战况。看到了这一点,日军乘机加紧对华的军事扩张与势力渗透,一面诱迫国民党政府投降,一面大举展开对敌后抗日根据地的军事行动。在 3 月和 6 月,日方代表即与重庆国民政府派出的代表先后在香港、澳门秘密进行停战谈判。而为了扼制根据地的发展,日军又在华北地区大力推行"治安肃正"计划,集中大量兵力进攻根据地,实施所谓"以铁路为柱、公路为链、碉堡为锁"的"囚笼政策"。根据地被分割成无数井字形的碎片,被压缩在狭小的乡村空间之中。

为了粉碎日军的阴谋,克服国民党政府对日妥协投降的风险,华北八路军乘着雨季对日军发动了一次大规模的进攻战役。在这场战役中,八路军有 105 个团约 20 万人参与作战,故称"百团大战"。

百团大战由彭德怀等长期在抗战前线战斗的将领指挥,以突袭日军在华北的交通线为主要战斗目标,经历了两个主动进攻阶段和一个反"扫荡"阶段。7 月 22 日,八路军总部向晋察冀军区和第 120、第 129 师下达《战役预备命令》,明确指出了此战的目的为"彻底破坏正太线若干要隘,消灭部分敌人,收复若干重要名胜关隘据点,较长期截断该线交通"。对于平汉、同蒲等其他重要铁路线,各部队也应"同时组织有计划之总破袭,配合正太铁道战役之成功"。8 月 20 日,战役正式打响。

在战役的第一阶段(8 月 20 日至 9 月 10 日),八路军便以正太路为重点,发动交通破袭战,以破坏敌军在华北的主要交通线。8 月 20 日夜,参战部队与游击队、民兵同时发起进攻,敌军猝不及防,损失惨重。正太、同蒲、平汉等铁路交通线均被击破,许多车站和据点都被八路军攻占。日军在华北重要的燃料基地井陉煤矿也被破坏。

在战役的第二阶段(9 月 20 日至 10 月 5 日),八路军继续袭击交通线两侧的敌人,深入摧毁根据地内的敌军据点并发动了涞灵、榆辽战役,在歼灭了大量日军、伪军的同时,截断了多处交通线。

在战役的第三阶段(10 月 6 日至 12 月 5 日),为了抵御日军在根据地疯狂的报复性"扫荡",八路军展开了反"扫荡"作战。10 月 19 日,八路军总部下达命令,华北军民随即进入反"扫荡"作战状态。第 129 师主力在山西新军的配合之下击退了在太行与太岳根据地"扫荡"的日军。第 120 师则粉碎了两万余日军对晋西北的入侵。

在百团大战推进的过程中,八路军战士共进行大小战斗 1 800 余次,击毙日伪敌军 25 000 余人,摧毁了众多敌堡和据点并缴获了大量军用物资。这场大战打出了国产党领导的敌后抗日军民的声威,也以事实驳斥了敌对势力对中共和八路军"游而不击"的污蔑。曾在晋察冀工作过的英国人林迈可这样回忆道："中国共产党在极其困难的物质条件下打击日本侵略者,他们领导的军队连最基本的给养、武器都没有,而国民党中央政府和他们在山西的掌权者阎锡山却不予帮助。"更关键的是,百团大战的胜利牵制了日军的南下,对正面战场的作战提供了支持,也抑制了妥协投降的暗流,在抗日斗争的局面比较低沉的状况下振奋了民心。

皖南事变

抗日战争时期,国民党顽固派多次进行反共活动。他们在华北、华中制造了一系列针对中共的军事摩擦,并多次与中共方面通电,要求八路军、新四军撤到黄河以北区域,期望用这种"北移"新四军的方法压制中共力量的发展。

为了维系国共合作、共同抗日的局面,中共方面派周恩来、叶剑英为代表,于1940 年 6 月前往重庆同国民党代表何应钦、白崇禧进行谈判。在谈判中,中共代表要求国民党进一步解决中共的合法地位问题;承认陕甘宁边区;解决八路军、新四军的扩编问题;解决作战区域的划分问题。经过反复谈判,蒋介石依然坚持八路军、新四军开至黄河以北区域,否则一切问题无法解决。国共两党的谈判就此陷入僵局。

正当此时,国际局势也产生了许多变化。德国、意大利在欧洲战场上迅速推进,日本期望利用欧洲战局的有利时机,对英、美、法、荷等国在太平洋地区的殖民地用兵,以掠夺更多的资源。这样的设想,可以分散英、美的力量,所以德、意也表示赞同。它们期望中日战争可以尽快结束,以便日本可以从中国战场抽身而出。而英、美等国为了维系自身的利益,则需要中国继续抗战,牵制日本。于是,德、英、美各国纷纷拉拢国民党,日本也向国民党表示愿意做出一定的"让步"。

国民党顽固派认为外部局势对自己十分有利,可以趁此机会安定国内形势,于是加紧酝酿反共军事行动。在苏北,韩德勤企图将立足未稳的陈毅、粟裕部队歼灭于黄桥附近。新四军成功化解危机,巩固了苏北抗日根据地。

看到韩德勤在苏北的军事行动受挫之后,国民党方面加紧勒令新四军北移,并对中共和新四军进行种种污蔑,将抗战以来国共双方的军事摩擦全部归结为八路军和新四军的过错。国民党当局进而要求在全国各地进行抗战的八路军、新四军应在

一个月内全部开赴黄河以北,并将 50 万八路军、新四军合并缩编为 10 万。与此同时,国民党当局还密令汤恩伯、李品仙、韩德勤等部准备进攻新四军。

面对国民党当局的这些举动,中共迅速作出反应。9 月 6 日,中央军委电示叶挺、项英、刘少奇准备自卫行动,并嘱咐皖南一带尤其需要防备。为了顾全大局,中共决定在皖南方面进行让步,同意北移,而江北部队暂时免调。12 月 8 日,何应钦、白崇禧电令朱德、彭德怀、叶挺、项英,宣称调防是军令,必须执行。12 月 9 日,蒋介石发布命令:限长江以南的新四军于 12 月 31 日前开到长江以北地区;黄河以南的八路军、新四军于 1941 年 1 月 30 日前开到黄河以北地区。次日,他又下达了调兵围歼新四军的密令。

1941 年 1 月 4 日,奉命移师的新四军军部及其所属皖南部队从云岭驻地出发,前往长江以北。1 月 6 日,部队在安徽泾县茂林地区遭到国民党军队的突袭。当时,新四军有 9 000 余人,而前来围击的国民党军队有 7 个师,多达 8 万余人。新四军部队英勇奋战七昼夜,终因寡不敌众,弹尽粮绝。除约 2 000 人突出重围外,大部分战士都壮烈牺牲了。而蒋介石反诬新四军"叛变",宣布取消新四军番号。这就是震惊中外的"皖南事变"。在这场事变中,新四军政治部主任袁国平牺牲,副军长项英、副参谋长周子昆在突围中被叛徒杀害。军长叶挺在与国民党方面谈判时被扣押。面对国民党顽固派的威逼利诱,他不为所动,最终被蒋介石监禁。著名的《囚歌》即为叶挺在狱中所写。

《在延安文艺座谈会上的讲话》

1942 年 2 月,为了清算党内以王明为代表的教条主义和宗派主义的错误,中共中央在全党发动了整风运动。当时,在延安、晋察冀边区等解放区,产生了大量服务于政治、服务于现实的文学作品。这些作品以通俗的形式宣传了党的政策,也鼓舞了群众的生活热情。不过,在那时延安的文化界,也存在着一定的乱象。教条主义、宗派主义、自由主义、个人主义思想混杂于思想界,造成了混乱的情形。区域政治文化观念与知识分子文化观念的分歧带来了一系列严重后果,这也使得整风运动迅速扩展到了文艺界。

1942年5月2日、16日和23日,党中央在延安分别进行了三次会议。毛泽东在5月2日进行了讲话,这篇讲话后来成为了《在延安文艺座谈会上的讲话》的"引言"部分。会议上,文艺工作者们畅所欲言,毛泽东又于23日进行了总结讲话,所讲的内容就被编为了《讲话》的"结论"部分。对于解放区的文艺工作,毛泽东以文艺的革命宣传功能为核心,以革命立场问题为基点,以态度、对象、工作和学习问题为中介,以接受者的接受程度与接受需要为切入口,引申出一系列对立的范畴和关系——革命/文艺,军事/文化,政治/文化,现实/理想,客观/主观,光明/黑暗,歌颂/暴露,赞扬/批评,等等。透过这些对立的表述,揭示出明晰的倾向性。

《讲话》针对解放区文艺工作存在的问题,做出了深刻的分析。并提出了如下观点:

第一,文艺应服务于政治。不同的阶级拥有不同的文化,世界上一切文化、文艺作品都属于特定的阶级。无产阶级的文学艺术应当与无产阶级革命事业的理想保持一致。

第二,解放区的文艺工作应当为人民大众服务,首先应照顾工农兵的需求,为工农兵而创作,为工农兵所利用。

第三,在马克思主义的指导下,知识分子(文艺工作者)的思想改造、思想提高途径。要求文艺工作者的思想情绪应与工农兵大众的思想情绪"打成一片",号召艺术家们做革命的艺术家、有出息的艺术家,贴近工农兵群众,观察、体验、研究、分析一切人和阶级,一切生动的生活形式和斗争形式,由此形成更为丰富的创作灵感。在文艺的普及与提高上,要做到文艺要"向工农兵普及"和"从工农兵提高"。

第四,批评了解放区文艺争论中各种错误的观念与认知。批判了"人性论""文艺的基本出发点是爱,是人类之爱"的观点。

延安文艺界的整风运动以解放区的政治意识形态重新整合了解放区的文化,促进了解放区的发展。由整风运动催生的毛泽东文艺思想进一步明确了文艺为工农兵服务的方向。

中国远征军

第二次世界大战爆发后,英国陷于欧洲战场的泥沼之中,无暇顾及远东的局势。

对于英国而言,在远东的首要目标是保卫殖民地印度,并以其他殖民地作为保卫印度的战略屏障。当时的缅甸是英国的殖民地,西濒英属印度,北部和东北部与中国的西藏和云南接壤,具有重要的战略地位。这一战略需求与当时国民党政府的考虑不谋而合。对于中华民国来说,缅甸是争取国际援助的窗口,连通云南与缅甸的滇缅公路是国民党政府与外部世界联系的唯一的运输通道。在这条滇西各族人民用血肉筑成的国际通道上,国民党政府得以运输从外采买的各类物资,并接收国际援助提供的各类补给。如果滇缅公路不保,则外援将难以进入中国。因此,中华民国方面极力争取与英国的军事同盟。1941 年春,英国便邀请中国军事考察团赴缅甸、印度、马来西亚考察。几经协商,在同年的 12 月 23 日于重庆签订了《中英共同防御滇缅路协定》,成立中英军事同盟。中国远征军便是据此组织而成的。

1942 年初,日本侵占马来西亚后,开始入侵缅甸,以此孤立中国,并徐图入侵印度。日军用于进攻缅甸的军队大约有 6 万人,大大超过英国在缅甸的防务力量。1月30 日,日军攻陷缅甸东部重镇,随后分两路继续前进。3 月 8 日,日军占领缅甸首都仰光。3 月到 4 月间,日军进攻重镇曼德勒,企图切断滇缅公路。此时,英国依照协定求助中华民国,要求中方组建远征军协防缅甸。

1942 年 3 月,远征军入缅发起滇缅路作战。国军名将、黄埔系骨干之一的戴安澜(1904—1942)率第 200 师作为中国远征军的先头部队赴缅参战。戴安澜曾在台儿庄战役、武汉会战、徐州会战、昆仑关战役中立下战功。他在昆仑关一役中表现尤为出色,攻克了昆仑关,并击毙日军少将中村正雄,因此被蒋介石誉为"当代之标准青年将领"。入缅以后,戴安澜即率军投入同古争夺战。由于英军始终没有采取积极行动配合,第 200 师面对四倍于己的敌军苦战 12 天。后来,在戴安澜的指挥下,第 200 师顺利突围,并解救出了被日军围困的英军。如此的战果让日军也不得不承认,同古之战中,第 200 师十分英勇,对于日方来说此战是缅甸战役中最艰苦的一战。不过,缅甸战场的局势瞬息万变。英军连连丢城失地,使得中国远征军面临的形势日趋危急。5 月,中英盟军全面溃退。5 月 18 日,戴安澜在郎科地区指挥突围战斗中负重伤,26 日便在缅北殉国。同年 10 月,国民党政府追赠戴安澜为陆军中将,美国国会授权罗斯福总统追授戴安澜一枚懋绩勋章。戴安澜成为第二次世界大战反法西斯斗争中第一位获得美国勋章的中国军人。

在失利之后,远征军的大部队退回了云南。1943 年 4 月,远征军重建司令长官部,并将一部分军队撤至印度,称中国驻印军。1943 年 10 月至 1944 年 5 月中国驻印军和滇西远征军先后发起缅北滇西作战,歼灭日军 3 万余人。1945 年 1 月 27 日,两军在畹町会师。3 月,完成了打通滇缅公路的任务后撤回国内。从中国军队入缅算起,中缅印大战历时 3 年零 3 个月,远征军在立下赫赫战功的同时,也经受了极大的牺牲。在滇缅远征中,中国投入兵力总计 40 万人,伤亡接近 20 万人。

日本投降

1945 年上半年,世界反法西斯战争进入最后的决战阶段。在欧洲战场,苏、美、英盟军取得了伟大的胜利。5 月 2 日,苏联红军攻克柏林。8 日,德国战败投降。在意大利,共产党人发动起义,墨索里尼被游击队逮捕,并被判处死刑。

当同盟国军队在各战场的攻势作战取得胜利的时候,中国战场的形势也日趋明朗。7 月 26 日,中、美、英三国发表波茨坦公告,敦促日本尽快投降。8 月,美国在广岛和长崎各投下一枚原子弹,苏联亦宣布对日作战。开赴东北战场的苏联红军与中国军民一起对日作战,加速了抗日战争胜利的进程。

8 月 14 日,日本政府表示接受波茨坦公告。8 月 15 日,日本裕仁天皇以广播的形式发布了《停战诏书》。同日,朱德总司令向美、英、苏三国政府声明中国人民抗日武装力量有权接受在我军包围内的日、伪军队的投降。随即,他命令日本中国派遣军总司令官冈村宁次及其所属部队停止一切军事活动,向人民军队投降。8 月 17 日,杜鲁门签署盟军关于接受日本投降的第一号命令,声明所有在中国(东北除外)的日本陆海空军只能向国民党政府及其军队投降。同时,美国还急迫地调动了各种力量将国民党军队运往各大城市和交通线,负责"接收"事宜。9 月 2 日,在停留在东京湾的美国军舰"密苏里"号上举行了日本向同盟国无条件投降的签字仪式。9 月 9 日,中国陆军总司令何应钦在南京主持受降,冈村宁次签字向中国投降。侵华日军 128 万人随即向中国投降。至此,中国抗日战争顺利结束。9 月 3 日遂成为中国人民抗日战争胜利纪念日。10 月 25 日,中国政府在台湾举行受降仪式。被日本占领五十年之久的台湾及澎湖列岛的主权重归祖国。

抗日战争是近百年来中国人民第一次取得完全胜利的民族解放战争。在这场战争中,中国军民付出了巨大的牺牲,也展现出了不畏强暴、视死如归的民族气节。战争的胜利是全国各族人民通过艰苦斗争,共同取得的。军队与普通民众的结合、武装斗争与非武装斗争的结合、前方斗争与后方斗争的结合、公开斗争与隐蔽斗争的结合,有效地打击了日本侵略者。在全民族抗战的进程中,中国共产党发挥了中流砥柱的作用。为了适应民族战争形势的需要,中共制定了积极的政策,倡导全民族共同抗战。陕甘宁边区政府在一份文件中提到,"政府的各种政策,应当根据各阶级的共同利害出发,凡是只对一阶级有利,对另一阶级有害的便不能作为政策决定的根据",由此,工人、农民、地主、资本家"都是平等的有权利",都是团结的对象。在抗日战争中,党的力量也得到了空前的发展和壮大。党员发展到了 120 多万人。以山东根据地为例,抗日战争胜利后,此地已有农会、工会、妇女会、共青团等中共领导的群众组织。中共党员占根据地总人口的 1% 左右,几乎村村都有党员。这也反映出了国共力量对比、变化趋势的加强。

重庆谈判

经过艰苦卓绝的抗战,中国人民终于取得了胜利。蒋介石于 1945 年 8 月 14 日、20 日、23 日连续三次电邀毛泽东赴重庆谈判。

1945 年 8 月 28 日,毛泽东、周恩来、王若飞,在国民党代表张治中、美国驻华大使赫尔利的陪同之下,从延安乘坐专机飞往重庆,与国民党当局进行谈判。在机场,毛泽东向重庆新闻界发表了简短的讲话,提出当下最迫切的任务是保证国内和平,实现民主政治,巩固国内团结。

这一不顾个人安危亲赴谈判的举动在国内外舆论界引发了重大反响。毛泽东到达重庆后,国民党当局展现了以礼相待的姿态,但对于谈判并未做好充分准备。谈判的程序、议案均由共产党方面首先提出。

针对这次谈判,蒋介石认为:"政治与军事应整个解决,但对政治之要求予以极度之宽容,而对军事则严格之统一不稍迁就。"同时,蒋介石方面还强调,军令、政令的统一是一切问题的核心。于是,解放区和人民军队的合法性即成为了双方谈判的焦点所在。

实际上,蒋介石在政治问题上并没有履行具有实质性意义的"极度之宽容",仍然只做了一些开放民主的空头承诺。与此同时,外界谣言四起,认为中共不要和平、不要团结。对于这种局面,中共事先已然估计到了。因此,在谈判中,中共就解放区土地与人民军队的数量做出了必要让步。

但国民党当局依然对解放区颇为敌视。谈判期间,有着"山西王"之称的阎锡山便在上党展开了对解放区的进攻行动。上党战役,也是抗日战争结束之后国共两党发生的首次军事冲突。

上党地处山西东南部,是太行山、太岳山、中条山之间一块比较富饶的盆地。它处在黄土高原的边缘,自古以来便是兵家必争之地。从这里向东越过太行山,便是河北平原,其间还有一条贯通中国南北的交通命脉——平汉铁路。

国民党军队如果强占上党地区,就把中共艰苦经营的太行、太岳两个根据地割裂开来了。此举无异于在晋冀鲁豫地区的核心部位插入了一把利刃。在此形势之下,刘伯承、邓小平指挥的晋冀鲁豫军区部队积极应战,最终击退了来犯的阎锡山部队,遏制了国民党军队对解放区的进攻,为在重庆谈判的中共代表提供了更多底气。

中共方面为防止全面内战的爆发进行了准备。9月19日,正式确定"向北发展,向南防御"的战略方针。即在南方做出让步,收缩南部防线;巩固华北以及华东、华中的解放区;控制热河、察哈尔两省,集中力量争取控制具有重要战略地位的东北地区。

10月10日,国共双方正式签署了《政府与中共代表会谈纪要》,史称"双十协定"。国民党当局在口头上表示承认和平建国的基本方针,同意"长期合作,坚决避免内战";同意结束国民党的"训政",保障人民的某些民主权利等等。尽管中共已就解放区的人民军队问题做出让步,但国民党当局仍然坚持取消解放区设置的人民政权和人民军队。这两个问题,双方未能达成共识。

从接收到"劫收"

在抗战胜利之初,国民党当局派遣了大批官员前往沦陷区,接收敌伪资产以恢复其社会控制。广大沦陷区的民众久尝流亡之苦,对国民党的回归自然抱着欢迎的态度。但在上海、天津、北平等被收复的大中城市中,许多官员贪婪地掠取民脂民膏,使得物价高涨,民不聊生。官僚资本在接收的名义之下不断膨胀,挤占民族工业的生存空间,使之陷入绝境。国民党在民众心中的信誉一落千丈,而所谓的接收也成了"劫收"。

当时负责接收工作的国民党官员成分颇为复杂。他们被时人戏称为"土行孙""穿山甲"和"变色龙"。"土行孙"指的是抗战时期国民党的一些地下工作者。在抗战结束后,这些人纷纷"钻出地面"成立组织。由于这些地下系统派系众多且互无关联,因而"土行孙"们便各立门户,自行接收敌伪资产。在上海便出现了 4 个国民党党部,北平则出现了 8 个。面对敌伪政权的残余势力,除了正常接收之外,巧取豪夺的现象也颇为常见。据时人记述,当时甚至一些与国民党沾亲带故的人也自称是地下工作者,以此勒索汪伪政权中的人,索要金银珠宝及房产。自接收运动开始半个月后,上海昔日的"王侯第宅"便皆换了新主。

"穿山甲"指的是散驻在城市周边的"忠义救国军""别动军"等军统麾下的散兵游勇。因握有武装,在接收之时也多抢夺之举。在上海,"忠义救国军"的部队在戴笠的授意下没收了 76 号特工总部的所有财产,并将上海的许多工厂、洋楼、银行、商铺统统"接收"。

"变色龙"指的是一些在日本投降后转投国民党的伪军部队。在接受改编之后,他们也在接收伪产的过程中坐享其成。

种种乱象,引发了民众激烈的抵触情绪。考虑到盲目接收带来的恶劣后果,10月,行政院长宋子文决定成立专门的接收委员会统一管理接收事宜。不过,此举收效甚微。曾参与过接收工作的何汉文就痛斥过接收过程中各级官员"抢""占""偷"的行为。

李宗仁在后来的回忆录中,也是直接把"接收"视作"劫收",他说:"在北平的所谓'接收',确如民间报纸所讥讽的,实在是'劫收'。"所谓的接收人员在抗战时历尽艰辛,"一旦飞入纸醉金迷的平、津地区,直如饿虎扑羊,贪赃枉法的程度简直骇人听闻"。而"中央对于接收权的划分也无明确的规定",所以各级机关在利益面前彼此争抢,"以致分赃不均,大家拔刀相见"。蒋介石后来也自省道:"我们的失败,就是失败于接收。"

挺进大别山

解放战争进行一年后,战争形势发生了巨大变化。从兵力对比来看,国民党军队总兵力从战争开始时的430万减少到373万。而人民解放军的总兵力已由127万增加到195万,其中野战军的队伍得到了极大的扩充,从61万发展到了100万以上。从战局上来看,由于国民党重兵深陷山东、陕北战场,在这两个战场之间的鲁西南、豫皖苏直至大别山区的空间中兵力十分空虚。而解放军在挫败国民党军队的全面反攻后,又挫败了其对山东、陕北的重点进攻,并在晋冀鲁豫、晋察冀、东北等战场上展开反攻。可以说,战争局势已逐步向革命力量倾斜。

不过,解放军面临的问题依然很多。受到战争影响,解放区的生产遭到严重破坏,人民生活困苦,军队的人力和物力补给也面临很大的困难。较之国民党军队,解放军的武器、装备仍处于劣势。此时,国民党方面则准备向山东、陕北解放区进行重点进攻,将战争引向解放区,进一步消耗解放区的实力。为了打乱国民党这一计划,1947年1月中旬,中共中央便考虑调动晋冀鲁豫野战军进入中原作战。具体的战略是以三支野战军从中央突破进行战略进攻,挺进中原:以刘伯承、邓小平指挥晋冀鲁豫野战军四个纵队强渡黄河,向豫皖苏地区和大别山地区进击;以陈赓、谢富治指挥晋冀鲁豫野战军第四纵队、第九纵队和第三十八军,自晋南强渡黄河,策应西北野战军击破胡宗南集团,并协助刘邓大军进入中原;以陈毅、粟裕指挥华东野战军六个纵队及特纵组成华东野战军西线兵团,在豫皖苏边区展开,配合刘邓大军南进。此外,中共中央还决定以彭德怀指挥西北野战军在山东、陕北战场策应三支南进的大军,形成两翼牵制之势。如此,在南线即形成了"三军配合、两翼牵制、内外线密切配合"的战略进攻形势。在东线,则以华东野战军四个纵队组成东线兵团。在北线,以东北民主联军、晋察冀军区和晋冀鲁豫的部队在内线歼敌,巩固并扩大解放区,并策应外线作战。

依照中央的部署,各路大军相继到位进行作战,进攻的主要方向是中原地区,尤其是中原南部的大别山地区。

为了便于调动各种力量,中共中央在1947年5月16日决定组成以邓小平为书

记的新的中原中央局。

6月30日,刘邓大军率四个纵队12万余人一举突破黄河天险挺进鲁西南,发起了鲁西南战役。在近一个月时间内,大军歼敌6万余人。鲁西南战役胜利后,刘邓大军未经休整便迅速甩开向他们合围的国民党军队,在其他部队的掩护之下开启了千里跃进大别山的壮举。在1947年7月至9月间,各路大军相继由内线转至外线,逐步进行战略进攻。经过20多天的跋涉与战斗,刘邓大军跨过陇海路、黄泛区、沙河、洪河、淮河等障碍,在8月末进入了大别山区。

经过艰苦的战斗,到11月下旬,刘邓大军歼敌3万余人,在大别山区完成了战略展开。

土地改革

土地制度的彻底改革是中国新民主主义革命的一项基本任务。随着人民解放军进入战略进攻的阶段,解放区亟待开展更为普遍、深入的土地制度改革运动。调动广大农民的生产和革命积极性,为解放战争的胜利获得人力与物力的支持。

1945年5月,中共中央发布"五四指示",到1947年下半年,解放区大多数地方都实现了"耕者有其田"的目标。不过,依然有一些问题存在。三分之一的解放区未曾进行土地制度改革,已经进行改革的地区也存在改革不彻底的现象。

为了推动解放区土改运动的进一步发展,1947年7月至9月,中共中央在河北省建屏县西柏坡村召开了工作会议。时任中央工作委员会书记的刘少奇主持了会议。经过认真的讨论,会议制定了《中国土地法大纲》,这一《大纲》于同年10月10日由中共中央批准正式颁布。

《中国土地法大纲》明确规定:"废除封建性及半封建性剥削的土地制度,实行耕者有其田的土地制度。"具体来说,就是要"废除一切地主的土地所有权";"废除一切祠堂、庙宇、寺院、学校、机关及团体的土地所有权";"废除一切乡村中在土地制度改革以前的债务"。

在《大纲》的阐述中,强调了彻底平分土地的原则,规定"乡村中一切地主的土地及公地,由乡村农会接收,连同乡村中其他一切土地,按乡村全部人口,不分男女老幼,统一平均分配,在土地数量上抽多补少,质量上抽肥补瘦,使全乡村人民均获得同等的土地,并归各人所有"。

《大纲》还规定:"乡村农民大会及其选出的委员会,乡村无地少地的农民所组织的贫农团大会及其选出的委员会,区、县、省等级农民代表大会及其选出的委员会为改革土地制度的合法执行机关。"农民大会及其选出的委员会可以组织人民法庭来贯彻土改的政策法令,维护革命秩序。在提供政策支持的同时,政府放手让群众自己起来打倒地主、取得土地。

《中国土地法大纲》具有重要的意义。它是抗日战争胜利后,中共公开颁布的第一个关于土地制度改革的纲领性文件。它的颁布,使新老解放区的土地改革运动得到了有力的推进,并在国统区产生了广泛的政治影响。

为了推动土改的进行,各解放区抽调了大批人员深入农村开展工作。1947 年 11 月至 12 月,以土地改革为中心的群众运动在陕甘宁、晋绥、晋察冀、华东等老解放区,东北等半老解放区,以及鄂豫皖等新解放区广泛开展起来。农民们组织贫农团和农会,控诉地主、惩办恶霸、分配土地。就这样,轰轰烈烈的土地改革运动有力冲击了几千年来的封建土地制度。在拥有一亿人口的老区和半老区,封建土地制度被基本消灭。套在农民身上几千年的封建枷锁被破除。亿万农民深受鼓舞,迸发出了难以估量的革命热情。在政治与经济上获得解放的他们踊跃参军,投身解放战争,担负起了巨大的战争勤务。

第二条战线

抗战胜利后,国统区的客观局势仍不稳定,民变、学潮层出不穷。在各大城市中,反内战、反美的呼声此起彼伏。爱国学生、工人和来自其他阶层的市民构成了一条爱国民主运动的战线。这条战线与中共领导的反对国民党军队的人民武装战线相辅相成,因而被称为第二条战线。

1946 年 12 月 24 日,驻北平的美军士兵强奸了北京大学的女学生沈崇。这一事件在民众中引起了公愤,北平的莘莘学子率先走上街头开展反美、反蒋的爱国运动。1947 年 1 月,天津、上海、南京、广州、武汉等城市又爆发了大规模的群众示威游行。

为了加强对国民党统治区爱国民主运动的领导,中共设立了城市工作部,由周恩来兼任部长,并于2月发出了《关于在蒋管区的工作方针和斗争策略》的指示,要求国统区各级党组织积极发展民主进步力量,促进群众斗争,以配合人民解放军的军事斗争,推动全国革命高潮的发展。

早在皖南事变后,面对国民政府对于青年活动频繁镇压的事实,中共中央南方局号召进步青年们"勤学、勤业、勤交友",由此保存力量,静待时机。在基层高校中,党员与积极分子的作用是十分关键的。他们注意密切同其他同学的联系,并逐步帮助其他同学提高思想觉悟,进而引导这些同学加入中共的队伍中来。

1947年5、6月间,打着"反饥饿""反内战""反迫害"的旗号,群众运动达到高潮。5月4日至18日,上海、南京、北平等地的学生举行了五四纪念会,并组织了罢课游行。

面对声势日广的学生运动,国民党当局视其为洪水猛兽。在蒋介石眼里,"最近发生之学生运动,实已越出国民道德与国家法律所许可之范围,显系'共产党'直接间接所指使。如长此放任,不但学风败坏,法纪荡然,势必使作育青年之教育机关,成为毁法乱纪之策源地,国家何贵有如此之学校,亦何惜于如此恣肆暴戾之青年"。5月18日,国民政府在临时国务会议中颁布了《"戡乱"时期维持社会秩序临时办法》,禁止10人以上的请愿活动、罢工、罢课和示威游行等活动。

为反抗当局的镇压,国统区各大中城市的学生们冲破政府的禁令,于20日同时举行声势浩大的示威游行,是为"五二〇"运动,这场运动标志着第二条战线的形成。

与此同时,工人、市民运动也相继掀起高潮。30日,中共中央主席毛泽东在为新华社所写的《蒋介石政府已处在全民的包围中》的评论中指出:"中国境内已有了两条战线。蒋介石进犯军和人民解放军的战争,这是第一条战线。现在又出现了第二条战线,这就是伟大的正义的学生运动和蒋介石反动政府之间的尖锐斗争。"

金圆券

抗日战争时期,战火的蹂躏让民众的生活每况愈下。日本投降之后,社会各界以为战事已了,日后的生活会有所改观。但由于战后社会的失序,种种期望化为泡影。

特务机关以肃清汉奸为由大行盘剥之举，民间怨声载道，感慨："有条（金条）有理，无法（法币）无天。"一些"国统区"的民营工厂被莫名判定为"伪产"遭到查封，以致工人失业，社会生产无法正常进行。

工业、农业的凋敝使得国民政府面临严峻的税收危机。当时，国民政府的税收仅为支出的 37%，不足的数额，小部分依赖出售黄金、美钞及敌伪产弥补，绝大部分则仍靠增发法币。1945 年发行的法币额度为一万零三百二十亿元，至 1948 年则增加了 370 倍。时任行政院长的宋子文认为进口国外货物即可缓解物资供应短缺的现状，遏制通货膨胀，外汇则由政府供给。自此，外国商品充斥于中国市场中，而民营工业的生存处境更加艰难。不过，宋子文与孔祥熙的企业受到的冲击却不甚显著。

尽管政府严控外汇，但依然无法改变法币的贬值趋势。1947 年初，美钞与法币的兑换率由 1∶10 000 变为 1∶18 000。2 月 26 日，政府宣布实施紧急方案，管制物价并冻结工资、薪水。物价遂如脱缰的野马，难以控制。5 月，浙江、四川等地发生抢粮潮。无奈之下，政府只得宣布撤销管制。

1948 年 8 月 19 日，国民政府正式宣布收兑法币及其他流通券，而以金元为货币本位，发行金圆券。同时规定民众不能持有黄金、白银、外币，如若持有也应兑换为金圆券。所有物价也以 8 月 19 日宣布的为准。为了保证这些法令行之有效，国民政府在上海、天津、广州等大城市设置了经济管制督导员。上海的督导员为蒋经国。他严厉地打击了囤积居奇的富商大贾，孔祥熙的扬子公司也被波及。然而，这些雷厉风行的举措却无法扫清社会的积弊。很快，物价又起波动，一些商人因政府限制物价而不将粮食、物料运入市场。缘乎此，工厂因缺乏原料无法生产。至于粮食的缺乏则更加剧了民众的恐慌情绪。上海、南京抢米、抢购风潮此起彼伏。无奈之下，国民政府于 10 月 31 日宣布停止限价政策。11 月，允许民众以金圆券自由兑换黄金、白银、银币等。金圆券发行不到三个月，即已完全失效。从前以金、银、外币兑换金圆券的民众遇到这一波金圆券的抛售风潮，为之破产者众多，对于政府也愈发失望。

与国统区经济加速崩溃的趋势不同，在中共控制的区域，工业生产、商货流通却呈欣欣向荣之势。

辽沈战役

　　1948 年秋,解放战争进入战略反攻阶段。当时,国民党的五个主要战略集团(胡宗南集团、白崇禧集团、刘峙集团、傅作义集团、卫立煌集团)已被人民解放军分割在西北、中原、华东、华北、东北五个战场上,彼此之间难以协作。零散的战线已然为其此后的军事失败埋下了伏笔。

　　在此夺取全国胜利的决定性阶段,解放军的队伍已然发展到 280 万人,且由于缴获了敌方的许多武器,军队在装备上也有了很大的进步。解放区基本完成了土地改革,人民群众的革命热情与生产积极性空前高涨。大后方的稳定性被进一步巩固。

　　与解放区欣欣向荣的情景不同,国统区的形势每况愈下。经济的加速崩溃与民众此起彼伏的反抗使得国民党当局处于日渐被孤立的境地之中。在此情况之下,蒋介石决定放弃"全面防御",转而实行"重点防御"的策略。

　　中共中央决定首先在东北战场展开决战。因为当时东北的形势对解放军最为有利。东北的解放区已拥有该地区 97% 以上的土地、86% 以上的人口和 95% 的铁路线。驻扎在此的解放军正规部队与地方部队共计有 100 万余人,并且还有一支颇具威力的炮兵部队。而东北的国民党军队仅有 55 万人,分散驻扎在长春、沈阳、锦州这 3 个互不相连的城市中。敌我力量形成根本性的对比。如若能在东北战场上取得胜利,则国民党反动派的战略收缩计划即可被击破,而东北的人民解放军也能转入关内推进战局的发展,同时,还能利用东北的工业基础支援全国的解放。

　　于是,1948 年 9 月 12 日,东北解放军集中主力 70 万人吹响了辽沈战役的号角,进行了声势浩大的军事反攻。对于关外 55 万军队是战是撤的问题,蒋介石犹豫不决。最终,他仍然决定固守东北,以巩固华北,"确保沈阳、锦州、长春,相机打通北宁路"。

　　中共考虑到如果国民党军队撤向关内可能同华北的傅作义集团联合起来,如此便会给战局带来不利的影响,因而决定采用"封闭后各个歼灭"的战略。为此,东北野战军必须控制北宁线,攻下锦州,以"关死东北通向关内的大门"。

辽沈战役首先在北宁线打响。9 月 12 日,在林彪、罗荣桓的指挥下,东北野战军开始对锦州展开作战。蒋介石急调军队从东西两路支援锦州。在东路,东北野战军顽强反击,击溃国民党军队的数十次冲击,成功阻止其东进。在西路出击的国民党军团遭到解放军阻击后,逗留在彰武、新立屯一带,不敢继续南进。在肃清了锦州外围的敌军后,解放军开始攻城。10 月 15 日,锦州被攻克。

锦州解放后,长春的大部分守军或起义,或直接投降。10 月 21 日,东北"剿总"副总司令郑洞国率残部放下武器,长春宣告和平解放。国民党军在东北的退路被彻底截断。此后,东北野战军乘胜追击,解放沈阳、营口。11 月 2 日,东北全境获得解放。

在辽沈战役中,人民解放军歼敌 47.2 万余人。此时的人民解放军已然改变了长期以来"敌强我弱,敌优我劣"的基本格局,革命战争的胜利指日可待。

东北的解放为平津、华北的解放创造了条件,而且使得解放战争拥有了一个稳固的、具有一定工业基础的大后方。中共中央原来预计的战争进程大为缩短。

淮海战役

辽沈战役结束以后,华东野战军、中原野战军以及部分地方武装组成了一支约 60 万人的队伍,在以徐州为中心的淮河地区发起了淮海战役。这场战役规模空前,东起海州,西至商丘,北起临城,南达淮河。

在济南战役临近结束时,国民党军队便在徐州集结了大量兵力,期望利用在徐州交会的津浦、陇海两条铁路线机动增援,重兵堵防解放军南下,以巩固江淮,形成对南京的屏障。时任徐州"剿总"总司令的是刘峙,副总司令为杜聿明,他们指挥的若干个兵团,加上战役期间从东北战场撤到蚌埠的两个军,以及自长江中游增援浦口的两个军,总兵力近 80 万人。这部分军队是国民党军队的主力,也是精锐部队。

考虑到这一区域的敌我兵力对比,时任华东野战军代司令员的粟裕便向中央军委提议华东野战军主力由鲁西南出苏北,组织淮海战役,歼灭淮阴、淮安、海州和连云港地区的国民党军队,进而为夺取徐州创造条件。11 月上旬,中央军委根据辽沈战役胜利和中原战场变化的情况,扩大原定淮海战役的规模,力争在淮河以北歼灭刘峙集团主力,然后再歼灭长江以北的其他部队。为了统筹作战事宜,11 月 16 日,

中共中央决定由刘伯承、陈毅、邓小平、粟裕、谭震林组成统一指挥华东野战军和中原野战军的总前敌委员会,邓小平为书记。

由于江淮地区的国民党军队兵力超过人民解放军参战部队,且在武器装备上有着巨大优势,人民解放军在作战时采取的方针是将敌军的重兵集团多次分割,集中优势兵力,逐个加以歼灭。整个战役分为三个阶段:

11月6日至22日为第一阶段。当时,国民党军队的黄百韬兵团正位于陇海线上。在战斗打响之时,黄兵团企图西逃。国民党第三"绥靖"区副司令官、中共地下党员何基沣、张克侠率部起义,华东野战军的主力得以穿越他们的防区,迅速切断黄兵团的退路。黄百韬只得折回碾庄,最后被压缩在包围圈内。22日,黄兵团被全部歼灭。

11月23日至12月15日为第二阶段。战斗的主要目标是击溃由豫南赶来增援后孤军突围的黄维兵团。这支队伍是蒋介石的嫡系部队,战斗力较强。中原野战军与华东野战军采取灵活的战术将黄维兵团包围在宿县西南的双堆集地区。12月初,解放军发动总攻,全歼该敌,生俘黄维。另有一个师在中共地下党员廖运周的率领下起义。杜聿明率军撤离徐州,被华东野战军主力合围在陈官庄一带。

12月16日至次年1月10日为第三阶段。主要作战目标是歼灭杜聿明部队。在这一阶段战斗刚开始的时候,为了配合平津战役稳住傅作义集团的计划,解放军奉命暂停对杜聿明部队的军事攻击,主要展开政治攻势,敦促杜聿明等率部投降。适逢冬日战区连降大雪,空运无法正常进行。杜聿明部队粮草断绝,军心动摇。部分官兵整排、整连,甚至整营投降。当华北战场上,解放军完成对傅作义集团的分割包围后,淮海前线解放军发起了对杜聿明部队的总攻,经过激战,全歼敌军20余万人,俘杜聿明,淮海战役大获全胜。

淮海战役在解放战争中发挥着承前启后的作用,这一战役的胜利使得长江中下游以北的解放区和华北解放区连成一片。南京、上海等国民党统治的核心地带直接暴露在解放军面前,这为渡江战役的进行提供了极其重要的条件。

平津战役

在淮海战役胜利发展之际,东北野战军、华北野战军与一些地方部队共计100

余万人联合发动了平津战役。

当时,东北、华北解放军对其形成了联合打击之势,如此的形势使得傅作义部队犹如惊弓之鸟。1948年10月,在蒋介石的授意之下,傅作义乘着冀中解放军兵力空虚之际,准备偷袭石家庄和西柏坡的中共中央机关,以挽救危局。而中共地下党组织凭借着出色的情报工作很快将这个偷袭计划传送到了中共中央。中共中央立即指挥、部署反偷袭行动。毛泽东连续为新华社撰写报道,揭露傅作义的偷袭计划。至11月,傅作义部署的偷袭部队因恐惧遭受中共的打击而半路撤退。

11月4日,蒋介石召傅作义前往南京商讨对策,两人心中各怀打算。蒋介石认为,加强长江防线为当务之急,因此要求傅作义放弃平津地区,向南撤退。但这一要求引发了傅作义的忧虑与不满。他对蒋介石的排斥、吞并之举怀有很深的戒心,随即表示不愿南撤自己的嫡系部队,必要时更愿意西撤至绥远。最后,考虑到中共的军队在经过辽沈战役后尚需3个月到半年的休整期,在这段时间内,国民党驻华北的军队尚能自保。两人决定暂先固守平津地区,确保塘沽海口的安全,以牵制华北、东北的解放军。此后,蒋介石开始部署长江防线的相关防务,傅作义则收缩兵力,撤出承德、保定、山海关、秦皇岛的部队,重点巩固张家口、北平、天津、塘沽等地的防卫。

得知国民党军队的上述动向,中共认为要歼灭傅作义集团,首先,必须先稳住该集团,不使其逃散。因为,如果傅作义南撤,国民党的长江防线将积蓄更多的战斗力量,这无疑会增加日后的作战难度。同时,东北野战军必须提前入关,出其不意地分割、包围傅作义军队。为此,中共中央军委便立即指示东北野战军组成先遣兵团先行进入关中。后来,又电令东北野战军结束休整,以最快速度隐蔽入关,以"围而不打""隔而不围"的方式完成对北平、天津、张家口的战略包围。为了迷惑傅作义,中央军委还命令华北的解放军撤围归绥,缓攻太原,并令在淮海战场上作战的华东野战军暂缓对被包围的杜聿明部队的打击。值得注意的是,在绥远,中共有意保存下一部分国民党军队。这部分军队后来在董其武的率领下通电起义,接受改编。这种迫使国民党军队和平接受改编的方式被命名为"绥远方式"。

1948年11月29日,人民解放军正式发起平津战役。先遣部队相继对平绥路平张段及张家口外围的国民党守军发起进攻。至12月上旬,傅作义设置在平绥路东段的五个师被全部歼灭,傅作义原先设想的西撤绥远的通道也被彻底截断。东北野

战军乘胜前进,陆续到达平津前线,完成了对平、津、塘国民党军队的战略包围及战役分割,傅作义军团自塘沽南逃的海上撤退路线也被解放军截断。

从 12 月 21 日开始,人民解放军依照中央军委"先打两头、后取中间"的战略部署,率先在东线取得了作战优势,攻克新保安、张家口。在东线,原计划攻取塘沽,但由于此地地形不利于部队作战,因而改为攻克天津。

为了便于解放平津地区相关事宜的部署,中央军委还做出了如下的任命决定:1948 年 12 月 13 日,任命聂荣臻为平津卫戍司令,薄一波为政治委员;彭真为北平市委书记,叶剑英为市委副书记、北平军管会主任兼市长;黄克诚为天津市委书记兼军管会主任,黄敬为天津市市长。1949 年 1 月 10 日,又决定以林彪、罗荣桓、聂荣臻三人组成总前敌委员会,林彪任书记,统一筹划平、津、张、唐地区的作战和接管工作。

攻打天津时,时任天津警备司令的陈长捷拒绝投降。因此,解放军以步兵、炮兵、工兵、装甲兵联合作战的方式于 1 月 14 日对天津发起总攻,15 日天津解放,陈长捷被俘。

天津解放后,塘沽守敌乘船南逃。不久之后,90 万人民解放军兵临北平城下,孤守北平的傅作义 25 万余部已经完全陷入绝境。为了保护北平这座文化古城免受战火的摧残,中共中央和中央军委力争以和平方式解放北平。天津、北平的党组织随即通过多种渠道展开针对傅作义方面的劝导工作。

实际上,在 1948 年 11 月,傅作义便几次派人同解放军进行接触,表达了愿意和平解决北平问题的意向。但那时的他也处于战、和抉择的动摇之中。

经过解放军和中共地下党组织的努力劝导(比如,傅作义的女儿傅冬菊就是中共地下党员,她根据党的指示,及时提供各种情报并做傅作义的工作)、北平各界开明人士的敦促,傅作义最终接受了解放军提出的和平条件,率军队出城接受改编,并于 1949 年 1 月 21 日签订了《关于和平解决北平问题的决议》。1 月 31 日,北平宣告和平解放。平津战役胜利结束。至此,华北、东北两大解放区彻底连成一片。

第九部分

中华人民共和国的成立和
社会主义建设与改革

《共同纲领》

1949 年 9 月 21 日,中国人民政治协商会议第一届全体会议在北平中南海怀仁堂召开,9 月 29 日通过了具有临时宪法性质的《中国人民政治协商会议共同纲领》(简称《共同纲领》)。

《共同纲领》各项原则的形成是中国人民反抗三座大山的结果,是中国共产党领导新民主主义革命的经验总结。1940 年初毛泽东发表《新民主主义论》,提出建立各革命阶级联合专政的新民主主义共和国。1944 年中国共产党提出废除国民党一党专政,成立民主联合政府的口号,并在 1945 年中共七大上提出在彻底打败日本侵略者之后,建立一个以全国绝大多数人民为基础而在工人阶级领导之下的统一战线的民主联盟的国家制度的主张。中国共产党为了实现这一目标进行了艰苦的奋斗,先后参加了 1945 年重庆谈判和 1946 年政治协商会议,但随着国民党撕毁协议、发动内战,和平建立民主联合政府的希望化为泡影。

在解放战争中,中国共产党领导人民进行了艰苦卓绝的斗争,不断壮大自身力量,并进入夺取全国政权的阶段。1948 年中共中央发布《"五一"劳动节口号》,号召"各民主党派,各人民团体及社会贤达,迅速召开政治协商会议,讨论并实现召集人民代表大会,成立民主联合政府"。"五一"口号发布后,各方响应积极,纷纷克服困难前往解放区,与中共共商国是。1949 年 6 月 15 日,新政协筹备会第一次会议在北平召开,决定迅速筹备新中国成立工作。由周恩来任组长的第三小组负责《共同纲领》的起草和制定。第三组成员又分政治法律、财政经济、国防外交、文化教育和其他五个起草小分队,分别草拟纲领各部分条文,由周恩来负责汇总和修改。1949 年 6 月 30 日,毛泽东发表《论人民民主专政》,总结了中国革命 100 多年的经验教训,进一步明确"总结我们的经验,集中到一点,就是工人阶级(经过共产党)领导的以工农联盟为基础的人民民主专政"。"人民民主专政的基础是工人阶级、农民阶级和城市小资产阶级的联盟,而主要是工人和农民的联盟。"同时毛泽东也肯定"民族资产阶级在现阶段上,有其很大的重要性……但不能充当革命的领导者……"。该文明确了各阶级在新中国的地位和作用,并确定人民民主专政为新中国的国体,为《共同纲领》的制定提供了指导性意见。

在《共同纲领》的起草过程中,中国共产党与党内外人士展开了充分讨论,反复商量、修改,毛泽东、刘少奇、周恩来等人多次召开会议讨论或发布指示,或亲自参与修订,除各小组内部多次讨论外,还经过了七次大规模的讨论,才形成最终文本。

《共同纲领》除序言外,分为总纲、政权机关、军事制度、经济政策、文化教育政策、民族政策、外交政策共7章60条。规定"人民民主专政是中国工人阶级、农民阶级、小资产阶级、民族资产阶级及其他爱国民主分子的人民民主统一战线的政权,而以工农联盟为基础,以工人阶级为领导"。同时规定新中国的政体是实行民主集中制的人民代表大会制度,其政党制度是中国共产党领导的多党合作和政治协商制度。新中国的国家结构形式是统一的多民族国家和在单一制国家中的民族区域自治制度。这些规定构成了中华人民共和国的基本政治制度。

《共同纲领》规定中华人民共和国经济建设的根本方针,是以公私兼顾、劳资两利、城乡互助、内外交流的政策,达到发展生产、繁荣经济之目的;国家在各方面调剂国营经济、合作社经济、个体经济、私人资本主义经济和国家资本主义经济,使各种经济成分在国营经济领导下,分工合作,各得其所,以促进整个社会经济的发展。

《共同纲领》还规定中华人民共和国建立统一的人民解放军和人民公安部队,受中央人民政府人民革命军事委员会统率;实行新民主主义的,即民族的科学的大众的文化教育政策;在外交上,为保障本国独立、自由和领土主权的完整,拥护国际社会的持久和平和维护各国人民间的友好合作,反对帝国主义的侵略政策和战争政策。

《共同纲领》是中国共产党创造性地运用马克思主义国家学说,总结中国人民100多年来,特别是近20年来反对帝国主义、封建主义、官僚资本主义的革命斗争经验,从中国政治、经济、社会的实际情况出发,团结各民主党派制定出来的一部新中国的建设纲领。它包含了中国共产党的全部最低纲领,即在当前阶段实现新民主主义革命和建设的任务,同时,又在基本大政方针上同党将来制定社会主义的纲领相衔接。它是一部真正立足于中国实际、切合人民需要的行动纲领,是具有临时宪法性质的人民大宪章。

中央人民政府

1949 年 9 月中国人民政治协商会议第一届全体会议通过《中华人民共和国中央人民政府组织法》,规定设立中央人民政府。中央人民政府由中央人民政府委员会和它领导的政务院、人民革命军事委员会、最高人民法院和最高人民检察署组成,是新中国行使国家权力的最高政权机关。

1949 年 10 月 1 日,由中国人民政治协商会议全体会议选举毛泽东为主席,朱德、刘少奇、宋庆龄、李济深、张澜、高岗 6 人为副主席,陈毅、贺龙、李立三、林伯渠、叶剑英、何香凝等 56 人为委员,组成中央人民政府委员会。委员会选举林伯渠为秘书长,委员会下设政务院,作为国家政权的最高执行机关,任命周恩来为政务院总理;设人民革命军事委员会,作为国家军事的最高统辖机关,任命毛泽东为军事委员会主席,朱德为人民解放军总司令;设最高人民法院,作为国家的最高审判机关,任命沈钧儒为最高人民法院院长;设立最高人民检察署,作为国家最高检察机关,任命罗荣桓为最高人民检察署检察长。同日,新中国举行开国大典,毛泽东在天安门城楼向全世界宣布,中华人民共和国中央人民政府成立。

中央人民政府对外代表中华人民共和国,对内领导国家政权。中央人民政府的主要职权是:制定并解释国家的法律、颁布法令,并监督其执行;规定国家的施政方针;废除或修改政务院与国家的法律、法令相抵触的决议和命令;批准或废除或修改中华人民共和国与外国订立的条约和协定;处理战争及和平问题;批准或修改国家的预算和决算;颁布国家的大赦令和特赦令;制定并颁发国家的勋章、奖章,制定并授予国家的荣誉称号;任免政府主要领导人员;筹备并召开全国人民代表大会。

1949 年 10 月 19 日,中央人民政府委员会任命政务院总理以下各单位负责人和军委会副主席、总参谋长,至此,中央人民政府各部门各机构完全建立起来,整个中央政府系统有副部级以上干部 500 名,其中非共产党人士约占 1/3,政府副主席、委

员,政务院副总理、委员以及一些部委中,非共产党员占到1/2甚至1/2以上。

1952年11月15日,为适应国家有计划的大规模经济建设的需要,中央人民政府委员会决定成立中央人民政府国家计划委员会。国家计委在中央人民政府领导下,是与政务院平行的国家机构,负责编制全国长期和年度的国民经济计划。

1954年9月第一届全国人民代表大会召开,制定并通过第一部《中华人民共和国宪法》,并根据宪法选举中华人民共和国主席和全国人民代表大会常务委员会,组织国务院,选举最高人民法院院长和最高人民检察院检察长。根据宪法规定,中华人民共和国国务院,即中央人民政府,是国家的最高行政机关,中央人民政府委员会和政务院不再存在,原中央人民政府国家计划委员会改为国务院下属的国家计划委员会。此后,中央人民政府即指国务院。

土地改革的继续

1949年10月,中华人民共和国成立时,全国还有三分之二的地区没有经历土地改革,华东、中南、西南、西北地区等新解放区和待解放区内大约2.9亿农业人口还没有进行土改。作为代行宪法职能的《共同纲领》规定:"凡已实行土地改革的地区,必须保护农民已得土地的所有权。凡尚未实行土地改革的地区,必须发动农民群众,建立农民团体,经过清除土匪恶霸、减租减息和分配土地等项步骤,实现耕者有其田。"

新区土改前,一般先进行减租、减息和退押,通过减租减息和退押,党开始在各地组织农民积极分子组建农民协会和共青团、妇联以及民兵组织,为土地改革作准备。1950年6月,全国政协一届二次会议审议并通过《中华人民共和国土地改革法(草案)》;政务院相继制定和公布实施与之相配套的法规、政策。为加强对土地改革的统一领导,中央人民政府成立了以刘少奇为主任的中央土地改革委员会,负责指导全国的土地改革工作,各大区、省、专区、县人民政府分别成立土地改革委员会。同时,为了保证土改的顺利进行,从中央到地方,抽调了大批干部组织土改工作队,并吸收一大批新解放城市的青年和知识分子参加。

1950年冬,一场规模空前的土地改革运动,在新解放区展开。土改的基本过程是首先发动群众,划分阶级;然后没收、征收和分配土地财产;最后进行复查和动员生产。为了不误农时,各地土改一般选择在冬春的农闲时节进行。到1952年底,除一部分少数民族地区和台湾省外,广大新解放区的土地改革基本完成。连同老解放区,完成土地改革地区的农业人口占到农业人口的90%以上。在整个土地改革过程中,共没收征收约7亿亩土地,约3亿无地、少地农民分得了部分土地,另外还分得了296万头耕畜、3 944万件农具、3 795万间房屋以及100多亿斤粮食。

土地改革彻底打击、摧毁农村原有社会权力格局,使广大农民获得土地和财产,并进而建立新政权的基层秩序。

银元之战与米棉之战

新中国成立前后,全国尤其是大、中城市中通货膨胀非常严重,物价疯狂上涨,严重影响国民经济的正常运转和国家财政经济工作的正常进行,也严重影响到人民生活,成为当时中共必须认真对待的严重问题。

1949年5月上海解放后,投机资本兴风作浪,金银外汇价格一路飙升。6月2日银元价格从660元涨到1 800多元;黄金每两从39 100元涨到11万元;物价跟着继续上涨,大米、棉油、食油等生活必需品在短期内涨了2至3倍。而从事银元等投机倒把生意的黄牛亦从2万人增加到4万人,严重影响市场秩序。投机商甚至狂妄地宣称"解放军进得了上海,人民币进不了上海"。当时上海市场不相信纸币,大家拿到纸币也都迅速购物或购买硬通货。人民银行早上发行的人民币,当天晚上就几乎全部回笼了。人民币能否占领市场,成为当时斗争的一个焦点。

1949年6月5日,上海市财经委员会奉命集中向市场抛售10万银元,但很快被抢购一空,根本无法遏制投机势力。因此华东局决定采取非常手段,取缔投机大本营——上海证券大楼。6月10日上海公安局局长李士英、公安总队副师长刘德胜带领两个营的兵力,加上400多名公安战士,一举包围上海证券大楼,当场逮捕为首分子200多人。这次行动共抄得黄金3 642两、银元39 747枚、美元62 769元、港元1 304元、人民币1 545多万元和囤积的呢绒、布匹、颜料、肥皂等商品以及手枪2支,对扣押人员从经济上给予严厉制裁。第二天上海银元价格就从10日的2 000元跌

到 1 200 元,物价也开始下跌。这就是"银元之战"。

1949 年 7 月 21 日,中国人民革命军事委员会中央财经工作委员会正式成立,陈云为主任,薄一波为副主任。7 月 27 日,陈云领导中财委在上海召开财经会议,决定集中力量调集物资支援上海、武汉等大城市。因为银元之战以后,投机商人转移阵地,大肆倒卖米、棉、煤等生活必需品,导致生活物资价格迅速大涨。从 6 月底到 7 月底一个月的时间,上海综合物价批发指数上涨了 153.6%,米价上涨 4 倍,棉纱上涨 1 倍。上海物价的上涨同时也带动了全国其他地方物价的上涨,10 月份各新解放区的游资都进入上海进行投机,进一步抬升了上海物价。

陈云和中财委密切关注全国物价的再次上涨,积极筹备给予投机商人迎头痛击。从 11 月 13 日起,已从北京南下坐镇上海的陈云给各地密发 12 道指令。命令长江中游的棉花和纱布中心汉口将纱布囤积并秘密东运,西北地区将陇海路沿线的纱布尽速运到西安,华北的纱布则聚集在京津;各地由政府控制的贸易公司,暂时停止交易,将纱布调集到中心城市待命;各工矿投资及收购资金全数暂停支付,由中财委统一掌握;每日从东北调 1 000 万斤到 1 200 万斤粮食入关支援内地。同时,中财委电令人民银行总行及主要分行,除特殊许可外,一律停止所有贷款。陈云的这些指令都在第一时间上报中央,周恩来在电报上批示:"如主席未睡,请即送阅,如睡,望先发,发后送阅。"毛泽东历来有晚睡习惯,对此事十分关注,每件必复,宛若在指挥一场决定生死的军事战斗。

10 月 20 日,按照陈云的指令,各地国营贸易公司逐渐抬高牌价,到 24 日左右基本达到与黑市价格齐平。25 日,陈云命令全国采取统一步骤,在上海、北京、天津、武汉、沈阳和西安等大城市大量抛售纱布。开始时,上海等地的投机商一看有纱布售出,即拿出全部资金争相购入,甚至不惜借高利贷,在过去的 20 年里,几乎没有人因为囤积物资而吃过亏。当时上海的借贷甚至出现了以日计息的现象,号称"日拆",几乎陷入疯狂。然而,这一次他们碰到了真正的对手,各地的国营花纱布公司源源不断地抛售纱布,而且一边抛售,一边降低牌价。投机讲究的是买涨不买跌,投机商眼看国营公司的纱布汹汹然地抛出,似乎下定了死战的决心,便先有了怯意,而他们又是一盘没有组织的散沙,如何与一个强大的国家机器对抗? 于是,有人预感到大事不妙,开始悄悄抛出手中的纱布,这消息立刻以瘟疫传播的速度迅速散发开来,市场局面顷刻间发生可怕的反向翻转。纱布抛得越多,市场行情就跌得越惨,如大江东流不可抵挡,上海的纱布价格竟在一天之内腰斩了一半。这就是所谓"米棉之战"。

随后,陈云继续追击,连续发出三道指令,规定所有国营企业的钱一律存入国营银行,不得向私营银行和民营企业家贷款;私营工厂不准关门,而且要照发工人工资;加紧征税,税金不能迟交,迟交一天,就罚税金额的3%。数招并下,投机商两面挨打,资金和心理防线同时崩塌,顿时溃不成军,不得不派出代表要求政府买回他们吃进的纱布,陈云乘机以极其低廉的价格购进。经过这番交手,上海的投机商人元气大伤,有人血本无归,有人因应付不了"日拆"而跳楼自杀,有人远遁香港。

此后,物价回落,到1950年3月,全国物价总水平日趋稳定。毛泽东后来说,抑制通胀、稳定物价,其功甚伟,"不亚于一场淮海战役"。

"不要四面出击"

新中国成立初期,在平抑物价、统一财经的过程中,虽然有力打击了投机资本,但也误伤了部分民族资产阶级;同时由于国家开始控制原料来源,并通过国营商店控制市场,资产阶级在生产和经营上步履维艰,加上他们对新政权心生疑虑,处于惶惶不安的状态。时人谓之"挂红旗五星(心)不定,扭秧歌进退两难"。不少资本家遣散职工,关厂歇店;少数人甚至弃厂出走,或将资金转移到香港。失业工人、失业知识分子和一部分手工业者对人民政府也有怨言。农村中由于征收公粮、动员支前等,农民也有意见。

另一方面,在打击不法资本家投机资本的斗争中,党内滋生了一些不良情绪,一些干部对"利用和限制资本主义"的政策缺乏正确认识,主张乘胜追击,直接挤垮资产阶级,有人提出"国营经济要无限制的发展","越发展,就越要排挤私营"。更有人提出,革命胜利了,民主党派"任务已尽","可有可无"。对于知识分子,有些地方和部门也出现了用粗暴的方法处理思想问题的现象;在少数民族地区,出现了不顾客观条件,急于在少数民族地区实行民主改革等现象。这些"左"的现象,导致统一战线中各阶级、各阶层及各民族之间的关系出现紧张情况,妨碍团结全国人民去实现当前的中心任务。

这些现象也违背了新中国成立前后刘少奇提出、毛泽东加以概括的"四面八方"政策。"四面八方"是指公私、劳资、城乡、内外这四对关系,是新中国成立初期中共的基本经济政策,即实行"公私兼顾、劳资两利、城乡互助、内外交流"的政策。有鉴于此,1950 年 6 月 6 日,在中共七届三中全会上,毛泽东发表讲话,提出"不要四面出击"。毛泽东指出:我们当前的总方针,就是肃清国民党残余、特务、土匪,推翻地主阶级,解放台湾、西藏,跟帝国主义斗争到底。在即将开始的推翻整个地主阶级的土地改革中,我们的敌人是够大够多的。面对这样复杂的斗争,我们现在跟民族资产阶级的关系搞得很紧张,工人、农民、小手工业者和知识分子中都有一部分人不满意我们。他说,四面出击,全国紧张,很不好。我们绝不可以树敌太多,必须在一个方面有所让步,使工人、农民、小手工业者都拥护我们,使民族资产阶级和知识分子中的绝大多数不反对我们。

因此,毛泽东指出,我们要使工厂开工,解决工人失业问题。实行土地改革、剿匪反霸,使广大农民拥护我们,并要给小手工业者找出路,维持他们的生活。对民族资产阶级,要通过合理调整工商业,调整税收,改善同他们的关系,不要搞得太紧张。对知识分子,要使用他们,同时对他们进行教育和改造,但是不要过于性急,观念形态的东西,不是用大炮打得进去的,要用 10 到 15 年的时间来做这个工作。全党都要认真地、谨慎地做好统一战线工作,要主动地团结各界民主人士。

"不要四面出击"的战略策略方针,是中国共产党在新中国成立后的形势下,对国内和统一战线内部的阶级关系进行新的分析的基础上提出的,不仅体现了党"打击主要敌人,争取最大多数同盟者"的策略,更反映出党在面临全国胜利的时候,戒骄戒躁、审慎前进,以便稳步地达到既定目标的方针。这一方针的实行,为争取国家财政经济根本好转,进而实现国民经济的全面恢复和发展,具有重要意义。

"四马分肥"

1952 年开始,中共高层开始酝酿向社会主义过渡的问题;1953 年 6 月,中共中央正式讨论和制定了过渡时期总路线,规定"要在一个相当长的历史时期内,基本上实现国家工业化和对农业、手工业、资本主义工商业的社会主义改造"。同时,中共中央决定通过国家资本主义形式来改造资本主义工商业,这是中国资本主义工商业社会主义改造的独特路径,没有像苏联集体化、国有化一样引发大面积的反对和抵抗,为新政权的巩固和发展奠定了基础。

　　1953年,国家规定私营企业所得利润,按国家所得税、企业公积金、职工的福利奖金、企业股东股息红利四个方面进行分配。国家所得率采取累进税率,一般利润总额的30%左右归国家所有;企业公积金一般占10%至30%,主要作为企业发展生产的基金;职工福利奖金一般占5%至15%,主要用于举办职工集体福利设施和奖励先进职工;股息红利占25%左右(包括董事、经理和厂长等人的酬劳金)。在公私合营企业中,股息红利再按公私股份所占比例进行分配。这就是所谓"四马分肥"。实行这种利润分配办法,在一定程度上限制了资本家对工人的剥削,激发了工人的生产积极性;但并没有直接没收资本家的企业,同时也保证资本家有利可图,从而在一定程度上保证社会生产的正常发展,减少了社会主义改造带来的社会冲击。

　　1956年全行业公私合营后,"四马分肥"被定息制度取代。由于对资本主义工商业采取了比较正确稳妥的政策,到1956年底实行高级形式的国家资本主义企业——公私合营企业,在工业中已占原有资本主义工业企业总数的99%;在商业中,有40万户实行了公私合营,有144万户实行了合作化。在高级形式的国家资本主义企业中,资本家只能以私股持股人的身份领取相当于年息5%的股息(即定息),其剥削量不仅进一步受到限制,而且私股也不再是生息资本,而是向全民财产转化的形式。这样,中国就在很短的时间内,基本上完成了对资本主义工商业的社会主义改造。

抗美援朝

　　1950年6月25日,历时3年的朝鲜战争爆发。新中国成立前,原中国人民解放军中的3个朝鲜师,应金日成请求,先后回国,成为朝鲜人民军主力。因此战争爆发后,朝鲜人民军进展神速,到8月中旬已经将韩军驱逐至釜山一隅,占领了韩国95%的土地。

　　战争突然爆发后,1950年7月7日,联合国安理会通过决议,决定派遣"联合国

军"支援韩国。中国于同日召开国防会议,作出《关于保卫东北边防的决定》。7月13日,中央军委将中国人民解放军第13兵团为主的25万余人的部队,组建为东北边防军;并随即向苏联订购武器装备,加快空军、炮兵和高射炮兵等特种兵建设,制定防控计划,以确保中国东北边境安全。9月15日,以美国为首的15国部队组成的"联合国军"在韩国仁川登陆,与韩国军队南北夹击朝鲜人民军,战局急剧逆转。9月28日,美军占领汉城,30日全线进抵"三八线"。与此同时,从8月份开始,美军飞机不断入侵中国东北领空,进行侦察并对我国境内目标进行轰炸和扫射,造成大量财产损失和人员伤亡。

9月30日,中国政务院总理兼外交部长周恩来宣布:"中国人民绝不能容忍外国的侵略,也不能听任帝国主义者对自己的邻人肆行侵略而置之不理。"美国对中国政府的警告置若罔闻,于10月7日越过三八线,占领朝鲜首都平壤,并向鸭绿江进犯,严重威胁中国的安全。10月1日和3日,金日成两次致电毛泽东请求中国政府出兵援助朝鲜;10月1日,斯大林也致电毛泽东,建议中国派遣部队援朝。

1950年10月上旬,毛泽东主持多次中共中央书记处和政治局会议,讨论研究是否应该出兵援朝。1950年,就中美两国国力来说,双方相差甚远,就最能反映综合国力的工农业生产总值方面来说,其时美国是2 800亿美元,中国只有区区100亿美元;军事装备方面,美国拥有包括原子弹在内的大量先进武器和现代化的后勤保障,而我国基本还处于"小米加步枪"的阶段,另外装配一些缴获的美式武器和苏联、朝鲜援助的苏式武器,但都数量极为有限。经过长时间激烈讨论,中央领导层在反复权衡出兵利弊后,10月8日,决定出兵朝鲜。在反复斟酌出师名义并广泛征询民主人士意见后,将东北边防军改名为中国人民志愿军。10月17日,斯大林同意了周恩来要求苏联方面提供空军掩护的请求。10月19日,中国人民志愿军跨过鸭绿江,开赴朝鲜前线。当时的口号是"抗美援朝,保家卫国"。

10月25日,中国人民志愿军在朝鲜与长驱直入的"联合国军"遭遇,打响了入朝作战第一枪。因为美、韩没有预料到中国真的敢于出兵作战,因此被打个措手不及,到11月5日,经过连续作战,志愿军歼敌1.5万余人,胜利结束了第一次战役。此后到1951年6月,志愿军与美国为首的"联合国军"展开了第二到第五次战役,将"联合国国军"赶出三八线。在入朝作战的7个多月时间里,中朝军队经过五次战役,歼敌23万余人,将战线稳定在三八线附近地区。

1951 年 7 月,在各方努力下,朝鲜战争停战谈判,实际进入边打边谈阶段。此后,由于谈判中各自立场、要求相距甚远,导致谈判进展不顺;美军为尽快实现停战,试图通过以战促和,在战场上加大对中朝军队的压力。中朝联合予敌以痛击,最终迫使美韩重新回到谈判桌。1953 年 7 月 27 日,战争双方签订《朝鲜停战协定》。

从 1950 年 10 月 25 日至 1953 年 7 月 27 日,中国人民志愿军共毙、伤、俘敌 71 万余人,自身作战减员 36.6 万余人。美国在此次战争中开支军费 400 亿美元,消耗作战物资 7 300 余万吨;中国开支军费 62.5 亿元人民币,消耗作战物资 560 余万吨。从 1951 年 2 月第四次战役以后,中国将国内部队源源不断开赴朝鲜轮番作战,使得解放军武器装备大为改善,战斗力有很大提高。1954 年 9 月起,志愿军分批回国,到 1958 年 10 月,志愿军全部撤离朝鲜,未留一兵一卒。中国人民志愿军入朝作战,粉碎了美、韩及"联合国军"灭亡朝鲜人民共和国,威胁中国边境安全的图谋,树立了新中国的国际声誉和威望;保护了世界和平,巩固了中苏同盟和中朝友谊,为新中国的国内建设赢得了难得的和平稳定的国际环境。

和平共处五项原则

1953 年 12 月,中国政府代表团和印度政府代表团就中印两国在中国西藏地区的关系问题在北京举行会谈。31 日下午周恩来总理接见印度政府代表团时说:"新中国成立后就确立了处理中印两国关系的原则,那就是互相尊重领土主权、互不侵犯、互不干涉内政、平等互惠和和平共处的原则。"这是新中国为改善和发展同新兴民族独立国家,尤其是邻近的民族独立国家的关系而提出的重要原则。1954 年 4 月 29 日,中印双方达成协议,签署了《中印关于中国西藏地方和印度之间的通商和交通协定》及有关换文,在协定和序言中把和平共处五项原则确定为指导两国关系的准则。

1954 年 6 月,周恩来总理访问印度,双方发表《中印两国总理联合声明》,再次载入和平共处五项原则,并指出"这些原则不仅适用于各国之间,而且适用于一般国际关系之中"。"在亚洲及世界各地存在着不同的社会制度和政治制度。然而,如果接受上述各项原则并按照这些原则办事……这些国家就能和平共处并相互友好。这

就会缓和目前存在于世界上的紧张局势,并有助于创造和平的气氛。"随后,周恩来访问缅甸,并签署《中缅两国总理联合声明》,双方同意和平共处五项原则是指导中缅关系的原则。两个声明发布期间,正好是日内瓦会议关于印度支那问题的谈判的关键阶段,周恩来总理利用休会时间访问印、缅两国,并确认和平共处五项原则作为指导国家间关系的准则,引起了重大国际反响。

1955 年 4 月,周恩来率团参加在印度尼西亚万隆举行的亚非会议,并在会议上提出"求同存异",呼吁各国撇开分歧,加强团结合作,推动亚非会议取得丰硕成果,并将和平共处五项原则载入《亚非会议最后公报》,形成了和平共处五项原则的标准表述:"互相尊重主权和领土完整、互不侵犯、互不干涉内政、平等互利、和平共处。"随着和平共处五项原则获得越来越多国家的认同,毛泽东多次指出,和平共处五项原则应该推广到所有国家关系中去。1956 年,社会主义阵营发生"波兰事件"和"匈牙利事件"后,中国政府于 11 月 1 日发表声明,指出社会主义国家之间的关系更应该建立在和平共处五项原则之上。因此,和平共处五项原则从处理不同社会制度国家的关系,到处理相同社会制度国家的关系,其适应范围不断扩大,也在事实上成为新中国处理国与国之间关系的基本准则。

和平共处五项原则的提出及其运用,是新中国在国际舞台上开展活动,冲破美国的孤立和遏制政策,扩大对外交往的有力武器。在两大阵营对峙的时代,和平共处五项原则超越意识形态和社会制度,主张世界各国在相处中相互监督,实行对等的约束和自我约束,具有法律性和道义性,因而被世界各国广泛接受,成为国际社会处理外交关系的基本准则。

第一次人口普查

新中国成立前后,由于局势发展太快,中国共产党来不及领导全国人民制定一部完善的正式宪法,就以中国人民政治协商会议通过的《共同纲领》代行临时宪法职能。随着国内外形势的发展,制定一部完善的新宪法成为新政权必须认真考虑的问题。1953 年 1 月,中央人民政府成立以毛泽东为首的中华人民共和国宪法起草委员会,开始着手起草宪法。为了制定和通过宪法,必须召开全国人民代表大会;而为了选举人民代表,1953 年 2 月,中央人民政府委员会审议通过了《中华人民共和国全国人民代表大会暨地方各级人民代表大会选举法》。而要选举人民代表,又必须有准确的人口统计数据,因此必须进行全国人口普查。为此,1953 年 4 月,政务院颁布了《为准备普选进行全国人口调查登记的指示》和《全国人口调查登记办法》,随后开始了新中国成立以来的第一次全国人口普查。

为了保证全国人口调查登记工作的顺利进行,在全国组成了各级人口调查登记办公室,并制定了统一的简易可行的全国人口调查登记办法。第一次全国人口普查以 1953 年 6 月 30 日 24 时作为调查标准时间,先后动员了 250 余万人参加调查登记工作。通过普查显示,1953 年 6 月 30 日零时,全国人口总数为 601 938 035 人,其中直接调查登记的人口为 574 205 940 人,包括台湾以及其他没有条件直接调查的地区人口,通过其他方式获得的数据为 27 732 095 人。新中国第一次全国人口普查为接下来的全国人民代表和各级人民代表的选举提供了人口数据,也是中国历史上第一次可靠的人口普查。

党的八大

1955 年 10 月,中共中央召开七届六中全会,正式通过了《关于召开党的第八次全国代表大会的决议》,决定要在 1956 年下半年召开党的八大。抗战胜利前夕,中共在延安召开了中国共产党第七次全国代表大会,此后由于战争和新中国成立后各项工作繁忙,一直没有召开党的代表大会。随着新政权的巩固、国民经济已经恢复并发展,"一五"计划顺利推进,各项社会建设事业取得了初步发展,而随着过渡时期总路线的出台等新情况的出现,迫切需要全党总结经验,凝聚共识,再创辉煌。因此党中央决定在 1956 年下半年召开党的八大。七届六中全会指定刘少奇负责领导起草政治报告。

1956 年 9 月 15 日至 27 日,中国共产党第八次全国代表大会在北京新近落成的政协大礼堂举行。出席大会的正式代表 1 026 人,候补代表 107 人,代表 1 073 万党员。58 个国家的共产党、工人党、劳动党和人民革命党的代表团应邀参加大会。中国各民主党派和无党派民主人士的代表,以及中共中央直属机关、中央国家机关、中

国人民解放军和人民团体的工作人员也应邀列席了会议。在大会上,毛泽东致《开幕词》,刘少奇作《政治报告》,邓小平作《关于修改党的章程的报告》,周恩来作《关于发展国民经济第二个五年计划的建议的报告》。

中共八大正确地分析了社会主义改造基本完成以后,中国阶级关系和国内主要矛盾的变化,确定把党的工作重点转向社会主义建设。大会认为生产资料私有制的社会主义改造基本完成以后,国内的主要矛盾不再是工人阶级和资产阶级之间的矛盾,而是人民对于建立先进的工业国的要求同落后的农业国的现实之间的矛盾,是人民对于经济文化迅速发展的需要同当前经济文化不能满足人民需要的状况之间的矛盾。这一矛盾的实质,在中国社会主义制度已经建立的情况下,也就是先进的社会主义制度同落后的社会生产之间的矛盾。解决这个矛盾的办法是发展社会生产力,实行大规模的经济建设。为此,大会作出了党和国家的工作重点必须转移到社会主义建设上来的重大战略决策。大会在总结中国第一个五年计划实施经验的基础上,继续坚持既反保守又反冒进,即在综合平衡中稳步前进的经济建设方针。

八大通过了《关于政治报告的决议》《中国共产党章程》和《关于发展国民经济第二个五年计划(1958—1962)的建议》。大会选举了第八届中央委员会,中央委员97人,候补中央委员73人。八大还决定中央委员会增设副主席和常委,副主席由一人增加到四人,并在中央书记处增设总书记,邓小平当选第一任总书记。

中共八大是在我国的社会主义改造取得了基本胜利,生产关系和阶级关系都发生了深刻变化的形势下召开的,是我们党在新中国成立以后第一次举行的全国代表大会。在我们党的历史上具有重要意义。八大的路线、方针是正确的,是党在我国社会主义时期对马克思列宁主义的创造性地运用,也是毛泽东思想的新的发展,为新时期社会主义事业的发展和党的建设指明了方向。但是,限于当时党对于全面建设社会主义的思想准备不足,后来党的指导思想上又发生了"左"的错误,并且逐步发展得越来越严重,因而使八大的基本原则没有始终一贯地得到贯彻执行。

《论十大关系》

1956年4月25日,毛泽东在中共中央政治局扩大会议上作《论十大关系》的报告。这是在我国社会主义改造基本完成，第一个五年计划经济指标已基本达到，苏联的工业化和农业集体化出现一些失误，我国的经济体制也暴露出一些弊病的背景下提出的；也是中国"开始提出我们自己的建设路线"的开端，是"找到自己的一条适合中国的路线"的起点；标志着中国共产党对社会主义建设道路进行探索并初步形成了建设思路。

1956 年 2 月 14 日至 4 月 24 日，毛泽东先后召集国务院 35 个部门负责人汇报工作，同时听取国家计委关于第二个五年计划的汇报，在此基础上对新中国取得的成就和面临的问题有了较为深入的理解，同时也认真思索中国建设的方向和路线问题。到 4 月 24 日下午，毛泽东在听取国家计委主任李富春关于第二个五年计划的汇报后，逐步归纳出中国经济发展面临的"六大矛盾"，也就是"六大关系"。在第二天下午的中央政治局扩大会议上，毛泽东又增加了四对关系，因此形成了"十大关系"。

《论十大关系》论述了十个方面的问题：即重工业和轻工业、农业的关系，沿海工业和内地工业的关系，经济建设和国防建设的关系，国家、生产单位和个人的关系，中央和地方的关系，汉族和少数民族的关系，党和非党的关系，革命和反革命的关系，是非关系以及中国和外国的关系。报告明确提出，调动一切积极因素为社会主义建设事业服务。这十种关系，都是矛盾，也是中国建设需要认真解决的问题。毛泽东最后强调："我们一定要努力把党内党外、国内国外的一切积极的因素，直接的、间接的积极因素，全部调动起来，把我国建设成为一个强大的社会主义国家。"

1956 年 5 月 2 日，毛泽东在最高国务会议上再次作《论十大关系》的报告。此后，周恩来、朱德、刘少奇等党和国家领导人在不同场合反复宣传、解释过《论十大关系》，并且成为刘少奇起草党的八大《政治报告》的指导思想，在党内外产生了重大影响。

《关于正确处理人民内部矛盾的问题》

1957 年 2 月 27 日，毛泽东在最高国务会议(扩大)第 11 次会议上，作了题为《关于正确处理人民内部矛盾的问题》的讲话，向全党和全国人民发出正确处理人民内

部矛盾的号召,防止用解决敌我矛盾的方法去解决人民内部矛盾,在新的形势下,为全党和全国人民指明了方向。

1956 年是"多事之秋"。国际上,1956 年 2 月苏联共产党第二十次全国代表大会上,苏共中央第一书记赫鲁晓夫作了《反对个人崇拜及其后果》的秘密报告,揭开了批判斯大林的序幕。毛泽东称赫鲁晓夫"揭了盖子,捅了娄子",既肯定赫鲁晓夫批评斯大林个人崇拜的积极意义,也担忧这种突然袭击式的批评和否定,会导致社会主义阵营思想混乱,也可能给西方帝国主义以可乘之机。果不其然,随后西方世界掀起一股反苏、反共、反社会主义的逆流;接着社会主义阵营更是发生了"波兹南事件"和"匈牙利事件",一时间似乎风雨飘摇。

在国内,随着社会主义改造的基本完成,我国社会处于大变动之中,社会制度、经济结构和阶级关系都发生了深刻变化。1956 年下半年国内出现了生产资料和生活资料供应紧张的现象,社会矛盾激化,许多地方发生了工人罢工、学生罢课和农民"闹退社"的事件。各种对政府的批评意见,对现实不满的言论,逐渐增多。

毛泽东开始思索国际国内出现的上述新情况、新问题,认为"波匈事件"主要是两国政府没有处理好人民内部矛盾的问题;国内出现的这些新情况,也主要是因为各级党和政府部门对此类新情况始料不及,未能正确处理,才激化了矛盾,导致事端发生。在此基础上,毛泽东逐渐形成了《关于正确处理人民内部矛盾的问题》的想法。

1957 年 2 月毛泽东在有 1 800 多人参加的扩大的最高国务会议上,重点讲了 12 个问题,概括起来主要意思包括以下几个方面。毛泽东认为,经过资产阶级民主革命和社会主义革命的胜利,我们国家面临两类社会矛盾,即敌我之间的矛盾和人民内部矛盾,这是性质完全不同的两类矛盾。为了正确地认识敌我之间和人民内部这两类不同的矛盾,首先应该弄清楚什么是人民,什么是敌人。在现阶段,在建设社会主义的时期,一切赞成、拥护和参加社会主义建设事业的阶级、阶层和社会集团,都属于人民的范围;一切反抗社会主义革命和敌视、破坏社会主义建设的社会势力和社会集团,都是人民的敌人。毛泽东指出,在我们国家里,工人阶级同民族资产阶级的矛盾属于人民内部的矛盾;我们同帝国主义、封建主义、官僚资本主义这些内外反动派之间的矛盾是敌我矛盾。然后毛泽东论述了如何处理不同性质的矛盾的方法,分清敌我,对敌人要运用人民民主专政的方式进行斗争;对人民内部矛盾则要采用

"团结—批评—团结"的办法,也就是"惩前毖后,治病救人"的办法。然后,毛泽东具体谈了肃反问题、农业合作化、工商业者、知识分子、少数民族、民主党派、"闹事"等问题。

　　会后,毛泽东多次在不同场合继续宣讲"正确处理人民内部矛盾的问题"(简称"正处"),并先后召开5个座谈会,听取对"正处"讲话的意见。3月17日,毛泽东离京赴杭州,沿途在天津、济南、徐州、南京、上海和杭州等地与当地党政领导人谈话和发表演讲,继续宣讲和解释"正处",同时了解各地人民群众思想动向,继续听取党内外意见。同年4、5月份,毛泽东多次对"正处"进行修改,并于6月19日在《人民日报》上正式公开发表,成为毛泽东在社会主义建设时期最重要的著作之一,在我国社会主义建设中第一次提出正确处理人民内部矛盾的命题,进一步丰富和发展了马克思主义。

人民公社

　　1956年底,随着全国农业社会主义改造高潮的结束,全国农民基本加入了农业生产合作社;合作社的形式也从初级社向高级社转变,96％的农户加入了高级社。高级农业合作社把农民私有的土地、耕畜和农具收归集体所有,并且不再参与分配,基本根据劳动力进行分配。随着1958年"大跃进"的发动,各地高级社规模不断扩大,生产集中程度日益提高,新的社会生活组织开始出现。

　　1958年7月1日,《红旗》杂志第3期发表《全新的社会、全新的人》一文,提出"把合作社办成一个既有农业合作,又有工业合作的基层组织单位,实际上是农业和工业相结合的人民公社"。随后《红旗》第4期又发表《在毛泽东同志的旗帜下》一文,引用毛泽东的话说:"我们的方向应该逐步地、有次序地把工(工业)、农(农业)、商(商业)、学(文化教育)、兵(民兵,即全民武装)组成一个大公社,从而构成我国社会的基层单位。"1958年7月初,河南省遂平县建立了由27个农业社、9 360户农户参加的"嵖岈山卫星人民公社",全国第一个人民公社在河南诞生。

　　1958年8月底,毛泽东主持召开中央政治局扩大会议,正式通过了《关于建立农村人民公社问题的决议》,要求各地开始搭建人民公社架子;随后《红旗》杂志第7期

发表《迎接人民公社化高潮》的社论,推动全国各地迅速建立人民公社。是年底,全国各地普遍建立起"乡社合一"的人民公社。

人民公社一般由公社、生产大队和生产小队三级组成,而以生产小队为基本生产和核算单位。生产小队接受国家计划指导,独立经营、分配,经济上自负盈亏。人民公社在不影响集体经济的前提下允许社员有少量自留地和家庭副业,国家也允许人民公社根据自己的情况发展农、林、牧、副、渔各业和有计划兴办社队企业。人民公社一般实行定额或按时记工分付酬制,也可在统一核算、统一分配前提下包工到作业组和人。人民公社在扣除生产费用、各种税收和公积金提留后,剩余部分在公社中按劳分配。但人民公社化运动片面强调"一大二公","社乡合一",人为地使权力过分集中,加速了集体所有制向全民所有制的过渡,取消了经济指标,助长了贫富队拉平、平均分配、无偿调用生产资料的"一平二调""共产风";破坏了等价交换原则;严重侵犯了集体和群众的利益,挫伤了社员的生产积极性,以至给社员基本生活带来严重影响。1982 年,第五届全国人民代表大会第五次会议通过的宪法,决定取消人民公社政社合一的体制,恢复乡、村建制。

七千人大会

1962 年 1 月 11 日至 2 月 7 日,为了应对"大跃进"以来的困难局面,总结经验教训,统一党内认识,切实贯彻调整国民经济的方针,中共中央召开有中央、中央局、省、地、县(包括重要厂矿)五级主要领导干部参加的扩大会议,参加会议的共有 7 118 人,史称"七千人大会"。

会上,刘少奇代表中共中央所作的报告,初步总结了 1958 年"大跃进"以来工作中的主要缺点错误,指出全党当前的主要任务是做好调整工作。刘少奇认为,"国内的经济形势是有相当大的困难,表现在吃的不够,穿的不够,用的也不那么够";在"大跃进"期间,农业和工业不仅没有进,反而退了不少,出现了一个大的马鞍形。1959 年至 1961 年 3 年间,农业生产有相当大的减产,工业生产在 1961 年减产达 40% 多。"目前的经济形势到底怎么样?我看,应该是一个很困难的经济形势。从经济上来看,总的讲,不是大好形势,没有大好形势,而是一种困难的形势。"对于造成国内严峻经济形势的原因,刘少奇说:"原因不外是两条:一条是天灾,连续三年的自然灾害;还有一条,就是 1958 年以来我们工作中的缺点和错误。"至于哪个原因是主要的,"各个地方的情况不一样。有些地方减产的主要原因是天灾,有些地方不是天灾,而是工作中的缺点和错误"。

毛泽东在会上作了重要讲话,着重指出要健全民主集中制,在党内、党外充分发扬民主,要在总结正反两方面的经验的基础上,加深对社会主义建设规律的认识。对前几年工作中的缺点和错误,毛泽东承担了责任,作了自我批评。

周恩来在讲话中,分析了目前国家经济生活中存在的困难,提出了克服困难的主要办法。邓小平在讲话中,着重讲了党的建设问题,指出民主集中制是党和国家的根本制度,要在全党恢复和坚持民主集中制。

七千人大会在坚决贯彻执行"调整、巩固、充实、提高"八字方针,促进国民经济的恢复和发展的问题上,对统一全党认识起了积极的作用。此后,在会议精神基础上,刘少奇、周恩来、陈云等党和国家领导人通过召开西楼会议和国务院扩大会议等,开始对国民经济进行大刀阔斧的调整,逐渐走出"大跃进"造成的严重困难,到1965、1966 年,国民经济全面恢复并有所发展。

"四个现代化"

1954 年 9 月,周恩来在一届人大一次会议上所作的《政府工作报告》中首次提出中国经济建设的目标是"现代化的工业、现代化的农业、现代化的交通运输和现代化的国防"。1957 年,毛泽东在《关于正确处理人民内部矛盾的问题》中提出,要把中国建设成为一个"具有现代工业、现代农业和现代科学文化的社会主义国家",将原来的"现代化的交通运输业"改为"现代科学文化"。1959 年,毛泽东在谈《政治经济学(教科书)》的谈话中又提出"加上国防现代化"。1963 年 1 月 28 日,周恩来在中共上海市委召开的座谈会上,把"四个现代化"的提法改为农业现代化、工业现代化、国防现代化和科学技术现代化。

1964 年 12 月 21 日,周恩来在三届人大一次会议上所做的《政府工作报告》中正式宣布,要在一个不太长的时间内实现四个现代化,并提出了实现这一目标的两步

设想。但是,1966 年 5 月爆发的"文化大革命"使四化建设进程受到严重干扰,也使党、国家和人民遭到新中国成立以来最严重的挫折和损失。

到了 1975 年,周恩来在四届人大一次会议上所作的《政府工作报告》中重申这一目标,并强调 1976 至 1985 年是实现四个现代化的关键 10 年。1977 年,中共十一大,重新提出要在本世纪末实现四化,并将其规定为新的历史时期的总任务。

1978 年,中共十一届三中全会上才把实现四个现代化定为全党和全国人民的新时期的主要任务,并实现了党的工作重心由阶级斗争向经济建设的重大转变。

1979 年 9 月 29 日,叶剑英在庆祝中华人民共和国成立 30 周年大会上强调,四个现代化是我们最大的政治。他指出:"我们所说的四个现代化,是实现现代化的四个主要方面,并不是说现代化事业只以这四个方面为限。我们要在改革和完善社会主义经济制度的同时,改革和完善社会主义政治制度,发展高度的社会主义民主和完备的社会主义法制。我们要在建设高度物质文明的同时,提高全民族的教育科学文化水平和健康水平,树立崇高的革命理想和革命道德风尚,发展高尚的丰富多彩的文化生活,建设高度的社会主义精神文明。这些都是我们社会主义现代化的重要目标,也是实现四个现代化的必要条件。"

1982 年 9 月,中共十二大提出,中国共产党在现阶段的总任务是:团结全国各族人民,自力更生,艰苦奋斗,逐步实现工业、农业、国防和科学技术现代化,把我国建设成为高度文明、高度民主的社会主义国家。这实际上把"四个现代化"与物质文明、精神文明和民主政治建设一起作为党和国家的奋斗目标。同时也表明我国现代化建设的内容已经超越了"四个现代化"包含的范围,开始强调"两个文明"一起抓。1987 年 10 月中共十三大重点提出"一个中心,两个基本点"的基本路线和建设富强、民主、文明的社会主义现代化国家,现代化建设目标开始朝着全面发展、和谐发展的社会前进。

两弹一星

"两弹一星"最初指原子弹、氢弹和人造卫星;现在一般指导弹、核弹和人造卫星,核弹包括原子弹和氢弹。1945 年 7 月,美国率先研制出原子弹,并于 8 月 6 日在日本广岛首次投掷名为"小男孩"的原子弹进行实战,造成巨大杀伤。1949 年和 1952 年苏联和英国分别成功爆炸各自国家的第一颗原子弹,跻身核武俱乐部,世界笼罩在核战争阴影之下。1956 年,在周恩来、陈毅、李富春、聂荣臻等领导人主持下,中国制定了《1956 至 1967 年科学技术发展愿景规划纲要》,首次将研制导弹和原子弹计划列入纲要。1957 年 10 月,苏联成功发射人类第一颗人造卫星。1958 年,毛泽东提出我们也要搞人造卫星,搞一点原子弹、氢弹和洲际导弹,并预言 10 年可以成功。

为了自主研制"两弹一星",国家从各方面抽调人力、物力,集中有限财力,发挥社会主义体制集中力量办大事的优势,很快在塞外蛮荒之地兴建起研发、实验基地。1958 年,从抗美援朝战场撤回国内的志愿军 19 兵团除少数业务处、办外,整建制整编为工程兵特种工程指挥部(代号为 7169 部队),担负中国两弹试验基地建设任务。全军抽调近 10 万解放军将士参与工程建设,在条件极为艰苦的情况下,历时两年半完成基地建设,为两弹一星工程的顺利进行提供了极大支持。

一大批学业有成的归国留学生和中国自己培养的科技人才纷纷克服各种困难,投入到"两弹一星"的研发工作中,并迅速取得了可喜的成就。1960 年中国成功发射了第一枚自主研制的导弹。1964 年,中国研制的第一颗原子弹成功爆炸,成为世界上第五个掌握原子弹技术的国家,那朵美丽的蘑菇云激励了千千万万的中国人。1967 年,中国又成功爆炸第一颗氢弹。1970 年我国用自主研发的长征运载火箭,成功地发射了中国第一颗人造卫星——东方红一号,从此太空唱响永不消失的《东方红》,我国也成为继苏联、美国、法国和日本后第五个掌握独立发射人造地球卫星技术的国家。此后中国国防科技工业体系不断完善,技术水平不断提高,成功跻身世界主要核大国行列。

"两弹一星"事业的巨大成功,不仅在军事上具有举足轻重的意义,保证了中国在国际形势十分复杂的 20 世纪后半期安然屹立于世界,保证了新时代我国的国防安全和边境安全;"两弹一星"工程也促进了我国高科技技术的发展,为国民经济的迅速发展提供了技术源泉。但作为绝密工程,参与工程的许许多多科学家、领导者和建设者在很长一段时间内都不为人知,默默无闻、无怨无悔地地奉献着自己的青春和智慧。1999 年,在庆祝新中国成立五十周年之际,党中央、国务院、中央军委隆重表彰了为我国"两弹一星"事业作出突出贡献的功臣,授予钱学森、钱三强、邓稼先

等 23 位科技专家"两弹一星"功勋奖章,并提炼出"热爱祖国、无私奉献,自力更生、艰苦奋斗,大力协调、勇于攀登"的"两弹一星"精神。"两弹一星"精神是爱国主义、集体主义、社会主义精神和科学精神的紧密结合的产物,成为鼓舞和激励我们继续奋勇前进的不竭精神动力。

《上海公报》

《上海公报》是指 1972 年 2 月 27 日中美两国签署的《中华人民共和国和美利坚合众国联合公报》,是开启中美关系正常化的基础性文件。

新中国成立后,在两大阵营冷战对峙背景下,美国对中国采取敌视和封锁政策,长期对新中国进行围堵和封锁。从 1960 年代末到 1970 年代初,国际关系发生了一系列变化:虽然中国"两弹一星"事业取得了巨大成功,在国际上地位和影响日益壮大,但中苏关系恶化,中国安全形势十分严峻;美国因为越战等耗费巨资,在与苏联的对抗中开始处于守势,国际地位相对下降,急需寻找抗衡苏联的力量。在此背景下,中美两国领导人开始调整各自战略,彼此小心翼翼地进行试探和初步接触。

1969 年,毛泽东授意陈毅组织叶剑英、徐向前和聂荣臻共同研判国际局势。四位老师经过认真研究,认为中苏矛盾大于中美矛盾,美苏矛盾大于中苏矛盾,并建议打开中美关系局面。1969 年 7 月,美国国务院宣布放宽对美国旅游者购买中国货物和美国公民赴中国旅行的限制。7 月 25 日,尼克松总统发表关岛谈话,提出美国的亚洲新政策,决定从亚洲收缩武装力量,为缓和中美关系创造了条件。随后尼克松前往菲律宾、印尼等亚洲五国和欧洲的罗马尼亚访问,途中多次发表谈话称不能孤立中国,声称美国愿意与苏联和中国都建立友好关系等,实际上不断向中国释放和解信号。1971 年 4 月中美两国乒乓球队同时参加在日本名古屋举行的第 31 届世界乒乓球锦标赛,随后发生被称之为"小球撬动大球"的"乒乓外交",中美乒乓球队互访,打破了中美两国 20 余年的人员隔绝局面。1971 年 7 月 9 日至 11 日,美国总统安全事务助理基辛格在出访巴基斯坦时秘密访问中国,与周恩来举行会谈,为尼克松总统访华进行接触和准备。

1972 年 2 月 21 日,美国总统尼克松访问中国,开启"改变世界的一周"。这是新中国成立后美国国家领导人第一次出现在中国大陆上。毛泽东接见了尼克松,周恩来与尼克松举行了多次会谈,双方就国际形势和中美关系交换了意见,着重讨论了印度支那和台湾问题。2 月 27 日双方签订《上海公报》,28 日正式发布。在《公报》中,双方以坦率和现实的态度列举各自对重大国际问题的不同观点,肯定了两国的社会制度和对外政策有着本质的区别。同时强调,双方同意以和平共处五项原则来处理国与国之间的关系。《公报》声明:中美两国关系走上正常化是符合所有国家的利益的;双方都希望减少国际军事冲突的危险;任何一方都不应该在亚洲太平洋地区谋求霸权,每一方都反对任何其他国家或国家集团建立这种霸权的努力。关于台湾问题,中方重申自己的立场,并指出台湾问题是阻碍中美两国关系正常化的关键问题,美方则表示:美国认识到,台湾海峡两岸的所有中国人都认为只有一个中国,台湾是中国的一部分,美国政府对这一立场不提出异议。美国重申它对由中国人自己和平解决台湾问题的关心,并确认从台湾撤出全部美国武装力量和军事设施的最终目标。《公报》还规定,双方将为逐步开展中美贸易以及进一步发展两国在科技文化等领域的交流提供便利;并将通过不同渠道保持接触,包括不定期地派遣美国高级代表前来北京,就促进两国关系正常化进行具体磋商,并继续对共同关心的问题交换意见。

中美《上海公报》的发表是中美关系史上的里程碑,标志着曾经长期尖锐对立的中美两国从此走上实现关系正常化的道路。《上海公报》所体现的求同存异的精神和双方在讨论中展示的原则性和灵活性,为以后中美关系的发展留下了有益的历史启示。《上海公报》的发表震惊了世界,也为中国外交工作打开了新的局面。在中美关系缓和和正常化启动的背景下,中国在短期内内迅速与比利时、日本、联邦德国、澳大利亚和新西兰等一批国家建立外交关系,中英、中荷关系也从代办级升格为大使级,同时中国与世界其他国家之间的关系得到迅速恢复、发展、改善。到 1978 年 12 月,中美两国签署《中华人民共和国和美利坚合众国关于建立外交关系的联合公报》,确定两国建立正式外交关系。

第十部分

改革开放与中国特色社会主义道路

《实践是检验真理的唯一标准》

　　1978 年 5 月 11 日,《光明日报》发表署名为"本报评论员"的《实践是检验真理的唯一标准》(以下简称《实践》)一文,随后新华社将全文转发全国,《人民日报》《解放军报》全文转载,迅速在中国新闻界引发连锁反应,两天内全国 35 家省、市以上大报就有 25 家转载了该文,随后在全国引发影响深远的关于"真理标准问题"的大讨论。

　　《实践》一文共计 7 000 余字,分为 4 个部分:1.检验真理的标准只能是社会实践;2.理论和实践的统一,是马克思主义的一个最基本的原则;3.革命导师是坚持实践检验真理的榜样;4.任何理论都要不断接受实践的检验。全文阐述的是马克思主义的基本原理,并没有什么理论创新。但为何在当时乃至以后会产生巨大的影响呢? 关键在于该文发表的背景以及所引发的连锁效应。

　　1976 年 10 月,党中央一举粉碎"四人帮"、结束"文化大革命"后,社会面临的最迫切、最现实也是最尖锐的问题就是如何处理大量的冤假错案。"文革"动乱造成的大量冤假错案不仅严重损害了案件当事人的利益,也严重影响到民族、国家和党的声誉与利益,不平反不足以昭公信。但是由于"左"的思想并未彻底清算,平反工作面临重重阻力。

　　1977 年 2 月 7 日,《人民日报》《红旗》杂志和《解放军报》两报一刊发表《学好文件抓住纲》的社论,坚持认为当前社会的主要矛盾依然是社会主义和资本主义的矛盾、无产阶级和资产阶级的矛盾、马克思主义和修正主义的矛盾。社论最后强调"凡是毛主席作出的决策,我们都坚决维护,凡是毛主席的指示,我们都始终不渝地遵循"。两个"凡是"一出,平反工作更加举步维艰。

　　针对当时思想界,尤其是领导同志思想上的混乱状态,新出任中共中央党校副

校长的胡耀邦决定创办党校内部刊物《理论动态》,主要供领导同志阅读。胡耀邦给《理论动态》规定的宗旨是把林彪、"四人帮"颠倒了的路线是非、理论是非、思想是非再颠倒过来,把这个刊物作为反击教条主义、思想僵化的一个阵地。他甚至要求参加《理论动态》写作的通知"要把这项工作提高到扭转乾坤的高度来认识"。1977 年 10 月,中央党校复校,学员开展大讨论,认识到判断是非问题要以实践作标准,但是学员中也暴露了许多糊涂思想。胡耀邦因此布置党史教员以实践作为标准来研究党史问题,总结经验。1978 年 2 月,理论研究室孙长江开始撰写有关真理问题的文章。

与此同时,南京大学哲学系教师胡福明也在思考相似的问题,1977 年 7 月,胡福明决定写一篇针对两个"凡是"的文章。胡福明在 8 月份写出了《实践是检验真理的标准》初稿 8 000 多字。9 月初这份文稿被寄给《光明日报》王强华。1978 年 1 月,胡福明收到了《光明日报》社的回复,同意刊用,但需要修改。于是稿子在报社和胡福明手上反复递转。1978 年 4 月,写作中的孙长江收到《光明日报》送来的文稿,经商定,由孙长江将自己起草的稿子和胡福明反复修改过的稿子统合起来,定名为《实践是检验真理的唯一标准》。

《光明日报》总编辑杨西光与胡耀邦等商定,借助《理论动态》及胡耀邦的声望来扩大文章的影响力。因此先由《理论动态》刊登《实践》,第二天由《光明日报》以特约评论员的名义正式公开发表,再请新华社转发和《人民日报》《解放军报》等转载,由此造成全国声势。《实践》一文由于切中时弊,虽然只是阐述了马克思主义的一个基本理论问题,但是迅速引发各界大讨论。

当然,反对的力量也很强大。坚持两个"凡是"的人非常反感《实践》,纷纷给报社打电话责难、批评。但这场大讨论得到了许多老同志和广大理论工作者的支持,邓小平等人在不同场合公开肯定《实践》是马克思主义的,坚定支持胡耀邦开展真理标准问题大讨论。理论界则从不同角度撰文论述判断真理的标准只能是实践,短短几个月时间内,中央和省级报刊发表的关于真理标准问题的讨论文章,多达 650 多篇。

《实践》引发的真理标准大讨论,冲破了教条主义的禁锢,推动了思想解放,为否定"文化大革命"提供了检验的标准,为平反冤假错案提供了客观依据,推动了拨乱反正工作的开展,也为纠正经济工作中的"左"的错误创造了条件,为十一届三中全会确定党和国家工作重心转移到经济建设上来奠定了理论和思想基础。

十一届三中全会

1976年党中央果断结束"文化大革命",一举粉碎"四人帮"后,开始拨乱反正和将工作重心逐步向现代化建设转移。1978年围绕真理标准问题在国内展开了广泛讨论,思想理论界空前活跃,不断突破"左"的教条束缚,为实现历史的伟大转折奠定了思想基础。

1978年11月10日,各省、自治区、直辖市,各大军区和中央各部门的主要负责人共212人参加在北京召开的中央工作会议。华国锋在会上特别声明:这是一次很重要的会议。把全党工作着重点转移到社会主义现代化建设上来,动员全党同心同德,鼓足干劲,为加快社会主义现代化而奋斗,这是关系全局的问题,是这次会议的中心思想。这次会议历时36天,广泛平反冤假错案,纠正"左倾"政策,破除"两个凡是"的束缚,凝聚人心,达成共识。邓小平在闭幕会上作了《解放思想,实事求是,团结一致向前看》的重要讲话,充分肯定了关于真理标准问题的争论,指出解放思想是当前的一个重要政治问题,而民主是解放思想的重要条件;处理冤假错案和解决历史遗留问题既是解放思想的需要,也是安定团结向前看的需要。而为了向前看,就需要研究新情况,解决新问题,尤其要注意研究和解决管理方法、管理制度、经济政策三个方面的问题。邓小平的讲话,既是对会议的总结,也为下一步工作重心的转移做了思想准备和动员。

1978年12月18日,在中央工作会议结束三天后,中国共产党第十一届中央委员会第三次全体会议在京召开。中央委员、候补中央委员和中央有关部门的负责同志共290人参加了会议。华国锋在会议开幕式上宣布:这次全会的主要任务,就是讨论通过中央政治局关于从明年1月起,把全党的工作重点转移到社会主义现代化建设上来的建议。邓小平在中央工作会议闭幕会上的报告,成为十一届三中全会的主题报告。因为中央工作会议以前的各种讨论已经形成了广泛共识,十一届三中全会于22日完成所有议程,顺利结束。会议增选陈云为中央政治局委员、政治局常务委员、中央委员会副主席,并增选和增补了其他中央政治局委员和中央委员,选举产

生了中央纪律检查委员会。12 月 22 日,会议一致通过了《中国共产党第十一届中央委员会第三次全体会议公报》,要求全党、全军和全国各族人民同心同德,进一步发展安定团结的政治局面,并且立即动员起来,鼓足干劲,群策群力,为把我国建设成为社会主义现代化强国而进行新的长征。

十一届三中全会开始全面认真纠正"文化大革命"及其以前的"左倾"错误,坚决批判了"两个凡是"的错误方针,充分肯定了必须完整、准确地掌握毛泽东思想的科学体系,高度评价了关于真理标准问题的讨论,确定了解放思想、开动脑筋、实事求是、团结一致向前看的指导方针,果断停止使用"以阶级斗争为纲"的口号,作出了把党和国家工作重心转移到经济建设上来、实行改革开放的历史性决策。这次全会实现了新中国成立以来党的历史的伟大转折,开启了我国改革开放历史新时期。

《关于建国以来党的若干历史问题的决议》

1978 年十一届三中全会上,中共中央作出了将党的工作重心转移到经济建设上来的决定,改革开放正式拉开大幕。为了进一步集中精力专注于改革开放,中央需要对此前的一些问题作出说明,以便进一步统一思想、凝聚人心与力量。

1979 年初,胡耀邦提出要为国庆 30 周年准备一篇重要的文章,由全国人大常委会主任叶剑英元帅作为讲话发表,对新中国成立 30 年的历史作一个总结。在邓小平主持下,叶剑英的讲话稿经过 3 个月的起草和修改,于 9 月 27 日在中共十一届四中全会正式通过。9 月 29 日,叶剑英在庆祝中华人民共和国成立 30 周年大会上正式发表讲话,介绍了"光荣伟大的三十年""决定国家命运的大决战",并作出了"向着四个现代化的宏伟目标前进"的号召。同时,叶剑英明确提出中国现代化建设要走出适合中国自己的道路,"我们要从中国的实际出发,认真研究经济规律和自然规律,努力走出一条适合我国情况和特点的实现现代化的道路"。

与此同时,对中共历史上的若干问题形成一个决议的要求被提上议事日程,中央成立了历史决议起草小组。1979 年 10 月 30 日,胡乔木、邓力群召集小组第一次会议,传达邓小平、胡耀邦等人的要求。在起草历史决议的前期,邓小平明确提出三条基本原则:第一,要确立毛泽东的历史地位,坚持和发展毛泽东思想。第二,对新中国成立三十年历史作实事求是的分析,肯定成绩,指出错误,明确是非功过。第三,通过决议对过去的事情做个基本总结,为集中精力进行现代化建设奠定思想基础。

　　从 1979 年 11 月开始起草,到 1981 年 6 月中共十一届六中全会通过,历史决议前后六易其稿,历时 20 个月;其间经历了起草小组反复讨论,邓小平、胡耀邦、陈云等人也多次跟起草小组谈话,指明决议的基本原则、重点方向等;并且中间还经过了中直机关、中央国家机关、军队系统和地方党政军负责同志以及中央党校学员等近 6 000 人的大讨论;最后再请老同志讨论、修改才形成正式稿件。可见历史问题的决议是集体智慧的结晶,也是长时间认真研究、思考的总结。

　　《关于建国以来党的若干历史问题的决议》全文 38 段,共分新中国成立以前 28 年历史的回顾;新中国成立 32 年历史的基本估计;基本完成社会主义改造的 7 年;开始全面建设社会主义的 10 年;"文化大革命"的 10 年;历史的伟大转折;毛泽东同志的历史地位和毛泽东思想以及团结起来,为建设社会主义现代化强国而奋斗等 8 个部分。它第一次指明我国正处在社会主义"初级的阶段",并对叶剑英在国庆 30 周年讲话中提出的"一条适合我国情况和特点的实现现代化的道路",从十个方面第一次作了阐述。

　　《历史决议》运用马克思主义的辩证唯物论和历史唯物论,对新中国成立 32 年来党的重大历史事件特别是"文化大革命"作出了正确的总结,科学地分析了这些事件中党的指导思想的正确和错误,分析了产生错误的主观因素和社会原因,实事求是地评价了伟大领袖和导师毛泽东同志在中国革命中的历史地位,充分论述了毛泽东思想作为我们党的指导思想的伟大意义。《决议》肯定了三中全会以来逐步确立的适合我国情况的建设社会主义现代化强国的正确道路,进一步指明了我国社会主义事业和党的工作继续前进的方向。《决议》的通过和发表,对于统一全党、全军、全国各族人民的思想认识,同心同德地为实现新的历史任务而奋斗,产生了并将继续产生伟大的深远的影响。

"拨乱反正"

　　粉碎"四人帮"后,为大批无辜遭受迫害的人恢复名誉、落实政策成为党和国家

面临的迫切任务。1976 年 12 月 5 日，中共中央发出通知宣布："凡纯属反对'四人帮'的人，已拘捕的，应予释放；已立案的，应予销案；正在审查的，解除审查；已判刑的，取消刑期予以释放；给予党纪团纪处分的，应予撤销。"但该通知同时宣布："凡不是纯属反对'四人帮'，而有反对伟大领袖毛主席、反对党中央、反对无产阶级文化大革命或其他反革命罪行的人，绝不允许翻案。"实际上给刚刚起步的平反工作划定了一个狭小的范围。到 1977 年底，中央直属机关和中央国家机关的 53 个部门仍有 6 241 名干部等待落实政策，全国各地各级未恢复名誉和落实政策的干部更多；另外，数十万错划"右派"尚未改正。拨乱反正举步维艰。

经过了真理标准大讨论和十一届三中全会以后，在胡耀邦为首的中央组织部领导下，在邓小平、叶剑英等老同志的支持下，平反工作慢慢走上正轨。1978 年 9 月 17 日，中共中央批转《贯彻中央关于全部摘掉右派分子帽子决定的实施方案》，明确提出："对于过去错划了的人，要做好改正工作。有反必肃，有错必纠，这是我党的一贯方针。已经发现错了的，尽管事隔多年，也应予改正。"10 月 17 日，中央组织部成立审查改正右派分子办公室，专门负责督促该项工作，到 1980 年，全国共有 54 万多错划"右派"得到改正。

1978 年 11 月 20 日中央组织部提交报告指出所谓"六十一人叛徒集团"是一起重大错案；11 月，陶铸问题得到平反。同月，中央组织部发出《关于落实农村基层干部政策的几点意见》《关于落实党的知识分子政策的几点意见》，指导全国各地农村平反冤假错案，在知识分子中平反冤假错案，落实政策。经过几年的努力，到 80 年代初，此前几十年造成的冤假错案大部分得以平反，为受害人恢复名誉，为在世者落实政策，为改革开放奠定了一个良好的政治基础。

包产到户

包产到户是中国农村特殊的生产经营形式，是人民公社改革后农村普遍实行的经济制度。包产到户又称家庭联产承包责任制，具体做法是农民以家庭为单位，向集体经济组织承包生产资料和生产任务，自行经营，除缴纳公粮和集体提留外，收成全部归农户所有。这种生产责任制在集体化时代曾三次出现，1956 年农业合作化时期在浙江永嘉首创,但很快被认为是开历史倒车而叫停,相关领导人受到严厉处分;1961 至 1962 年困难时期,安徽等部分农村再次出现包产到户现象,但在 1962 年被批判为"单干风"而熄灭。改革开放以来的包干到户是第三次,也是影响最为深远的一次。

1978 年春天,为了抗御旱灾,安徽省不少生产队实行了包产到户,最早恢复包产到户做法的是安徽凤阳县小岗生产大队(小岗村)。1978 年以前,小岗村"吃粮靠返销、用钱靠救济、生产靠贷款",1978 年年人均粮食只有 40 斤,几乎家家户户都有出门乞讨的历史。为了打破这种局面,1978 年 12 月,18 户农民签下"生死状",决定实行分田到户的办法,并约定如果分成了,"每户保证完成每户的全年上交和公粮,不再向国家伸手要钱、要粮";如果分田不成,"我们干部坐牢杀头也甘心,大家社员也保证把我们的小孩养活到 18 岁"。这在集体化时代是一个冒着杀头危险的创举,这个村后来被高度评价为打响了改革开放的第一枪。1979 年小岗村粮食大获丰收,总产量达到 66 吨,相当于整个生产队 1966 至 1970 年 5 年的粮食总和。至 1979 年安徽全省约有 10%的生产队实行了这种生产责任制。同时,在贵州、四川、甘肃、内蒙古、河南等省、自治区的一些穷困生产队也实行了这种生产责任制。1980 年 9 月,中共中央召开各省、市、自治区党委第一书记座谈会,在会议纪要《关于进一步加强和完善农业生产责任制的几个问题》中,提出了对于包产到户区别不同地区、不同社队采取不同的方针,并肯定了包产到户"是联系群众,发展生产,解决温饱问题的一种必要的措施。就全国而论,在社会主义工业、社会主义商业和集体农业占绝对优势的情况下,在生产队领导下实行的包产到户是依存于社会主义经济,而不会脱离社会主义轨道的"。同时发布的中共中央 1980 年 75 号文件,规定"在那些边远山区和贫困落后地区,可以包产到户,也可以包干到户",正式承认"包产到户"与"包干到户"的合法地位。包产到户作为家庭承包经营的一种形式,在全国农村迅速地采用和推广。随着农村经济体制改革的深入发展,包产到户逐步演变为包干到户的形式。

1982 年 1 月 1 日,中共中央出台第一个关于农村工作的一号文件《全国农村工作会议纪要》,文件规定"目前农村实行的各种责任制,包括小段包工定额计酬,专业承包联产计酬,联产到劳,包产到户、到组,包干到户、到组,等等,都是社会主义集体经济的生产责任制,反映了亿万农民要求按照中国农村的实际状况来发展社会主义

农业的强烈愿望。不论采取什么形式,只要群众不要求改变,就不要变动"。这个文件的公布,彻底解除了对"包产到户""包干到户"的最后一道紧箍咒,突破了人民公社"三级所有,队为基础"的体制框框,肯定了"包产到户"的社会主义性质,肯定了农村改革的方向,在实质上确立了家庭联产承包责任制。到年底,全国 506 万个生产队中,实行包干到户的达到 495 万多个,占 97.8%。这一年农业实现了三收,全国粮食、棉花、油菜籽总产量大幅增长。实践证明了以包干到户为主要形式的农业生产责任制的成功。

包产到户释放了农民的生产积极性,农业生产率大为提高,粮食产量在短期内迅速增长,农民摆脱了忍饥挨饿的状态,推动了农村经济的发展。同时也解放了劳动力,大量农村劳动力脱离土地的束缚,开始进城务工,成为推动改革开放初期城市社会经济迅速发展的有生力量。

《告台湾同胞书》

中华人民共和国成立后,国民党败逃台湾,两岸形成分离局面。从 1950 年代到 70 年代末,两岸一直处于紧张对峙之中,战火时断时续,严重影响两岸人民生命、财产安全以及生产生活的发展。其间中国大陆先后以不同名义发表过五次《告台湾同胞书》,实际上是一种公开信的形式,其中影响深远的是 1979 年的最后一书。

1979 年元旦,全国人大常委会委员长叶剑英发表《中华人民共和国全国人大常委会告台湾同胞书》。信中指出,"今天,实现中国的统一,是人心所向,大势所趋……我们的国家领导人已经表示决心,一定要考虑现实情况,完成祖国统一大业,在解决统一问题时尊重台湾现状和台湾各界人士的意见,采取合情合理的政策和办法,不使台湾人民蒙受损失"。叶剑英在信中承诺:"中国政府已经命令人民解放军从今天起停止对金门等岛屿的炮击。"为了增进两岸人民的了解与互信,叶剑英提议"双方尽快实现通航通邮,以利双方同胞直接接触,互通讯息,探亲访友,旅游参观,进行学术文化体育工艺观摩"。"台湾和祖国大陆,在经济上本来是一个整体。这些年来,经济联系不幸中断。祖国的建设正在蓬勃发展,我们也希望台湾的经济日趋繁荣。我们相互之间完全应当发展贸易,互通有无,进行经济交流。这是相互的需要,对任何一方都有利而无害。"

1979 年《告台湾同胞书》是党和政府在新的历史条件下争取祖国和平统一的大政方针及一系列政策主张。这是对台工作和两岸关系进程中具有里程碑意义的大事,标志着解决台湾问题的理论和实践进入了新的历史时期,也揭开了两岸关系发展新的历史篇章。此后,两岸关系逐渐发生变化,中共中央和中央政府根据形势变化,先后提出"和平统一、一国两制"方针,发展两岸关系、推进祖国和平统一进程的八项主张等。1992 年两岸海基会和海峡会举行谈判,确定两岸坚持"一个中国"原则的"九二共识",为两岸关系发展开辟了新境界。随着两岸关系的转好,经济交流与人员互访更为频繁,两岸三通实现,经济文化交流更为频繁和密切。

经济特区

中共十一届三中全会以前,中国除了跟少数国家有经济贸易和资金往来外,基本上处于封闭状态,对外经济交流与合作很少,还有很多条条框框限制对外交往。1978 年 5 月,国务院副总理谷牧率代表团访问法国、联邦德国、瑞士、丹麦和比利时等欧洲五国,了解西方资本主义的真实社会状况,尤其是现代化发展程度以及西方对中国市场的需求情况。同年 10 月到 11 月,复出的邓小平一口气访问了日本、新加坡等 7 个邻国,1979 年 1 月更是远赴重洋访问美国。在这些国家领导人的出访中,他们都特别注意观察和了解各国社会经济的发展方式以及社会经济管理手段,尤其对借钱搞建设和吸引外资搞建设产生特别的兴趣。因为当时中国实在太穷,没有资金投入经济生产。

1979 年 1 月,一位香港商人要求到广州开设加工厂,正在找出路的广东省立马把这个事情报告给了中央。邓小平看到该份摘报后当即批示:"这件事,我看广东可以放手干。"同年 4 月中央工作会议提出了对国民经济实行"调整、改革、整顿、提高"的新八字方针。其间,广东省省长习仲勋、省委第二书记兼副省长杨尚昆向中央提出要利用毗邻港澳的有利条件,实行特殊政策和灵活措施,加快对外开放和经济建设。散会后,邓小平与广东省领导人谈话,要求广东划一块地方来搞"特区","中央没有钱,可以给些政策,你们呢自己去搞,杀出一条血路来!"

　　邓小平提出创办特区后,中央指示广东、福建两省进一步组织论证,提出实施方案;同时指示谷牧副总理同两省领导人具体研究,抓紧准备。两省提出在深圳、珠海、汕头和厦门创办特区的报告,得到中央和国务院批准。1980 年 3 月,中央在广州召开由福建、广东两省参加的会议,正式将特区定名为"经济特区";同年人大常委会完成了兴办特区的立法程序,与此同时,深圳特区正式创立。

　　为加快特区建设,中央军委从辽宁和陕西各抽调一个人民解放军基建工程兵师 2 万余官兵参与深圳基本建设;来自全国各地的 100 余名工程师也匆匆来到深圳;各路人马更是自觉涌向深圳。特区创办之初,中央没有钱,广东也没有钱,深圳是一个小渔村,更没有钱。但深圳离香港近,尤其是有大量未开发土地,对于寸土寸金的香港来说非常具有吸引力。深圳建设者首先大胆提出搞土地有偿使用,通过出租土地筹集资金;资金有了就能很快完成水、电、路的基本建设,为吸引外资进入提供条件。

　　1980 年 10 月,珠海经济特区正式动工,1981 年厦门经济特区动工,1982 年汕头经济特区开工兴建。1988 年,海南经济特区成立。至此我国五大经济特区全部开工建设。经济特区通过中央给予的特殊优惠政策,大力吸引外商投资,承接发达国家转移的制造业,同时吸引大量外来劳动力进城务工,很快取得了巨大成功。尤其是深圳特区,开工建设之前基本上就是一个小渔村,但是经过很短的时间就开始成为一座现代化的都市,创造了三天盖一层楼的"深圳速度",甚至被人誉为"一夜崛起一座城"。1984 年 1 月,邓小平南下视察深圳,给深圳题词:"深圳的发展和经验证明,我们建立经济特区的政策是正确的。"再次肯定了经济特区政策的成功。

　　1984 年,中央决定开放上海、天津、大连等 14 个沿海港口城市,形成一个对外开放的沿海经济带;1985 年 2 月,中央又决定把长三角、珠三角和闽南三角洲开辟为沿海经济开放区,随后又将辽东半岛、胶东半岛开辟为沿海经济开放区。1990 年中央批准开发开放浦东,1992 年,中央决定开放长江沿岸城市,而后批准 17 个内陆省会为开放城市,同时逐步开放内陆边境城市,到 1993 年我国形成了全方位对外开放的新格局。

　　经济特区是我国改革开放的产物,也是我国"摸着石头过河",逐步探索适合我国国情的社会主义建设道路的重要一环。正是在经济特区成功的基础上,通过由点到线,由东到西,由沿海到内陆,由线到面的逐步开放,才形成了今日全方位对外开放的局面,而且在这一过程中没有出现大的政治问题,是相当成功的尝试。

一国两制

一国两制,就是"一个国家,两种制度",是中国政府为实现国家和平统一而提出的基本国策,即在坚持一个中国的前提下,国家的主体坚持实行社会主义制度,香港、澳门、台湾在统一后保持原有的资本主义制度长期不变。

"一国两制"的设想,原本是为了解决台湾问题而提出来的,其形成有一个过程。"文化大革命"结束以后,中国面临的国际国内局势发生了巨大变化,中美建交,中国的国际活动空间大为增加;国内工作重心转移到社会主义现代化建设上,开始实行改革开放。在国内外环境变化的背景下,中国共产党为统一祖国,提出了"和平统一,一国两制"的方针。1979 年元旦节,全国人大常委会发表《告台湾同胞书》,郑重宣告中国政府和平解决台湾问题的方针,呼吁两岸结束军事对峙状态,进行和平谈判,并表示在实现国家统一时,尊重台湾现状和台湾各界人士的意见,采取合情合理的政策和办法。这是一国两制的最初表述形式。1981 年 9 月 30 日,全国人大常委会委员长叶剑英发表谈话,进一步阐明中国政府解决台湾问题的九条方针政策(简称"叶九条"),明确表示"国家实行统一后,台湾可作为特别行政区,享有高度的自治权"。1982 年 1 月,邓小平在谈到叶九条时进一步指出:这实际上就是"一个国家,两种制度",首次明确了一国两制的提法。

1983 年初,中国政府就解决香港问题提出了十二条方针,明确香港回归后,设立香港特别行政区,享有立法权,有独立的司法权和终审权,现行的法律、法令、条例基本不变,实际上表明了在香港继续保持原有社会制度的设想。1983 年 6 月,邓小平会见民主柬埔寨领导人,在谈到中国的统一问题时说:"在一个统一的国家内,有不同的社会制度,这是史无前例的。实际上,真正统一了,台湾一个制度,香港一个制度,大陆一个制度。大陆是社会主义制度。"这是中国领导人首次提到用一国两制办法解决香港问题。1984 年 5 月,六届全国人大二次会议通过的《政府工作报告》中说:"从国家和民族的根本利益出发,鉴于历史的经验和台湾的现实,我们提出了祖国统一之后可以实行'一个国家,两种制度'的设想。我们的各项建议和设想,都是诚心诚意的,通情达理的。对于台湾当局任何有利于海峡两岸同胞接触来往、增进

了解和有利于祖国统一的言行,我们都将表示赞赏。"这是全国人大第一次正式使用"一个国家,两种制度"的提法,标志着"一国两制"作为国家的大政方针,具有了法律效力。

1997年7月1日,香港回归祖国,"一国两制"设想率先在香港实践;1999年12月20日,澳门回归祖国,"一国两制"再次得到成功实践。香港和澳门回归后,实行"港人治港""澳人治澳",高度自治,保持了两地的持续繁荣和发展,也证明了一国两制在解决和平统一问题上具有强大的生命力,不仅为中国政府最终解决台湾问题提供了借鉴,也为世界上其他地区的类似争端提供了解决方案,对世界其他国家和地区同样具有重要参考价值。

南方谈话

20世纪80年代末90年代初,中国的社会主义和改革开放事业面临着严峻的考验。国际上,苏联解体、东欧国家剧变,西方国家加紧了对社会主义国家的渗透和颠覆,我国社会主义制度面临严重考验。但此时期世界性新科技革命进程加快,许多国家和地区正在进行产业升级和产品结构调整、重组,中国面临难得的经济发展机遇,同时亚太地区经济发展势头良好,中国周边一些国家和地区经济快速发展,也迫使中国加快经济发展。在国内,一些干部群众对社会主义前途信心不足,对农村实行联产承包责任制、创办经济特区、发展非公有制经济等改革开放政策产生了疑问,改革开放事业停滞不前。

在此背景下,1992年1月18日至2月21日,邓小平先后赴武昌、深圳、珠海和上海考察,沿途发表了一系列重要谈话,统称为"南方谈话"。"南方谈话"分析了当时的国际国内形势,总结了十一届三中全会以来改革开放和现代化建设的基本经验,回答了困扰和束缚人们思想的许多重大认识问题。一些今天人们非常熟悉的论断,都是在这次南方谈话中提出来的,比如社会主义的本质是解放生产力,发展生产力;革命是解放生产力,改革也是发展生产力;基本路线要管一百年,动摇不得;改革开放胆子要大一些;计划和市场都是经济手段等等。

邓小平在南方考察中反复强调,必须坚定不移地全面贯彻执行党的"一个中心,两个基本点"的基本路线,解放思想,实事求是,放开手脚,大胆试验,排除各种干扰,抓住有利时机,加快改革开放的步伐,集中精力把经济建设搞上去,不断把有中国特色社会主义事业全面推向前进。围绕这个中心思想,"南方谈话"涉及中国改革开放和现代化建设的许多重大问题。主要内容包括:第一,邓小平指出,社会主义的本质是解放生产力,发展生产力,消灭剥削,消除两极分化,最终达到共同富裕。第二,坚持"一个中心,两个基本点"的党的基本路线一百年不动摇。第三,邓小平把能否大胆改革开放看作是走出一条有中国特色社会主义道路的根本问题,提出了判断姓"社"姓"资"的三条标准:主要看是否有利于发展社会主义社会的生产力,是否有利于增强社会主义国家的综合国力,是否有利于提高人民的生活水平,这为此后进行社会主义市场经济体制改革奠定了理论基础。第四,抓住时机,加快发展,发展才是硬道理。第五,坚持两手抓,一手抓改革开放,一手抓打击各种犯罪活动,两手都要硬。第六,强调正确的政治路线要靠正确的组织路线来保证,要注意培养好、选拔好党的干部,按照"革命化、年轻化、知识化、专业化"的标准选拔德才兼备的人进班子。第七,论述了社会主义必然代替资本主义是历史发展不可逆转的总趋势,但道路是曲折的。第八,强调和平与发展仍是世界的两大主题。

邓小平的"南方谈话"在国际国内面临严峻考验的重大历史关头,科学地总结了十一届三中全会以来党的路线和基本经验,明确回答了长期束缚人们思想的许多重大理论问题和认识问题,使建设有中国特色的社会主义理论更加系统,为中共十四大的召开做了充分的理论准备,是把改革开放和现代化建设推进到新阶段的又一份宣言书。

北京奥运会

1990年,北京成功举办第11届亚运会,这是中国第一次成功举办综合性的国际体育大赛,积累了办赛经验。1991年2月,北京市政府正式向中国奥委会提出承办2000年奥运会的申请,3月,经国务院批准,北京2000年奥运会申办委员会正式成立,当时提出"开放的中国盼奥运"的申办口号,进行了长达两年多的申办准备和努力,但最终以2票之差落败于澳大利亚的悉尼。这次申奥不成功对中国人民的感情

是一个相当大的伤害,但是也使我们开始反思失败的原因。1998 年,北京决定再次申办奥运会,随后成立申办委员会,并向国际奥委会递交申请报告。2000 年 8 月北京成为申办 2008 年第 29 届奥委会的候选城市之一,同时入选的还有土耳其的伊斯坦布尔、日本大阪、法国巴黎和加拿大多伦多等四个城市。经过激烈竞争,最终北京胜出,获得了 2008 年奥运会举办权。

2001 年北京成立第 29 届奥运会组织委员会。2002 年北京市政府和北京奥组委共同制定《北京奥运行动规划》,正式提出"新北京、新奥运"两大奥运主题和"绿色奥运、科技奥运、人文奥运"三大理念。2003 年底北京开始奥运场馆建设,2004 年北京市市长王岐山在雅典奥林匹克主体育场闭幕式上接过奥运会会旗,标志着奥运会进入北京周期。此后,北京奥运会各项筹备工作有序进行,到 2008 年上半年,所有场馆建设完毕,陆续投入测试运行,在这些场馆举办了一系列国际邀请赛、公开赛等比赛,确保场馆万无一失。

2008 年 8 月 8 日晚上 8 点,北京奥运会正式开幕,9 万多名观众及众多国家元首、政要观看了开幕式。张艺谋导演的奥运开幕式,将中国传统文化元素与改革开放后中国取得的巨大成就完美结合,充分展示了中国的自信、自强,给现场和电视机前的观众带来一场无与伦比的视觉、听觉盛宴。

北京奥运会设 28 个大项,首次将中国武术作为表演项目搬上奥运赛场。204 个国家和地区的奥委会参加了北京奥运会,11 028 名运动员参加比赛,经过 16 天的拼搏,共产生 958 枚奖牌。81 个国家和地区的运动员获得奖牌,中国获得 48 枚金牌,总奖牌 100 枚,跃居金牌榜第一位,奖牌榜第二位;美国获得 36 枚金牌,110 枚奖牌,居金牌榜第二位,奖牌榜第一位。

北京奥运会,圆了中国人近 20 年的奥运梦。北京奥运会充分展示了中国改革开放以来所取得的伟大成就,也向世界展示了中国的开放态度,为促进世界对中国的了解,加强中外经济文化体育交流,提升中国的国际地位等都具有重要的影响。

"三步走"战略

改革开放以来,中国共产党根据中国社会不同发展阶段的特征,分别提出了不同的经济建设目标和阶段性计划,其中不同时期提出的"三步走"战略更是直接指导着我国社会前进的方向。

1987 年 4 月 30 日,邓小平在会见西班牙工人社会党副总书记、政府副首相格拉时首次提出中国经济建设分"三步走"的战略目标。1987 年党的十三大上正式将"三步走"战略作为中国经济建设目标提了出来:第一步,1981 到 1990 年实现国民生产总值比 1980 年翻一番,解决人民的温饱问题;第二步,1991 年到 20 世纪末国民生产总值再增长一倍,人民生活达到小康水平;第三步,到 21 世纪中叶人民生活比较富裕,基本实现现代化,人均国民生产总值达到中等发达国家水平,人民过上比较富裕的生活。并提出实现"三步走"目标的具体举措、基本途径和根本保证等。2000 年,我国 GDP 超过 1 万亿美元,人均国民生产总值达到 900 美元左右,基本实现了第二步走的目标。

1997 年 9 月,江泽民在中共十五大上指出 21 世纪我们的目标是,第一个十年实现国民生产总值比 2000 年翻一番,使人民的小康生活更加宽裕,形成比较完善的社会主义市场经济体制;再经过十年的努力,到建党一百年时,使国民经济更加发展,各项制度更加完善;到世纪中叶新中国成立一百年时,基本实现现代化,建成富强民主文明的社会主义国家。2002 年江泽民在十六大报告中重申:"根据十五大提出的到 2010 年、建党一百年和新中国成立一百年的发展目标,我们要在本世纪头二十年,集中力量,全面建设惠及十几亿人口的更高水平的小康社会,使经济更加发展、民主更加健全、科教更加进步、文化更加繁荣、社会更加和谐、人民生活更加殷实。经过这个阶段的建设,再继续奋斗几十年,到本世纪中叶基本实现现代化,把我国建成富强民主文明的社会主义国家。"这一方面是对第一个"三步走战略"中第三步的目标和措施的具体化,同时也是一个新的"三步走"战略。2006 至 2007 年间,我国国民生产总值实际上就已经比 2000 年翻了一番,提前实现 2010 年的目标。

2007 年 10 月,胡锦涛在中共十七大报告中,在十六大确立的小康社会目标的基础上对我国社会经济发展提出了新的要求。第一,要转变发展方式,在优化结构、提高效益、降低消耗、保护环境的基础上,实现人均国内生产价值到 2020 年比 2000 年翻两番;第二,扩大社会主义民主,更好保障人民权益和社会公平正义;第三,加强文化建设,明显提高全民族素质;第四,加快发展社会事业,全面改善人民生活;第五,建设生态文明,基本形成节约能源资源和保护生态环境的产业结构、增长方式、消费

模式。这些新要求既与十六大确立的到 2020 年奋斗目标相衔接,又根据新的情况和条件充实了奋斗目标。

2017 年 10 月,习近平在中共十九大报告中提出,从现阶段到 2020 年,实现第一个百年奋斗目标,即全面建成小康社会;从 2020 年到 2035 年,在全面建成小康社会的基础上,再奋斗十五年,基本实现社会主义现代化;从 2035 年到本世纪中叶,在基本实现现代化的基础上,再奋斗十五年,把我国建成富强、民主、文明、和谐、美丽的社会主义现代化强国。这又是在新的起点上,进一步扩充和充实"三步走"战略,也是一个更新的"三步走"战略。这一宏伟蓝图站在历史和时代高度,提出了中国社会主义未来发展道路上的三个奋斗目标,且都有明确的时间期限,是又一个新"三步走"战略安排,反映了中国共产党历届领导人对建设中国特色社会主义的接力探索和不断深化创新,是中国共产党在新时代建设中国特色社会主义的宏伟纲领,是引领我们党、国家和人民迈进新时代、开启新征程的行动指南。

复兴号

复兴号动车组是中国标准动车组的中文名字,也是中国高铁最高等级的列车型号,是中国高铁的名片。

1978 年 10 月 26 日,国务院副总理邓小平出访日本,特意体验了一把日本当时最快的列车——新干线,新干线的速度给他留下了深刻印象。但在改革开放刚刚起步的中国,绝大多数人都还不知道高铁为何物。1990 年中国开始进行高铁技术攻关和实验,1991 年国家制定《中长期科学技术发展纲要》,决定独立研发中国高铁关键技术,并着手进行铁路高速化改造。1998 年广深铁路营运列车最高时速 200 千米/小时,成为中国第一条达到高速指标的铁路。2003 年,中国高速铁路确立"市场换技术"基本思路,通过与外国企业合作建设发展中国高铁技术。2004 年国务院审议通过《中长期铁路网规划》,决定建设"四纵四横"客运专线,设计速度指标均在 200 千米/小时以上。同年开始引进德国、日本等国的高速动车组技术,在消化吸收再创新的基础上,生产出具有自主知识产权的"和谐号"系列高速动车组,加快了中国高铁的建设步伐。但"和谐号"原型皆来自世界各国先进高铁,标准不统一,不能互联互通,运营和维修成本高昂。

2012 年,由中国铁路总公司主导,中国铁道科学研究院技术牵头,中车所属企业设计制造,开展中国标准动车组设计研制工作。2016 年,新型标准动车首次以超过 420 公里的时速在徐郑高铁上交会,创造了世界高铁交会新纪录。2017 年中国标准动车组被正式命名为"复兴号"动车组。复兴号动车组采用 CR200/300/400 命名,分别对应 160/250/350 三种持续时速。

复兴号是拥有完全自主知识产权的中国高铁动车组,比和谐号速度更快,使用寿命更长,容量更大,舒适度更高,安全性更高。复兴号的成功研制及投入运营,使得中国高铁登上了世界高铁的顶峰,为中国全面系统掌握高铁核心技术,加速中国高铁"走出去"具有十分重要的意义。复兴号这个寓意深刻的名字,也寓意着中国高铁技术和中国科学技术在中华民族伟大复兴中率先发力,将成为民族复兴不竭的动力源泉。

辽宁舰

近代以来,中国人就有建立强大海军的梦想。19 世纪下半叶,清政府曾先后建立北洋水师、福建水师和南洋水师三支近代化的海军舰队,但经过中日甲午海战、中法马尾海战后,清政府的海军强国梦基本上也就破灭了。民国时期海军建设也未能取得多大进展,在抗日战争中基本上作用甚微。改革开放以后,随着中国经济的快速发展和综合国力的不断增强,建立强大海军成为可能。但是现代化的强大海军必须要有航空母舰,而航空母舰是高精尖技术密集型高端设备,西方国家和俄罗斯等都在该问题上对中国实行技术封锁;中国没有任何经验可供借鉴,自行研制道阻且长。

为了建立强大的海军和拥有自己的航空母舰,中国走上了一条曲线取经的道路。直接购买航空母舰不仅花费巨大,更重要的是没有购买渠道,中国只能等待机会。1991 年苏联解体,由乌克兰尼古拉耶夫黑海造船厂承建的"瓦良格号"航母才完成 68%,由于乌克兰无力继续建造,就此搁置在船坞。"瓦良格号"是苏联第三代航母的第二艘,排水量 67 000 吨,全长 306 米,对于急于获得航母的中国海军来说,这是一个非常理想的改造平台。但是美国、俄罗斯都阻止乌克兰将"瓦良格号"卖给中国;而且当时俄罗斯等国也都想要购买"瓦良格号",但一直未能谈成。

1998年,乌克兰政府决定公开拍卖"瓦良格号"。中国军方通过中间商人,以博彩公司购买瓦良格开设海上宾馆和赌场的名义竞标成功,以2 000万美元拿下"瓦良格号"。在此前后,中国先后购买过"墨尔本号""明斯克号"和"基辅号"三艘旧航母,先后作为航母主题公园和航母酒店使用,因此澳门博彩公司购买旧航母作为海上宾馆和赌场也无可厚非。

1999年,"瓦良格号"起航,准备运回中国。根据美国的要求,乌克兰将"瓦良格号"航母上的动力设备等大都予以拆除,实际上航母成为了一个巨大的空壳,不能自行航行,必须由巨大拖船牵引才能运到中国。在瓦良格号经过土耳其控制的博斯普鲁斯海峡时,土耳其国防部突然发难,实际上受到美国影响,禁止"瓦良格号"驶向中国。中国政府派出代表团赴土耳其,经过近两年的艰难谈判,并付出巨额通行费,直到2001年10月底,"瓦良格号"才得以通过海峡。然而天有不测风云,"瓦良格号"航母在爱琴海上航行时又遇到巨大风浪,将拖船与航母之间的缆绳割断,航母像脱缰野马,在惊涛骇浪中横冲直撞,经过4天的努力,才最终重新控制住船体。

"瓦良格号"航空母舰船体从风暴中脱险后,经地中海,穿过直布罗陀海峡(苏伊士运河不允许其通过),出大西洋,经加那利群岛的拉斯帕尔马斯,绕过非洲好望角进入印度洋,经莫桑比克的马普托,再通过马六甲海峡于2002年2月12日进入南中国海,3月3日抵达大连港。从博彩公司拍到船体,到现在已经是4年时间过去了;从中土交涉同意"瓦良格号"再次起航,到此时又过了123天。

2002年3月4日,购买"瓦良格号"船体的博彩公司宣布破产清算,"瓦良格号"从此搁在大连港无声无息,一待就是一年多。2005年,正当人们开始不再关注它的时候,"瓦良格号"开始由中国人民解放军海军接收,并开始更新改造。2012年9月25日,中国第一艘航空母舰"辽宁舰"交付海军,中国人终于拥有了自己的第一艘航空母舰,一个世纪的海军强国之梦终于迈出了实质性的一步,为中国海军走向远海打下了坚实基础。以"辽宁舰"航母为核心的航母战斗群正在形成真实的战斗力;同时,通过对"辽宁舰"的不断升级改造和远海航行训练,中国技术人员和海军部队正在不断学习、提升航母相关技术和操作训练,为中国自行研制国产航母提供千载难逢的机会。2017年4月,第一艘国产航母已经正式下水,2018年5月开始离开码头进行海试。"辽宁舰"的改建、升级是中国航母学习的最佳平台,经过中国科技人员几十年的积累和在辽宁舰上的实践和学习,中国人在短时间内已经能够建造自己的航母,说明瓦良格号—辽宁舰的引进和改造功不可没。

"嫦娥工程"

20 世纪 90 年代,中国科学家就开始提出开展月球探测活动的建议,并在国家高科技研究发展计划(863 计划)中成立"月球探测课题组",开始进行可行性研究,2000 年完成《中国月球资源探测卫星科学目标》的研究报告。2002 年中国正式对外宣布开展月球探测工程,2003 年国防科工委成立月球探测工程领导小组,负责协调各单位工作,并起草国家月球探测工程的专项立项报告。2004 年 2 月探月领导小组会议通过《绕月探测工程研制总要求》,将工程命名为"嫦娥工程",同年 4 月国家航天局正式宣布嫦娥工程进入实施阶段。

嫦娥工程分为三个阶段:"绕""落""回"。"绕"是指发射月球探测卫星,突破至地外天体的飞行技术,实现月球探测器的绕月飞行,通过遥感探测,获得月球表面三维影像,研究地月空间环境。"落"就是发射月球软着陆器并携带月球探测器登月探测,探测月球地形地貌、地质构造、岩石成分等信息。"回"是指发射月球探测器,进行月球样品自动提取并返回地球,通过对样品的分析来研究月球地质成分和环境等信息。2007 年,"嫦娥一号"卫星发射成功,并进入预定月球轨道,向地面传回语音和图片。2010 年 10 月"嫦娥二号"成功发射,进入月球轨道,各项测试结果良好,顺利传回月球局部影像;2013 年 7 月,嫦娥二号与地球距离突破 5 000 万公里,成为我国首颗人造太阳系小行星。第一步目标完全实现。

2013 年嫦娥三号在西昌卫星发射中心成功发射,搭载中国第一艘月球车——"玉兔号"成功软着陆于月球西北部虹湾着陆区,成功实现嫦娥工程第二步目标"落":探月器登陆月球表面。

2014 年 10 月,我国发射长征三号丙运载火箭,将自行研制的探月器再次送入预定月球轨道,11 月顺利回收,标志着嫦娥工程第三步目标"回"的实现。2018 年 5 月嫦娥四号"鹊桥"号中继星发射成功,嫦娥工程实现"三步走"战略,开始踏上新的征程。

改革开放以来,我国航天事业取得长足进展,嫦娥工程只是其中的重要组成部分。与此同时,中国的载人航天飞行、航天发射器、一箭多星等高精尖技术领域不断

取得新的突破,人类与星空的相遇越来越频繁。探索无垠的宇宙,成为推动中国科技发展和国家综合实力不断提升的重要手段。

上海世博会

世界博览会历史源远流长,现代世博会起源于 1851 年英国伦敦举办的万国工业博览会,至今已举办 40 余届。世博会一般是由主办国政府组织或政府委托有关部门举办,邀请全世界各国政府和团体参展的国际性博览活动。上海世博会是继北京奥运会之后中国举办的又一次世界盛会,从申请到成功举办,前后历经 10 余年的努力,克服无数困难,才得以修成正果。

20 世纪 80 年代开始,中国开始萌生举办世博会的想法。1992 年第一次正式提出申办世博会。是年 10 月,中国国际贸易促进委员会、财政部、北京市人民政府联名向国务院报送了《关于拟在本世纪末于北京举办世界博览会的原则请示》,1993 年 2 月得到了国务院的原则同意。同年 9 月,成立了由中央 8 个部委和北京市有关单位参加的"北京世界博览会筹备委员会"。1995 年,国际展览局同意中国昆明承办 1999 年世界园艺博览会。1999 年 5 月,中央决定北京集中精力申办奥运会,由上海申办世博会。

1999 年下半年,上海市正式成立申办 2010 年世界博览会工作筹备小组。2001 年,上海市政府正式向国际展览局提交申请书,经过艰难角逐,从 5 个申办国中脱颖而出,最终在 2002 年 12 月取得举办权。然后开始长达 8 年的筹办工作。

2006 年 3 月,中国上海世博局向世界发出邀请,先后有 100 多个国家积极响应,最终有包括 190 个主权国家在内的 200 多个国家和地区、56 个国际组织参加展览,是历次世界博览会参展方最多的一次。为了协助各国参展,中国成立 1 亿美元的上海世博会参展基金,用于帮助那些弱小国家,确保每一个愿意参展的国家和地区都能顺利参展。

2010 年 5 月 1 日,第 41 届世界博览会——上海世博会正式开幕。到 10 月 31 日落幕,历时 184 天,前后共计有 7 308 万人次参观。参观人数最多的是 10 月 16 日,中国的重阳节那天,达到 103 万。世博会筹办期间,中国先后在上海、巴黎、爱知等地举行了 8 次世博国际论坛；世博期间分别在南京、苏州、无锡、杭州、宁波和绍兴举办了 6 次主题论坛，充分吸收世界办博的经验，也积极推销和宣传世博会。本届世博会的主题是"城市，让生活更美好"，总投资达 450 亿美元，创造了世界博览会史上最大规模的纪录。世博园区地跨黄浦江两岸，占地 5.18 平方公里，也是历届世博会场地面积之最。办博期间，园区每天平均 100 场演出，200 多万各类志愿者穿梭于园区及整个城市中，为游客提供服务。100 多批次外国政要，1.4 万多名中外记者参观了世博会，极大地扩大了世博会的影响力。

2010 年上海世博会是一场举国办博的盛会，充分展示了我国改革开放的伟大成就，也向世界展示了中国继续扩大开放，追求合作共赢的愿望。这次世博会也是一次科技的盛会、文明与和平的盛会，中国作为东方古国举办世博会，再次向世界展示了中国辉煌灿烂的文明和现代化建设的伟大成就，使上海博览会成为一次"成功、精彩、难忘"的盛会。

一带一路

"一带一路"是"丝绸之路经济带和海上丝绸之路"的简称，是中国政府提出的国家级顶层合作倡议。该倡议旨在借用中国古代丝绸之路这个历史符号，高举和平发展的旗帜，积极发展与沿线国家的经济合作伙伴关系，共同打造政治互信、经济融合、文化包容和利益共同体、命运共同体与责任共同体。

丝绸之路主要是指古代中国连接亚洲、非洲和欧洲的商业贸易线路，始于中国汉代，唐朝时期获得进一步发展，宋代进一步形成海上通道，是东西方之间政治、经济、文化等诸方面交流的主要通道。1877 年，德国地理学家李希霍芬在其著作《中国》中首次将这条通道命名为"丝绸之路"，很快获得国际学界和大众的认同。

2013 年 9 月 7 日，中国国家主席习近平在哈萨克斯坦首次倡议共同建设"丝绸之路经济带"；同年 10 月 3 日，习近平在印度尼西亚倡议筹建亚洲基础设施投资银行，与东盟国家共同建设"21 世纪海上丝绸之路"。2013 年 11 月，中共十八届三中全会通过《中共中央关于全面深化改革若干重大问题的决定》，明确提出"加快同周边国家和区域基础设施互联互通建设，推进丝绸之路经济带、海上丝绸之路建设，形

成全方位开放新格局"。2014 年 12 月,中国出资 400 亿美元成立丝路基金,为"一带一路"沿线国家基础设施、资源开发、产业合作和金融合作等与互联互通有关的项目提供投融资支持。

"一带一路"建设倡议提出以来,得到沿线国家的积极响应和支持,也在国际社会获得广泛正面反映,包括联合国等国际组织在内的绝大多数国家和国际组织纷纷与中国签署合作协议,响应和支持一带一路倡议。到 2019 年 7 月末,中国政府已与 136 个国家和 30 个国际组织签署 195 份政府间合作协议;并召开了两届"一带一路"国际合作高峰论坛。截至 2018 年底,中国与沿线国家货物贸易额超过 6 万亿美元,中国对沿线国家直接投资约 900 亿美元,并开始在沿线国家建设境外合作产业园区。聚焦"六廊六路多国多港"主骨架,推动中老铁路、中泰铁路、雅万高铁、匈塞铁路建设,瓜达尔港、哈利法港等进展顺利,空中丝路建设加快,已与 126 个国家和地区签署了双边政府间航空运输协定,能源通信设施合作力度加大,中俄原油管道、中国—中亚天然气管道、中缅油气管道等项目进展顺利。中巴经济走廊、中欧班列等项目已经产生重大经济效益。

中国提出的"一带一路"倡议,秉承共商、共享、共建原则,恪守联合国宪章的宗旨和原则,遵守和平共处五项原则,坚持开放合作、和谐包容、市场运作、互利共赢原则,为实现中国与周边国家,与丝路沿线国家以及与世界各国的共同发展、共同繁荣开创了新路,具有深远的国际意义。

推荐书目

第一部分

1. 刘起釪、安金槐、胡厚宣、李学勤等:《先秦史》,中国大百科全书出版社 2012 年。

2. 苏秉琦:《中国文明起源新探》,生活·读书·新知三联书店 2000 年版。

3. 许宏:《何以中国:公元前 2000 年的中原图景》,生活·读书·新知三联书店 2014 版。

4. 孙庆伟:《鼏宅禹迹——夏代信史的考古学重建》,生活·读书·新知三联书店 2018 年版。

5. 宋镇豪主笔:《商代史论纲》(《商代史》卷一),中国社会科学出版社 2011 年版。

6. 许倬云:《西周史》,生活·读书·新知三联书店 1994 年版。

7. 李峰:《西周的灭亡》,上海古籍出版社 2007 年版。

8. 李峰:《西周的政体——中国早期的官僚制度和国家》,生活·读书·新知三联书店 2010 年版。

9. 童书业:《春秋史》,山东大学出版社 1987 年版。

10. 杨宽:《战国史》,上海人民出版社 1980 年版。

11. [日]平势隆郎:《从城市国家到中华:殷周、春秋战国》,广西师范大学出版社 2014 年版。

12. 张光直:《中国青铜时代》,生活·读书·新知三联书店 1999 年版。

13. 李学勤:《东周与秦代文明》,文物出版社 1984 年版。

14. 李零:《简帛古书与学术源流》,生活·读书·新知三联书店 2004 年版。

15. 葛兆光:《七世纪前中国的知识、思想与信仰世界》,复旦大学出版社 1998 年版。

16. 吕思勉:《秦汉史》,上海古籍出版社 2005 年版。

17. 阎步克:《士大夫政治演生史稿》,北京大学出版社 2015 年版。

18. [日]西嶋定生:《中国古代帝国的形成与结构》,武尚清译,中华书局 2004 年版。

19. 李开元:《汉帝国的建立与刘邦集团:军功受益阶层研究》,生活·读书·新知三

联书店 2000 年版。

20. 祝总斌：《两汉魏晋南北朝宰相制度研究》，北京大学出版社 2017 年版。

21. 严耕望：《中国地方行政制度史：秦汉地方行政制度》，上海古籍出版社 2007 年版。

22. 顾颉刚：《秦汉的方士与儒生》，上海古籍出版社 2005 年版。

23. 瞿兑之：《汉代风俗制度史》，上海文艺出版社 1991 年版。

24. 徐复观：《两汉思想史》，华东师范大学出版社 2001 年版。

25. 姜生：《汉帝国的遗产：汉鬼考》，科学出版社 2016 年版。

26. 余英时：《士与中国文化》，上海人民出版社 1987 年版。

27. ［日］佐竹靖彦主编：《殷周秦汉史的基本问题》，中华书局 2008 年版。

第二部分

1. 陈寅恪：《隋唐制度渊源略论稿　唐代政治史述论稿》，生活·读书·新知三联书店 2011 年版。

2. 陈寅恪：《金明馆丛稿初编》，生活·读书·新知三联书店 2011 年版。

3. 陈寅恪：《金明馆丛稿二编》，生活·读书·新知三联书店 2011 年版。

4. 陈寅恪：《陈寅恪魏晋南北朝史讲演录》，万绳楠整理，黄山书社 1987 年版。

5. 吕思勉：《两晋南北朝史》，上海古籍出版社 2005 年版。

6. 吕思勉：《隋唐五代史》，上海古籍出版社 2005 年版。

7. 唐长孺：《魏晋南北朝史论丛》，中华书局 2011 年版。

8. 唐长孺：《魏晋南北朝史论丛续编　魏晋南北朝史论拾遗》，中华书局 2011 年版。

9. 唐长孺：《山居存稿》，中华书局 2011 年版。

10. 唐长孺：《魏晋南北朝隋唐史三论》，中华书局 2011 年版。

11. 岑仲勉：《隋唐史》，中华书局 1982 年版。

12. 周一良：《魏晋南北朝史论集》，北京大学出版社 1997 年版。

13. 周一良：《魏晋南北朝史札记》，中华书局 1985 年版。

14. 王仲荦：《魏晋南北朝史》，中华书局 2007 年版。

15. 王仲荦：《隋唐五代史》，中华书局 2007 年版。

16. ［日］谷川道雄：《中国中世社会与共同体》，马彪译，中华书局 2002 年版。

17. [日]谷川道雄:《隋唐帝国形成史论》,李济沧译,上海古籍出版社 2011 年版。

18. 牟发松:《汉唐历史变迁中的社会与国家》,上海人民出版社 2011 年版。

第三部分

1. 陈振:《宋史》,上海人民出版社 2003 年版。

2. 王曾瑜:《宋朝军制初探:增订本》,中华书局 2011 年版。

3. 陈峰:《北宋武将群体与相关问题研究》,中华书局 2004 年版。

4. 邓广铭:《邓广铭治史丛稿》,北京大学出版社 1997 年版。

5. 邓小南:《祖宗之法:北宋前期政治述略》,生活·读书·新知三联书店 2006 年版。

6. 何忠礼:《南宋科举制度史》,人民出版社 2009 年版。

7. 王曾瑜:《岳飞和南宋前期政治与军事研究》,河南大学出版社 2002 年版。

8. 孙进礼、孙泓:《契丹民族史》,广西师范大学出版社 2010 年版。

9. 林鹄:《南望:辽前期政治史》,生活·读书·新知三联书店 2018 年版。

10. [德]傅海波、[英]崔瑞德编:《剑桥中国辽西夏金元史》,中国社会科学出版社 1998 年版。

11. 李锡厚、白滨:《辽金西夏史》,上海人民出版社 2003 年版。

12. 刘浦江:《松漠之间:辽金契丹女真史研究》,中华书局 2008 年版。

13. 刘浦江:《宋辽金史论集》,中华书局 2017 年版。

14. 刘浦江:《辽金史论》,中华书局 2019 年版。

15. 周良霄、顾菊英:《元史》,上海人民出版社 2003 年版。

16. 冯尔康主编:《中国社会结构的演变》,河南人民出版社 1994 年版。

17. 傅筑夫:《中国封建社会经济史》,人民出版社 1981 年版。

18. 何一民:《中国城市史纲》,四川大学出版社 1994 年版。

19. 黄纯艳:《宋代海外贸易》,社会科学文献出版社 2003 年版。

20. 宁可主编:《中国经济发展史》,中国经济出版社 1999 年版。

21. 漆侠:《宋代经济史》,中华书局 2009 年版。

22. 徐扬杰:《中国家族制度史》,武汉大学出版社 2012 年版。

23. 郑学檬主编:《中国赋役制度史》,上海人民出版社 2000 年版。

24. 郑学檬:《中国古代经济重心南移和唐宋江南经济研究》,岳麓书社 2003 年版。

25. 朱瑞熙:《宋代社会研究》,中州书画社 1983 年版。

26. 漆侠:《宋学的发展和演变》,《漆侠全集(第 9 卷)》,河北大学出版社 2008 年版。

27. 葛兆光:《中国思想史》,复旦大学出版社 2001 年版。

28. 朱汉民、肖永明:《宋代〈四书〉学与理学》,中华书局 2009 年版。

29. 吴熊和:《唐宋词通论》,上海古籍出版社 2010 年版。

30. 鲁迅:《中国小说史略》,上海古籍出版社 2006 年版。

31. 杜桂萍等:《明清戏曲宗元问题论稿》,中国社会科学出版社 2018 年版。

32. 王国维:《宋元戏曲考》,上海古籍出版社 1998 年版。

第四部分

1. 王天有、高寿仙:《明史:多重性格的时代》,中信出版社 2017 年版。

2. [美]黄仁宇:《万历十五年》,中华书局 2014 年版。

3. 王天有:《明代国家机构研究》,故宫出版社 2014 年版。

4. 吴晗:《朱元璋传》,华东师范大学出版社 2014 年版。

5. 赵世瑜:《大明天子与大明帝国》,安徽人民出版社 2013 年版。

6. 韦庆远:《暮日耀光:张居正与明代中后期政局》,江苏凤凰文艺出版社 2017 年版。

7. 谢国桢:《明清之际党社运动考》,上海书店出版社 2006 年版。

8. 郑天挺:《清史简述》,中华书局 2005 年版。

9. 戴逸:《简明清史》,中国人民大学出版社 2018 年版。

10. [日]宫崎市定:《雍正帝》,孙晓莹译,社会科学文献出版社 2016 年版。

11. [美]孔飞力:《叫魂:1768 年中国妖术大恐慌》,陈兼、刘昶译,生活·读书·新知三联书店、上海三联书店 2012 年版。

12. 高王凌:《乾隆十三年》,中国地图出版社 2019 年版。

13. 杜家骥:《杜家骥讲清代制度》,天津古籍出版社 2014 年版。

14. 瞿同祖:《清代地方政府》(修订译本),范忠信、何鹏、晏锋译,法律出版社 2011 年版。

15. 何炳棣:《明初以降人口及其相关问题 1368—1953》,中华书局 2017 年版。

16. 何炳棣:《明清社会史论》,徐泓译,中华书局 2019 年版。

17. 傅衣凌:《明清社会经济史论文集》,中华书局 2008 年版。

18. 吴承明:《中国的现代化:市场与社会》,生活·读书·新知三联书店 2001 年版。

19. 李伯重:《江南的早期工业化(1550—1850)》(修订版),中国人民大学出版社 2010 年版。

20. 余英时:《论戴震与章学诚:清代中期学术思想史研究》,生活·读书·新知三联书店 2012 年版。

第五部分

1. 蒋廷黻:《中国近代史》,上海古籍出版社 2001 年版。

2. 郭廷以:《近代中国史纲》,中华书局 2018 年版。

3. 陈旭麓:《近代中国社会的新陈代谢》,生活·读书·新知三联书店 2017 年版。

4. 胡绳:《从鸦片战争到五四运动》,华东师范大学出版社 2014 年版。

5. 茅海建:《天朝的奔溃:鸦片战争再研究》,生活·读书·新知三联书店 2014 年版。

6. [美]史景迁:《太平天国》,朱庆葆、计秋枫、郑忠、蒋婕虹、李永刚译,广西师范大学出版社 2011 年版。

7. 梁启超:《李鸿章传》,中华书局 2012 年版。

第六部分

1. 周锡瑞:《改良与革命:辛亥革命在两湖》,江苏人民出版社 2007 年版。

2. 唐德刚:《袁氏当国》,广西师范大学出版社 2004 年版。

3. 周策纵:《五四运动史:现代中国的知识革命》,四川人民出版社 2019 年版。

4. 陈志让:《军绅政权:近代中国的军阀政治》,广西师范大学出版社 2008 年版。

5. 邓野:《巴黎和会与北京政府的内外博弈:1919 年中国的外交争执与政派利益》,社会科学文献出版社 2014 年版。

6. 杨奎松:《"中间地带"的革命:国际大背景下看中共成功之道》,江西人民出版社 2010 年版。

7. 汪朝光:《1945—1949:国共政争与中国命运》,社会科学文献出版社 2010 年版。

第七部分

1. 陈旭麓主编:《五四后三十年》,上海人民出版社 2019 年版。

2. 胡绳主编:《中国共产党的七十年》,中共党史出版社 1991 年版。

3. 金冲及:《二十世纪中国史纲(全四卷)》,社会科学文献出版社 2009 年版。

4. 金冲及:《星火的启示:革命根据地创建与发展》,生活·读书·新知三联书店 2020 年版。

5. 中共中央党史研究室第一研究部主编:《红军长征史》,中共党史出版社 2016 年版。

6. 王奇生:《党权、党员与党争:1924—1949 年中国国民党的组织形态》,社会科学文献出版社 2018 年版。

7. [美]埃德加·斯诺:《红星照耀中国》,董乐山译,人民文学出版社 2016 年版。

第八部分

1. 毛泽东:《毛泽东选集(1—4 卷)》,人民出版社 1991 年版。

2. 金冲及主编:《毛泽东传:1893—1949》,中央文献出版社 1996 年版。

3. [美]易劳逸:《毁灭的种子:战争与革命中的国民党中国(1937—1949)》,王建朗等译,江苏人民出版社 2009 年版。

4. 刘大年、白介夫主编:《中国复兴枢纽——抗日战争的八年》,北京出版社 1997 年版。

5. [美]杰克·贝尔登:《中国震撼世界》,邱应觉等译,北京出版社 1980 年版。

6. 金冲及:《转折年代:中国的 1947 年》,生活·读书·新知三联书店 2009 年版。

7. 刘统:《中国的 1948 年:两种命运的决战》,生活·读书·新知三联书店 2006 年版。

8. 汪朝光:《中国近代通史:中国命运的决战(1945—1949)》,江苏人民出版社 2006 年版。

第九部分

1. [美]韩丁:《翻身:中国一个村庄的革命纪实》,北京出版社 1980 年版。

2. 张济顺:《远去的都市——1950 年代的上海》,社会科学文献出版社 2015 年版。

3. 林蕴晖:《凯歌行进的时期》,河南人民出版社 1996 年版。

4. 朱正:《一九五七年的夏季:从百家争鸣到两家争鸣》,河南人民出版社 1998 年版。

5. 章诒和:《往事并不如烟》,人民文学出版社 2004 年版。

6. 李锐:《"大跃进"亲历记》,上海远东出版社 1995 年版。

7. 张素华:《变局:七千人大会始末》,中国青年出版社 2006 年版。

8. 王年一:《大动乱的年代》,河南人民出版社 2005 年版。

9. 张乐天:《告别理想:人民公社制度研究》,东方出版中心 1998 年版。

10. 高王凌:《中国农民"反行为"调查》,中共党史出版社 2006 年版。

11. 杨奎松:《"边缘人"纪事——几个"问题"小人物的悲剧故事》,广东人民出版社 2016 年版。

12. 陈徒手:《人有病,天知否?——1949 年后中国文坛纪实》,生活·读书·新知三联书店 2013 年版。

13. 王海光:《时过境未迁——中国当代史采薇》,四川人民出版社 2014 年版。

第十部分

1. 金冲及:《一本书的历史——胡乔木、胡绳谈〈中国共产党的七十年〉》,中央文献出版社 2014 年版。

2. [美]傅高义:《邓小平时代》,生活·读书·新知三联书店 2013 年版。

3. 萧冬连:《筚路维艰——中国社会主义路径的五次选择》,社会科学文献出版社 2014 年版。

4. 萧冬连:《探路之役——1978—1992 年的中国经济改革》,社会科学文献出版社 2019 年版。

后记

本书是由华东师范大学历史学系历史教育比较研究中心的师生共同完成的。撰写者的具体分工如下：

第一部分：黄爱梅

第二部分：刘啸

第三部分：李磊、张哲星、郁程、朱寒青、沈雷

第四部分：周健

第五、六部分：瞿骏、李婷婷、靳帅

第七、八部分：王锐

第九、十部分：阮清华

全书由于明静校稿、瞿骏统稿。

按照读本体例，本书不能对引文一一做注，参考文献以推荐书目方式列出，还请读者留意。

图书在版编目(CIP)数据

历史读本.中国史/华东师范大学历史学系历史教
育比较研究中心编.—上海：上海人民出版社，2020
ISBN 978 - 7 - 208 - 16595 - 3

Ⅰ.①历… Ⅱ.①华… Ⅲ.①中国历史-通俗读物
Ⅳ.①K209

中国版本图书馆 CIP 数据核字(2020)第 129179 号

责任编辑 李 莹
装帧设计 谢定莹

历史读本(中国史)
华东师范大学历史学系历史教育比较研究中心 编

出 版 上海人民出版社
　　　　（201101 上海市闵行区号景路 159 弄 C 座）
发 行 上海人民出版社发行中心
印 刷 上海景条印刷有限公司
开 本 787×1092 1/16
印 张 25.25
插 页 2
字 数 392,000
版 次 2020 年 10 月第 1 版
印 次 2024 年 10 月第 3 次印刷
ISBN 978 - 7 - 208 - 16595 - 3/K · 2979
定 价 98.00 元